十三經注疏校勘記

劉玉才 主編

北京大學出版社
PEKING UNIVERSITY PRESS

國家古籍整理出版專項經費資助項目

十三經注疏校勘記

主編　劉玉才

編委　水上雅晴　王耐剛　馬辛民　袁媛　唐田恬
張文　張學謙
（以姓氏筆畫爲序）

總目録

第一册

第二册

第三册

第四册

第五册

第六册

第七册

第八册

第九册

第十册

第十一册

前言

校勘之學是古典文獻學的基石，而對於儒家經典文本的校勘，更是經學乃至中國古典學術的核心內容。在寫本時代，校訂刊正經書文字，即已超越經師授經講學需求，而承擔起正定學術的職能。兩漢經今、古文之爭，此後刊立熹平石經、正始石經及至唐開成石經，無不致力於通過文本校訂刊正以確立權威定本。五代馮道始據唐石經刻印九經。兩宋以降，刻本漸繁，然經書文本歧異仍未消弭。儒家經典相沿有「五經」、「九經三傳」、「十三經」諸說，加之權威注釋義疏，蔚爲大觀。諸經之經注與義疏，原本別行，南宋坊刻本爲便利起見，匯合經注、義疏、釋文於一書。南宋之後，十三經的組合方式，經、注、疏、釋文的文本結構，逐漸形成固定搭配，十三經注疏遂成爲士人閱讀的最基本文獻，影響深遠。然而由於經疏文字率而搭配，章節分合，長短無定，而且相互遷就改易，又人爲造成經典文本的混淆。宋板十三經注疏在宋元明三朝不斷刷印，但後印本多有補板、修板，字跡漫漶，明代又據之翻刻爲閩本、監本、毛本諸本，文本訛誤更甚。

清康乾以降，考據之學興起，校訂經書文字漸成風尚，而日本山井鼎七經孟子考文的校勘成果引進之後，亦頗爲中土學人所推重。惠棟、盧文弨、浦鏜諸儒可謂開風氣之先，錢大昕、段玉裁、王念孫等踵武其後，至阮元十三經注疏校勘記，則堪稱清儒經典校勘的集大成之作。其間，盧文弨有志遍校群經，纂爲一書，且在清儒中最先揭示「經注」、「義疏」、「釋文」原本別行，其重雕經典釋文緣起（乾隆五十六年，一七九一）云：「古來所傳經典，類非一本。陸氏所見，與賈、孔所見本不盡同。今取陸氏書附於『注疏本』中，非强彼以就此，即强此以就彼。欲省兩讀，翻致兩傷。」❶盧文弨此項觀點及其校訂經書文字的實踐，頗爲錢大昕、段玉裁、王念孫諸儒所認同與發揚。段玉裁與劉端臨第三書云：「弟意欲將三禮經注校爲定本，刊之垂後，亦不朽之盛業也。」❷王念孫、王引之的經義述聞，亦有相當部分內容屬於校訂經書文字。阮元在此學術氛圍影響之下，於嘉慶初年出任浙江學政、巡撫期間，邀集江浙學人，編纂經籍籑詁，創建「詁經精舍」，並組織匯校十三經注疏，纂成十三經注疏校勘記。

一

關於校勘十三經注疏的緣起，阮元自謂弱冠即有此志，其恭進十三經注疏校勘記摺子云：

> 臣幼被治化，肄業諸經，校理注疏，綜核經義，於諸經本之異同，見相沿之舛誤，每多訂正，尚未成書。乾隆五十六年，奉敕分校太學石經，曾以唐石經及各宋板悉心校勘，比之幼時所校，又加詳備。自後出任外省，復聚漢唐宋石刻暨各宋元板本，選長

於校經之士，詳加校勘，自唐以後單疏分合之不同，明閩附音之有别，皆使異同畢録，得失兼明，成十三經注疏校勘記二百十七卷，附孟子音義校勘記一卷，釋文校勘記二十五卷。❸段玉裁十三經注疏并釋文校勘記序亦云：

臣玉裁竊見臣阮元自諸生時至今挍誤有年，病有明南北雝及琴川毛氏十三經注疏本紕繆百出。近年巡撫浙中，復取在館時奉敕挍石經儀禮之例，衡之群經，又廣搜江東故家所儲各善本，集諸名士，授簡詁經精舍，令詳其異同，抄撮會萃之，而以官事之暇，篝燈爇燭，定其是非。復以家居，讀禮數年，卒業於鄭氏三禮。條分縷析，犁然悉當，成此巨編。❹

但阮元校經緣起之説，并不全爲後世學者所認同。清蕭穆記方植之先生臨盧抱經手校十三經注疏有云：「抱經先生校十三經注疏本，後入山東衍聖公府，又轉入揚州阮氏文選樓，阮太傅作校勘記，實以此爲藍本。」❺蕭氏此説之根據，自謂源於方東樹臨盧文弨手校十三經注疏的校語記載。蕭文過録了數則方東樹批校，因其中頗涉及十三經注疏校勘記與惠氏、盧氏原校本的關係，今逐録於下：

此校惟論傳注同異、各本如何分别正俗得失處，至於經義之是非，與此無涉也。又見惠氏、盧氏諸家原校本，於傳注、釋文、正義三者所校更爲繁細，助語多寡，偏旁增減，或不足爲重，然精核可採者，亦復不少。又此記所載及惠氏、盧氏所刻古義、拾補，於此原校本詳略異同甚多，所遺亦甚多。余今以此本甄録之，然所遺仍多，須取一善本注疏本一一傳校，一字不遺，留爲家塾讀本，亦經學一大助也。原校本三禮尤精博也。

段氏每盜惠氏之説，阮氏即載之，何也？蓋阮爲此記成，就正於段，故段多入己説，以掩前人而取名耳。又所改原文多不順適，真小人哉。

今人汪紹楹根據盧文弨曾纂集周易注疏輯正、毛詩注疏校纂、尚書注疏校纂、儀禮注疏詳校，其弟子臧庸從學段玉裁，受知於阮元，參與校勘十三經注疏，而盧文弨手校十三經注疏又歸於阮元，故斷定阮元校經，乃是受到盧文弨的啓發與影響。[6]筆者經過文獻考察，認爲阮元延客校勘十三經注疏主要還是受到當時學術氛圍的影響，盧文弨只是啓發者之一，阮元十三經注疏校勘記與盧文弨手校十三經注疏並没有直接繼承關係，故今存李鋭周易注疏校勘記原始稿本甚至没有直接引用盧文弨本人的校勘意見，是嚴杰補校時方與浦鏜的校勘成果一起增加進去。[7]

二

根據張鑒雷塘庵主弟子記的記載，阮元編纂經籍纂詁始於嘉慶二年（一七九七），刊成於嘉慶四年，董其事者浙江歸安丁杰，總司校勘者江蘇武進臧庸，另有兩浙各郡經古之士擔任具體分纂。其間，嘉慶二年還翻刊過七經孟子考文。阮元設立「十三經局」，延客校勘十三經注疏，約始於嘉慶六年。主其事者段玉裁，分任其事者有臧庸、顧廣圻、徐養原、洪震煊、嚴杰、孫同元、李鋭等人。諸經校勘人情況，阮元在十三經注疏校勘記各序中交待如下：「元和生員李鋭」校易、穀梁、孟子，「德清貢生徐養原」校書、儀禮，「元和生員顧廣圻」校詩，「武進監生臧庸」校周禮、公羊、爾雅，「臨海生員洪震煊」校禮記，「錢塘監生嚴杰」校左傳、孝經，「仁和生員孫同元」校論語。實際各人參與的時間並不一致。據段玉裁嘉慶七年與劉端臨書：「雖阮公盛意，而辭不敷文。初心欲看完注疏考證，[8]自顧精力萬不能。近日亦薦顧千里、徐心田兩君而辭之。」[9]嘉慶九年與王懷祖書：「唯恨前此三年，爲人作嫁衣而不自作，致此時拙作不能成矣。」[10]據劉盼遂段玉裁先生年譜，嘉慶八年六月，段玉裁之父卒於蘇州，很可能此後即較少參與十三經注疏校勘記審訂事宜。顧廣圻與徐養原一起爲段玉裁延入，但因與同僚，特別是主事的段玉裁，產生學術分歧，[11]根據其行歷，大約至遲在嘉慶八年即脱離「十三經局」。而臧庸在嘉慶七年九月完成周禮、公羊、爾雅的校勘任務後，也提前離開了「十三經局」。[12]十三經注疏校勘記後期的補校、審訂，及至最後刊刻成書，當以嚴杰出力最多。[13]今存周易注疏校勘記稿本的補校部分，多爲嚴杰的手跡，足見一斑。此外，徐養原或參與其事較久，因遲至嘉慶二十一年印行十三經注疏校勘記進呈本，其分校儀禮注疏尚有較多與之相關的内容增補，詳情參見儀禮注疏校勘記整理説明。

十三經注疏校勘記的纂修流程，文獻記載無多，幸賴國家圖書館近年入藏李鋭分校周易注疏校勘記的稿本和謄清本，據云得自阮氏後人家藏，可以略窺一二。李鋭（一七六九—一八一七），字尚之，號四香，江蘇元和人。清乾隆末期，肄業蘇州紫陽書院，從錢大昕習算學，頗受青睞，後與焦循、談泰諸人并稱曆算名家。嘉慶初年，應阮元之聘，先是從事經籍籑詁和疇人傳的纂修編輯，隨後又參與編纂十三經注疏校勘記的工作，分任周易正義、春秋穀梁傳注疏及孟子注疏三書校勘之役。國家圖書館所存周易注疏校勘記稿本，經與同館藏李鋭觀妙居日記原稿本比對筆跡，當屬李鋭手稿。該稿本以「日增泰記」紅格（部分緑格）紙書寫，半葉二十行，行二十三字，現存卷一至三，卷八至十一，毛裝兩册。文本内容包括作者的原稿及修訂，兩種筆跡的朱筆校訂。第二册卷末朱筆題署「甲子仲春三日嚴杰校補」，與稿内朱筆之一筆跡相同，故此可以判斷校訂較多的朱筆文字出自嚴杰之手。另一朱筆批校，據筆跡推測，係出自阮元之手。國家圖書館同時入藏有周易注疏校勘記謄清本全卷，紅格正楷抄寫，半葉二十行，行二十三字，毛裝三册（卷一至三、卷四至七、卷八至十一）。文本内容有少量墨筆校改增補和朱筆審訂，推測分別爲孫同元和嚴杰手跡。第一册封底題有「約二万乙千七百六十六/三本約五万八千九百六十二」、「甲子十二月十七日鐙下對畢同元記」；第二册封底題有「約二万〇百七十」、

「甲子十二月十八日同元對畢」；第三册封底題有「約乙万七千〇廿六」、「甲子十二月十九日同元對畢」。由此可見，謄清本是孫同元擔任復核，嚴杰最後審定，且復核的時間僅有三天。根據筆者簡單的文字比對，謄清本基本依照原稿修訂本的文字抄録，但以旁批形式補入部分内容，阮氏文選樓刊本依照謄清本刻印，亦有少許增補。

根據周易注疏校勘記的稿本、謄清本和刻本提供的信息綜合分析，其纂刊流程可作如下推測：一、分任者李鋭完成對校初稿并作自我修訂；二、嚴杰校補調整；三、阮元批校；四、謄清成稿；五、孫同元復核，并有少量增補；六、嚴杰校定（或如方東樹言，與段玉裁同校）；七、刊刻成書（刊本校樣仍有少量增補）。故諸經校勘雖未必如阮元所云「授經分校，復加親勘」，但是校經、補校、審訂、復核，存在相對嚴格的流程，有助於提高校勘水準。此外，從稿本到刻本，文字内容甚至文本結構都有更動，而這些變化背後寓含有豐富的學術信息。

阮元於諸經校勘記均有序文，言己舊有校本，今囑某某取校各本，己復定其是非。但纂修的真實情況，恐並非如此，阮元掛名的成分更多一些，甚至各篇序文，都是他人代筆。如段玉裁嘉慶八年冬至日，撰有春秋左傳校勘記目録序，云：「錢塘嚴生杰博聞强識，因授以慶元所刻淳化本并陳氏考證，及唐石經以下各本及釋文各本，令其精詳捃摭，觀其所聚，而於是非難定者，則予以暇日折其衷焉。」[14]文字與阮元春秋左氏傳校勘記序文頗爲一致，當是段代阮捉刀。周易注疏校勘記稿本序文，亦是原有成稿，阮元施以文字刪訂，且兩易其稿。當然，阮元畢竟是考據學大家，經學研究的造詣有目共睹，亦有相當部分成果融入校勘記之中。至於段玉裁，既然負責全書審定，自當做過不少「定其是非」的工作，至少在纂修前期是如此。周易注疏校勘記大概因成稿較晚，似未經段玉裁細加改訂。當然，段玉裁的部分校訂文字，因涉及與顧廣圻的意氣之爭，亦頗遭物議。[15]此外，根據目前對諸經校勘記的初步整理來看，段玉裁無論校勘理念還是具體校經成果，都有滲透影響。[16]

有關十三經注疏校勘記的纂修經過，尚存在不少文獻缺失，學界對此亦有争議。我們只是根據周易注疏校勘記稿本、謄清本和刻本的文本狀況，結合十三經注疏校勘記纂修過程的文獻考察，做些初步梳理，詳情還有待進一步研究發掘。

三

阮元廣羅善本，延納學界菁英，纂成十三經注疏校勘記，其中備列諸本異同，廣採山井鼎七經孟子考文和清儒校經成果，堪稱經典文本校訂的典範之作，迄今恐尚無出其右者。阮元自矜爲「我大清朝之經典釋文也」，段玉裁亦謂「俾好古之士，知讀注、疏、釋文者，以是鱗次櫛比，詳勘而丹黃之，庶不爲南北雕及毛本所囿，家可具宋、元本，人可由是得漢、唐本。其在我朝，校唐之陸德明釋文爲無讓矣」。[17]校勘記刊行之後，即爲學界所重。焦循有評價曰：「群經之刻，譌缺不明。校以衆本，審訂獨精。於説經者，饋以法程。」⑱胡培翬撰著儀禮正義，凡涉經注校勘必引阮元校勘記，所引將近千條之多，在所據文獻中最爲重要。正如日本加藤虎之亮所云：「清儒校勘之書頗多，然其惠後學，無若阮元十三經注疏校勘記。凡志儒學者，無不藏十三經，讀注疏者，必并看校勘記，是學者不可一日無之書也。」⑲校勘記的優長之處，約略有三：

首先是廣羅善本，備列異同。根據全書凡例，十三經注疏校勘記以宋版十行本爲主，與其他宋版諸本以及明刊注疏本（閩、監、毛）進行對校，又以經典釋文、唐宋石經以及各經注本作爲經注文字的校勘材料。此外，十三經注疏正字、七經孟子考文以及各種經解著作亦在參考文獻之列。阮校之前，無論宋儒毛居正、岳珂、張淳校經，還是山井鼎七經孟子考文、浦鏜十三經注疏正字，不惟規模有限，參校版本亦屈指可數。而阮元藉助地位之便，又有學界菁英協力，得以博採唐石經、宋元善本、明刊舊鈔，以及當代通行本，施以詳盡對勘，備列諸本異同，在校勘規模和採納文獻數量方面，確可稱前無古人。試舉儀禮注疏校勘記爲例，其卷首引據各本目録列有唐石經、宋嚴州單注本、翻刻宋單注本、明鍾人傑單注本、明永懷堂單注本、宋單疏本、李元陽注疏本、國子監注疏本、汲古閣注疏本、國朝重修國子監注疏本、經典釋文、儀禮識誤、儀禮集釋、儀禮經傳通解、抄本儀禮要義、儀禮圖、儀禮集説、浦鏜十三經正字内儀禮二卷、儀禮詳挍、九經誤字、儀禮誤字、石經考文提要，幾乎把主要版本和前人校經成果網羅殆盡。

其次，校勘理念先進，校勘方法全面。山井鼎、盧文弨已經揭示「經注」、「義疏」、「釋文」原本別行的文獻實際。盧文弨批評浦鏜正字對於古書的層次構成缺乏基本區分，「其書徵不足者，不盡知釋文之本與義疏之本元不相同，後人欲其畫一，多所竄改，兩失本真，此書亦未能盡正也。又未得見古本、宋本，故釋文及義疏有與今之傳注不合者往往致疑，此則外國本（指考文）甚了然也」。[20]段玉裁則更進一步提出「以賈還賈，以孔還孔，以陸還陸，以杜還杜，以鄭還鄭」之說。校勘記正是遵此文獻理念，在以注校經、以疏校經注的同時，不妄改文字，充分考慮並區分文本的歷史層次。十三經注疏校勘記對校諸本，不僅備列文本異文，還詳細記録卷題形式、提行縮格以及文字磨改、剜擠、剜改、補刊之類版刻信息，這對於我們辨析文本源流，鑒定版本，校訂經、注、疏、釋文在流傳過程中所產生的譌、脱、衍、倒，都具有重要意義。

十三經注疏校勘記不惟校勘理念先進，校勘方法亦頗爲全面。山井鼎考文多依賴對校，對於諸本皆誤的情況缺少按斷，故盧文弨十三經注疏正字跋指其雖載舊本文字，「然特就本對校而已，其誤處相同者，雖間亦獻疑，然漏者正多矣」。浦鏜正字則因所據版本無幾，故校語多「誤作」、「當作」、「疑作」之類，頗有疑所不當疑，以不誤爲誤之處。十三經注疏校勘記彌補了考文、正字的缺陷，其校勘方法雖仍以對校爲主，但同時注重以注校經，以疏校經注，及注文前後互校，並旁取他書引據，廣泛使用本校和他校之法。對於諸本皆誤，且無他書可證者，則引證資料或援據注疏體例，加以考訂，多有不刊之論，堪稱清儒理校成果之典範。

再次，學術考訂成果豐碩。十三經注疏校勘記編纂正值乾嘉學術鼎盛之時，故得以廣泛汲取匯輯漢唐古注、校訂經書文字的成果，可謂取精用弘，博考詳辨。以周禮注疏校勘記爲例，總計羅列 5821 條校記，不僅征引歷代文獻遍及四部，還列述清儒惠士奇、惠棟、戴震、臧琳、段玉裁、孫志祖、盧文弨、程瑤田、沈彤、方苞等十餘人的考訂成果，并施以辨析取捨。[21]校勘記參考清儒成果，意圖集思廣益令校勘工作更加詳備，而其間辨析取捨則不僅體現校勘者的理念，同時亦透露出清儒成果的傳播與影響幅度，可以略窺當時學界樣貌。校勘記引述的清儒校經成果，許多並未成書流傳，故還有保存文獻之功。

十三經注疏校勘記分校者因學術背景、學術功力有別，呈現水準不無參差，但大致都以訂正文字爲旨歸。其中如成就較爲突出的毛詩注疏校勘記，在例行的版本比勘、引證他書材料之外，還善於發現材料之間的關聯，綜合運用各類文獻，進行文本校勘。顧廣圻憑藉出色的文獻功力，考辨異文來源，不僅判斷是非，更力求還原不同時代的文本，達至考鏡源流之功，同時還注意歸納通例，以揭示古典文獻、古代漢語中具有普遍性的規律。因此，毛詩注疏校勘記就不只是羅列異文、排比材料的簡單校語集合，而是一部考證精詳、具有很高學術價值的考據學著作。

當然，誠如前賢批評，十三經注疏校

勘記亦存在相當程度的局限與缺失，且與上述優長之處長短互現。校勘記以備列版本取勝，但實際參校版本，仍頗有缺失。其中既有因存藏所限無緣利用者，也有因不明刊刻源流而忽視者。各經卷首所列引據各本目録，亦不乏與實際採用版本不符或轉引他人校本者。以校勘記所用底本而論，凡例稱周易等十經以宋版十行本爲據，孝經以翻宋本（明正德刊本）爲據，儀禮、爾雅以北宋刊單疏本爲據，實際情況與此並不相符。阮元所謂宋版十行本，學界已傾向只是元刊補修本，且並非注疏萃刻之祖本。各經所用底本與凡例亦有出入，如尚書注疏校勘記、儀禮注疏校勘記實際是以毛本爲校勘底本，論語注疏校勘記則底本不明，或可視爲不主一本。各經引據參校本多寡不一，缺失情況或與分校者文獻功力相關。如孟子注疏校勘記引據十四種校本，不惟遺漏了重要的宋本，且直接目驗者僅有七種，另外七種則或據前人校勘學著作，或據他人校本，可靠程度自然大打折扣。校勘記對於經典釋文的校勘，凡例意指以葉林宗影鈔本爲底本，校以通志堂本和抱經堂本，而實際情況亦有出入。如尚書注疏校勘記就是以通志堂本爲底本，校以葉林宗影鈔本、十行本及毛本注疏所附釋文，又參以抱經堂本和段玉裁校本。其中對於段玉裁之説幾乎全部接受，亦可見段氏與校勘記修纂的密切關係。

十三經注疏校勘記凡例雖云「授經分校，復加親勘」，校勘亦有相對嚴格的流程，但諸經參校採摭，實際是各自爲政，故成品水準因分校者學術態度、文獻功力而異。如周易注疏校勘記利用文獻頗不齊備，且多間接使用，不加區分；校勘則以對校異文爲主，甚少按斷考訂。公羊傳校勘記實際參校版本數量亦較他經校勘記爲少，導致校勘質量不能盡如人意，故鐵琴銅劍樓藏書目録批評「阮氏挍勘此經，最多疏舛」。總體而言，顧廣圻、嚴杰、洪震煊分校諸經質量較好。十三經注疏校勘記書成衆手，體例風格亦存在較大差異。如就出校情況而言，徐養原、嚴杰、孫同元所校各經，在校記中通常只注明與底本文字相異的版本，而李鋭、顧廣圻、臧庸所校各經，則對與底本相同的版本亦皆注出。此外，校勘記採録前人成果，不甚嚴謹。如臧庸的校語多用前人校本，但往往不言出處，致使未列入引據各本目録的校本出現在校語中，徒增困惑。左傳校勘記與陳樹華春秋經傳集解考正存在明顯承襲關係，陳書既爲校勘記提供了基本思路，也提供了大量的校勘事例和他人成果，但只有部分被校勘記標記出來，更多的内容未加注明，需要比照二書才能發現。㉒

正因十三經注疏校勘記自身存在缺失，故在其流傳之後，不斷有補訂之作。其中如汪文臺十三經注疏校勘記識語、孫詒讓十三經注疏校記、劉承幹周易單疏校勘記，日本野間文史十三經注疏の研究、海保元備周易校勘記擧正、吉川幸次郎尚書正義定本附校勘記、加藤虎之亮周禮經注疏音義校勘記、倉石武四郎儀禮疏攷正、常盤井賢十宋本禮記疏校記等都對阮校頗多補訂增益。目前上海古籍出版社在陸續出版十三經注疏整理本并附新撰校勘記，山東大學杜澤遜教授主持開展十三經注疏彙校項目，野間文史教授進行以完成校定本爲目標的春秋左傳正義校勘，這些工作相信都會促進十三經注疏文本校勘走向深入。

四

十三經注疏校勘記的成書及初刻時間，張鑒雷塘庵主弟子記有明確記載，云嘉慶十一年十月「纂刊十三經校勘記二百四十三卷成」，此即所謂文選樓刊本。嘉慶十三年八月，段玉裁撰十三經注疏釋文校勘記序，今所見文選樓本多將此序置於卷首，落款云「嘉慶戊辰（十三年）酉月金壇前玉屛縣知縣臣段玉裁敬記」。此序録入經韻樓集，惟落款文字改爲「嘉慶戊辰歲酉月貢士前巫山縣知縣臣段玉裁記」。嘉慶廿一年十二月，經過連年校改，阮元又將此本敬裝十部，具表進呈御覽，其恭進十三經注疏校勘記摺子亦見載揅經室集二集卷八。根據前人揭示和課題成員初步調查，今存文選樓刊十三經注疏校勘記諸本之間文字略有出入，當是初刊之後，又經歷挖改、修補、增訂，并陸續印行。日本京都大學人文科學研究所藏本卷首無段玉裁序與阮元進表，而有王念孫「淮海世家」、「高郵汪氏藏書印」鈐印和少量批校，當是初印之本。據筆者目驗，該本卷首總目末葉原題「臣嚴杰校字」，文選樓後印本則挖改作「臣阮亨校字」。現存文選樓其餘各本，大致可分作有段玉裁序和有阮元進表、段玉裁序兩類，但具體到同類前後印本，文字仍有細微差別，其中尤以徐養原分校之尚書、儀禮兩經爲甚。如儀禮注疏校勘記原刻並無許宗彥之説，而後出印本則多補入許氏之説，涉及校記凡二十二條，在所增補内容中最爲矚目。此或可與阮元進表「連年校改方畢」之語相互印證。

阮元校勘十三經注疏，原本是爲重刊宋本十三經注疏做準備，故書成命名爲宋本十三經注疏併經典釋文挍勘記，不意段、顧諸君各持己見，勢同水火，遂致重刊之議延滯。嘉慶二十一年前後，江西南昌府學始重刊宋本十三經注疏，即後世所稱「阮本」。[23]阮元江西校刻宋本十三經注疏書後云：「嘉慶二十年，元至江西，武寧盧氏宣旬，讀余校勘記而有慕于宋本，南昌給事中黄氏中傑，亦苦毛板之朽，因以元所藏十一經至南昌學堂重刻之，且借校蘇州黄氏丕烈所藏單疏二經重刻之。近鹽巡道胡氏稷亦從吴中購得十一經，其中有可補元藏本中所殘缺者，於是宋本注疏可以復行於世。」[24]此時，原參與校經的諸君或亡或散，刊刻乃由江西鹽法道胡稷和士人盧宣旬主持。盧宣旬據文選樓本摘録校勘記部分内容，并予以刪補校訂，附於各卷之後，由此形成十三經注疏校勘記有別於文選樓單行本的南昌府學重刊宋本十三經注疏附録本。但是南昌本因成書倉促，主事者學識有限，校勘不精，頗受譏評。阮元書後文末附阮福按語，即云：「此書尚未刻校完竣，家大人即奉命移撫河南，校書之人不能如家大人在江西時細心，其中錯字甚多，有監本、毛本不錯而今反錯者，要在善讀書人，參觀而得益矣。校勘記去取亦不盡善，故家大人頗不以此刻本爲善也。」道光六年（一八二六），南昌府學教授朱華臨對嘉慶版予以重修，訂正不少訛誤，詳見其重校宋本十三經注疏跋。重修本流行甚廣，衍生出許多覆刊本，包括學界最常使用的中華書局影印世界書局本。

道光初年，阮元調任兩廣總督，於廣東學海堂編刊皇清經解（又名學海堂經解），嚴杰主持其事。纂刊始於道光五年八月，終於道光九年九月，收書凡一百八十三種，版存學海堂側之文瀾閣。[25]咸豐七年（一八五七），英軍進攻廣州，版片殘佚過半。咸豐十年，兩廣總督勞崇光募資補刊，補刻板片版心下方皆鐫「庚申補刊」，並增刻馮登府著作七種，此所謂「庚申補刊本」。皇清經解據文選樓本編入十三經注疏校勘記，然卷首未載阮元進表和段玉裁序文，其中卷八〇七末附有嚴杰識語，表明重刊校勘記以正視聽之意：

注疏之善册未有過於十行本者，若毛氏汲古閣本，缺佚錯訛，棼不可理。十行本初次修板在明正德時，即日本山井鼎七經孟子考文所載正德本，非別有正德注疏本也。正德後遞有修改，誤書棘目，不若毛本多矣。近年南昌重刻十行本，每卷後附以挍勘記，董其事者不能辨別古書之真贋，時引毛本以訂十行本之訛字，不知所據者乃續修之册。更可詫異，將宫保師挍勘記原文顛倒其是非，加補挍等字。因編經解，附正於此，俾後之讀是記者知南昌本之悠繆有如是夫。錢塘弟子嚴杰謹識于廣州督糧道署，時道光六年八月朔日。

學海堂本雖據文選樓本翻刻，但具體以何版次作爲底本，並無交代。經課題組成員初步比對，學海堂本與文選樓諸本、南昌本文字存在一定出入，但各經情況又不相同，其中既有翻刻時的字形統一、校記前後次序的改正，也有内容的校訂增補。道光原刻學海堂本不乏訛誤之處，咸豐庚申補刊本校勘似更爲精審，改正原刻訛誤較多，但亦有原刻不誤而補刻反訛者。因此參校學海堂本的文字異同，還應區分道光九年原刻與咸豐庚申補刊之别。

十三經注疏校勘記在上述諸本之外，據日本學者關口順調查，尚有光緒二十四年（一八九八）至二十五年蘇州江蘇書局重刊本。此刊原爲重刊阮本十三經注疏，附「阮氏足本校勘記」（即文選樓本校勘記），後未畢而停工，僅刊成十三經注疏校勘記，以單行本行世。[26]此外，日本曾據文選樓本翻刻周易注疏校勘記、論語注疏校勘記，增刻句讀，長澤規矩也考定爲天保十年（一八三九）至弘化二年（一八四五）間福井藩刊行。[27]

五

南昌本校勘記散附阮刻十三經注疏各卷後，易於參看，讀者稱便，加之阮本的流行，以致此後學者所用十三經注疏校勘記多以南昌本爲準，文選樓單行之本反而不顯。但是南昌府學重刊十三經注疏成書倉促，主持校讎的盧宣旬學力有限，加之校勘記文選樓原本書成衆手，體例風格存在較大差異，而涉及校勘底本的轉換，更增加了摘録改寫的難度，因此導致南昌本校勘記存在前人指摘的諸種問題。具體而言，盧宣旬摘録文選樓原本校記，舉凡引古本、足利本「也」、「之」、「其」等虚字的校記，以及引釋文所載異文的校記，皆予删去。如儀禮注疏所删校記數量超過三分之一，以致忽略大量版本信息。諸經釋文校語減省更甚，文選樓本毛詩釋文校勘記總共 533 條，南昌本僅保留 70 條。[28]南昌本校勘記均以南昌府學重刊宋本十三經注疏作爲底本，對於尚書、儀禮、論語等更改底本者，不僅變換出文，校記亦相應改寫，由此產生不少文字錯亂。當然，南昌本校勘記間有訂正文選樓本之失，增補條目和校語，案斷亦不乏獨到之見，但數量無多。總體而言，南昌本對文選樓本校勘記取捨比較隨意，並無明確的標準，且摘録改寫均存在明顯的疏誤，不宜視作阮校成果直接使用。

有鑒於南昌本的不可憑藉，筆者遂利用國家社科基金重點課題「十三經注疏校勘記研究」立項之便，邀集幾位年輕同道，共同進行文選樓本十三經注疏校勘記的系統整理，以求爲學界提供可以依賴且便利使用的整理本。因爲文選樓本十三經注疏校勘記各版次印本源流短時間内難以梳理清楚，我們選擇目前最便使用的上海古籍出版社續修四庫全書影印南京圖書館藏嘉慶阮氏文選樓刻本作爲底本，同時考慮到此前學界通用南昌本的實際，又以未經改訂的藝文印書館影印嘉慶二十年南昌府學宋本十三經注疏附録校勘記作爲校本，力求既忠實反映文選樓本校勘記的本來面目，又吸收南昌本的校勘成果，並注明二者的差異，以爲使用校勘記提供便利。此外，還酌情參校道光九年學海堂刻皇清經解本，并留意到其原刻本與庚申補刊本的文字差别。在整理方式上，除校勘異文和施加新式標點之外，另以卷爲單位，逐條標記序號，以便於引用，同時爲建立電子檢索數據庫，多角度提取數據奠定文本基礎。由於各經情況有别，具體校勘整理方法，可參見全書凡例和各經整理説明，此不贅述。

十三經注疏校勘記原書既成於衆手，分校者運用體例不一，加之採掇文本多源，徵引方式繁複，頗具整理難度。我們雖然歷經十餘次專題研討，四次較大的體例修訂，以及主編和責任編輯的統稿，但仍然難稱體例統一，標校一致。因爲有出版的時限，姑且以此面貌奉獻在讀者面前，期待方家不吝批評指正，令之臻於完善。

整理工作歷時三年有餘，甘苦自知。筆者忝列主編，首先感謝分擔整理任務的張文、王耐剛、袁媛、唐田恬、張學謙諸位，特别是協助我作了大量具體工作的唐田恬同學，他們都是北京大學古典文獻專業博士畢業或者在讀，相信都有美好的前程。其次感謝北京大學出版社典籍與文化事業部馬辛民主任以及吴遠琴、趙新、王長民、陳軍燕組成的編輯團隊，特别是負責協調的吴遠琴編輯，他們的專業水準和認真負責態度，提升了我們整理的質量，當然遺留問題都是主編的責任。此外，特别感謝國家社科基金的研究項目支持，感謝國家古籍整理出版規劃小組的出版資助。

張文、王耐剛、袁媛、唐田恬、張學謙所撰各經校勘記整理説明。

劉玉才

❶盧文弨抱經堂文集卷二，第二四頁，中華書局，一九九〇年。

❷段玉裁經韻樓文集補編卷下（劉盼遂輯校），經韻樓集第三九三頁，上海古籍出版社，二〇〇八年。

❸阮元揅經室集二集卷八，第五八九至五九〇頁，中華書局，一九九三年。

❹阮元十三經注疏校勘記卷首，清嘉慶阮氏文選樓刻本。經韻樓集卷一亦録有該序，文字微有差異。

❺蕭穆敬孚類稿卷八，第二〇九至二一三頁，黄山書社，一九九二年。

❻汪紹楹阮氏重刻宋本十三經注疏考，文史第三輯，第二六頁，中華書局，一九六三年。

❼劉玉才阮元十三經注疏校勘記成書蠡測，國學研究第三七期，北京大學出版社，二〇一五年。

主要參考文獻

汪紹楹阮氏重刻宋本十三經注疏考，文史第三輯，中華書局，一九六三年。

關口順原著、水上雅晴譯注十三經注疏校勘記略説，經典與校勘論叢，北京大學出版社，二〇一五年。

野間文史撰、童嶺譯近代以來日本的十三經注疏校勘記研究，中國經學第十一輯，廣西師範大學出版社，二〇一三年。

水上雅晴十三經注疏校勘記的編纂以及段玉裁的參與，中國經學第六輯，廣西師範大學出版社，二〇一〇年。

劉玉才阮元十三經注疏校勘記成書蠡測，國學研究第三七期，北京大學出版社，二〇一五年。

❽ 十三經注疏校勘記原擬名十三經注疏考證。

❾ 段玉裁經韻樓集補編卷下(劉盼遂輯校),經韻樓集第四一三頁。

❿ 段玉裁經韻樓集補編卷下(劉盼遂輯校),經韻樓集第四一四至四一五頁。

⓫ 段、顧之争,起因於注疏合刻始於北宋抑或南宋的分歧,延及周禮學制問題的辯論,最後勢如水火。雙方往返文字,具見各自文集,前賢亦多有闡發,此不贅述。

⓬ 臧庸送姚文溪大令還濟南序:「儀徵阮公撫浙之明年,校勘十三經,招鏞堂與其事,越三載壬戌九月,鏞堂分校者先竣,因請歸。」拜經堂文集卷四,民國十九年宗氏石印本。

⓭ 李遇孫云:「(嚴杰)究心古學,爲雲臺師所賞識,久館節署,十三經注疏校勘記等書皆面承指示而助成之。」金石學録卷四,民國二十三年羅氏石印百爵齋叢刊本。

⓮ 段玉裁經韻樓集卷四,第六五頁。

⓯ 蕭穆記方植之先生臨盧抱經手校十三經注疏文即過録有方東樹如下批語:阮序「臣復定其是非」,按嚴云「臣復定其是非」,此語專爲段氏駁詩經而設,因以施於群序云爾。按校刊記成,芸臺寄與段懋堂復校。段見顧所校詩經引用段説未著其名,怒之,於顧所訂,肆行駁斥,隨即寄粤付凌姓司刻事者開雕,而阮與顧皆不知也。故今詩經獨不成體。此事當時無人知者,後世無論矣。乙酉八月,嚴厚民杰見告,蓋以後諸經乃嚴親齎至蘇共段同校者也。

⓰ 可參考水上雅晴十三經注疏校勘記的編纂以及段玉裁的參與文,中國經學第六輯,廣西師範大學出版社,二〇一〇年。

⓱ 張鑒雷塘庵主弟子記卷二,阮元年譜第六五頁,中華書局,一九九五年。

⓲ 焦循讀書三十二贊,雕菰樓集卷六,清道光四年刊本。

⓳ 加藤虎之亮周禮經注疏音義校勘記序説,第一頁,日本無窮會,一九五七年。

⓴ 盧文弨十三經注疏正字跋,抱經堂文集卷八,第一〇七頁。

㉑ 唐田恬周禮注疏校勘記平議,經典與校勘論叢第二八四頁,北京大學出版社,二〇一五年。

㉒ 袁媛阮元左傳注疏校勘記成書管窺，經典與校勘論叢第三五三頁，北京大學出版社，二〇一五年。

㉓ 阮本的刊行時間，嘉慶本阮元記、胡稷後記與道光重校本朱華臨跋所言不同，汪紹楹認爲是朱跋所云嘉慶二十一年仲春至二十二年仲秋，見阮氏重刻宋本十三經注疏考，第二七至二八頁。

㉔ 阮元揅經室集三集卷二，第六二〇頁。

㉕ 夏修恕皇清經解序，見載道光九年廣東學海堂本皇清經解書前。

㉖ 関口順原著、水上雅晴譯注十三經注疏校勘記略説原注五〇，經典與校勘論叢，第二三二頁，北京大學出版社，二〇一五年。

㉗ 長澤規矩也和刻本十三經注疏に就いて，長澤規矩也著作集第一卷書誌學論考，第四九至五〇頁，汲古書院，一九八二年。

㉘ 袁媛阮元十三經注疏校勘記文選樓本和南昌府學本比較研究：以周易、毛詩、爾雅爲例，第五〇頁，北京大學碩士論文，二〇一〇年。

凡例

一、十三經注疏是中國古典學術的基礎文獻。清嘉慶初年，阮元組織江浙學人匯校十三經注疏，纂成十三經注疏校勘記。本叢書爲阮元十三經注疏校勘記的點校整理本。

二、叢書包括周易注疏校勘記、尚書注疏校勘記、毛詩注疏校勘記、周禮注疏校勘記、儀禮注疏校勘記、禮記注疏校勘記、春秋左傳注疏校勘記、春秋公羊傳注疏校勘記、春秋穀梁傳注疏校勘記、論語注疏校勘記、孝經注疏校勘記、爾雅注疏校勘記、孟子注疏校勘記十三種，並分別附録經典釋文校勘記和孟子音義校勘記。

三、叢書以續修四庫全書影印南京圖書館藏嘉慶阮氏文選樓刻本十三經注疏校勘記爲整理底本（簡稱文選樓本），以嘉慶二十一年江西南昌府學重刊宋本十三經注疏所附校勘記（簡稱南昌本）對校，並酌情參校道光九年廣東學海堂刊皇清經解本（簡稱學海堂本）。書後附録阮元恭進十三經注疏校勘記摺子、重刻宋板注疏總目録、胡稷重栞宋本十三經注疏後記、朱華臨重校宋本十三經注疏跋和嚴杰學海堂本十三經注疏校勘記題記。

四、各經的篇目卷次，一仍底本原貌，以保持其完整性和獨立性。

五、出文格式一仍底本，即根據經、注、疏的區别，分别以頂格、上空一格和上空二格進行區分。出文和校語之間空一格。校語回行時上空格數與出文保持一致。

六、各經所列校勘條目，以卷爲單位，逐一標注三位序號，方便讀者檢索引用。每卷首末兩條加標兩位卷號，釋文、音義部分卷號前加「f」，周易略例前加「l」，原書如作上、中、下卷，卷號標作01、02、03，卷上之上、中、下作01a、01b、01c。

七、校語根據現行標點符號用法，結合古籍標點通例，施加全式標點。因原書徵引文獻繁複，對於多層次引文，引號一般標至第二重引用，以保證眉目清晰；無法核實原始出處的引文，或作節引、意引之類變通處理，以免誤斷。

八、整理本漢字字形以國家語言文字工作委員會、新聞出版署發布的現代漢語通用字表規範字形爲標準，但凡是作爲校勘辨析對象者，則嚴格保留原文字形。此外，爲目録、書眉劃一起見，全書一、二級標題均採用規範字形。

九、對文選樓本十三經注疏校勘記進行校勘，並撰寫校記。

1．校勘以對校爲主，校記陳列異文，力求簡明扼要。

2．使用不同符號來提示文選樓本和南昌本的差異。凡南昌本增出之條目，即在相應位置補入，並在其上端以「*」標示；凡南昌本删去之條目，即在其末尾以「×」標示；凡南昌本摘録之條目，如有文字增補和删改，則在底本原條目下依次標注序號，並在各卷末出校記予以説明。

3．尚書、儀禮、論語、爾雅四經校勘記，南昌本更換原文選樓本所用底本，故整理時僅在二本有校勘意見分歧時出校，對於二本因底本不同而産生的文字差異，則不一一出校。

4．對校文選樓本和南昌本疑而難决之處，參校學海堂本。過録學海堂本增出的條目，以「＊＊」標示。

十、鑒於各經校勘記成書情況不盡相同，整理者在遵循凡例的基礎上或有變通處理之處，均在各經整理説明中予以指出。

十三經注疏併釋文校勘記序

六經猶日月星辰也。無日月星辰則無寒暑昏明，無六經則無人道。爲傳注以闡明六經，猶天象日月星辰以授民時、釐百工也。孔子既没，七十子終，而經多岐惑。漢初，儒者各述所聞，言之詳矣，而書不盡傳。迨鄭康成氏囊括百家，折衷一是，其功最鉅，而其要在發疑正讀。其所變易，其所彌縫，蓋善之善者也。顧鄭氏於六經不盡注，自是而後，南北學者所主不一。唐人就所主而爲正義焉。貞觀中，有陸德明釋文，自唐以前各家經本乖異，立説參差，皆於是焉可考。又有顔師古奉敕考定五經，凡正義中所云「今定本」者是也。至宋有孝經、論語、孟子、爾雅四疏，於是或合集爲十三經注疏。凡疏與經注本各單行也，而北宋之季合之。維時釋文猶未合於經、注、疏也，而南宋之季合之。夫合之者將以便人，而其爲經、注之害，則未有能知之者也。唐之經本，存者尚多，故課士於定本外許用習本。習本流傳至宋，授受不同，合之者以所守之經、注冠諸單行之疏，而未必爲孔穎達、賈公彦所守之經、注也。其字其説，乃或齟齬不謀，淺者乃或改一以就一。陸氏所守之本又非孔、賈所守之本，其齟齬亦猶是也。自有十三經合刊注、疏、音釋，學者能識其源流同異抑尠矣。有求宋本以爲正者，時代相積而愈譌，相距稍遠而較善，此事勢之常。顧凡宋本之書絶少大勝今本之處，況挍經如毛居正、岳珂、張淳之徒，皆學識未至，醇玼錯出。胥中未有漢本、唐本，而徒沾沾於宋本，抑末也。臣玉裁竊見臣阮元自諸生時至今挍誤有年，病有明南、北雝及琴川毛氏十三經注疏本紕繆百出。近年巡撫浙中，復取在館時奉敕挍石經儀禮之例，衡之羣經，又廣搜江東故家所儲各善本，集諸名士，授簡詁經精舍，令詳其異同，抄撮會萃之。而以官事之暇，篝燈檠燭，定其是非。復以家居，讀禮數年，卒業於鄭氏三禮，條分縷析，犂然悉當，成此巨編。俾好古之士，知讀注、疏、釋文者，以是鱗次櫛比，詳勘而丹黄之，庶不爲南、北雝及毛本所囿，家可具宋、元本，人可由是得漢、唐本。其在我朝，挍唐之陸德明釋文爲無讓矣。抑挍讎經、注之書，亦猶測量日月星辰也。千百年而象數有差焉，則隨時修正之，千百年而經、注之譌又或滋蔓焉，亦隨時整飭之。又烏知今日之不譌者，後日不且譌哉？所望測日月星辰者，有如此日而已矣。

嘉慶戊辰酉月，金壇前玉屏縣知縣臣段玉裁敬記。

宋本十三經注疏併經典釋文校勘記凡例

一，周易、尚書、毛詩、周禮、禮記、春秋左氏傳、公羊傳、穀梁傳、論語、孟子凡十經，以宋版十行本爲據。孝經以翻宋本爲據。他本注疏每半葉九行，此獨十行，雕版南宋，遞有修補，下至明正德間，其版猶存，爲注疏中之善本，與日本七經孟子考文所稱宋版多合。惟考文所載漏略甚多，今依原書校出，凡與明神廟間國子監本、明閩中御史李元陽本及崇禎間汲古閣毛晉本字有多寡、文有異同處，皆詳載之。

一，儀禮、爾雅無十行本，而有北宋時所刊之單疏本，爲賈公彥、邢昺之原書。禮記正義宋本亦多缺泐，依惠棟所校南宋本補録。穀梁傳據影宋鈔單疏本。惜文公以上缺。周易依盧文弨所校錢孫保影宋本。左氏傳據宋慶元間所刻三十六卷本。此六經義疏又在宋十行本之上。

一，今學者所習不外閩本、監本、毛本，大較閩本即出於宋十行，監本出於閩，毛本又出於監。閩、監二本錯字略少，脱簡特多，毛詩或逸數章，周禮間缺一職。毛本詩少譜序，左傳失刊後序，且魯魚亥豕之訛，觸處皆是，棼不可理。近日坊間又將毛本重刊，則譌字又倍之。今以單疏本、宋本訂三本之失，三本之失不及悉載，其謬誤特甚者，必爲之舉正也。

一，此校以宋本爲據，上考之經典釋文、開成石經。論語則考之皇侃義疏，孟子則考之孫奭音義、宋高宗御書石經及何焯挍不全北宋蜀大字本經注，孝經則考之唐石臺本經注。餘若宋小字本毛詩經注、嚴本儀禮經注、李如圭儀禮集解內鄭注、錢孫保所挍宋周禮經注、宋監本禮記經注、不全北宋刻小字本及不全宋本春秋經傳集解、又淳熙本春秋經傳集解、惠棟所挍宋鄂州本公羊經注、何煌所挍宋穀梁經注殘本、元雪窻本爾雅經注及明吳元恭仿宋刻爾雅經注、相臺岳珂所刻各本經注、嘉靖間仿宋刻三禮經注，竝爲參挍，輒附折衷之語。

一，經、注之傳於唐者，自孔穎達、賈公彥義疏本外，一曰陸德明本，經典釋文所載之大字是也；一曰顏師古本，義疏中所載之定本是也。記中凡遇二本，竝爲載入。

一，近日挍經之書，莫詳於嘉善浦鏜十三經注疏正字及日本西條掌書記山井鼎、東都講官物觀所撰七經孟子考文補遺二書，多詳備可觀。但浦鏜雖研覈孜孜，惜未見古來善本。又以近時文體讀唐代義疏，往往疑所不當疑。又援俗刻他書肆意竄改，不知他書不必盡同義疏所引，而他書之俗刻尤非唐代所傳之本也。至若山井鼎、物觀於易、詩、左傳、論語、孟子，其所謂宋本注疏者，與宋十行本相同。惟禮記一書，未見宋刻絕無闕字之本。而其所謂古本，又多擵摭於釋文、正義中，亦仍不免錯誤。其餘則私爲改易，更喜句中增加虛字，尤失古義。故記中於此二書多慎取之，間亦辨其似是而非之處，不欲多言滋蔓也。

一，經典釋文明代無單行之本，崇禎間，震

澤葉林宗仿明閣本影寫一部。國朝徐乾學取以刻入通志堂經解，盧文弨又刻之抱經堂。雖皆據原書訂正，亦或是非互易，弃瑜録瑕，今仍取原書以挍徐、盧兩刻，拾遺訂誤，分配各經。孟子則取通志堂音義，以孔繼涵微波榭本、韓岱雲本、盧文弨本附挍於後。

一，釋文、義疏以外，唐以前之本雖不可見，然古書偁引，確然有據者，如水經注之引禹貢「浮於淮、泗，達於菏」，通典之引攷工記「革鼓瑕如積環」注「革謂急」，諸如此類，皆足以訂正義本之失。我朝文教深厚，治經者多以根柢之學研求古義，學識超軼前代。凡事涉挍勘，擇其精粹，其他通論大義之書，槩不淆入也。

一，諸經皆舊有挍本，復就江浙經生，授經分挍，復加親勘，定其是非，以成是記。

宋本十三經注疏併經典釋文校勘記摠目

周易注疏校勘記

〔清〕阮元　總纂
李鋭　分校
張學謙　整理

目録

整理說明

一、周易注疏校勘記之編纂

關於周易注疏校勘記的分任者，阮元周易注疏校勘記序云：「臣元於周易注疏舊有校正各本，今更取唐、宋、元、明經本、經注本、單疏本、經注疏合本，讎校各刻同異，屬元和生員李鋭筆之。」校勘記各卷末亦署「臣李鋭校字」。據此則周易注疏校勘記出於李鋭之手。李鋭（一七六九—一八一七），字尚之，號四香，江蘇元和人，諸生。肄業蘇州紫陽書院，從學錢大昕，精曆算之學。嘉慶初應阮元聘，參與編纂經籍籑詁、疇人傳。所著有周易虞氏略例、召誥日名攷、方程新術草、句股算術細草、弧矢算術細草、開方説等。[1]殁後阮元爲刻李氏遺書十一種十八卷。除周易外，李氏所任尚有春秋穀梁傳注疏及孟子注疏二經。

國家圖書館近年入藏周易注疏校勘記稿本和謄清本，劉玉才師有專文介紹，並據此推測周易注疏校勘記的編纂流程：（一）分任者李鋭完成初稿並作自我修訂。（二）嚴杰校補調整。一是通過新增條目和訂補校記文字，補入李鼎祚周易集解異文以及盧文弨、浦鏜等人的校勘成果。二是李鋭原稿只校文字異同，甚少論斷，嚴杰校補則對諸本異文間下按語、斷語。（三）阮元批校。（四）謄清成稿。（五）孫同元復核，并有少量增補（孫志祖校語均爲孫同元增入）。（六）嚴杰校定。（七）刊刻成書（刊本校樣仍有少量增補）。[2]

稿本第二册卷末有朱筆題署「甲子仲春三日嚴杰校補」，謄清本各册封底有甲子（嘉慶九年，一八〇四）十二月十七日至十九日孫同元題記，周易注疏校勘記定稿當在此後不久。

二、周易注疏校勘記引據之版本

宋本十三經注疏併經典釋文校勘記二百四十五卷於嘉慶十一年（一八〇六）十月由儀徵阮氏文選樓刊行。❸其中周易注疏校勘記九卷，略例校勘記一卷，另附釋文校勘記一卷。校記凡 2333 條，包括周易注疏正文校記 1939 條（卷一 277 條，卷二 261 條，卷三 328 條，卷四 218 條，卷五 228 條，卷六 171 條，卷七 181 條，卷八 157 條，卷九 118 條），略例校記 152 條及釋文校記 242 條。

（一）底本

正如宋本十三經注疏併經典釋文校勘記凡例所云（「周易……以宋版十行本爲據」），周易注疏校勘記以十行本爲底本，即各條校記之出文爲十行本文字。但亦有少量條目因十行本有闕文或文字筆畫舛訛，出文改從其他版本者，如：

01—167　夫兩雄必爭　十行本「夫兩雄」三字，「夫」字、「雄」字筆畫舛誤，「兩」誤「用」。閩本亦作「用」，缺「夫」字。岳本、監、毛本如此。

03—305　此象既釋卦名　十行本「此象既釋卦」五字闕，閩、監、毛本如此。

又十行本有宋刻、元刻之别，凡例雖云此本爲「宋版」，實際乃元刊明修十行本。❹

周易兼義宋刊十行本今已不存，未經明代修補的元刊元印本亦甚爲稀見，現僅美國伯克萊加州大學東亞圖書館有藏。[5]周易兼義九卷略例一卷釋文一卷，對於「兼義」之義，盧文弨云：「蓋正義本自爲一書，後人始附於經注之下……明乎向者之未嘗兼也。」[6]周易注疏校勘記亦云：「『兼義』字乃合刻注疏者所加，取『兼并正義』之意也。」[7]元刊周易兼義版片在明代至少經過明初、正德六年、正德十二年、嘉靖初四次較大規模的修補。校勘記凡例云：

> 周易、尚書、毛詩、周禮、禮記、春秋左氏傳、公羊傳、穀梁傳、論語、孟子凡十經，以宋版十行本爲據。孝經以翻宋本爲據。他本注疏每半葉九行，此獨十行，雕版南宋，遞有修補，下至明正德間，其版猶存，爲注疏中之善本。

似乎周易注疏校勘記所據爲正德修補印本。然洪頤煊讀書叢録卷二十四云：

> (周易註疏、毛詩註疏、周禮註疏、禮記註疏、左傳註疏、公羊註疏、穀梁註疏、孝經註疏)以上八種皆南宋閩中所刊，即世所稱十行本也，間有明正德、嘉靖補刻葉。唯孝經殘缺最多，原葉幾無一二存矣。阮尚書南昌學宮刊本即從此本翻雕。[8]

所謂「阮尚書南昌學宮刊本」即嘉慶二十年至二十一年南昌府學重刊宋本十三經注疏，重刊所據與文選樓校勘記所據皆爲阮元藏本，[9]故知周易注疏校勘記底本實爲嘉靖印本。瞿氏鐵琴銅劍樓藏有正德修版本（正德十二年印本），鐵琴銅劍樓藏書目録云：

> 阮氏挍勘記、南昌府學重刊宋本皆據是書……顧以是本核之，頗多不同。其不同者，是本往往與家藏宋單注本、宋八行注疏本，及挍勘記所引岳本、錢本、宋本合，阮本多誤同閩、監、毛本。均是十行本，何以違異若此？蓋阮本多修版，其誤皆由明人臆改，是本修版較少，多可藉以是正。⑩

阮氏周易注疏校勘記以嘉靖印本爲底本，故較正德印本訛誤增多。瞿目此條後附校記，以家藏十行本校阮氏校勘記及重刊本，可參看。

以上所論僅爲經、注、疏部分，即周易注疏校勘記卷一至九所據之底本。至於略例，引據各本目録「十行本」下云：「凡九卷，附音義一卷，無略例。」校勘記以岳本爲底本。⑪今檢伯克萊加州大學藏元刊元印本、瞿目著録正德印本及北京市文物局藏嘉靖印本周易兼義，⑫皆有略例，故知阮元藏本有闕，而校勘記誤以十行本本無略例。

雖然阮藏十行本周易兼義附有音義一卷，而文選樓本釋文校勘記仍以通志堂本爲底本，校以宋本、十行本、閩本、監本、盧本（參下文）。

（二）校本

引據各本目録有如下校本：

1. 唐石經

唐石經始刻於唐文宗大和七年（八三三），刻成於開成二年（八三七），故又稱「開成石經」。包括易、書、詩、三禮、三傳及孝經、論語、爾雅，共十二種，並附五經文字、九經字樣二種。立石長安國子監太學，清代在陝西西安府府學，今存西安碑林。其中周易九卷、略例一卷，僅刻經文，然周易上經乾傳第一至周易下經豐傳第六及周易略例卷端題「王弼注」，周易繫辭上第七至周易説卦第九題「韓康伯注」，知其亦來自經注本。唐石經改刻情況極爲複雜，關於唐代的修改，嚴可均唐石經校文云：

> 有未刻之前曠格、擠格以改者，蓋鄭覃校定。有隨刻隨改及磨改字迹，文誼竝佳者，蓋唐玄度覆定。有文誼兩通而字迹稍拙者，蓋韓泉詳定。……若初刻誼長，而磨改繆戾，字迹又下下者，及未磨而遽改者……蓋乾符中張自牧勘定。……易、書、詩、左氏傳、論語多旁增字，當出張自牧手。[13]

此外，後梁時又有補刻，北宋時有據監本旁改添注處。明嘉靖三十四年地震，石經倒損。萬曆十六年，西安府學官薛繼愚、葉時榮及生員王堯典（典多誤爲惠）、王汝魁、張尚德等按舊文集其闕字，別刻小石立於碑旁，雖紕繆甚多，而尚不與原碑相亂。[14]嘉靖地震前之拓本流傳極少，僅石墨鐫華謂「華下東生文豸家有乙卯（即嘉靖三十四年）以前搨本」，[15]嚴可均亦云：「唐石經以嘉靖乙卯前摹本爲勝，今絶不可得，而士大夫家所藏舊摹本都補綴可疑。」[16]流傳拓本多經褾匠裝册，爲求經文完具，乃取小石之字剪配嵌入原碑闕文中，「裝合輻湊，竟如一手搨出者」。[17]清初顧炎武作金石文字記即據此類褾册拓本，誤以補字爲正本，極詆石經之非，實失於查核。

拓本之外，日本天保十五年（一八四

四）松崎慊堂（明復）刊行縮刻唐石經。[18]民國十五年，張宗昌皕忍堂刊行景刊唐開成石經，取新拓依樣鉤摹，「字有殘缺，按儀徵阮元覆刻宋槧十行本注疏之經文雙鉤補入，以示區別」。[19]

唐石經爲五代國子監本（後唐長興三年刻印九經）所據，乃後世經書版本之祖，故爲校勘記取校。阮元乾隆末充石經校勘官，分校儀禮，於唐石經多所利用，故對其磨改、添字、補刻的情況有一定的認識。儀禮石經校勘記區別乾符磨改、朱梁重刻、明人補字，其序云：「唐開成石經所校，未盡精審，且多朱梁補刻及明人補字之訛。」[20]周易注疏校勘記區分初刻、改刻、後增、後刪等，如：

01—084　君子以自強不息　岳本同。石經初刻「彊」，後改「强」。

01—179　履霜堅冰陰始凝也　岳本、閩、監、毛本同。石經初刻無「也」字，後增。

03—188　不耕穫未富也　岳本、閩、監、毛本同。古本「穫」上有「而」字。石經初刻亦有「而」字，後改刪去，故此行止九字。

以上引據各本目録爲「單經本」。

2．岳本

校勘記以爲宋岳珂所刻，實則元代荊溪（宜興）岳浚刊行。[21]引據各本目録云：「今據武英殿重刊五經本。」乾隆四十八年，高宗命以五經萃室所藏岳本五經交武英殿仿寫刊刻，行款、版式、點畫及歷代藏印一仍原本之舊。各卷末附考證，並據考證改動部分正文文字。校勘記偶有以殿本改字爲岳本原文者，乃失檢考證之誤，如：

06—148　以既濟为安者　岳本、閩、監、毛本同。錢本、古本、足利本「安」作「象」，宋本作「家」。案，「家」即「象」之誤。

今按，殿翻岳本確作「安」，然卷末考證云：「既濟象注：以既濟为象者，道極无進○案，『象』字武英殿注疏本作『安』。」據考證出文，知岳本原本實作「象」，殿翻本改「安」，考證未明言改字，校勘記失於查核。

岳本周易現存一部，明太倉周天球、睢州袁樞舊藏，清乾隆間入四庫館，爲各閣四庫全書據以抄録之底本。自翰林院流出後，經張元濟收歸涵芬樓，現藏國家圖書館。㉒

3．古本、足利本

此二本皆據七經孟子考文補遺。七經孟子考文補遺是日本江户時代學者山井鼎考文、物觀補遺而成的經書校勘著作。主要利用足利學校所藏諸經版本，以周易爲例，摘句據崇禎本（毛本），經、注校古本、足利本（參宋板），疏校宋板，正德本（元刊明修十行本）、嘉靖本（李元陽本）、萬曆本（北監本）亦在參校之列，少量條目有案語。崇禎本無略例、釋文，故略例以嘉靖本校以諸本，釋文以萬曆本爲主，校以經典釋文單行本及正德本、嘉靖本等。

所謂「古本」即「足利學所藏書寫本」，其中「周易三通，各三本。略例一通」，考文補遺凡例云：「皆此方古博士家所傳也……其經文、註文皆與宋板、明板頗有異同，助字甚夥……周易王弼註與略例別行，凡如此之類，皆唐以前所傳者。」一部寫本闕夬至未濟。對於這三部寫本，考文補遺的處理是：「寫本三通各有出入，故三通同者作『三本同』，二通同者作『二本同』，共稱曰『古本』。」故校勘記轉引時有「古本（古一本、古二本）作某，一本作某」之表述。

需要注意的是，校勘記卷一有七條校記引及「寫本」，而「寫本」並不見於引據各本目録。徐時棟對此即頗爲疑惑：

> 此所開並無「寫本」之目，而其第一卷前數葉所謂「寫本」，此是何本耶？或即是影宋鈔本，然此明云稱「鈔本」，何改稱「寫本」耶？且第一葉「考察其事」條下阮稱「鈔本」，又稱「寫本」，似「寫本」非影宋鈔本矣。然則究是何本耶？[23]

今檢七經孟子考文補遺，此七處確稱「寫本」，校勘記轉引無誤。而七條校記均不出孔穎達周易正義序及八論部分，考文補遺稱足利學所藏寫本中有「孔穎達正義序及八論共一本」，所謂「寫本」即指此本。

所謂「足利本」，考文補遺凡例謂「亦本學所印行活字板也」，實即「伏見版」，爲日本慶長四年至十一年（一五九九至一六〇六）德川家康命足利學校第九世庠主元佶（三要）於京都伏見圓光寺印行之木活字本，其中周易印行於慶長十年。[24]楊守敬日本訪書志云：「其原係據其國古鈔本，或去其注末虛字，又參校宋本，故其不與宋本合者皆古鈔本也。」[25]足利本略例有邢璹序并注。

對於考文補遺所載古本，阮元雖信其「竟爲唐以前別行之本」，[26]但對於其中大量虚字，校勘記凡例頗有批評：「其所謂古本，又多攙摭於釋文、正義中，亦不免錯誤。其餘則私爲改易，更喜句中增加虚字，尤失古義。」故「多慎取之，間亦辨其似是而非之處」。經注多虚字乃沿隋唐鈔本之遺，阮氏等人所見皆南宋以來刻本，故有此疑。

七經孟子考文補遺享保十六年（一七三一）初刻於日本，十七年即由長崎傳入中國。[27]乾隆二十六年（一七六一），翟灝即借校汪啓淑藏本，撰寫四書考異。[28]乾隆三十七年（一七七二），高宗諭旨徵訪遺書，汪氏以所藏日本原刻本進呈，考文補遺收入四庫全書，影響大增。此後盧文弨撰群書拾補、經典釋文考證，王鳴盛撰尚書後案等，皆以之參校。嘉慶二年（一七九七），阮元以揚州江春隨月讀書樓所藏「日本元板落紙印本」翻刻於杭州，即小琅嬛僊館刻本（後收入文選樓叢書）。底本似闕序文及凡例，故阮氏刻本别依文瀾閣寫本刊列卷首。原板譌字仍之，别爲訂譌於卷末。[29]校勘記所據當即此本。

以上引據各本目録爲「單注本」。

4. 宋本

引據各本目録云：「據錢遵王校本。案，錢跋有單疏本一、單注本二、注疏本一，今不復能識别，但稱『錢校本』。」錢遵王即錢曾。然國家圖書館藏八行本周易注疏書前陳鱣迻録錢孫保跋語云：「予所獲單疏本一、注疏合刻一，又單注本二，皆宋刻最精好完善者。」則此錢氏似當爲錢孫保，故汪紹楹謂「錢遵王本、錢求赤本，實爲一本」。[30]孫保字求赤，號非庵，謙貞子。錢孫保曾藏一影宋鈔本，後歸周錫瓚，陳鱣借鈔五經正義表、周易正義序及卷一，以補己藏八行本之闕。陳氏並録錢孫保題識數則，又於錢跋後加以己注。據陳氏注記，影宋鈔本「全書俱用朱筆句讀點勘」，「此所以重錢，是本作『重體』。故交其錢，是本作『其體』。下方朱筆校云：『二體字，宋作錢。』……既係影宋鈔本，而求赤校語又何以云宋作某，皆屬可疑」。是影宋鈔本有錢孫保校語，校勘記所謂「錢遵王校本」當爲「錢孫保校本」之誤，汪氏之説是。

惟校勘記卷二「師」卦下云：「按，錢校本起此，已前缺。」則其所據或爲他人過録錢孫保校跋之本，且闕師卦之前。引及錢校本之校記凡十六條，其中十三條錢校本與錢本均同，惟02—062「進則无應」條有錢校本而無錢本，餘二條（02—050、02—052）均爲錢校本體例。

又校勘記既不能區分錢校異文來源，卻仍以此本置於「單疏本」標目下，不當。日本江户後期儒者海保漁村以己藏舊抄單疏本周易正義校周易注疏校勘記，乃知校勘記所謂「單疏本」爲虚標其目，其周易校勘記舉正序云：

> 始讀至此，以爲所謂錢校本者，必其以單疏相比校者矣。及偏檢通篇，其專指引單疏者，僅一見乾象内，餘皆不復能識别，則又以爲所謂單疏者，與宋注疏本亦不甚相徑庭矣。迨獲舊抄單疏校之，則疑其異同紛然出於錢校本之外者，何其夥也。意者所謂宋單疏本者，錢氏蓋偶一寓目，而未經點校。當阮氏校書時，則此種已屬絶響，於是僅存其目於卷首，猶據七經考文所引，直標宋本，實未始目擊而檢尋

之也。㉛

錢校所引宋本，版本情況不明。單疏本周易正義十四卷，現存宋刻遞修本一部，藏於國家圖書館。此本清末藏於徐坊處，秘不示人。民國間爲傅增湘所得，乃於民國二十四年（一九三五）由北平人文科學研究所影印。今有古逸叢書三編、續修四庫全書、中華再造善本影印本。

周易正義單疏尚存日本舊鈔本二十餘種，㉜經過日本學者對其中部分鈔本的研究，這些鈔本很可能出自唐鈔本系統。㉝楊守敬於日本獲狩谷望之舊藏單疏鈔本，㉞後爲劉承幹輾轉購入，民國三年刻入嘉業堂叢書，並附周易單疏校勘記（校阮本）。這是中國學界第一次得見周易單疏。

以上引據各本目録爲「單疏本」。

5．影宋鈔本

引據各本目録云：「據餘姚盧文弨傳校明錢孫保求赤校本，今稱『錢本』。」所據即盧氏手校本周易注疏轉録之錢本異文，部分内容已收入盧氏群書拾補初編。盧氏補五經正義表，校周易注疏、周易略例皆引錢孫保影宋鈔本（亦稱「錢本」），其跋云：「此元本半葉九行，每行十七字，其『勅』字唐人皆作『勑』，今并提行皆仍之，以不失其舊。」陳鱣於此本有更爲詳細的記述：

> 常熟錢求赤所藏鈔本周易注疏十三卷，後附略例一卷、音義一卷，前有五經正義表四葉。每葉十八行，行十七字。表後半葉有朱筆題識，凡三條，其弟二條書于上方。全書俱用朱筆句讀點勘，每卷首有「彭城」、「天啓甲子」、

「匪庵」、「求赤氏」、「錢孫保印」，凡五印，卷尾有「錢孫保一名容保」一印。

錢求赤此記亦用朱筆，在弟十三卷後。庚戌爲康熙九年，求赤生于明天啓四年甲子，則其時年四十七矣。是書記但稱爲鈔本，而後有亭林跋，則稱爲影宋鈔。今以鱣所得宋刻本較之，凡宋本避諱字，是本惟避玄、鏡字，而不避敬、弘、恒、貞等字。宋本注小字雙行，是本注作中等字單行。宋本經文大字與注疏小字俱頂格相連，每節不提行。是本每節次行俱低一格，次節提行。又以山井鼎七經孟子考所引宋本較之，如乾卦初九疏「他皆放此」，是本作「倣」。此「所以重錢」，是本作「重體」。「故交其錢」，是本作「其體」。下方朱筆校云：「二『體』字，宋作『錢』。」……斯類甚多。且既係影宋鈔本，而求赤較語又何以云宋作某，皆屬可疑。然注疏次序與宋本悉合，其書法工整，非影宋鈔者不能。且五經正義表巋然冠首，正賴此以存，誠所謂天下至寶也。今藏吴中周氏香嚴堂，餘姚盧弓父學士群書拾補曾據以是正。鱣所得宋刻本亦最爲精美，惜缺首卷，更無它本可補，借此繕録，得成完書，幸莫甚焉。[35]

對於錢氏影宋鈔本的底本，鐵琴銅劍樓藏書目録認爲是八行本：「考十三卷本此外惟錢求赤鈔宋本、山井鼎考文所引宋本而已，錢本悉與此同，蓋即此所自出，但轉寫不無譌脱。（案：錢校蓋據明監本，故失校處每同監本）。」[36]但據陳鱣跋語，此本行款格式與八行本頗有不同，異文亦有出入，錢校又有「宋作某」之處，不可遽以「錢校蓋據明監本」釋之。至於底本爲何，尚待研究。值得注意的是，除卷數外，錢本的注疏綴合方式亦與八行本相同，錢孫保跋已言之：「此古注疏原本也，蒙古刊本割截可恨，明興，諸監本皆因之，而始失其舊。……此古注疏本也。經下列注，注後疏自釋經，疏釋經後，疏復釋注……不知何年腐儒割裂疏文，逐句逐行列於經注之下。」[37]所謂「蒙古刊本」蓋元刊十行本或其祖本，皆割裂疏文附於各注之下，故錢本絕非十行本系統可知矣。

6．宋本

亦據七經孟子考文補遺。此宋本即足利學校所藏八行本周易注疏十三卷，現存日本足利學校遺跡圖書館，南宋兩浙東路茶鹽司刻本，未經修補，有南宋陸子遹識語。一九七三年日本汲古書院影印。另存一八行本即上舉陳鱣藏本，爲宋元遞修本，序、表、卷一配清陳氏士鄉堂鈔本，校勘記未見。已經古逸叢書三編、續修四庫全書、中華再造善本影印。

7．閩本

引據各本目録云：「凡九卷，附略例一卷、音義一卷。」閩本爲明嘉靖中福建巡按御史李元陽、提學僉事江以達刊於福州，[38]乃十三經注疏的第一次彙刻。此本出於元刊明修十行本，但改易版式爲半葉九行，經大字單行，注中字單行，釋文、疏小字雙行。十行本版片明代存於福州府學，[39]嘉靖修補刻工與閩本刻工多同。閩本周易兼義對所據底本（底本爲正德印本抑或嘉靖印本尚不十分明確）頗有訂正補闕處，如卷三離卦，正德補板有數十字均爲墨釘，閩本補足。（見校勘記 03—305 至 03—307 條）然亦有不能填補處，如周易略例明象「夫象者，出意者也。言者，明象者也」注「若乾能變化，龍是變物，欲明乾象，假龍以明乾。欲明龍者，假言以象龍。龍則象意者也」，明初補刊葉闕乾、假、龍、則四字，閩本補乾、假二字，仍闕龍、則二字爲墨釘。

閩本初印甚爲稀見，「每卷首葉第三行竝署云『明御史李元陽、提學僉事江以達校刊』」，[40]後印本削去，以其位置補刻疏人。

8. 監本

監本十三經注疏爲萬曆十四年至二十一年北京國子監刊行，故稱「北監本」。監本據閩本重雕，故行款、分卷皆與閩本同，惟注文改閩本中字單行爲小字單行，空左偏右。各經版心上方刻刊版年份，卷端次行起刻校刊者祭酒、司業銜名。其中周易兼義版心刻「萬曆十四年刊」，卷端次行、三行刻「皇明朝列大夫國子監祭酒臣李長春等奉/勑重校刊」。監本周易兼義經過校勘，有優於閩本處，如坤卦彖注「夫兩雄必爭」，閩本「夫」字爲墨釘，「兩」訛「用」，監本補正。（見校勘記 01—167 條）又坤卦彖疏「不敢干亂先聖正經之辭」，閩本「干」訛「于」，監本改正。臧庸家藏初印監本周易兼義，亦謂「譌字較毛爲少，往往與兩宋本相合」。[41]然亦有沿閩本訛闕而未能補正者，如上舉略例明象注，龍、則二字監本仍爲空闕。

監本於崇禎間有修版，重修本將萬曆校刊者銜名由大字單行改爲小字雙行，「校」諱改「較」，並於其後增刻「皇明朝列大夫國子監祭酒臣吳士元/承德郎司業仍加俸一級臣黄錦等奉/旨重修」，版心刊版年份未改。吴士元，字長吉，進賢人。崇禎四年「管北司業事」，五年陞北京國子監祭酒。㊷重修本「有崇禎六年祭酒吴士元題疏，稱板一萬二千有奇，始刻於萬曆十四年，成於二十一年，至崇禎五年冬，奉旨重修」。㊸至清康熙二十五年，北京國子監又對版片進行了修補。每卷首葉版心改鐫「康熙二十五年重修」，餘葉將萬曆刊記删去。卷端舊銜名亦改刻「康熙二十五年國子監祭酒臣常錫布、祭酒加一級臣翁叔元、司業臣宋古渾、司業加一級臣達鼐、司業臣彭定求、學正臣王默、典籍臣程大畢奉旨重校脩」。舊刊記、銜名亦有未删或删而未刻者。

萬曆監本經過崇禎、康熙間兩次修補，質量每況愈下，浦鏜十三經注疏正字例言云：「修板視原本誤多十之三。」校勘記凡例對監本評價頗低，所據實爲重修之本，不符萬曆監本之實。通觀各經校勘記，亦有明晰監本初印與重修之别者。如嚴杰分任之左傳注疏校勘記即區分「監本」與「重修監本」，且一云「錯字較少，非毛本可及」，一云「譌字較原本爲多」。徐養原分任之儀禮注疏校勘記，所據亦有監本、國朝重修監本之别。至於周易注疏校勘記，其引據各本目録未明言所據，今檢校勘記所謂監本誤字、脱文，如：

01—023　文王囚而演易　閩、毛本同。監本「囚」誤「卦」。

01—024　並依此説也　閩、毛本同。監本「依」誤「焉」，闕「此」字。

09—104　周易雜卦第十一　〇按，監本此節注文全脱，當依此補。

萬曆初印監本多不誤、不脱，知李鋭所用實爲崇禎或康熙重修之本。

9．毛本

引據各本目録云：「凡九卷，無略例、音義。」毛本周易兼義爲崇禎四年常熟毛晉汲古閣刻本，故又稱「汲古閣本」。別將略例刻入津逮秘書。[44]毛氏刻十三經注疏，始崇禎元年，終十二年，各經末均鐫刊版年份，其中周易兼義爲「皇明崇禎四年歲在重光協洽古虞毛氏繡鐫」。毛本據監本重刻，而校正粗疏，誤字甚多，故校勘記凡例譏之爲「魯魚豕亥之訛，觸處皆是，棼不可理」。然其初印本亦多有佳處，蓋嘗對校宋元善本。[45]

毛本版片後於乾隆四十年由常熟席世宣修補印行，嘉慶間書坊並有翻刻本，[46]「譌字又倍之」。[47]毛本於清代極爲流行，盧文弨云：「唯是外間所通行，唯毛本獨多，故仁和沈萩園廷芳、嘉善浦聲之鏜作十三經註疏正字，日本國足利學山井鼎等作七經孟子考文，皆據毛本爲説。」[48]阮元登第前校十三經注疏，亦以毛本爲底本。[49]對於毛本的流行，葉德輝的解釋是：「由于南北兩監刻本版片日就散佚，乾隆武英殿刻版尚未告成，士人舍此無他本可求，故遂爲天下重也。」[50]但即使在殿本刊行之後，毛本仍以其易得而盛行不衰。

以上引據各本目録爲「注疏本」。

除以上諸本外，唐李鼎祚周易集解亦是周易注疏校勘記的重要參校本，李鋭原稿所無，爲嚴杰補入，故引據各本目録未載。

周易釋文校勘記以通志堂本爲底本，

所校除上舉注疏本所附者，尚有明崇禎間震澤葉林宗仿明閣本影寫本、盧文弨校定抱經堂叢書本經典釋文，並參據盧氏經典釋文考證。所謂「明閣本」即明文淵閣舊藏宋刻本，流出後爲錢謙益所得，崇禎十年「葉林宗購書工影寫一部」。[51]通志堂、抱經堂二本皆以葉鈔爲底本，而多有改動。明文淵閣藏宋刻經典釋文數部，錢氏所得本燬於絳雲樓之火，然清宮天禄琳瑯尚有一部宋刻宋元遞修本，今藏國家圖書館。釋文校勘記中有所謂「宋本」，如：

f01—038　宴徐烏殄反安也下同鄭云享宴也李軌烏衍反　○宋本「下」作「干」，「宴」作「宜」，並誤。

今檢宋本「下」確誤「干」，然「宴」不誤，惟葉鈔本誤「宜」，[52]乃知校勘記所謂「宋本」實即葉本。釋文校勘記所附注解傳述人部分均作「葉本」。葉鈔原本舊藏吴縣朱文游處，盧文弨校刻抱經堂叢書本釋文時曾借校，乾隆末歸同邑周錫瓚。乾隆五十八年，段玉裁借此本屬臧庸細校，臧氏因復自臨一部，[53]顧廣圻又臨臧校。[54]諸君與纂校勘記時，葉鈔原本仍在周錫瓚處，[55]校勘記所謂葉本乃其傳校之本（以葉本臨於通志堂本之上）。顧氏謂校毛詩「用何夢華臨段本」，又云「段茂堂據葉鈔更校，屬其役於庸妄人」（指臧庸）及「阮雲臺辨一書曰考證，以不識一字之某人臨段本爲據」（指何元錫）爲釋文之厄。[56]據此則校勘記所用葉本蓋即何元錫（夢華）臨段玉裁校葉本。

（三）關於「盧文弨挍本」

上文已經指出，周易注疏校勘記所用「錢本」乃據盧文弨校本轉引。盧校十三經注疏今不存，道光四年，方東樹曾借録盧校於阮刻十三經注疏校勘記之上，其跋云：「抱經先生手校十三經注疏本，後入衍聖公府，又轉入揚州阮氏文選樓，阮作校勘記，以此爲本。道光四年樹館廣東督署，傳校一過，惜無疏本傳其句讀也。東樹。」[57]對於盧校本的面貌，方氏記其中的毛詩注疏「於傳注、釋文、正義三者所校更爲繁細，助語多寡，偏旁增減，或不足爲重，然精核可采者，亦復不少」。盧校諸經部分内容已採入群書拾補，[58]各經校勘記引用盧校時又有甄選，故方東樹謂「此記所載及惠氏、盧氏所刻古義、拾補，於此原校本詳略異同甚多，所遺亦甚多」。

周易注疏校勘記稿本中有一些稱引盧校本的條目被墨筆勾删，如卷三：

震剛而兑至大矣哉　閩、監、毛三本同。盧校本無「而兑」、「大」三字。

居隨之始至何所失哉　閩、監、毛三本同。盧校本作「居隨至失哉」。

四俱无應至小子也　閩、監、毛三本同。盧校本作「陰之至小子也」。

王道之可觀至有孚　閩、監、毛三本同。盧校本無「之可觀」、「有孚」五字。

亦有一些引用錢校本的條目同樣被墨筆勾删，如同卷：

處得尊位至乃得終吉也　閩、監、毛三本同。錢校本作「處得至終吉也」。

坤順而艮止也至君子之所尚也　閩本同，監、毛二本作「坤順至尚也」，錢校本作「坤順至所尚也」。

按此類校記所涉皆疏文提示語（標明所疏經文、注文起訖的文字），經檢，這幾處盧校本、錢校本異文皆與單疏本、八行本相同，當是源自曾校以「單疏本一、注疏合刻一」的錢孫保影宋鈔本，此數處所謂「盧校本」僅是過録錢孫保校語（錢氏原校於影宋鈔本之上），按周易注疏校勘記體例，應稱作「錢本」或「錢校本」。由於錢本和十行本的疏文綴合方式有異，故疏文提示語的不同之處甚夥，若一一出校，則失於繁冗。實際上，李鋭原稿於此類差異僅偶一出之。校勘記於卷二「師貞丈人吉无咎○正義曰條」即已指出：「按，錢挍正義每卦分數段，繇辭下一段，彖曰下一段，象曰下一段，六爻下六段，或彖、象下共一段，並在經注之末。釋經在前，釋注在後。其釋經者，皆引經文，不標起止。釋注者標起止，所標起止較今本爲省文。後皆放此。」或即鑒於此條校記已將此類情況説明，故上舉此類異文皆被整條删去。今周易注疏校勘記刻本稱「盧文弨挍本」者僅卷七「而載易之爻辭也」一條：「盧文弨挍本『而』作『兩』。」盧校蓋據武英殿本。

令人頗感疑惑的是，既然李鋭原稿已經使用了盧文弨校本周易注疏，爲何僅僅採用了盧氏傳校的錢孫保校本，而未將盧氏本人的校勘意見納入，至嚴杰校補時方據群書拾補將盧氏校勘成果增入？筆者的猜測是，此盧校本周易注疏主要是迻録了錢校本，而其本人的校勘意見並未批於此本之上。存疑待考。

三、周易注疏校勘記徵引之清人成果

周易注疏校勘記引及前代經書校勘成果者僅寥寥數條，且多據清人著述轉引。如02—243引唐郭京説（周易舉正）見盧文弨群書拾補，引宋毛居正六經正誤僅二處（02—137、02—164），其中02—137見於武英殿岳本考證及群書拾補。引據清人成果以浦鏜周易注疏正字、盧文弨群書拾補爲主，餘如惠棟（見周易古義）、張惠言（見周易虞氏義）、錢大昕（見十駕齋養新録）、王念孫、王引之（皆見經義述聞）等説，僅偶一及之。盧、浦二氏校語皆嚴杰補入。引孫志祖説凡十條，亦李鋭原稿所無，乃孫同元（志祖子）覆核時添入。[59]

對於浦鏜十三經注疏正字，校勘記凡例評價不高：「雖研覈孜孜，惜未見古來善本。又以近時文體讀唐代義疏，往往疑所不當疑。又援俗刻他書肆意竄改，不知他書不必盡同義疏所引，而他書之俗刻尤非唐代所傳之本也。」據浦氏十三經注疏正字例言，所見惟監本、監本修板、閩本、毛本四種，釋文僅見通志堂本，故浦氏並校以注疏所引之書，多以己意按斷之。十三經注疏正字未經刊行，僅以鈔本流傳，校勘記所用當即傳鈔本。此書乾隆間進呈四庫館，收入四庫全書。[60]

四、周易注疏校勘記之評價

十三經注疏校勘記薈萃諸本異文，是清代經書校勘的標志性成果，阮元自矜爲「我大清朝之經典釋文」，[61]段玉裁亦謂「其在我朝，校唐之陸德明釋文爲無讓矣」。[62]校勘記甫一刊行，即爲學界所重，至今仍是經學研究者的必備之書。加藤虎之亮云：「清儒校勘之書頗多，然其惠後學，無若阮元十三經注疏校勘記。凡志儒學者，無不藏十三經，讀注疏者，必并看校勘記，是學者不可一日無之書也。」[63]

然校勘記成於衆手，各經水平不一，李鋭分任之周易注疏校勘記即頗爲後人詬病。

一、搜羅版本不全。上文已經指出，周易注疏校勘記底本所用之十行本爲嘉靖修補印本，乃十行本印本中刷印最晚、訛誤最多者。李鋭實際寓目的校本，惟唐石經拓本、乾隆武英殿翻岳本、閩本、監本、毛本，加上嚴杰補入的周易集解，亦僅六種，且所用監本尚爲重修劣本，餘皆據七經孟子考文、群書拾補轉引，殊不符段玉裁序「廣搜江東故家所儲各善本」之語。引據各本目録又誤以錢校本、錢本爲二，虚標單疏本之目。校勘記凡例謂浦鏜「未見古來善本」，此語反之於周易注疏校勘記，亦差可比之。

二、引據清人校勘成果不足。徵引所及以浦鏜周易注疏正字、盧文弨群書拾補爲主，餘皆偶一及之，李鋭原稿則更無浦、盧二氏之説，殊不能反映乾嘉考據學成果。

三、僅校異同，甚少按斷。與其他各經校勘記相較，周易注疏校勘記按語甚少，且多爲嚴杰、阮元補入，李鋭原稿幾乎全爲文字異同。

四、直引、轉引不事區分。此爲阮氏十三經注疏校勘記之通病，徐時棟即批評校勘記體例不佳：

所校者或有殘缺，宜于首行下注

云：此卷以某本爲主，用某本、某本挍，用某者、某者參挍。每卷如此，閱者自可瞭然。所云用某本某本挍者，是眼前所據之者，如石經、岳本、閩、監、毛本是也。所云用某者某者參校者，是轉引他人校勘之者，如考文及錢、盧挍本是也。凡引他人挍勘之者，宜云某者云某本作某。如考文云足利本「凡」作「九」，不得徑稱足利本。何則？我固未嘗見足利本也。此亦慎重之義有應爾者。又凡所見者與吾所主本同者，俱不必注，但注其異者足矣。文達著此頗費心力，而體例則不甚佳。[64]

現存周易宋元刻本中，經注本以南宋淳熙撫州公使庫刻遞修本（卷七至十配清影宋鈔本）爲佳，今藏國家圖書館，有四部叢刊影印本。又天禄琳瑯舊藏一宋刻本，避諱至孝宗「慎」字，今藏國家圖書館，筆者曾粗略校之，質量不及撫州本。經注附釋文本有鐵琴銅劍樓舊藏南宋建陽坊刻本，今亦藏國家圖書館，中國版刻圖録推爲撫州本外最善之本。一九二八年日本東京文求堂影刊此本，後附孟森所撰校記。今有中華再造善本影印本。又有臺北「國家」圖書館藏宋刊纂圖互注本。餘如岳本、單疏本、宋刊八行本、元刊十行本等，上文皆已言之。

以上所舉諸本，校勘記多難獲見，故未嘗利用。然有可怪者，乾隆四年至十二年武英殿校刊之十三經注疏亦未被校勘記採用。殿本以北監本爲底本，經過校勘，卷末附考證，且經、注、疏文字均有句讀，頗便閱讀。盧文弨群書拾補即利用了殿本，書中稱「官本」。然而，殿本在校勘時往往對底本體例進行了較大規模的改動。殿本周易注疏十三卷附略例一卷，據書末朱良裘跋，校勘時曾「得文淵閣所藏不全易疏四册，則上經三十卦釐爲五卷」，即八行本。殿本據此不全八行本，改易北監本九卷爲十三卷，前五卷依八行本，六卷以下則自行分卷，徒增混亂。[65]疏文綴合體例亦改從八行本。[66]又將所附周易釋文散入各卷中，於書前增加釋文之注解傳述人。故殿本雖以北監本爲底本，但卻改易了十行本系統的體例，更接近於八行本，而又不盡然。殿本經過編輯，實際上已經形成了一個新的版本系統。校勘記未用殿本，或礙於其官本身份，不便指摘其誤。

以現存善本衡量周易注疏校勘記，則其僅據七經孟子考文補遺間接利用了八行本，據武英殿翻刻本利用了岳本，餘如撫州本、建刊附釋文本、纂圖互注本、單疏本等異文皆未能採入，這是今日使用周易注疏校勘記需要特別注意的地方。

五、周易注疏校勘記之版本

（一）嘉慶十一年儀徵阮氏文選樓刻本

即宋本十三經注疏併經典釋文校勘記之一。上文已指出，此本於嘉慶十一年（一八〇六）十月由儀徵阮氏文選樓刊行。京都大學人文科學研究所藏本爲最初印本，無嘉慶戊辰酉月段玉裁序，揔目末葉刻「臣嚴杰挍字」，[67]刷印時間在嘉慶十三年八月前。此本爲王念孫舊藏，當爲刊成即刷印就正者。續修四庫全書影印南京圖書館藏本則已有段序，「嚴杰」之名亦改爲「阮亨」，刷印時間當在嘉慶十三年之後。此後又有附載嘉慶二十一年十二月進表的印本，刷印時間則更晚。而進表謂「連年校改方畢，敬裝十部，進呈御覽」，[68]則刻成後又續有修改，故初印、後印文字偶有不同。[69]

（二）嘉慶二十年江西南昌府學刻周易兼義附本

嘉慶二十年至二十一年，阮元在江西南昌府學開雕重刊宋本十三經注疏，即後世所稱「阮本」。[70]無十三經注疏併釋文挍勘記序、宋本十三經注疏併經典釋文挍勘記凡例、宋本十三經注疏併經典釋文挍勘記揔目，各經卷末附校勘記，皆武寧縣貢生盧宣旬據文選樓本摘録。大致説來，引古本、足利本、錢本、宋本「也」、「之」、「其」等虚字的校記，以及引釋文所載異文的校記，皆被刪去（經文校記保留）。此外各類校記，或刪或留，並無特別明確的標準。故阮福謂此本「校勘記去取，亦不盡善」。[71]阮本周易兼義無略例（阮藏十行本原闕），故亦未附略例校勘記。

南昌本摘録文選樓本校勘記，亦有修改及補充之處，均標「補」字。

1．回改出文

因南昌本校勘記附於重刊十行本後，校記出文需與經注疏正文保持一致，故將文選樓本中少量改正的出文改回十行本，校文因之作相應改動，前標「補」字，但實際異文與文選樓本同。如上舉 01—167「夫兩雄必爭」條，南昌本改作：

夫用雄必爭　補：岳本、監、毛本「用」作「兩」，是也。閩本作「用」，缺「夫」字。十行本「夫」、「雄」字筆畫舛誤，今正。

又文選樓本釋文校勘記以通志堂本爲底本，南昌本改回十行本，故凡十行本與通志堂本不同處，校記均有改動，標「補」字。改造後的校記多漏載通志堂本，如 f01－064：

文選樓本：不累劣僞反　○監本、盧本同。宋本、十行本、閩本「劣」作「力」。

南昌本：不累力僞反　○補：宋本、閩本同。監本、盧本「力」作「劣」。

原底本通志堂本亦作「劣」，校記改造後當與監本、盧本同列，南昌本遺漏。

2．修改錯誤

如 04—100 條：

文選樓本：巧所避也　閩、監本同。古本、足利本「巧」作「乃」。岳本、毛本「避」作「辟」。

南昌本：巧所辟也　補：岳本、毛本同。古本、足利本「巧」作「乃」。閩本、明監本「辟」作「避」。

今檢岳本、伯克利藏元刊十行本、北京大學藏元刊明修十行本（此葉爲正德十二年補刊）、閩本、初印監本、毛本均作「辟」，南昌本雖有所改正，然所録閩、監本異文仍誤。

又如釋文 068 條，文選樓本作：

噬市制反　○宋本同，是也。十行本、閩、監本、盧本「制」作「利」。

南昌本則謂「盧本『利』作『制』」，與此異。今檢盧本釋文作「制」，南昌本是。

按校勘記體例，經文頂格，注文低一

格，疏文低二格，文選樓本個別條目有誤，如09—100「則得出入也」條爲注文，文選樓本低二格，誤作疏文，南昌本改正。亦有南昌本改正各條校記次序之誤者，如05—174「正義曰驗注以訓震爲懼」條與05—175「象曰震蘇蘇」條，07—138「故法其陰陽變化」條與07—139「其受命也如響」條，08—077「待隼可射之動而射之」條與08—078「小懲而大誡」條，文選樓本原皆誤倒。

然南昌本亦偶有誤改之處，如文選樓本06—093「故不出門庭則凶也」原在06—094「不出門庭凶」前，南昌本乙之。今按，經文「不出門庭凶」，見於兩處，一爲「九二不出門庭凶」，一爲「象曰不出門庭凶」。檢考文補遺：「古本經『象曰不出門庭凶』，二本『凶』上有『之』字。」知此經文在注「故不出門庭則凶也」後，南昌本誤改。

3．增補條目

南昌本所補多爲毛本異文，亦有徑下斷語者，如卷一所補計六條：

存物之終若　補：案，「若」當作「者」。

正義取夫乾者　補：毛本「取」作「曰」。案，所改是也。

牝對牝爲柔　補：毛本下「牝」作「牡」。案，所改是也。

象曰至行合无疆　補：案，「合」當作「地」。

改云敬以直正者　補：案，「正」當作「内」。

何長也補：各本作「何可長也」，此十行本原脱「可」字。案，正義曰「何可長者」，又曰「何可久長也」，是「何」下當有「可」字，今補。

然南昌本所補條目標注文、疏文偶有誤，如卷四「隼於人家高高墉」條爲疏文，南昌本僅低一格，誤爲注文。

南昌本釋文校勘記增補條目均爲盧本異文，部分條目增補盧文弨經典釋文考證案語。

重刊十行本周易兼義多據盧宣旬所補毛本異文改易底本文字，如卷四晉卦注「能不用柔」，南昌本校勘記增「補：毛本『柔』作『察』」，重刊十行本即改爲「察」。亦有不改者，如卷四解卦疏「非理之當也」，南昌本校勘記增「補：毛本『當』作『常』」，重刊十行本仍作「當」。有所補校勘記以毛本爲誤，而重刊十行本仍據毛本者，如卷四遯卦注「危至而後未行」，南昌本校勘記增「補：毛本『未』作『求』。案，『未』字宜衍，正義『是遯之爲後也』可證」，重刊十行本仍改從毛本作「求」。

對於重刊宋本十三經注疏的底本，阮元云：「以元所藏十一經至南昌學堂重刻之，且借校蘇州黄氏丕烈所藏單疏二經重刻之。近鹽巡道胡氏稷亦從吴中購得十一經，其中有可補元藏本中所殘者。」可見除了文選樓校勘記所依據的阮元自藏十行本，尚以胡稷所得十行本補阮藏本殘闕。南昌本周易注疏校勘記即偶有據胡稷藏本增補條目，訂正阮藏本之誤者，如卷六中孚經「九二鳴鶴在陰」，南昌本增：

補：案，十行本初刻與諸本同，正德補板「鳴鶴」誤作「鶴鳴」，今訂正。

胡藏本此葉是否確爲元刊尚不能確定，然

至少爲明初補板。

南昌本校勘記散附阮刻十三經注疏各卷後，易於參看，讀者稱便，加之阮本的流行，大部分學者所用校勘記皆爲南昌本，文選樓單行之本反而不顯。

（三）道光學海堂刻皇清經解本

阮元調任兩廣總督後，於廣東學海堂編刊皇清經解，又名學海堂經解，命嚴杰主其事，始道光五年八月，終道光九年九月，收書凡一百八十三種，版存學海堂側之文瀾閣。[72] 咸豐七年，英軍進攻廣州，版片殘佚過半。咸豐十年，兩廣總督勞崇光募資補刊，並增刻馮登府著作七種，即所謂「庚申補刊本」。

皇清經解收入十三經注疏校勘記，其中卷八〇七至卷八一七爲周易校勘記：首周易注疏校勘記序，次宋本十三經注疏併經典釋文校勘記攟目，次宋本十三經注疏併經典釋文校勘記凡例，次周易校勘記，次周易略例校勘記，末周易釋文校勘記。卷八〇七末有嚴杰跋，於重刻校勘記之因交待甚明：

> 注疏之善册，未有過於十行本者，若毛氏汲古閣本，缺佚錯訛，棼不可理。十行本初次修板在明正德時，即日本山井鼎七經孟子考文所載正德本，非别有正德注疏本也。正德後遞有修改，誤書棘目，不若毛本多矣。近年南昌重刻十行本，每卷後附以校勘記，董其事者不能辨别古書之真贋，時引毛本以訂十行本之訛字，不知所據者乃續修之册。更可詫異，將宫保師校勘記原文顛倒其是非，加補校等字。

因編經解，附正於此，俾後之讀是記者知南昌本之悠繆有如是夫。錢塘弟子嚴杰謹識于廣州督糧道署，時道光六年八月朔日。

嚴杰謂「十行本初次修板在明正德時」，不確，謂「正德後遞有修改，誤書棘目，不若毛本多矣」則爲的論。上文已經指出，文選樓本周易注疏校勘記與重刊十行本周易兼義，所據皆爲嘉靖印本，即嚴杰所謂「續修之册」，十行初印本與正德印本雖佳，但當時未能羅致。底本有誤，南昌本校勘記以毛本訂之，並無不可。嚴杰深所不滿的，實際是南昌本校勘記對文選樓本的變亂，即「將宮保師校勘記原文顛倒其是非，加補校等字」。

故學海堂本周易校勘記完全據文選樓本翻刻，惟於校記前後次序之誤偶有改正，如卷八一一（校勘記卷五）震卦疏「正義曰驗注以訓震爲懼」條（05—174）與經「象曰震蘇蘇」條（05—175），文選樓本原誤倒。亦偶有改正文選樓本訛誤處，如卷八〇七（校勘記卷一）「故易者所以斷天地」條（01—019），文選樓本原誤「盧文弨」爲「盧文韶」，學海堂本改正。又學海堂本在翻刻時對字形作了統一，偶有致誤處，如卷八一〇（校勘記卷四）解卦：

04—170　自我致戎　石經、岳本、閩、監、毛本同。釋文：「本又作『致寇』。」

04—171　言此寇雖由己之招　閩、監、毛本同。錢本、宋本「雖」作「難」。

文選樓本上「寇」字原作「宼」，下「寇」字原作「宼」。今檢釋文及十行本，文選樓本是，學海堂本統一字形爲「寇」，不符釋文及十行本原貌。

咸豐補刊本周易校勘記雖據道光本翻刻，但亦偶有訛誤。如如卷八〇七（校勘記卷一）「以爲伏羲畫卦」條（01—020），文選樓本、道光學海堂本皆作「盧文韶」，不誤，咸豐本誤改「盧文弨」，蓋涉上條而誤。又如卷八一五（校勘記卷九）「其於木也爲科上槁」條，文選樓本云「閩本『槁』作『稿』」，稿，道光學海堂本同，咸豐本誤「搞」。

（四）其他版本

除了上舉三種主要版本，十三經注疏校勘記尚有光緒二十四年至二十五年蘇州江蘇書局重刊本。原爲重刊阮本十三經注疏，附「阮氏足本校勘記」（即文選樓本校勘記），後未畢而停工，僅刊成十三經注疏校勘記，以單行本行世。[73]

周易注疏校勘記尚有日本刻本，據文選樓本翻刻，增刻句讀，阮元進表、段序、凡例、摠目等一仍原本，長澤規矩也考定爲天保十年（一八三九）至弘化二年（一八四五）間福井藩刊行。[74]

此次整理周易注疏校勘記，以續修四庫全書影印南京圖書館藏嘉慶阮氏文選樓刻本（十三經注疏校勘記之一）爲底本（簡稱「文選樓本」），通校嘉慶南昌府學刻周易兼義附本（簡稱「南昌本」），增入南昌本所補條目，並參校道光九年廣東學海堂刻皇清經解本（簡稱「學海堂本」），撰寫校記。需要説明的是，續修四庫全書影印本周易注疏校勘記，釋文校勘記在前，略例校勘記在後。然校勘記摠目作「周易校勘記九卷、略例校勘記一卷，附釋文校勘記一卷」，與影印本次序不符。今檢國家圖書館藏周易注疏校勘記稿本、文選樓本（書號 14872）及學海堂本，皆略例在前，釋文在後，與揔目同。[75]略例、釋文校勘記葉數皆各自起訖，續修四庫所據底本當爲裝訂時誤倒，今據揔目及各本正之。整理不當之處，尚祈方家教正。

張學謙

❶ 阮元撰，鄧經元點校揅經室集二集卷四李尚之傳，中華書局，一九九三年，第四八三頁。清史列傳卷六十九儒林傳下二，中華書局，一九八七年，第五五八九至五五九〇頁。

❷ 劉玉才從稿本到刻本——以周易注疏校勘記成書爲例，古籍形制圖像文本——中日書籍史比較研究學術研討會（北京）論文，二〇一〇年十二月。修改稿改題阮元十三經注疏校勘記成書蠡測，載國學研究第三十五卷，北京大學出版社，二〇一五年。

❸ 張鑑等撰，黄愛平點校阮元年譜（即雷塘庵主弟子記）卷二，中華書局，一九九五年，第六五頁。

❹ 長澤規矩也正德十行本注疏非宋本考，長澤規矩也著作集第一卷書誌學論考，汲古書院，一九八二年，第三二至三九頁。有蕭志强中譯，載中國文哲研究通訊第十卷第四期，「中央」研究院文哲研究所，二〇〇〇年。

❺ 伯克萊加州大學東亞圖書館中文古籍善本書志，上海古籍出版社，二〇〇五年，第三頁。

❻ 盧文弨著，王文錦點校抱經堂文集卷七周易注疏輯正題辭，中華書局，一九九〇年，第八五頁。

❼ 周易注疏校勘記卷一「周易兼義上經乾傳第一」條。

❽ 洪頤煊讀書叢録卷二十四，道光二年富文齋刻本。

❾ 重刊宋本十三經注疏附校勘記内封題「用文選樓藏本挍定」，又重刻宋板注疏總目録後阮元跋云：「因以元所藏十一經至南昌學堂重刻之。」見十三經注疏（清嘉慶刊本）書前，中華書局影印本，二〇〇九年。

❿ 瞿鏞鐵琴銅劍樓藏書目録卷一「周易兼義九卷略例

一卷音義一卷，「宋刊本」，光緒常熟瞿氏家塾刻本，第六葉左。

⑪ 周易略例校勘記卷端注云：「此校以岳本爲主。」

⑫ 中華再造善本影印北京市文物局藏元刊明修本十三經注疏之一，其中卷四至六配嘉靖李元陽刻本。

⑬ 嚴可均唐石經校文卷一敘例，民國十五年張宗昌皕忍堂景刊唐開成石經附，中華書局影印本，一九九七年，第二九九五頁。

⑭ 王昶金石萃編卷一百九「石刻十二經并五經文字、九經字樣」條引蛾術編，嘉慶十年刻同治錢寶傳等修補本。王鳴盛蛾術編原稿分十門（姚承緒跋），其中説刻一門十卷多已採入金石萃編，迮鶴壽以爲「無庸贅述」（沈楙悳識語、迮鶴壽凡例），故不見於今傳道光沈氏世楷堂刻本。

⑮ 趙崡石墨鐫華卷二唐刻石經考，知不足齋叢書本。

⑯ 嚴可均唐石經校文卷一敘例，第二九九五頁。

⑰ 王昶金石萃編卷一百九「石刻十二經并五經文字、九經字樣」條引蛾術編。

⑱ 劉玉才松崎慊堂與縮刻唐石經芻議，嶺南學報復刊號（第一、二輯合刊），上海古籍出版社，二〇一五年，第二四七至二五七頁。

⑲ 景刊唐開成石經卷首例言。

⑳ 阮元儀禮石經校勘記，叢書集成初編排印本，中華書局，一九九一年，第一頁。

㉑ 張政烺讀相臺書塾刊正九經三傳沿革例，張政烺文集文史叢考，中華書局，二〇一二年。

㉒ 岳本相關情況請參拙文「岳本」補考，中國典籍與文化，二〇一五年第三期。

㉓ 十三經注疏校勘記周易注疏校勘記（清嘉慶刻本，國家圖書館藏）引據各本目録末徐時棟跋。

㉔ 川瀨一馬增補古活字版之研究第二編第四章第三節徳川家の開版事業，Antiquarian Booksellers Association of Japan（日本古書籍商協会），一九六七年。又東京大學史料編纂所編纂大日本史料第十二編之三第六九頁、第五四二頁，第十二編之二十三補遺第二三頁，東京大學出版會，一九六九年、一九九七年。

㉕ 楊守敬撰，張雷校點日本訪書志卷一，遼寧教育出版社，二〇〇三年，第一頁。

㉖ 阮元撰，鄧經元點校揅經室集一集卷二刻七經孟子

考文並補遺序，第四三頁。

㉗ 狩野直喜山井鼎と七經孟子考文補遺，支那學文藪，京都弘文堂書房，一九二七年。中譯改名七經孟子考文補遺考，見江俠庵編譯先秦經籍考，上海文藝出版社，一九九〇年。

㉘ 顧永新七經孟子考文補遺考述，北京大學學報（哲學社會科學版）二〇〇二年第一期。

㉙ 阮元撰，鄧經元點校揅經室集一集卷二刻七經孟子考文並補遺序，第四五頁。文淵閣四庫全書本無七經孟子攷文補遺敘。

㉚ 汪紹楹阮氏重刻宋本十三經注疏考，文史第三輯，第三一頁。

㉛ 海保漁村撰，張學謙整理周易校勘記舉正，經典與校勘論叢，北京大學出版社，二〇一五年，第四六五至四六六頁。

㉜ 分藏於日本各地及臺北故宮博物院。日藏見阿部隆一本邦現存漢籍古寫本類所在略目録（阿部隆一遺稿集第一卷宋元版篇，汲古書院，一九九三年，第二一二至二一三頁），臺北故宮所藏爲楊守敬觀海堂故物，見阿部隆一故宮博物院藏楊氏觀海堂善本解題（中國訪書志，汲古書院，一九八三年）。

㉝ 研究論文目録及簡介詳參野間文史撰，童嶺譯近代以來日本的十三經注疏校勘記研究，中國經學第十一輯，廣西師範大學出版社，二〇一三年，第三一至三七頁。

㉞ 楊守敬撰，張雷校點日本訪書志卷一：「周易正義十四卷，舊鈔本。單疏古鈔本，無年月，狩谷望之求古樓舊藏，相傳爲弘治、永禄間鈔本。」澁江全善、森立之編經籍訪古志卷一：「序及第一卷以他本補。」（日藏漢籍善本書志書目集成第一册影印清光緒十一年徐承祖聚珍排印本，第三二至三三頁）

㉟ 古逸叢書三編影印中國國家圖書館藏南宋兩浙東路茶鹽司刻宋元遞修本周易注疏（序、表、卷一配清陳氏士鄉堂鈔本）書前陳鱣跋語。

㊱ 瞿鏞鐵琴銅劍樓藏書目録卷一「周易注疏十三卷，宋刊本」，光緒常熟瞿氏家塾刻本，第四葉右。

㊲ 古逸叢書三編影印國家圖書館藏南宋兩浙東路茶鹽司刻宋元遞修本周易注疏（序、表、卷一配清陳氏士鄉堂鈔本）書前陳鱣迻録錢孫保跋語。

㊳ 李元陽中谿家傳彙稿卷八遊龍虎山云：「余嘉靖丙

申使閩，戊戌五月得代出疆。」（叢書集成續編第一四二冊影印民國三年刻雲南叢書本，第七〇七頁）知李元陽任福建巡按御史在嘉靖十五年至十七年五月間，閩本即刻於此時。

㊴程蘇東「元刻明修本」十三經注疏修補匯印地點考辨，文獻，二〇一三年第二期。

㊵莫友芝宋元舊本書經眼録坿録一書衣筆識春秋公羊傳註疏，同治獨山莫氏刻本，第五葉右。繆荃孫著，黃明、楊同甫標點藝風藏書續記卷一，上海古籍出版社，二〇〇七年，第二二九頁。王國維撰，王亮整理傳書堂藏書志，上海古籍出版社，二〇一四年，第六二頁。

㊶臧庸拜經堂文集卷二周易注疏挍纂序，續修四庫全書第一四九一冊影印民國十九年上元宗氏石印本，第五二八頁。

㊷盧上銘、馮士驊辟雍紀事，四庫全書存目叢書史部第二七一冊影印明崇禎刻本，第三〇四至三〇五頁。

㊸錢大昕撰，竇水勇校點竹汀先生日記鈔卷一所見古書，遼寧教育出版社，一九九八年，第九頁。

㊹王鳴盛著，顧美華標校蛾術篇卷二「北國子監板」：「汲古閣毛刻……別將略例刻入其所謂津逮秘書，最爲可笑。」上海書店出版社，二〇一二年，第三三頁。

㊺原三七汲古閣刻板考稿，東方學報東京第六冊，東方文化學院東京研究所，一九三六年。加藤虎之亮周禮經注疏音義校勘記引據各本書目解説，無窮會，一九五七年，第十二葉。

㊻長澤規矩也汲古閣本注疏の序跋封面に就いて，長澤規矩也著作集第一卷書誌學論考，汲古書院，一九八二年，第四〇至四一頁。

㊼宋本十三經注疏併經典釋文校勘記凡例。

㊽盧文弨群書拾補周易注疏，乾隆刻抱經堂叢書本。

㊾張鑑等撰，黃愛平點校阮元年譜（即雷塘庵主弟子記）卷二：「先生弱冠時，以汲古閣本十三經注疏多譌謬，曾以釋文、唐石經等書手自校改。」（第六五頁）

㊿葉德輝撰，楊洪升點校郋園讀書志卷一，上海古籍出版社，二〇一〇年，第一三頁。

51 通志堂本經典釋文書末馮斑跋，中華書局影印本，一九八三年，第四三九頁。

52 宋本據上海古籍出版社影印國家圖書館藏宋刻宋元遞修本經典釋文，二〇一三年，第七九頁。葉鈔本異文據黃焯經典釋文彙校，中華書局，一九八〇年，第十一頁。

53 乾隆五十八年十月初九日臧庸跋，見蕭山朱氏藏王筠轉録陳奐所鈔段校本（陳奐鈔本當出自臧庸自臨之一部）。此據羅四培（即羅常培）段玉裁校本經典釋文跋，圖書季刊，一九三九年第二期，第一四五頁。此文收入羅常培文集第八卷恬庵語文論著甲集，山東教育出版社，二〇〇八年。

54 顧廣圻著，王欣夫輯顧千里集經典釋文三十卷（校本）：「武進臧庸堂在東氏用葉林宗景宋本校，元和顧廣圻臨。近知此人好變亂黑白，當不足據，擬借元本一覆之。壬戌正月記。」（上海古籍出版社，二〇〇七年，第二六六頁）

55 顧廣圻著，王欣夫輯顧千里集經典釋文三十卷（校本）顧氏嘉慶九年跋：「元本今藏香嚴氏。」（第二六八頁）

56 顧廣圻著，王欣夫輯顧千里集經典釋文三十卷（校本），第二六六至二六七頁。

57 蕭穆撰，項純文點校，吴孟復審訂敬孚類稿卷八記方植之先生臨盧抱經手校十三經注疏，黃山書社，一九九二年，第二一三頁。

58 盧文弨群書拾補收有易經注疏、尚書注疏、春秋左傳注疏、禮記注疏、儀禮注疏五經之校正，其中春秋僅序，禮記僅曾子問等八篇，儀禮僅士冠禮、士昏禮二篇。

59 劉玉才從稿本到刻本——以周易注疏校勘記成書爲例。引嚴杰説僅一處，亦嚴杰校補時自行增入。

60 見浙江採集遺書總録丙集，四庫全書提要稿輯存第一册影印乾隆四十年刻本，北京圖書館出版社，二〇〇六年，第三一八頁。欽定四庫全書總目卷三三經部五經總義類，中華書局影印浙本，一九六五年，第二七八頁。二目誤以十三經注疏正字歸於沈廷芳名下，當時學者如盧文弨、阮元等皆知之，故盧氏於浙録書眉批「嘉善浦鏜纂輯」，校勘記所署亦不誤。惟四庫官書，不便指摘其誤，故盧文弨亦偶有稱二人同撰（群書拾補周易注疏），或稱「嘉善浦君鏜所訂，仁和沈萩園先生廷芳覆加審定」（抱經堂文集卷八十三經注疏正字跋）處。民國初有印行四庫全書之議，最早指出此誤者爲浦氏鄉人蔡文鏞，見一九二五年十月十日蔡氏致章士釗函，載甲寅周刊第一卷第二十九期(一九二六年一月三十日出版)通訊，今收入章士釗全集第六卷，文匯出版社，二〇〇〇年，第一一七頁。

61 張鑑等撰，黃愛平點校阮元年譜(即雷塘庵主弟子記)卷二，第六五頁。

62 段玉裁十三經注疏併釋文校勘記序。

63 加藤虎之亮周禮經注疏音義校勘記序説，第一葉。

64 十三經注疏校勘記(清嘉慶刻本，國家圖書館藏)中周易注疏校勘記首葉書眉徐時棟跋。

65 張麗娟宋代經注疏刊刻研究第四章單疏本，北京大學出版社，二〇一三年，第二七二至二七三頁。

66 關於八行本、十行本系統疏文綴合體例的差異，上文所舉錢孫保跋中已言之，盧文弨亦據錢氏影宋鈔本云：「如正義，此經之例，每節有數段者，其經文與注皆相連，先整釋經文都畢，然後釋注。毛本則遇凡有注者，輒割裂疏語附其下，致有語氣尚未了者，亦不復顧。今官本則從善本中出，已改其失矣。」山井鼎於此亦瞭然。周易注疏校勘記據盧文弨、山井鼎所言，於此問題亦有説明，見01—073、01—184。

67 關口順原著，水上雅晴譯注十三經注疏校勘記略説，經典與校勘論叢，北京大學出版社，二〇一五年，第二三一、二三三頁。

68 阮元撰，鄧經元點校揅經室集三集卷二江西校刻宋本十三經注疏書後阮福案語，第六二一頁。

69 關口順原著，水上雅晴譯注十三經注疏校勘記略説原註四九，經典與校勘論叢，第二三四頁。

70 對於阮本的刊行時間，嘉慶本阮元記、胡稷後記與道光重校本朱華臨跋所言不同，汪紹楹認爲是朱跋所云嘉慶十一年仲春至二十二年仲秋，見氏著阮氏重刻宋本十三經注疏考，文史第三輯，第二七至二八頁。

71 阮元撰，鄧經元點校揅經室集二集卷八恭進十三經注疏校勘記摺子，第五九〇頁。

72 夏修恕皇清經解序，道光九年廣東學海堂刻皇清經解書前。

73 關口順原著，水上雅晴譯注十三經注疏校勘記略説原註五〇，經典與校勘論叢，第二三四頁。

74 長澤規矩也和刻本十三經注疏に就いて，長澤規矩也著作集第一卷書誌學論考，汲古書院，一九八二年，第四九至五〇頁。中譯有蕭志强譯關於和刻本十三經注疏，中國文哲研究通訊第十卷第四期，「中央」研究院文哲研究所，二〇〇〇年。

75 伯克利藏元刊本及北京市文物局、北京大學藏元刊明修本周易兼義確是周易音義在前，周易略例在後。

周易注疏校勘記序

古周易十二篇，漢後至宋晁以道、朱子始復其舊。自晁以道、朱子以前，皆彖、象、文言分入上、下經卦中，別爲繫辭上、下，説卦、序卦、雜卦五篇，鄭玄、王弼之書業已如是，此學者所共知，無庸覼縷者也。易之爲書冣古，而文多異字，宋晁以道古文易撏撦爲之，如郭忠恕、薛季宣古文尚書之比。國朝之治周易者，未有過於徵士惠棟者也，而其挍刊雅雨堂李鼎祚周易集解與自著周易述，其改字多有似是而非者。蓋經典相沿已久之本，無庸突爲擅易，況師説之不同，他書之引用，未便據以改久沿之本也，但當録其説於考證而已。臣元於周易注疏舊有挍正各本，今更取唐、宋、元、明經本、經注本、單疏本、經注疏合本，讎挍各刻同異，屬元和生員李鋭筆之，爲書九卷，別挍略例一卷，陸氏釋文一卷，而不取他書妄改經文，以還王弼、孔穎達、陸德明之舊。謹列目録如左，臣阮元恭記。

引據各本目録

單經本

唐石經　凡九卷，附略例。開成二年刻，今在陝西西安府。

單注本

岳本　宋岳珂刻，凡十卷。今據武英殿重刊五經本。

古本　已下二本據七經孟子考文補遺。

足利本

單疏本

宋本　據錢遵王挍本。案，錢跋有單疏本一、單注本二、注疏本一，今不復能識别，但稱「錢挍本」。

注疏本

影宋鈔本　據餘姚盧文弨傳挍明錢孫保求赤挍本，今稱「錢本」。❶

宋本　據七經孟子考文補遺。

十行本　凡九卷，附音義一卷，無略例。

閩本　凡九卷，附略例一卷、音義一卷。

監本　與閩本同。

毛本　凡九卷，無略例、音義。

校記

❶「錢孫保」原誤作「錢保孫」，南昌本同，今乙正。

周易注疏校勘記卷一

01—001 國子祭酒上護軍曲阜縣開國子臣孔穎達奉　勑撰定　閩本同。錢本亦同，惟「勑撰定」三字在次行，與「國子」並。毛本「國」上有「唐」字。監本删去結銜，作「唐孔穎達撰定」，非。

002 夫易者象也　十行本自此已下行行頂格，錢本同。閩、監、毛本首行頂格，次行以後並上空一格。

003 行必協陰陽之宜　閩、監、毛本同。錢本「協」作「叶」。○按，「叶」即「協」字。

004 業資凡聖　閩、監本同。毛本、足利本、寫本「凡」作「九」。

005 輔嗣之注若此　錢本、閩、監本同。毛本「注」作「註」。○按，漢、唐、宋人經注字無作「註」者。

006 欲取改新之義　閩、監、毛本同。寫本「新」作「辛」。

007 今既奉勑删定　十行本「勑」字提行，下同。錢本同。閩、監、毛本不提行。毛本「勑」改「敕」。

008 考察其事　閩、監、毛本同。錢本、寫本「察」作「案」。

009 周易正義卷第一　閩、監、毛本同。錢本無此七字，但有「八論」二字。

010 第一論易之三名　第二論重卦之人　此八論題目，十行本作四行，分上下兩排，閩、監、毛本同。錢本作八行。

011 第一論易之三名　十行本頂格，錢本同。閩、監、毛本並上空一格，八論並同。

012 正義曰夫易者　十行本自此已下行行頂格，錢本同。閩、監、毛本首行頂格，次行已後並上空一格，八論並同。

013 天以爛明　閩、監、毛本同。寫本「爛」作「烱」。

014 其易之藴邪　閩、監、毛本同。錢本「藴」作「緼」。

015 上下無常　閩、監、毛本同。錢本「無」作「无」，下同。

016 崔覲劉貞簡等　閩、監、毛本同。寫本「簡」上有「周」字。

017 此明是易簡之義　閩、監、毛本同。錢本「易簡」作「簡易」。×

018 皆是易義　閩、監、毛本同。寫本下有「也」字。×

019 故易者所以斷天地　盧文弨云：「案，乾鑿度本作『繼天地』，此『斷』字疑誤。」❶

020 以爲伏羲畫卦　閩、監、毛本同。盧文弨云：「當作『重卦』。」「畫」字誤。

021 兼三才而兩之　閩、監、毛本同。錢本「才」作「材」，下同。×

022 未有彖繇　閩、毛本同。監本「繇」作「䌛」。○按，「籀」者正字也，「繇」者叚借字，「䌛」爲俗字。

023 文王囚而演易　閩、毛本同。監本「囚」誤「卦」。×

024 並依此說也　閩、毛本同。監本「依」誤「焉」，闕「此」字。×

025 謂紂文王之時　閩本、寫本同。監、毛本「王」誤「武」。×

026 陽三陰四　閩、毛本同。監本「三」字中畫不全，浦鏜云「三」誤「二」，非。×

027 則區域各別　閩、監、毛本同。錢本「各」作 ×

「分」。

028 **周易兼義上經乾傳第一** 閩、監本同。毛本「第」上有「卷」字。石經、釋文、岳本、考文引古本、足利本題「周易上經乾傳第一」。錢本、考文所據宋本題「周易注疏卷第一」。按,「兼義」字乃合刻注疏者所加,取「兼并正義」之意也。蓋其始,注疏無合一之本,南北宋之間,以疏附於經注者,謂之「某經兼義」,至其後則直謂之「某經注疏」,此變易之漸也。又十行本、閩、監、毛本其第七卷題云「周易兼義卷第七周易繫辭上第七」,八卷、九卷同。則此第一至第六卷亦當先標「周易兼義卷第幾」,後標「周易上下經某傳第幾」,庶前後畫一。釋文云:「『第』亦作『弟』。」

029 **國子祭酒上護軍曲阜縣開國子臣孔穎達奉　勑撰正義　王弼注** 宋本無「正義」二字。閩、監、毛本作「魏王弼注,唐孔穎達正義」,又監本「義」誤「善」。又釋文:「『王弼注』,本亦作『王輔嗣注』。今本或無『注』字,師説無者非。」石經、岳本並作「王弼注」。

030 **䷀乾下乾上乾元亨利貞** 石經、岳本、宋本、古本、足利本並如此連寫。閩、監、毛本以「䷀」及「乾下乾上」四字爲一行,「乾元」以下提行頂格,非是。又十行本自此盡卦末,連注疏行行頂格,其每爻及彖、象、文言等不復提行另起,與石經合。錢本每卦分作數節,每節首行頂格,次行以後上空一格,閩、監、毛本與錢本同。

031 **天乃積諸陽氣而成天** 閩、監、毛本同。浦鏜云:「下『天』字疑衍。」

032 **欲使人法天之用** 閩、監、毛本同。錢本「使人」二字作「以」。

033 **文言備矣** 凡注文,十行本雙行夾注,岳本、古本、足利本同。閩、監、毛本改爲單行,上加「注」字。錢本注文上有「注云」二字。按,考文大過下引宋本「注云音相過之過」,則宋本與錢本同。

034 **故稱勿用以誡之** 閩、毛本同。監本「誡」誤「誠」。

035 **此潛龍始起**　閩、監、毛本同。錢本、宋本「此」作「比」。×

036 **他皆倣此**　錢本、閩、監本同。宋本「倣」作「放」，毛本誤「傚」。

037 **其晝已長**　閩、監、毛本同。浦鏜云：「『長』當『陽』字誤。」

038 **所以重錢**　宋本同。閩、監、毛本「錢」改「體」，下「故交其錢」同。按，火珠林始以錢代蓍，故謂之「重錢」、「交錢」，改「體」非是。

039 **易含萬象**　閩、監本同。毛本「含」誤「舍」。×

040 **故曰在田**　岳本、閩、監、毛本同。古本下有「也」字，下「故免龍戰之災」下、「坤利在永貞」下、「故六位不失其時而成」下、「其唯知終者乎」下、「雖危无咎」下、「不爲之助」下、「而下曰乾元亨利貞」下、「各隨其義」下、「與天時俱不息」下、「與時運俱終極」下、「剛直之物」下、「唯乾體能用之」下並同。

041 **四則或躍**　岳本、閩、監、毛本同。古本、足利本「或」作「惑」，非。

042 **九二至利見大人**　閩、監、毛本同。錢本、宋本無此七字。山井鼎云：「經傳下疏更引經文者，宋板刊去，直云『正義曰』，以下皆然。」

043 **且一之與二**　錢本、宋本同。閩、監、毛本「一」改「初」，下「二在一上」同。

044 **且大人之云**　閩、監、毛本同。宋本「云」作「文」。

045 **注處於地上至唯二五焉**　閩、監、毛本同。錢本、宋本作「出潛至五焉」，較今本爲省文，後多類此，茲不悉出。

046 **矣上下兩體**　閩、監、毛本同。錢本無「矣」字，宋本作「是」。❷

047 是九二處其地上所田食之處　閩本同。宋本「其」作「於」。監、毛本「田」誤「由」。

048 觀輔嗣之注焉　閩、監、毛本同。錢本、宋本「焉」作「意」。❸

049 謂周而普獨　閩、監、毛本同。錢本、宋本「獨」作「徧」。❹

050 二爲大人　閩、監、毛本同。宋本「人」誤「夫」。

051 言範模乾之一卦　閩、監、毛本同。錢本、宋本「範模」作「此據」。

052 地之萌牙　閩、監、毛本同。李鼎祚集解亦作「牙」。錢本作「芽」。○按，古多以「牙」爲「芽」。

053 所以六律六呂陰陽相間　集解「間」作「闕」。

054 故但自明當爻之地　閩、監、毛本同。宋本「地」作「理」。

055 至于夕惕猶若厲也　岳本、閩、監、毛本同。古本「惕猶」作「猶惕」，郭京説同。按，正義云：「言雖至於夕，恒懷惕懼，猶如未夕之前，常若厲也。」則正義本「猶」在「惕」下，作「猶惕」者非。

056 其相終竟空曠　閩、監、毛本同。錢本、宋本「相」作「禮」。❺

057 當若厲也　閩、監、毛本同。宋本「當」作「常」。❻

058 王以九三與上九相並　宋本同。閩、監、毛本「王」作「正」。

059 或躍在淵　岳本、閩、監、毛本同。石經「淵」字諱缺末畫。釋文出「或躍」，古本「或」作「惑」，注及象、文言同。

060 乾道革之時也　岳本、閩、監、毛本同。古本「乾」下有「之」字。×

061 而无定位所處　岳本、閩、監、毛本同。足利本「所」作「可」。釋文：「所處，一本作『可處』。」

062 持疑猶豫　閩、監、毛本同。岳本「豫」作「與」。釋文出「猶與」。×

063 不謬於果　岳本、閩、監、毛本同。釋文：「不謬，本或作『繆』。」×

064 躍於在淵　閩、監、毛本同。錢本、宋本作「躍在於淵」。

065 猶豫遲疑　閩、監、毛本同，下同。宋本「遲」作「持」，與注合。

066 百姓既未離禍患　盧文弨云：「未」字衍文。

067 非飛而何　閩、監、毛本同。岳本、宋本、古本、足利本「而」作「如」。

068 大而極盛　閩、監、毛本同。宋本「大」作「天」。×

069 純陽雖極　閩、監、毛本同。宋本「雖」作「進」。×

070 以柔順而爲不正　岳本、閩、監、毛本同。古本、足利本下有「之主」二字。

071 則佞邪之道也　岳本、閩、監、毛本同。釋文：「邪，字又作『耶』。」×

072 不失大和豈非正性命之情者邪　岳本同。閩、監、毛本「大」作「太」。釋文：「邪，或作『耶』。」○按，大、太古今字。×

073 正義曰夫子所作象辭　按，自此以下錢本摠在注「各以有君也」之下。蓋每一節末下接正義，又釋經都畢，然後釋注。錢挍單疏本、注疏本亦同。十行本、閩、監、毛本每節内每段分屬，雖便讀者，究失舊第，後皆準此。

074 明其所由之主　閩、監本同。毛本「由」作「繇」。按，毛作「繇」者，避所諱，或諱作「甴」，後不悉出。

075 此名乘駕六龍　閩、監、毛本同。宋本「名」作「明」。

076 正直不傾邪也　閩、監、毛本同。錢本上有「則」字。

077 不失大和則下文保合大和是也　錢本、宋本同。閩本下「大」作「太」，監、毛本並作「太」，非。餘放此。

078 何情之有　閩、監、毛本同。浦鏜云：「情」當「正」誤。

079 則豫卦歎云　閩、監、毛本同。錢本「歎」作「彖」，是也。

080 或難其解　閩、監、毛本同。宋本「其」作「具」，是也。

081 不和而剛暴　岳本、閩、監、毛本同。古本、足利本「暴」上有「則」字，下有「也」字。

082 大利之道　閩、監、毛本同。錢本、宋本「利」作「和」，是也。

083 以頭首出於衆物之上　宋本、閩本同。監、毛本「以」作「似」。

084 君子以自强不息　岳本同。石經初刻「彊」，後改「强」。釋文出「自强」。閩、監、毛本作「彊」。

085 乾則用名　閩、監、毛本同。錢本「則」作「是」。

086 潛龍勿用陽在下也　閩、監、毛本提行另起，錢本不提行。

087 反復道也　石經、岳本、閩、監、毛本同。古本、足利本「道」上有「之」字，一本無「也」字。釋文：「復，本亦作『覆』。」

088 反復皆道也　岳本、閩、監、毛本同。古本、足利本「皆」下有「合」字。

089 大人造也　石經、岳本、閩、監、毛本同。釋文亦作「造」，云「劉歆父子作『聚』」。按，造、聚聲相近。

090 退在潛處在淵　閩、監、毛本同。宋本上「在」作「則」。

091 文言曰　自此至卦末並文言也。錢本皆不提行。

092 君子體仁　石經、岳本、閩、監、毛本同。釋文：「體仁，京房、荀爽、董遇本作『體信』。」

093 利物足以和義　石經、岳本、閩、監、毛本同。釋文：「利物，孟喜、京、荀、陸績作『利之』。」

094 法天之元德也　閩、監本同。毛本「元」誤「无」。

095 故略而不言也　閩、監、毛本同。錢本、宋本「而」作「知」。

096 若限尚聖人　閩、監、毛本同。錢本、宋本「尚」作「局」，是也。

097 或在事後言　閩、監、毛本同。錢本、宋本「言」作「者」。

098 亦於爻下有之　閩、監、毛本同。宋本「有」作「言」，是也。

099 此第二節釋初九爻辭也　盧文弨云：「當云『此文言第二節。此釋初九爻辭也』，觀下疏自明。」

100 不成乎名　石經、岳本、閩、監、毛本同。釋文出「不成名」，云「一本作『不成乎名』」。按，疏云「不成就於令名」，以「於」字釋經文「乎」字，則正義本與石經合。

101 確乎其不可拔　石經、岳本、閩、監、毛本同。古本下有「者」字。

102 心處僻陋　盧文弨云：「心」疑「身」之誤。❼

103 隱潛避世心志守道　閩、監、毛本同。宋本「隱潛」作「潛隱」，無「志」字。

104 可與幾也　石經、岳本、閩、監、毛本同。古本、足利本「與」下有「言」字。

105 而能全其終　岳本、閩、監、毛本同。釋文：「能全，一本作『能令』。」

* 存物之終若　補：案，「若」當作「者」。

106 鮮克有終　岳本、錢本、閩、監、毛本同。釋文：「尟，本亦作『鮮』。」

107 而不凶咎　閩、監本同。錢本、宋本「不」下有「犯」字。○按，毛本作「而不犯咎」。

108 怵惕之謂也　岳本、閩、監、毛本同。集解無「之謂」二字。

109 懈怠則曠　岳本、閩、監、毛本同。釋文出「解怠」。○按，古多以「解」爲「懈」。

110 故因其時而惕　岳本、閩、監、毛本同。集解「故」下有「乾乾」二字。

111 至失時不進　閩、監、毛本同。錢本、宋本「至」作「若」，是也。

112 猶非羣衆而行　閩、監、毛本同。錢本、宋本「非」作「依」，是也。

113 但九四欲前進　閩、監、毛本同。錢本、宋本「欲」作「於」。

114 聖人作而萬物覩　石經、岳本、閩、監、毛本同。釋文：「作，馬融作『起』。」

115 而礎柱潤　閩、監、毛本同。宋本作「而柱礎潤」，是也。

116 若磁石引針　閩、監、毛本同。宋本「磁」作「礠」。按，作「磁」爲是。×

117 感應之事應　錢本、閩、監、毛本同。宋本下「應」作「廣」，是也。

118 以上九非位而上九居之　盧文弨云：「當作『上非九位而九居之』。」

119 賢人雖在下而當位　岳本、閩、監、毛本同。古本「下」上有「其」字。×

120 夫乾者　岳本、閩、毛本同。監本「夫」誤「與」。×

121 生於義也　岳本、閩、監、毛本同。古本「也」上有「者」字。×

122 以馬明坤　岳本、閩、監、毛本同。錢本「明」作「敘」。

123 乾體皆龍　岳本、閩、監、毛本同。古本、足利本「乾」下有「之」字。×

124 聖人設戒　閩、監、毛本同。錢本、宋本「戒」作「誡」。

* 正義取夫乾者　補：毛本「取」作「曰」。案，所改是也。×

125 不先說乾　十行本「不」字空，閩、監、毛本如此。錢本、宋本「不」作「應」。

126 非天下至理　岳本、閩、監、毛本同。古本「理」作「治」。按，集解作「非天下之至治」。

127 是文言第三節　錢本、宋本同。閩、監、毛本「三」誤「二」。×

128 故云天下治也　閩、監、毛本同。宋本無「也」字。×

129 貌恭心狠　閩、監、毛本同。錢本、宋本

「狠」作「恨」。×

130 故云乃見天則　錢本、宋本、閩、監本同。毛本「見」誤「元」。×

131 何能久行其正　岳本、閩、監、毛本同。古本「正」作「政」。×

132 其六爻發揮之義　山井鼎云：「從此已下解下文者，乃誤在此。但宋板每章通爲一節，間不雜疏，故無此誤。」

133 初上雖无正位　閩、監、毛本同。宋本「上」作「末」。×

134 故乾彖云　錢本、宋本同。閩、監、毛本脱「故」字。×

135 六爻發揮　石經、岳本、閩、監、毛本同。釋文：「揮，本亦作『輝』。」

136 下又即云　閩、監、毛本同。宋本「又」作「文」。

137 問以辯之　石經、岳本同。閩、監、毛本「辯」誤「辨」。釋文出「以辯」。

138 故或之　石經、岳本、閩、監、毛本同。古本「或」作「惑」，非，下句同。

139 故心或之也　閩、監、毛本同。宋本「或」作「惑」。

140 其唯聖人乎　石經、岳本、閩、監、毛本同。釋文：「王肅本作『愚人』，後結始作『聖人』。」○按，王肅本大非。此經依釋文所載，無末五字者是最古本。此是倒裝文法，故曰「其唯聖人乎，知進退存亡，而不失其正者」，如檀弓「誰與哭者」即「哭者誰與」。

141 坤　石經、岳本、閩、監、毛本同。釋文：「本又作『巛』。巛，今字也。」錢本、宋本此卦前題「周易注疏卷第二」。

142 馬在下而行者也而又牝焉　岳本、閩、

監、毛本同。古本「行」下有「地」字，「焉」作「馬」，非。足利本同。 ×

143 **故唯利於牝馬之貞** 岳本、閩、監、毛本同。古本下有「也」字，下「故曰得朋」下、「故曰喪朋」下、「坤以馬行地」下、「其勢順」下、「故不習焉而无不利」下、「故不擅其美」下、「非泰之道」下、「故戰于野」下、「故必戰」下、「爲陽所滅」下、「故稱血」下並同。

144 **蓋乾坤合體之物** 閩、監、毛本同。宋本「蓋」作「但」，是也。

145 **乾之所貞** 十行本、閩、監本「貞」字缺，毛本如此，錢本、宋本作「利」。

146 **正借柔順之象** 閩、監、毛本同。錢本、宋本「正」作「假」。 ×

* **牝對牝爲柔** 補：毛本下「牝」字作「牡」。案，所改是也。

147 **還借此柔順** 閩、監、毛本同。錢本、宋本「還」作「假」。 ×

148 **馬雖比龍爲劣** 十行本、閩、監本「比」字缺，毛本如此。

149 **所而亦能廣遠** 閩、監本缺「所」字，毛本作「鈍」，屬上句，非也。錢本、宋本「而」作「行」，是。

150 **而後獲安貞吉** 岳本、閩、監、毛本同。古本下有「者也」二字。 ×

151 **以其至柔** 閩、監、毛本同。宋本「柔」作「陰」。 ×

152 **今以陰詣陰乃得朋** 十行本、閩、監本「乃」字缺，毛本如此。錢本、宋本作「是」。

153 **又向陰柔之方** 閩、監、毛本同。宋本「方」作「所」。 ×

154 其褊狹非復宏通之道　十行本、閩、監本缺「復」字，毛本如此。宋本作「易」，錢本無此字。又錢本、宋本「其」下有「理」字。

155 坤位居西南　閩、監、毛本同。宋本「居」作「在」。

156 行地无疆　石經、岳本、閩、監、毛本同。釋文：「疆，或作『壃』。下及注同。」

* 象曰至行合无疆　補：案，「合」當作「地」。

157 及二德之首也　閩、監、毛本同。宋本「二」作「元」。

158 與乾相通共文也　十行本「通」字模糊，閩、監、毛本如此。錢本、宋本作「連」，是也。

159 以和順承平於天　閩、監、毛本同。錢本、宋本「平」作「奉」，是也。

160 二是長久无疆也　錢本、宋本、閩、監本同。毛本「无」誤「天」。

161 論坤元之義也　閩、監、毛本同。錢本、宋本「義」作「德」。

162 包含以厚　閩、監、毛本同。錢本、宋本「以」作「宏」，是也。

163 故品類之物　閩、監、毛本同。錢本作「故品物之類」。

164 但坤比元　閩、監、毛本同。錢本、宋本「元」作「乾」。

165 順行地无疆　閩、監、毛本同。錢本、宋本「順」作「故」，是也。

166 應地无疆　石經、岳本同。閩、監、毛本「无」誤「無」。

167 夫兩雄必爭　十行本「夫兩雄」三字，「夫」字、「雄」字筆畫舛誤，「兩」誤「用」。閩本亦作「用」，缺「夫」字。岳本、監、毛本如此。

168 與剛健爲耦　岳本、閩、監、毛本同。古本上有「而」字。×

169 而以永保无疆　閩、監、毛本同。岳本、宋本、古本、足利本「以」作「能」。×

170 求安難矣　岳本、閩、監、毛本同。古本下有「哉」字，足利本「矣」作「哉」。×

171 重釋利貞之善　十行本「之」下一字筆畫舛誤，閩、監、毛本如此。錢本、宋本作「義」。

172 以陰在是之先　錢本、宋本「是」作「物」，閩、監、毛本作「事」。

173 人得主利　閩本同。錢本、宋本「人」作「乃」。監、毛本「主」誤「生」。

174 人若得靜而能正　閩、監本同。錢本、宋本、毛本「若」作「君」。

175 正義曰地勢方直　閩、監、毛本同。宋本「勢」作「體」。錢本此疏在「君子厚德載物」疏後，「正義曰」上標注「地形不順其勢順」七字。

176 而後積著者也　岳本、閩、監、毛本同。古本、足利本「積」上有「至」字。×

177 則以初爲潛　岳本、閩、監、毛本同。古本下有「也」字，一本「則」作「故」。×

178 義所謂陰道　閩、監、毛本同。錢本、宋本「義」下有「取」字，是也。

179 履霜堅冰陰始凝也　岳本、閩、監、毛本同。石經初刻無「也」字，後增。古本、足利本「冰」下有「至」字。

180 不敢于亂先聖正經之辭　閩、毛本同。

錢本、監本「于」作「干」，是也。

181 故分爻之辭象 閩、監、毛本同。錢本、宋本「辭象」作「象辭」。

182 而逆以堅冰爲戒 宋本同。閩、監、毛本「逆」誤「遂」。

183 不假脩營而功自成 岳本、閩、監、毛本同。古本上有「故」字。○按，古本多不可信。

184 正義曰文言云 閩、監、毛本同。宋本「文言云」上有「直方大不習无不利者」九字。山井鼎云：「宋板爻、象連爲一節，經文終乃有疏，每卦爲然。如此篇『地道光也』下始有疏，故『疏』字下無『六二至无不利』六字，直作『正義曰：直方大不習无不利者文言云』云云。今本斷章裁句，與宋板稍異。」

185 直以方也 石經、岳本、閩、監、毛本同。 ×

186 施慎則可 岳本、閩、監、毛本同。釋文：「施慎，並如字。象詞同。本或作『順』，非。」 ×

187 功不顯物故曰无譽不與物忤故曰无咎 集解作「不與物忤，故无咎。功名不顯，故无譽也」。

188 曰其謹慎 錢本、宋本「曰」作「由」，閩、監、毛本作「施」字。

189 中之色也 岳本、閩、監、毛本同。古本無「也」字。 ×

190 下之飾也 岳本、閩、監、毛本同。釋文：「飾，本或作『餝』，俗字。」 ×

191 以文在中也 岳本、閩、監、毛本同。古本、足利本「也」上有「者」字，一本「中」上有「其」字。按，「也上」當作「中下」。 ×

192 故云文在其中 閩、監、毛本同。宋本無「其」字。 ×

193 卑順不盈　岳本、閩、毛本同。監本「卑」誤「早」。 ×

194 固爲占固　浦鏜云：「爲」當作「謂」。

195 文言曰坤至柔而動也剛　石經、岳本、閩、監、毛本同。釋文出「坤至柔」，云「本或有『文言曰』者」。

196 至靜而德方　岳本、閩、監、毛本同。石經「德」下旁添「也」字。按，旁添字並後人妄增，不可信。

197 動之方直　閩、監、毛本同。岳本、宋本、古本、足利本「直」作「正」。 ×

198 積善之家　一本「之」作「三」，非也。 ×

199 其所由來者漸矣由辯之不早辯也　石經、岳本、閩、監本同。毛本「由」作「繇」。釋文：「辯，荀作『變』。」

200 直方大不習无不利則不疑其所行也　石經、岳本、閩、監、毛本同。釋文出上十四字，無「也」字，云「張璠本此上有『易曰』，衆家皆無」。

201 故事得宜　閩、監、毛本同。錢本、宋本「故」作「於」。

202 以直內理　閩、監、毛本同。錢本、宋本「理」作「心」。 ×

203 名以方正　閩、監、毛本同。錢本、宋本「名」作「各」，是也。

204 既云義以方外　十行本、閩、監本缺「既」字，毛本如此。錢本、宋本作「下」，是也。

* 改云敬以直正者　補：案，「正」當作「內」。

205 故曰不疑其所行　閩、監、毛本同。錢本、宋本「曰」下有「即」字。 ×

206 明六三爻辭　閩本同。監、毛本「三」誤

「二」。 ×

207 苟或從王事　閩、監、毛本同。宋本「苟」作「若」。 ×

208 草木蕃　石經、岳本、閩、監、毛本同。古本下有「茂」字，不必從。

209 蓋言謹也　石經、岳本、閩、監、毛本同。古本無「也」字。

210 陰疑於陽必戰　石經、岳本、閩、監、毛本同。釋文：「疑，荀、虞、姚信、蜀才本作『凝』。」

211 爲其嫌於无陽也　石經、岳本、閩、監、毛本同。古本無「也」字。釋文：「嫌，鄭作『謙』，荀、虞、陸、董作『嗛』。」○按，「鄭作謙」當云「鄭作溓」，説詳釋文。

212 爲其嫌於非陽而戰　岳本、閩、監、毛本同。古本、足利本下有「也」字。 ×

213 然猶未能離其陽類　閩、監本同。毛本「陽」作「陰」。

214 而見成也　閩本同。錢本、宋本「成」作「滅」，監、毛本作「血」。

215 天地之雜也　石經、岳本、閩、監、毛本同。古本「雜」下有「色」字。

屯

216 故利貞　岳本、閩、監、毛本同。古本下有「也」字，下「故曰屯元亨利貞乃得滿盈」下、「皆剛始交之所爲」下、「君子經綸之時」下、「故曰十年乃字」下、「大貞之凶」下、「不與相得」下、「故泣血漣如」下並同。

217 得王則定　王，「主」之誤。岳本、閩、監、毛本不誤。釋文：「則定，本亦作『則寧』。」古本下有「也」字。

218 一盈也　閩、監、毛本同。錢本、宋本「一」作「二」。

219 其義不一　閩、監、毛本同。錢本、宋本「義」作「例」。

220 莫善建侯也　岳本、閩、監、毛本同。古本「善」下有「於」字。×

221 君子以經綸　岳本、閩、監、毛本同。石經「綸」字漫滅。釋文出「經論」，云「本亦作『綸』」。

222 綸謂綱綸　閩、監、毛本同。錢本、宋本「綱」作「繩」，是也。

223 姚信云綸謂綱也　閩、監、毛本同。錢本、宋本「綱」作「緯」。

224 磐桓　石經、岳本、閩、監、毛本同。釋文：「磐，本亦作『盤』，又作『槃』。」

225 志行正也　石經、岳本、閩、監、毛本同。古本無「也」字，下「大得民也」同。

226 非爲宴安棄成務也　岳本、閩、監、毛本同。釋文：「晏，本又作『宴』。」×

227 但欲以靜息亂也　錢本、宋本同。閩本「但」誤「桓」，監、毛本誤「恒」。

228 乘馬班如匪寇婚媾　石經、岳本、閩、監、毛本同。釋文：「班，鄭本作『般』。」「媾，馬本作『冓』，本或作『構』者，非。」

229 志在乎五　岳本、閩、監、毛本同。古本「乎」作「中」。×

230 則本志斯獲矣　岳本、閩、監、毛本同。古本無「本」字。×

231 則得其五爲婚媾矣　閩、監、毛本同。宋本「其」作「共」。×

232 數極則復　閩、監、毛本同。錢本、宋本「復」作「變」，是也。

233 即鹿无虞　石經、岳本、閩、監、毛本同。釋文：

「鹿」，王肅作『麃』。」❽

234 君子幾不如舍　石經、岳本、閩、監、毛本同。釋文：「幾，鄭作『機』。」

235 往吝窮也　岳本、閩、監、毛本同。古本「往」作「无」。

236 故不得爲幾微之義　閩、監、毛本同。宋本「義」作「幾」。

237 故曰往吉无不利　岳本、閩、監、毛本同。古本下有「也」字，一本無「曰」字。

238 當恢宏博施　錢本、宋本、閩本同。監、毛本「當」作「常」。

*何長也　補：各本作「何可長也」，此十行本原脱「可」字。案，正義曰「何可長者」，又曰「何可久長也」，是「何」下當有「可」字，今補。

蒙

239 童蒙求我　石經、岳本、閩、監、毛本同。考文引古本，「蒙」下有「來」字。

240 能斷夫疑者也　岳本、閩、監、毛本同。古本「疑」下有「之」字。

241 一理而剖告之　閩、監、毛本同。宋本「剖」作「則」。

242 利以養正　宋本、閩本同。監、毛本「養」誤「義」。

243 此卦繫辭　閩、監、毛本同。錢本、宋本「繫」作「繇」。

244 退則困險　岳本、閩、監、毛本同。宋本作「困退用險」，山井鼎云「恐非」。

245 以亨行時中也　石經、岳本、閩、監、毛本同。古本、足利本「時」上有「得」字，一本「也」作「矣」。按，此「得」字蓋涉注文而衍。

246 童蒙求我　石經、岳本、閩、監、毛本同。釋文：

「一本作『來求我』。」〇案，惠棟周易古義引呂覽勸學篇注：「易曰：匪我求童蒙，童蒙來求我。」王念孫云：「注云『童蒙之來求我』，又蔡邕處士圈叔則碑『童蒙來求，彪之用文』，是漢魏時經文多有『來』字。」

247 闇者求明明者不諮於闇　岳本、閩、監、毛本同。釋文：「不諮，本亦作『咨』，又作『資』。」×

248 二爲衆陰之主也　岳本、閩、監、毛本同。古本「也」上有「者」字。×

249 无剛失中　閩、監、毛本同。岳本、錢本、宋本、足利本「失」作「決」。古本亦作「決」，上有「若」字。×

250 故蒙昧之象也　錢本、宋本、閩、監本同。毛本脱「昧」字。×

251 君子當發此蒙道　閩、監、毛本同。宋本「發」作「法」。

252 蒙發疑明　岳本、閩、監、毛本同。古本下復有「疑明」二字。×

253 刑不可長　岳本、閩、監、毛本同。錢本、宋本、古本下有「也」字。×

254 刑人説桎梏皆得當　閩、監、毛本同。宋本無「桎」字。×

255 小雅云　錢本、宋本、閩、監、毛本「小」作「爾」。〇按，「爾」字誤。小爾雅唐人多作小雅，文選注亦然。

256 出往往之　閩、監、毛本同。宋本下「往」作「行」。

257 故刑人也　岳本、閩、監、毛本同。古本「刑」上有「利」字。

258 包蒙吉　岳本、閩、監、毛本同。石經「包」作「苞」。釋文出「苞蒙」。按，此據宋本釋文，若通志堂本則亦改爲「包」矣。古經典「包容」字多从「艸」。

259 **故包蒙吉也** 閩、監、毛本同。岳本、錢本、宋本、古本、足利本「故」下有「曰」字，一本無「也」字。×

260 **克家之義** 岳本、閩、監、毛本同。古本下有「也」字，下「而无攸利」下、「故曰童蒙吉」下並同。

261 **童蒙悉來歸己** 閩、監、毛本同。錢本、宋本「童」作「羣」。×

262 **任內理中** 閩、監、毛本同。錢本、宋本「任」作「在」。×

263 **王氏曰** 閩、監、毛本同。錢本、宋本作「正義曰」，是也。

264 **以己之兩陽** 閩、監、毛本同。宋本「兩」作「剛」。×

265 **勿用取女** 石經、岳本、閩、監、毛本同。釋文：「取，本又作『娶』，下及注同。」

266 **故勿用取女** 岳本、閩、監、毛本同。古本、足利本「故」下有「曰」字。×

267 **所以不須者** 閩、監、毛本同。宋本「須」下有「取」字。

268 **困蒙吝** 石經、岳本、閩、監、毛本同。古本「吝」作「咎」，象注同。山井鼎云非。

269 **處兩陰之中** 岳本、閩、毛本同。監本「兩」誤「而」。×

270 **順以巽也** 岳本、閩、監、毛本同。古本、足利本「也」上有「者」字。×

271 **順以巽也** 閩、監、毛本同。錢本、宋本「也」作「者」。×

272 **巽以順也** 閩、監、毛本同。錢本、宋本「以」作「亦」。×

273 **而專委任於二**　閩、監、毛本同。宋本「專」作「事」。

274 **是貌順也**　閩、監、毛本同。錢本、宋本「順」作「巽」。

275 **擊蒙不利爲寇利禦寇**　石經、岳本、閩、監、毛本同。釋文：「擊，馬、鄭作『繫』。」古本「禦」上有「用」字，注同。

276 **爲之扞禦**　岳本、閩、監、毛本同。釋文：「禦，本又作『衛』。」

01—277 **故不利爲寇**　岳本、閩、監、毛本同。古本「故」下有「曰」字。

校記

❶「盧文弨」原作「盧文韶」，南昌本同。按，此條所引見盧文弨羣書拾補，並無盧文韶之名。惟下01—020「以爲伏羲畫卦」條，檢羣書拾補引及「余弟紹音文韶云」（校勘記亦引作「盧文韶云」），則此處蓋涉下條而誤「盧文弨」爲「盧文韶」，今據道光學海堂本改正。

❷南昌本條末增「○補：案，『是』字是也」。

❸南昌本條末增「○補：案，『意』字是也」。

❹南昌本條末增「○補：案，『徧』字是也」。

❺南昌本條末增「○補：案，『禮』字是也，注『則處下之禮曠』可證」。

❻南昌本條末增「○補：案，『常』字是也」。

❼按，此條所引盧氏語不見於羣書拾補，而見於浦鏜十三經注疏正字卷一（作「心疑身字誤」），則「盧文弨云」當作「浦鏜云」。

❽北京市文物局藏十行本此葉爲明嘉靖補板（懷浙胡校，陸基郎刊），作「即鹿無虞」，與此條出文不同。南昌本出文改作「無」，與嘉靖補板同，校語改作「補：石經、岳本、閩、監、毛本『無』作『无』。案，『无』字是也」。

周易注疏校勘記卷二

需

02—001 **此需卦係辭也** 閩、監、毛本同。錢本、宋本「係」作「繇」。

002 **位乎天位** 岳本、閩、監、毛本同。釋文出「位乎」。石經「乎」作「于」。

003 **位乎天位** 岳本、閩、毛本同。監本上「位」誤「生」。 ×

004 **故光亨貞吉** 岳本、閩、監、毛本同。古本「故」下有「曰」字，下有「也」字，一本無「也」字。 ×

005 **非但得乾之剛彊而不陷** 錢本、宋本同。閩、監、毛本「彊」誤「健」。 ×

006 **以正中** 錢本、閩、監本同。毛本作「以中正」，誤。 ×

007 **是須道終畢** 錢本、宋本、閩本同。監、毛本「須」作「需」。 ×

008 **故需道畢矣** 閩、監、毛本同。錢本、宋本「需」作「須」。 ×

009 **雲上於天** 石經、岳本、閩、監、毛本同。釋文：「王肅本作『雲在天上』。」

010 **最遠於難** 岳本、閩、監、毛本同。錢本「最」誤「是」。釋文出「最遠」。 ×

011 **利用恒无咎未失常也** 石經、岳本、閩、監、毛本同。釋文出「利用恒未失常也」，云「本亦有『无咎』者」。

012 **需于沙** 石經、岳本、閩、監、毛本同。釋文：「沙，鄭作『沚』。」○按，説文「沙」亦作「沚」，與「沚」

字形似。

013 以吉終也　岳本、閩、監、毛本同。古本「也」上有「者」字，下「獲貞吉也」同。

014 以終吉也　閩本同。石經、岳本、監、毛本作「以吉終也」。按，「終」與「中」韻，作「終吉」者非。足利本「以」誤「也」。

015 猶有須焉　岳本、閩、監、毛本同。足利本「須」作「需」。

016 可以不敗　岳本、閩、監、毛本同。古本下有「也」字，下「而塞其路」下、「而後終吉」下並同。

017 自我致寇　石經、岳本、閩、監、毛本同。釋文：「寇，鄭、王肅本作『戎』。」古本亦作「戎」。按，陸云鄭、王作「戎」，則輔嗣本不作「戎」可知。考文引古本多不足據。

018 則不有禍敗也　閩、監、毛本同。錢本、宋本無「也」字。

019 三來逼己　錢本、宋本、閩、監本同。毛本「三」誤「二」。

020 穴之與位　閩、監、毛本同。宋本「位」作「血」。

021 暢其中正　岳本、閩、毛本同。監本「暢」誤「陽」。

022 但以需待酒食　宋本同。閩、監、毛本「待」誤「于」。

023 酒食貞吉　石經、岳本、閩、監、毛本同。古本、足利本上有「需」字。

訟

024 有孚窒惕中吉　石經、岳本、閩、監、毛本同。釋文：「窒，馬作『咥』。」「王注或在『惕』字上，或在下，皆通，在『中吉』下者非。」

025 皆愓然後可以獲中吉　宋本、閩本同。岳本、監、毛本「皆」作「能」。古本作「皆」，下有「也」字，下「而不責於人」下、「然後乃吉」下、「故吉從之」下、「故訟元吉」下並同。×

026 猶復不可終　岳本、閩、監、毛本同。集解「可」下有「以」字。×

027 中乃吉也　岳本、閩、監、毛本同。古本、足利本「乃」下有「得」字。×

028 猶不可以爲終也　岳本、閩、監、毛本同。集解無「也」字。×

029 得其中吉　岳本、閩、監、毛本同。古本上有「乃」字，集解同。×

030 其在二乎　岳本、閩、監、毛本同。集解「二」作「五」，云傳寫誤以「五」爲「二」。×

031 應斯任也　岳本、閩、監、毛本同。古本「斯」下有「之」字。集解「也」作「矣」。×

032 言中九二之剛　閩、監、毛本同。宋本「中」作「由」。

033 已且不可　閩、監、毛本同。宋本「且」作「自」。

034 聽訟吾猶人也　岳本、閩、監、毛本同。古本「人」下衍「吾」字。×

035 起契之過職不相監　閩本同。岳本、監、毛本「監」作「濫」，釋文亦作「濫」。宋本、古本、足利本無上四字，岳本同。

036 陰非先唱者也　岳本、閩、監、毛本同。古本「唱」作「陽」。×

037 必辯明矣　閩、監、毛本同。岳本、錢本、宋本、古本、足利本「矣」作「也」，一本作「者也」。×

038 若其邑狹少　宋本、閩本同。監、毛本

「少」作「小」。

039 再易之地休二歲　宋本同。閩、監、毛本「地」改「田」。○按，作「地」與大司徒注合。毛本上文「不易之地」、「再易之地」皆改作「田」。

040 則无眚災　閩、監、毛本同。錢本作「則无災眚」。 ×

041 患至掇也　石經、岳本、閩、監、毛本同。釋文：「掇，鄭本作『惙』。」

042 故食其舊日之德禄位　盧文弨云：「禄位」上當有「謂」字。 ×

* 爲仁猶己　補：案，注作「猶」，正義作「由」。由、猶古字通。

043 正爲一主也　錢本、宋本、閩本同。監、毛本「正」作「止」。 ×

044 也知彖辭剛來得中　閩、監、毛本同。

錢本、宋本「也」作「何」。

045 柔來而文剛　閩、監本同。毛本「文」誤「又」。 ×

046 或錫之鞶帶終朝三褫之　石經、岳本、閩、監、毛本同。釋文：「鞶，王肅作『槃』。」「帶，亦作『帶』。」褫，釋文云：「鄭本作『拕』。」

047 鞶厲旒纓　孫志祖云：今左傳「旒」作「游」。

048 則上云或從王事无成　錢本、宋本同。閩、監、毛本「上」誤「三」。 ×

049 師　此卦前錢本、宋本題「周易注疏卷第三」，錢挍本同。按，錢挍本起此，已前缺。

050 丈人嚴莊之稱也　岳本、閩、監、毛本同。集解「也」上有「有軍正者」四字。錢挍本凡注文上並有「注云」二字。

051 无功罪也　岳本、閩、監、毛本同。集解作「无功則罪」。

052 師貞丈人吉无咎○正義曰　閩、監、毛本同。錢校本作「正義曰師貞丈人吉无咎者」。按，錢校正義每卦分數段，繇辭下一段，彖曰下一段，象曰下一段，六爻下六段，或彖、象下共一段，並在經注之末。釋經在前，釋注在後。其釋經者，皆引經文，不標起止。釋注者，標起止，所標起止較今本爲省文。後皆放此。

053 言爲師之正　錢本、宋本同。閩、監、毛本「正」誤「主」。

* 注丈人嚴戒之稱也　補：毛本「戒」作「莊」。

054 必无功而獲其罪　錢本、宋本「獲」作「有」。 ×

055 齊師者也　岳本、閩、監、毛本同。古本無「也」字。 ×

056 否臧皆凶　岳本、閩、監、毛本同。古本下有「也」字。 ×

057 然否爲破敗　宋本同。閩、監、毛本「爲」誤「與」。 ×

058 王三錫命　石經、岳本、閩、監、毛本同。釋文：「錫，鄭本作『賜』。」

059 以剛居中而應於上　岳本、閩、監、毛本同。古本、足利本「上」作「五」。

060 故乃得成命　岳本、閩、監、毛本同。古本下有「也」字，一本作「故乃成也」。

061 承天寵也　石經、岳本、閩、監、毛本同。釋文：「寵，王肅作『龍』。」

062 進則无應　岳本、閩、監、毛本同。錢校本「則无」作「无所」。 ×

063 宜獲輿尸之凶　岳本、閩、監、毛本同。古本「宜」下有「其」字，下有「也」字，一本無「其」字。×

064 无應不可以行　岳本、閩、監、毛本同。古本無「无應」二字。×

065 田有禽　石經、岳本、閩、監、毛本同。釋文：「禽，徐本作『擒』。」○按，徐本俗字也。

066 故田有禽也　岳本、閩、監、毛本同。古本「也」上有「者」字，下「非其道也」同。×

067 物先犯己　岳本、閩、監、毛本同。古本「己」作「也」。×

068 授不得王　閩、監、毛本「王」作「正」，岳本、宋本、古本、足利本作「主」。

069 故其宜也　閩、監、毛本同。岳本、宋本、古本、足利本「故」作「固」。

比

070 此是寧樂之時　閩、監、毛本同。錢本、宋本「此」作「比」。×

071 既親且安　岳本、閩、監、毛本同。古本下有「也」字，下「諸侯以比親」下、「則莫不比之」下、「故得其自内貞吉而已」下、「故曰比之匪人」下並同。×

072 夫无者求有　岳本、閩、監、毛本同。釋文：「求有，本亦作『求得』。」×

073 則不寧方來矣　閩、監、毛本同。岳本作「則不寧之方皆來矣」。

074 終來有它吉　石經、岳本、錢本、宋本、古本、足利本同。閩、監、毛本「它」作「他」，下象傳同。釋文出「有它」，云「本亦作『他』」。○按，它、他古今字。

075 故必有他吉也　閩、監、毛本同。岳本「他」

作「它」。

076 比之匪人　石經、岳本、閩、監、毛本同。釋文：「匪人，王肅本作『匪人凶』。」

077 二爲五應　閩、監、毛本同。岳本、宋本、古本、足利本「應」作「貞」。按，内卦爲貞，作「貞」是也。

078 故貞吉也　岳本、閩、監、毛本同。古本「故」下有「曰」字。

079 欲外比也　閩、監、毛本同。宋本「欲」作「外」。

080 王用三驅　釋文云：「鄭作『毆』。」

081 邑人不誡　岳本、閩、監、毛本同。石經初刻作「戒」，後改，下句同。

082 而惡於去也　岳本、閩、監、毛本同。釋文出「惡而」，與各本異。

083 以顯比而居王位　岳本、閩本、宋本、古本、足利本同。監本「王」字模糊，毛本誤「下」。

084 非爲上道也　岳本、錢本、宋本、足利本作「非爲上之道」。古本作「非爲上之道也」。❶

085 今亦從之去則射之　盧文弨云：此八字乃衍文。

086 五以其顯比親者　閩、監、毛本同。錢本、宋本「五」作「二」。

* 无首後已　補：毛本「已」作「也」。

087 宜其凶也　岳本、閩、監、毛本同。古本「也」上有「者」字。

088 小畜　石經、岳本、閩、監、毛本同。釋文：「本又作『蓄』。」

089 是以亨　岳本、閩、監、毛本同。古本下有「也」字，下「故可以懿文德而已」下、「而不能犯」下、「以

征必凶」下、「而上九説征之輻」下並同。 ×

090 故名小畜　宋本同。閩、監、毛本「名」作「云」。 ×

091 小畜之義　岳本、閩、監、毛本同。錢本、宋本、古本下有「也」字。 ×

092 然後烝而爲雨　岳本、閩、監、毛本同。釋文出「蒸」字。 ×

093 今不能制初九之復道　閩、監、毛本同。岳本「復」下有「自」字。 ×

094 何以明之　岳本、閩、監、毛本同。古本無「之」字。 ×

* 去陰能固之　補：案，「去」當作「夫」，形近之譌。

095 然後乃雨乎上九獨能固九三之路　岳本、宋本、閩本、古本、足利本同。監、毛本「乎」改「今」，屬下句，非也。

096 故九三不可以進　岳本、閩、監、毛本同。古本「故」下有「也」字。 ×

097 而輿説輻也　岳本、閩、毛本同。監本「輿」作「與」。釋文出「車説」。 ×

098 故得既雨既處　岳本、閩、監、毛本同。古本下有「也」字，一本「得」作「曰」。 ×

099 若四五皆能若上九之善畜　岳本、閩、監、毛本同。宋本「五」作「三」。 ×

100 象至論一卦之體　閩本同。岳本、監、毛本「至」作「全」。 ×

101 不被摧抑　閩、監、毛本同。宋本「摧」作「擁」。 ×

102 得義之吉　岳本、閩、監、毛本同。古本作「得其義之吉者也」，一本無「其」字。足利本作「得其義之吉」。

103 輿説輻　石經、岳本、閩、監、毛本同。釋文：「輻，本亦作『輹』。」

104 不可牽征　岳本、閩、監、毛本同。古本「可」下有「以」字，足利本有「不」字。

105 三不害己已　閩、監、毛本同。錢本、宋本作「三不能害己」，是也。

106 其惕出散　宋本、閩本同。監、毛本「散」誤「故」。×

107 非是總凡之辭　宋本、閩本同。監本「凡」作「咎」，毛本作「爲」，並非。

108 有孚攣如　石經、岳本、閩、監、毛本同。釋文：「攣，子夏傳作『戀』。」

109 不有專固相逼　浦鏜云：「有」當作「爲」。

110 尚德載　石經、岳本、閩、監、毛本同。古本「載」上有「積」字。按，此蓋因下文相涉而衍。

111 月幾望　石經、岳本、閩、監、毛本同。釋文：「幾，子夏傳作『近』。」

112 故曰君子征凶　岳本、閩、監、毛本同。錢本、宋本、古本下有「也」字。×

113 己能固之　閩、毛本同。監本「固」作「因」。×

114 能畜正剛健　閩、監、毛本「正」作「止」，是也。監本「健」作「食」，誤。

115 能畜者也又　閩、監、毛本同。宋本「又」作「者」，是也。

116 惟泰也則然　岳本、閩、監、毛本同。釋文：「一本作『然則』，讀即以『也』字絶句。」古本、足利本作「然則」，采釋文。

117 不可盡陵也　岳本、閩、監、毛本同。古本作

「而不可得盡陵也」。釋文出「可盡」。　✕

118 是以初九九二　岳本、宋本、古本、足利本、閩本同。監、毛本「二」誤「五」。　✕

119 畜之極也　閩、監、毛本同。岳本、古本、足利本「也」上有「者」字。　✕

120 畜極則通　宋本、閩、毛本同。監本「極」作「之」。　✕

121 无可所畜　宋本同。閩、監、毛本作「无所可畜」。　✕

122 與軸相連　宋本同，是也。閩、監、毛本「與」作「輿」。　✕

123 輻車劇也　錢本、宋本、閩、監本同。毛本「輻」誤「軸」。　✕

履

124 有不見咥者　閩、監、毛本同。岳本、宋本、古本、足利本「有」作「而」。

125 宜其履虎尾不見咥而亨　岳本、閩、毛本同。監本「宜」誤「直」。古本下有「也」字。　✕

* 无得吉也　補：案，「无」當「故」字之譌。

126 履帝位而不疚　石經、岳本、閩、監、毛本同。釋文：「疚，陸本作『疾』。」

127 言五之德　岳本、閩、監、毛本同。古本下有「者也」二字。　✕

128 居九五之尊　閩、監、毛本同。宋本無「九」字。　✕

129 此一句　閩、監、毛本同。錢本、宋本「一」作「二」。

130 名合二義　閩、監、毛本同。錢本、宋本

「合」作「含」。

* 但易合萬象　補：毛本「合」作「含」。案，「含」字是也。

131 物无犯也　岳本、閩、監、毛本同。古本「也」上有「者」字，下「履於謙也」同。

132 故往而无咎　閩、監、毛本同。錢本無「而」字。

133 不喜處盈　閩、監、毛本同。岳本、錢本、宋本、古本「喜」作「憙」。釋文出「不憙」。

134 在幽而貞宜其吉　閩、毛本同。監本「貞」誤「卓」。岳本、古本、足利本下有「也」字。

* 者易无險難也　補：案上文「坦坦，平易之貌」，此「者」字當作「平」。

135 言履踐之道　宋本同。閩、監、毛本「履踐」作「踐履」。

136 不脩所履　岳本、閩、監、毛本同。釋文：「脩，本又作『循』。」

137 而志存于五　岳本、閩、監、毛本同。宋本「五」作「王」。○按，盧文弨云：「王」字非也。毛居正云，正義云「以六三之微而欲行九五之事」，則「五」字無疑。

138 欲行九五之志　盧文弨云：「志」當作「事」。

139 愬愬終吉　石經、岳本、閩、監、毛本同。釋文：「愬愬，馬本作『虩虩』。」○案，愬愬、虩虩並訓恐懼。說文引亦作「虩」，與馬本同。

140 以剛決正　岳本、閩、監、毛本同。古本「正」作「政」。

141 而五處尊　閩、監、毛本同。岳本、宋本、古本、足利本「尊」作「實」。盧文弨云：「『實』謂陽也。」

142 是以危　岳本、閩、監、毛本同。古本下有「也」字。×

143 視履考祥　石經、岳本、閩、監、毛本同。釋文：「祥，本亦作『詳』。」

144 是其不墜於履　閩、毛本同。監本「履」作「禮」，下「履道大成」同。

145 泰　此卦前石經題「周易上經泰傳第二」，釋文、岳本、古本、足利本同。

146 物既太通　宋本「太」作「大」，閩、監、毛本作「泰」。

147 止由天地氣交　閩、監、毛本同。宋本「止」作「正」。

148 后以財成天地之道　石經、岳本、閩、監、毛本同。釋文「財」作「裁」。❷

149 楊州其貢宜稻麥雍州其貢宜黍稷　按，二「貢」字周禮並作「穀」。

150 故不云君子也　閩、毛本同。監本「子」誤「千」。×

151 以其彙征吉　石經、岳本、閩、監、毛本同。古本「征」作「往」。釋文：「彙，古文作『𦸗』，董作『𧸗』。」江聲云：據類篇，當云「古文作𢍃」。

152 而相牽引者也　岳本、閩、監、毛本同。古本無「牽」字。

153 征行而得吉　閩、監、毛本同。錢本、宋本「征」作「往」。

154 包荒　岳本、閩、監、毛本同。石經初刻同，後改「苞」，下象傳及否卦「包承」、「包羞」同。釋文：「苞，本又作『包』。」「荒，本亦作『巟』。」

155 故不恤其孚而自明也　岳本、閩、監、毛本同。古本「也」上有「者」字。×

156 猶若元在下者　閩、監、毛本同。錢本、宋本「元」作「无」，下「元在上者」同。

157 憂恤也　閩、監、毛本同。宋本作「恤憂也」，是也。

158 自今已后　閩、監、毛本同。錢本、宋本「后」作「後」。×

159 象曰无往不復　石經、岳本、閩、監、毛本同。釋文出「象曰无平不陂」，云「一本作『无往不復』」。古本「象曰」下有「无平不陂」四字。

160 翩翩　石經、岳本、閩、監、毛本同。釋文出「篇篇」，云「子夏傳作『翩翩』，向本同。古文作『偏偏』」。

161 故不待富而用其鄰也　岳本、閩、監、毛本同。古本「待」作「得」。

162 猶衆陰皆失其本實所居之處　錢本、宋本同。閩、監、毛本「猶」誤「由」。

163 女處尊位　岳本、閩、監、毛本同。釋文：「女處，本亦作『爻處』。」

164 盡夫陰陽交配之宜　岳本、閩、監、毛本同。毛居正正誤「交配」作「配合」。×

165 爻備斯義者　錢本、宋本、閩、監本同。毛本「爻」誤「文」。×

166 正由中順行其志願　閩、監、毛本同。宋本「正」作「止」。×

167 城復于隍　石經、岳本、閩、監、毛本同。釋文：「隍，子夏傳作『堭』，姚作『湟』。」

168 不煩攻也　岳本、閩、監本、古本、足利本同。毛本「攻」誤「政」。×

169 由基土陪扶　宋本、閩本同。監、毛本「陪」作「培」，下同。

170 反復於隍　宋本同。閩、監、毛本「於」作「于」。×

否

171 以居倖位　閩、監、毛本同。錢本、宋本「倖」作「祿」，集解同。

172 不可重受官賞　閩、監、毛本同。集解「賞」作「爵也」二字。×

173 辟其陰陽已運之難　閩、監、毛本同。宋本、集解「已」作「厄」。

174 故茅茹以類　閩、監、毛本同。岳本、古本、足利本「茅」上有「拔」字。

175 拔茅貞吉　石經、岳本、閩、監、毛本同。古本「茅」下有「茹」字。

* 用其志順　補：案，「志」當依注作「至」。

176 不敢亂羣　閩、監、毛本同。宋本無「敢」字。

177 唯羞辱已　閩、監、毛本同。錢本、宋本「已」作「也」。×

178 疇離祉　石經、岳本、閩、監、毛本同。釋文：「鄭作古『𠷎』字。」×

* 疇離位者　補：案，「位」當依經文作「祉」。

179 繫于苞桑　岳本、閩、監、毛本同。石經初刻作「包」，後改「苞」，是也。古本無「于」字，非。○

180 居尊得位　閩、監、毛本同。岳本、宋本、古本、足利本「得」作「當」。

181 但念其亡其亡　閩、監、毛本同。錢本、宋本「但」作「恒」。

同人

182 義涉邪僻　錢本、宋本、閩、監本同。毛本「義」誤「易」。

183 爲主別云同人曰者　閩、監、毛本「主」作「之」。錢本、宋本作「今此同人于野亨之上別云同人曰者」，無「爲主」二字。

184 君子以文明爲德　岳本、閩、監、毛本同。古本下有「者」字。

185 天體在上　閩、監、毛本同。岳本、宋本、古本、足利本「在」作「於」。

186 心无係吝　岳本、閩、監、毛本同。釋文出「繫吝」，云「繫，或作『係』，本作『黨係』」。

187 過主則否　岳本、閩本、古本、足利本同。監、毛本「主」誤「上」。

188 用心偏狹　十行本「偏」字左旁缺，閩、監、毛本如此。岳本作「褊」，釋文出「褊狹」。

189 鄙吝之道　岳本、閩、監、毛本同。古本下有「也」字。

190 物黨相分　岳本、閩、監、毛本同。釋文：「物，或作『朋』。」古本「黨」下有「而」字。

191 以其當□九五之剛　閩本同。監、毛本無缺，非。錢本、宋本「當」下是「敵」字。

192 乘其墉　石經、岳本、閩、監、毛本同。釋文：「墉，鄭作『庸』。」

193 以與人爭二自五應　岳本、閩、監、毛本同。集解作「與三爭二，二自應五」。

194 不克則反反則得吉也　岳本、閩、監、毛本同。釋文：「一本作『反則得，得則吉也』。」

195 而應乎乾　岳本、閩、監、毛本同。古本「乎」作「于」。

* 欲功於三　補：案，「功」當作「攻」，形近之譌。毛本正作「攻」。

196 五未得二　錢本、宋本、閩本同。監、毛本

「二」誤「四」。×

197 **力能相遇也**　閩、監、毛本同。宋本「力」作「乃」。

198 **不能亡楚**　岳本、宋本、閩本、古本、足利本同。監、毛本「亡」誤「忘」，疏同。

199 **益爲它災**　岳本、閩、監、毛本同。釋文出「異災」，云「一本作『它災』」。×

200 **去初上而言**　閩、監本同。毛本「去」作「云」。×

201 **楚得之**　宋本同。閩、監、毛本作「楚人得之」。○按，今本家語有「人」字。

202 **不曰人亡之**　宋本同。閩、監、毛本「之」作「弓」。○按，今本家語作「弓」。

203 **大有**　此卦前錢本、錢校本、宋本題「周易注疏卷第四」。

204 **六五應乾九二**　錢本、閩、監、毛本同。宋本無「乾」字。

205 **亦與五爲體**　閩、監、毛本同。錢本、宋本作「九二在乾體」。

206 **與時無違雖萬物皆得亨通**　閩、監、毛本「無」作「无」。錢本、宋本作「以時而行則萬物大得亨通」。

207 **文則明粲而不犯於物也**　閩、監、毛本同。宋本「則」作「理」，「粲而」作「察則」。錢本亦作「察則」。

208 **成物之性順天休命順物之命**　閩、監、毛本同。岳本、宋本作「成物之美順夫天德休物之命」。古本、足利本與岳本同，唯「夫」作「奉」，一本無「奉」字。

209 **巽順含容之義也**　閩、監、毛本同。錢本、宋本「巽順」作「皆取」。

210 火性炎上是照耀之物　閩、監、毛本同。錢本、宋本作「火又在上火是照耀之物」。

211 術斯以往　岳本、閩、監、毛本同。宋本「以」作「之」。

212 初不在二位　閩、監、毛本同。錢本、宋本「初」作「以」。

213 注云不能履中滿而不溢也　閩、監、毛本同。錢本、宋本「注」作「故」，無「也」字。按，「注」作「故」是也。

214 大車以載　石經、岳本、閩、監、毛本同。釋文：「車，蜀才作『輿』。」

215 乃得通乎天子之道也　岳本、閩、監、毛本同。古本「也」上有「者」字。

216 故云小人不克也　錢本、宋本同。閩、監、毛本「不」作「弗」。

217 三既能與五之同功　盧文弨云：「五」衍文。

218 匪其彭　石經、岳本、閩、監、毛本同。釋文：「彭，子夏作『旁』，虞作『尫』。」

219 唯夫有聖知者　岳本、閩、監、毛本同。釋文出「至知」。

220 非取其旁九四言不用三也　盧文弨云：「九四」二字衍文。

221 明辯晢也　石經、岳本同。閩本「辯」、監、毛本「辯晢」作「辨晢」。古本無「也」字。釋文：「晢，王廙作『晣』，又作『哲』字。鄭本作『遰』，陸本作『逝』，虞作『折』。」凡俗本作「晢」者誤。❸

* 與之夾接也　補：案，「夾」當「交」字之譌，毛本正作「交」。

222 履信之謂也　岳本、閩、監、毛本同。集解「之謂」二字作「者」。

223 居豐有之世　岳本、閩、監、毛本同。集解「有」作「富」，「世」作「代」。

224 而不以物累其心　集解作「物不累心」。

225 尚賢者也　岳本、閩、監、毛本同。古本無「也」字。×

226 故繫辭具焉　岳本、閩、監、毛本同。集解「焉」下有「也」字。×

227 謙　石經、岳本、閩、監、毛本同。釋文：「子夏作『嗛』。」

228 況易經之體　閩、監、毛本同。宋本「況」作「凡」。

229 天道虧盈而益謙　石經、岳本、閩、監、毛本同。釋文：「虧盈，馬本作『毀盈』。」

230 鬼神害盈而福謙　石經、岳本、閩、監、毛本同。釋文：「而福，京本作『而富』。」

231 釋亨義也　閩、監、毛本同。宋本上有「此」字。×

232 卑謙而不可踰越　集解作「卑者有謙而不踰越」。盧文弨云：「論語疏所引正同。」

233 是君子之所終也言君子能終其謙之善事又獲謙之終福故云君子之終　集解無「所」字，「事」作「而」，無「福」上「終」字，「之」作「有」。

234 君子以裒多益寡　岳本、閩、監、毛本同。石經「裒」作「褎」。釋文：「裒，鄭、荀、董、蜀才作『捊』。」

235 鳴者聲名聞之謂也　岳本、閩、監、毛本同。釋文出「名者聲名聞之謂也」。

236 處正得中　閩、監、毛本同。錢本、宋本上有「二」字。×

237 鳴謙得終吉也　閩、監、毛本同。錢本、宋本上有「故」字。×

238 上承下接　閩、監、毛本同。岳本、宋本、古本、足利本「接」作「綏」。山井鼎云：「宋板疏中『接』字同今本。」×

239 利用侵伐　石經、岳本、閩、監、毛本同。釋文：「侵，王廙作『寑』。」

240 所伐皆驕逆也　岳本、閩、監、毛本同。古本「也」上有「者」字。×

241 征邑國　石經、岳本、閩、監、毛本同。釋文出「征國」，云「本或作『征邑國』者，非」。

242 可用行師征邑國也　石經、岳本、閩、監、毛本同。古本「可」作「利」。

243 未有居衆人之所惡而爲動者所害　郭京云：「而」乃「不」字之誤。盧文弨謂：「『而』下脱『不』字耳。」

244 不能實爭立功者　閩、監、毛本同。錢本、宋本「爭」作「事」。

豫

245 而四時不忒　石經、岳本、閩、監、毛本同。釋文：「忒，京作『貸』。」

246 行師能順　閩、監、毛本同。錢本、宋本下有「動」字。

* 不監无辜　補：毛本「監」作「濫」。

247 且歎之以示情　閩、監、毛本同。宋本「且」作「故」。×

248 凡言義者　宋本、閩本同。姤卦注正作「凡」。監、毛本誤「若」。×

249 直云時者　閩、監、毛本同。錢本、宋本無「者」字。×

250 又略不云用也　閩、監本同。毛本「又」作「文」。

251 殷薦之上帝　石經、岳本、閩、監、毛本同。釋文：「殷、京作『隱薦』，本又作『蔍』，同。本或作『廌』，非。」

252 故曰雷出地　閩、監、毛本同。宋本「曰」作「云」。×

253 豫何可鳴　岳本、閩、監、毛本同。古本下有「哉」字。×

254 介于石　石經、岳本、閩、監、毛本同。釋文：「介，古文作『砎』，馬作『扴』。」

255 相守善得吉也　閩、監本同。錢本、宋本「相」作「恒」，是也。按，此字形相涉而誤。毛本「善」作「正」。❹

256 盱豫悔遲有悔　岳本、閩、監、毛本同。石經「遲」作「遟」，餘並同。古本「豫」下有「有」字。釋文：「盱，子夏作『紆』，京作『汙』，姚作『盱』。」

257 而以從豫　岳本、閩、監、毛本同。古本「以」作「已」。×

258 由豫大有得勿疑朋盍簪　石經、岳本、閩、監、毛本同。釋文：「由，馬作『猶』。」「簪，古文作『貸』，京作『撍』，馬作『臧』，荀作『宗』，虞作『戠』。蜀才本依京。」

259 非己所乘　閩、監、毛本同。宋本作「非合己之所乘」。錢本亦有「之」字。○按，盧文弨云：「『非合』猶言不當也。」

260 故至于冥豫成也　岳本、閩、監、毛本同。錢本無「于」字。×

02—261 故必渝變　岳本、閩、監、毛本同。古本無「必」字。×

校記

❶南昌本此條校語前標「補」，較文選樓本增「案，正義標起止作『非爲上之道』，又曰『非爲上之道者』，又『故云非爲上之道』，則正義本作『非爲上之道』是也」。

❷按，釋文出「財成」，與以上各本同，云「荀作裁」，校勘記誤。

❸按，「王廙作晰」之「晰」，南昌本同。宋本、通志堂本、盧本及十行本所附釋文均作「晰」，校勘記誤。

❹十行本作「相守正得吉也」，與此條出文不同，南昌本改作「正」，校語改作「補：閩本、明監本『正』作『善』。錢本、宋本『相』作『恒』。案，『恒』字是也」。

周易注疏校勘記卷三

隨

03—001 大亨貞无咎而天下隨時　石經、岳本、閩、監、毛本同。石經此行十一字，「无咎」已下七字磨改。釋文：「大亨貞，本又作『大亨利貞』。」「而天下隨時，王肅本作『隨之』。」古本「貞」上有「利」字。

002 隨時之義大矣哉　石經、岳本、閩、監、毛本同。釋文：「王肅本作『隨之時義』。」

003 隨時之義大矣哉若　閩、監、毛本同。浦鏜云：「『者』誤『若』。」

004 終久義意而美大者　閩、監、毛本同。錢本、宋本「者」作「也」。×

005 釋隨時之義　閩、監、毛本同。宋本無「釋」字。

006 舊來恒往今須隨從　十行本「舊」字空，閩、監、毛本如此。❶

007 君子以嚮晦入宴息　石經、岳本、閩、監、毛本同。釋文：「嚮，本又作『向』。王肅本作『鄉』。」○按，嚮，俗字。「鄉」者，今之「向」字。

008 晦宴也　閩、監、毛本同。宋本、錢本「宴」作「冥」。

009 官有渝　石經、岳本、閩、監、毛本同。釋文：「官有，蜀才作『館有』。」

010 以欲隨宜者也　岳本、閩、監、毛本同。錢本、宋本無「也」字。×

011 隨不失正也　岳本、閩、監、毛本同。錢本、宋本無「隨」字。×

012 是以欲隨其所宜也　閩、監、毛本同。錢本、宋本無「也」字。×

013 必有係也　岳本、閩、監、毛本同。古本「係」上有「所」字。×

014 體於柔弱　岳本、宋本、古本、足利本同。錢本、閩、監、毛本「於」作「分」，是也。

015 必有係也　岳本、閩、監、毛本同。古本「係」上有「所」字。×

016 志在丈夫　岳本、閩、監、毛本同。集解下有「也」字。×

017 則得其所求矣　岳本、閩、監、毛本同。集解無「所」字。×

* 四居无應者　補：案，「居」當「俱」字之譌。此述注「四俱无應」之文。毛本正作「俱」。

018 故曰貞凶　岳本、閩、監、毛本同。古本下有「也」字。×

019 失其臣道　閩、監、毛本同。錢本、宋本「其」作「於」。×

020 履正居中　岳本、閩、監、毛本同。古本作「履中正」。×

021 位正中也　石經、岳本、閩、監、毛本同。釋文：「一本作『中正』。」

022 而特不從　岳本、閩、監、毛本同。古本「特」作「時」。

023 王用亨于西山也　岳本、錢本、宋本、閩本、足利本同。監、毛本「也」作「者」。古本「亨」作「通」。

024 今有不從　閩、監、毛本同。錢本「今」作「令」，是也。

蠱

025 利在拯難　宋本、閩、監本同。毛本「拯」誤「㧪」。 ×

026 又如此宣令之後三日　閩、監、毛本同。錢本、宋本「如」作「於」。

027 甲後三日　閩、監、毛本同。宋本無「甲」字。 ×

028 使令治而後乃誅也　閩、監、毛本同。岳本、宋本、古本、足利本「治」作「洽」。○按，正義序引注亦作「洽」。

029 往當有事　閩、監、毛本同。宋本「往」作「位」。 ×

* 而後乃專誅　補：毛本「專」作「誅」，下「誅」字屬下讀。

* 非尊謂誅殺也　補：毛本「尊」作「專」。案，「專」字是也。

030 君子以振民育德　石經、岳本、閩、監、毛本同。釋文：「育，王肅作『毓』。」

031 故君子以濟民養德也　岳本、閩、監、毛本同。古本、足利本「故」下衍「曰」字。 ×

032 育養以德　閩、監、毛本同。錢本、宋本「以」作「已」。 ×

033 故終吉　閩、監、毛本同。岳本、古本、足利本下有「也」字。 ×

034 故曰往見吝　岳本、閩、監、毛本同。古本下有「也」字。 ×

035 象曰幹父用譽　石經、岳本、閩、監、毛本同。足利本「父」下有「之蠱」二字。

036 不任威力也　岳本、閩、監、毛本同。古本「力」下有「者」字。 ×

037 高尚其事也　閩、監、毛本同。岳本、古本、足利本「也」上有「者」字。×

臨

038 以物盛必衰　宋本、閩本同。監、毛本「盛」誤「凶」。×

039 陽轉進長　岳本、閩、監、毛本同。古本、足利本「進」作「浸」。

040 大亨以正之義　岳本、閩、監、毛本同。古本下有「也」字。×

＊ 至于八月不久也　補：案，「不」當作「至」，正義標起止例如此。

041 每卦皆應八月有凶　閩、監、毛本同。宋本無「卦」字。×

042 正而獲吉也　岳本、閩、監、毛本同。古本「也」上有「者」字。×

043 有應在五　岳本、閩、監、毛本同。古本「應」誤「德」。×

044 何由得吉无不利乎　岳本、閩、監本同。毛本「由」諱作「繇」，下同。×

＊ 其得感臨吉　補：案，「感」當作「咸」，此注正述經文也，無改字之例。

045 居剛長之世　岳本、閩、監、毛本同。宋本、古本「世」作「前」。

046 乃得无咎也　閩、監、毛本同。岳本、宋本、足利本「乃」作「則」，一本無「乃」字。

047 位當也　石經、岳本、閩、監、毛本同。釋文：「本或作『當位』，實非也。」

048 故曰知臨大君之宜吉也　岳本、閩、監、毛本同。錢本、宋本、古本無「也」字。×

049 止由六五處中　宋本、閩本同。監、毛本

「止」作「正」。

050 剛所以不害　盧文弨云：「『以』字衍。」

觀

051 盥而不薦　石經、岳本、閩、監、毛本同。釋文：「王又作『廌』，同，牋練反。王肅本作『而觀薦』。」

052 故觀至盥　岳本、閩、監、毛本同。古本「觀至」作「至觀」。

053 觀天之神道而四時不忒　岳本、閩、監、毛本同。石經「道」下旁添「日月不過」四字。

054 聖人以神道設教　石經、岳本、閩、監、毛本同。釋文出「神道設教」，云「一本作『以神道設教』」。按，據此則釋文本無「以」字。

055 不見天之使四時而四時不忒　岳本、閩、監、毛本同。古本「之」上衍「下」字，「而四時」作「而時」。

056 正義曰順而和巽　閩、監、毛本同。錢本、宋本「順」上有「又」字。案，此疏本與上疏相連，割裂分屬，故刪「又」字。

057 此盛名觀卦之美　閩、監、毛本同。錢本、宋本「名」作「明」。

058 行于地上　閩、監、毛本同。宋本「于」作「於」。

059 處於觀盥而最遠德美　岳本、閩、監、毛本「盥」作「時」，「德」作「朝」，是也。釋文出「處於觀時最遠朝美」。又集解載此節注作「失位處下，最遠朝美，无所鑒見，故曰『童觀』。處『大觀』之時而『童觀』，趣順而已。小人爲之，无可咎責。君子爲之，鄙吝之道」，與此文句多不同。

060 巽順而已　岳本、閩、監、毛本「巽」作「趣」。釋文出「趣」字，疏云「趣在順從而已」，作「巽」非。

061 爲此觀看　錢本、宋本、閩、監本同。毛本

「看」誤「者」。

062 闚觀　石經、岳本、閩、監、毛本同。釋文：「闚，本亦作『窺』。」

063 體性柔弱　岳本、閩、監、毛本「性」作「分」，宋本、古本、足利本作「於」。

* 六二以柔弱　補：毛本「以」作「雖」。

* 則爲有闚竊不爲全蒙　補：毛本上「爲」字作「微」，「竊」作「發」，「蒙」作「是」。

064 象曰闚觀女貞　石經、岳本、閩、監、毛本同。釋文：「一本有『利』字。」古本、足利本「女」上有「利」字。

065 可以觀我生進退也　岳本、閩、監、毛本同。古本「也」上有「者」字。足利本下有「乎」字。

066 正義曰○處進退之時以觀進退之幾未失道也　閩、監、毛本「○」作「三」。監、毛本脱「以」字。案，「處進」至「道也」十五字，岳本、錢本、宋本、古本、足利本並作注文，十行本以下誤爲正義，因衍「正義曰」三字，非也。

067 觀之極者也　岳本、閩、監、毛本同。釋文作「觀之盛也」。

068 以察己之　閩、監、毛本同。岳本、宋本、古本、足利本「之」作「道」。○按，正義本作「道」。

069 在于一人　閩本同。岳本、足利本「于」作「予」，宋本、古本作「余」，監、毛本作「於」。按，「予」是。

070 則天下有君子之風　宋本、閩本同。監、毛本「有」作「著」。

071 故則民以察我道　閩、監、毛本「則」作「觀」，是也。

072 有君子之風著則无咎也　宋本、閩本同。監、毛本「有」誤「者」。

073 自觀其道也　閩、監、毛本同。岳本、宋本、古本、足利本「也」上有「者」字。孫志祖云：困學紀聞引「道」下亦有「者」字。

＊ 故於卦主主　補：毛本「主主」作「末註」。

074 將處異地爲衆觀　閩、監、毛本同。岳本、宋本、古本、足利本「將」作「特」，「觀」上有「所」字。

075 志未平也　岳本、閩、監、毛本同。古本「也」上有「者」字。 ×

076 噬嗑　石經、岳本此卦前題「周易上經噬嗑傳第三」。釋文、古本、足利本同。

077 有間與過　岳本、閩、監、毛本同。釋文：「與過，一本作『有過』。」

078 不齧不合　岳本、閩、監、毛本同。釋文：「不合，本又作『而合』。」古本「齧」下有「而」字，一本下「不」作「而」。

079 皆利用獄之義　岳本、閩、監、毛本同。古本下有「也」字。 ×

＊ 故事得彭著　補：毛本「彭」作「彰」。案，「彰」字是也。

080 皆所之在貴也　岳本、閩、監、毛本同。古本「也」上有「者」字，下「不害用獄也」同。 ×

081 恐畏之適五位　閩、監、毛本同。浦鏜云：「畏」疑「謂」字。 ×

082 坤道體在上　閩、監、毛本同。宋本無「道」字。 ×

083 故總云上行不止也　十行本闕「故」字，閩、監、毛本如此。錢本、宋本「止」下有「五」字。

084 是滅下云益上卦　閩、監、毛本作「是滅三而益上卦」。按，當作「是滅下而益上卦」。❷

＊ 及晉卦彖卦　補：案，下「卦」字當作「云」，以與前行「云」字正相並，互易而譌也。

085 先王以明罰勑法　石經、岳本、閩、監本同。釋文出「勑法」。毛本「勑」作「敕」。

086 屨校滅趾　石經、岳本、閩、監本同。釋文：「滅止，本亦作『趾』。」毛本「校」諱作「挍」，下同。○案，止、趾古今字。

087 故校之在足　閩、毛本同。監本「在」誤「而」。×

088 桎其小過　閩、監、毛本同。浦鏜云：「『桎』當『懲』字誤。」

089 不行也　石經、岳本、閩、監、毛本同。釋文：「或本作『止不行也』。」

090 過止於此　岳本、閩、監、毛本同。古本下有「也」字。×

091 柔脆之物也　閩、監、毛本同。岳本「脆」作「脃」。釋文出「脃」字。按，脆，俗「脃」字。

092 失政刑人　閩、監、毛本同。錢本、宋本「政」作「正」。

093 小吝无咎也　閩、監、毛本同。宋本無「也」字。×

094 噬乾胏　石經、岳本、閩、監、毛本同。釋文：「胏，子夏作『脯』，荀、董同。」○按，胏，説文作「𦙶」。❸

095 利艱貞吉　岳本、閩、監、毛本同。石經「貞」下旁添「大」字。

096 而居其非位　閩、監、毛本同。岳本、宋本、古本、足利本「其非」作「非其」。孫志祖云：據疏，應作「居非其位」。

097 未足以盡通理之道也　岳本、閩、監、毛本同。古本「也」上有「者」字。×

098 居其非位以斯治物　錢本、宋本「其非」作「非其」。閩、監、毛本「斯」下衍「道」字。

099 雖刑不能服物　宋本、閩本同。監、毛本

少「能」字。 ×

100 **未光也** 石經、岳本、閩、監、毛本同。釋文出「未光大也」，云「本亦無『大』字」。

101 **何校滅耳** 石經、岳本、閩、監、毛本同。古本「何」作「荷」，象同。釋文：「何校，本亦作『荷』。下同。」

102 **凶莫甚焉** 岳本、閩、監、毛本同。古本下衍「也」字。 ×

103 **尋常刑罪** 閩、監、毛本同。宋本「常」誤「當」。 ×

104 **聰不明也** 岳本、閩、監、毛本同。古本脱「也」字。

賁

105 **小利有攸往** 岳本、閩、監、毛本同。石經「利」下旁添「貞」字。

106 **文何由生** 岳本、閩、監本、宋本、古本、足利本同。毛本作「文何繇王」。 ×

107 **是以亨** 岳本、閩、監、毛本同。古本下有「也」字。 ×

108 **故小利有攸往** 岳本、閩、監、毛本同。古本下有「也」字。 ×

109 **故小利有攸住** 「住」當作「往」。閩、監、毛本不誤。錢本、宋本下有「者」字。

110 **居坤極** 閩、監、毛本同。錢本、宋本上有「上」字。

111 **不爲順首** 閩、監、毛本同。錢本、宋本「順」作「物」。

112 **不以威武** 岳本、閩、監、毛本同。古本「不」下衍「可」字。 ×

113 觀天之文則時變可知也觀人之文則化成可爲也　閩、監、毛本同。岳本、宋本、古本、足利本二「觀」字作「解」。古本「爲」作「知」。釋文出「解天」：「音蟹。下同。」

114 齊麥生也　閩、監、毛本同。錢本、宋本「齊」作「薺」，是也。

115 君子以明庶政　石經、岳本、閩、監、毛本同。釋文：「明，蜀才本作『命』。」

116 而无敢折獄　岳本、閩、監、毛本同。古本下有「也」字。×

* 故云山有火賁也　補：毛本作「山下有火賁也」。案，所加是也。

117 賁其趾舍車而徒　石經、岳本、閩、監、毛本同。釋文：「趾，一本作『止』。」「車，鄭、張本作『輿』。」

* 須是上須於面　補：毛本下「須」字作「附」。案，「附」字是也。

118 六二常上附於三　閩、監、毛本同。錢本、宋本「常」作「當」。×

119 俱履其正　岳本、閩、監、毛本同。古本「正」作「位」。×

120 故曰永貞吉也　岳本、閩、監、毛本同。古本「也」上衍「之」字。×

121 賁如皤如　石經、岳本、閩、監、毛本同。釋文：「皤，鄭、陸作『燔』，荀作『波』。」

122 爲己寇難　岳本、宋本、古本、足利本同。集解亦作「難」。閩、監、毛本誤「雖」。×

123 不獲通亨　岳本、閩、監、毛本同。集解「通亨」作「交通」。×

124 欲靜則疑初之應　閩、監、毛本同。集解「疑」作「失」。岳本、宋本、古本、足利本作「欽」。

125 鮮絜其馬　錢本、集解、閩本同。岳本、監、毛本「絜」作「潔」。○按，絜、潔正俗字。　×

126 賁于丘園束帛戔戔　石經、岳本、閩、監、毛本同。釋文：「黃本『賁』作『世』。」「戔戔，子夏傳作『殘殘』。」

127 賁于丘園帛乃戔戔　岳本、閩、監、毛本同。宋本「園」作「束」。古本、足利本「帛」上有「束」字。

128 乃得終吉也　岳本、閩、監、毛本同。宋本無「也」字。　×

129 則素質之道乃隕落　閩、監、毛本同。宋本「素質」作「質素」。　×

130 用不士費財物　宋本「用不士」作「則不靡」，閩本作「則不縻」，監、毛本作「則不糜」。

＊ 不困聘上則丘園之上乃落也　補：毛本「不困」作「不用」，二「上」字並作「士」字。

131 故在其質素　閩、監、毛本同。岳本、宋本、古本、足利本「在」作「任」，是也。疏引亦當依宋本作「任」。

剝

132 觸忤以隕身　岳本、閩、監、毛本同。釋文出「以殞」。　×

133 道消之時　錢本、宋本、閩本同。監、毛本「道」作「在」，下「道息之時」同。

134 行盈道也　閩本同。監、毛本上有「行息道也，在盈之時」八字。

135 天氣盛大　閩、監、毛本同。錢本、宋本上有「則」字。　×

136 蔑貞凶　石經、岳本、閩、監、毛本同。釋文：「蔑，荀作『滅』。」

137 猶削也　岳本、閩、監、毛本同。釋文：「削，或作『消』，此從荀本也。下皆然。」

138 下道既蔑　閩、監、毛本同。宋本「蔑」作「滅」。×

139 轉欲蔑物之處者　閩、監、毛本同。宋本「蔑」作「滅」，「處」上有「所」字。

140 剝之无咎　石經、岳本、閩、監、毛本同。釋文出「剝无咎」，云「一本作『剝之无咎』，非」。

141 可以无咎　岳本、閩、監、毛本同。古本下有「也」字，下「靡所不凶」同。×

142 剝牀以膚　石經、岳本、閩、監、毛本同。釋文：「膚，京作『簠』。」

143 初二剝牀　岳本、閩、監、毛本同。古本無「牀」字。×

144 爲剝之主者也　岳本、閩、監、毛本同。古本無「之」字。×

145 於官人而已　岳本、閩本同。監、毛本「於」誤「似」。×

146 則所寵雖衆　岳本、閩、監、毛本同。古本無「則」字。×

147 君子得輿　石經「輿」字漫漶。岳本、閩、監、毛本同。釋文：「得輿，京作『德輿』，董作『德車』。」

148 而不見食也　岳本、閩、監、毛本同。古本「也」上有「者」字。×

149 則剝下所庇也　岳本、閩、監、毛本同。古本無「也」字。釋文出「所芘」，云「本又作『庇』」。×

150 養育其民　閩、監、毛本同。宋本「其民」間闕一字。

151 復　此卦前錢本題「周易註疏卷第五」，宋本同。

152 朋來无咎　石經、岳本、閩、監、毛本同。釋文：

「朋來，京作『崩』。」

153 反復其道　石經、岳本、閩、監、毛本同。釋文：「反復，本又作『覆』，彖并注『反復』皆同。」

154 欲速反之與復　閩、監、毛本同。宋本「速」作「使」。

155 故无疾　岳本、閩、監、毛本同。古本下有「也」字，下「凡七日」下、「若其以有爲心」下、「它來難保」下並同。

156 正義曰陽氣始剝盡　閩、監、毛本同。× 案，此疏係釋注，在釋經後，錢本上標「注陽氣至凡七日」，是也。

157 至於反復凡經七日　錢本、閩、監本同。× 毛本「凡」誤「日」。

158 反覆不過七日　錢本同。岳本、閩、監、毛本「覆」作「復」。

159 運化萬變　岳本、閩、監、毛本同。古本上有 ×「時」字。

160 則異類未獲具存矣　岳本、閩、監、毛本同。古本「矣」作「也」。釋文：×「具存，本亦作『其存』。」

161 復見天地之心乎　閩本同。監、毛本「復」下有「其」字。

162 默非對語者　錢本、宋本同。閩、監、毛本 ×下衍「也」字。

163 故未獲具存也　閩、監、毛本同。錢本、宋 ×本無「也」字。

164 閉塞其關也商旅不行於道路也　盧文弨云：上「也」字當作「使」，屬下句。

165 无祇悔　岳本、閩、監、毛本同。石經「祇」作「祇」。釋文：「王肅作『禔』，九家本作『敍』。」

166 遂至迷凶　岳本、閩、監、毛本同。宋本「迷」作「遠」。

167 復之休也　岳本、閩、監、毛本同。古本「也」上有「者」字。

168 頻復　石經、岳本、閩、監、毛本同。釋文：「本又作『嚬』。鄭作『顰』。」○按，「鄭作顰」，吕東萊引作「鄭作卑」，是也。

169 頻蹙之貌也　岳本、閩、監、毛本同。釋文出「頻戚」：「于寂反，下同。」❹

170 已失復遠矣　閩、監、毛本同。岳本「失」作「去」。

171 是以蹙也　岳本、閩、監、毛本同。古本「也」作「已」。

172 居厚則无怨　岳本、閩、監、毛本同。錢本、宋本「无」作「免」。

173 雖不及六二之休復　宋本同。閩、監、毛本脱「之」字。

174 能自考其身　閩、監、毛本同。錢本、宋本「考」下有「成」字。

175 有災眚　石經、岳本、閩、監、毛本同。釋文出「有灾」，云「本又作『災』，鄭作『烖』」。

176 則反乎君道也　岳本、閩、監、毛本同。古二本「君道也」作「君之道者也」，一本作「君之道也」。

无妄

177 无妄之道成　岳本、閩、監、毛本同。古本「道」作「德」。

178 天之教命　岳本、閩、監、毛本同。古本下有「也」字，下「天命之所不祐」下、「竟矣哉」下、「故往得其志」下、「故利有攸往」下、「故曰勿藥有喜」下

並同。惟「故利有攸往」古二本作「故則利有攸往也」。×

179 **天道純陽**　閩、監、毛本同。錢本、宋本上有「以」字。×

180 **天命不祐**　石經、岳本、閩、監、毛本同。釋文出「不佑」：「本又作『祐』，馬作『右』。」

181 **身既非正**　錢本、閩本同。監、毛本「非」作「匪」。×

182 **天下雷行**　石經、岳本、閩、監、毛本同。古本「行」誤「往」。

183 **其德乃耳**　錢本、宋本、閩本同。監、毛本「耳」作「爾」。○按，監、毛本是也。「爾」作「如此」解，「耳」作「而已」解，「其德乃爾」猶云「其德乃如此」。「爾」在古音十五部，「耳」在一部，二字音義絕不相同也。

184 **不耕穫**　石經、岳本、閩、監、毛本同。釋文云：「或依注作『不耕而穫』，非，下句亦然。」

185 **六二處中得位**　宋本同。閩、監、毛本「二」誤「三」。×

186 **不敢菑發新田**　宋本、閩本同。錢本、監、毛本「菑」作「首」。○按，盧文弨云：「首發新田」正謂「菑」也，錢本是。

187 **唯治其菑熟之地皆是不爲其始**　錢本、閩、監、毛本同。宋本「菑」作「畬」，「始」作「初」。○按，盧文弨云：「菑熟之地」正謂「畬」也，錢本是。

188 **不耕穫未富也**　岳本、閩、監、毛本同。古本「穫」上有「而」字。石經初刻亦有「而」字，後改刪去，故此行止九字。

189 **是有司之所以爲獲**　岳本、宋本、古本、足利本同。閩、毛本「獲」誤「穫」，監本此字模糊。釋文出「爲獲」，云「或作『穫』，非」。×

＊未敢以耕耕之與穫　補：案，兩「耕」字當誤重，宜衍一字。

190 六二陰居陽位　閩、監、毛本同。錢本、宋本「二」作「三」，是也。

191 行唱始之道　宋本、閩本同。監、毛本「唱」改「創」。

192 言非妄有災　錢本、宋本、閩、監本同。毛本作「若己之有災」，蓋與次行「若己之無罪」句相涉而誤。✕

193 大畜　石經、岳本、閩、監、毛本同。釋文：「本又作『蓄』。」

194 乾健上進　閩、監、毛本同。宋本「健」作「剛」。✕

195 彖云能止健　宋本同。閩、監、毛本「云」作「曰」。✕

196 當須養順賢人　閩、監、毛本同。錢本、宋本「順」作「贍」。

197 豐則養賢　閩、監、毛本同。錢本、宋本「則」作「財」。

198 剛健篤實輝光　閩、監、毛本同。岳本、錢本「輝」作「煇」。釋文：「煇，音輝。」石經「煇」旁「火」係磨改，當是初刻「輝」，後改「煇」。○按，煇、輝正俗字。

199 唯剛健篤實也　岳本、閩、監、毛本同。古本「也」上有「者」字。✕

200 既見乾來而不距逆　宋本同。閩、監、毛本「見」作「是」。

＊而即損落者　補：案，「損」當作「隕」，上「既榮而隕者」可證，下「不有損落」同。

201 未之能也　岳本、閩、監、毛本同。古本、足利本「未」作「末」。

202 **君子以多識前言往行**　岳本、閩、監、毛本同。釋文：「識，劉作『志』。」石經「以多」字漫漶，「識」字存下半。

203 **有厲利已**　岳本、閩、監、毛本同。釋文「利已，夷止反。或音紀，姚同。」案，音「紀」則字當作「己」。石經作「已」。

204 **未果其健者**　岳本、閩、監、毛本同。古二本下有「也」字，一本「者」作「也」。

205 **故能利已**　岳本、閩、監、毛本同。案，釋文「利已」下云注「能已」同，此文作「能利已」，與釋文不合。古本下有「也」字，下「進無違距」下、「大畜以至於大亨之時」下並同。❺

206 **輿説輹**　石經、岳本、閩、監、毛本同。釋文：「輿，本或作『轝』。」「輹，蜀才本同，或作『輻』。」○按，作「輹」是也。「輹」者，伏兔也，可言脱。「輻」貫於牙轂，不可言脱。

207 **良馬逐**　石經、岳本、閩、監、毛本同。釋文：「鄭本作『逐逐』。」

208 **曰閑輿衛**　石經、岳本、閩、監、毛本同。釋文曰：「音越。鄭人實反。」○按，「人實反」則當爲「日月」字。

209 **故曰良馬逐也**　岳本、閩、監、毛本同。古本無「也」字。

210 **在乎通路**　閩、監、毛本同。岳本、宋本、古本、足利本「在」作「之」。

211 **不憂險厄**　閩、監、毛本同。岳本「厄」作「阨」。釋文出「險阨」，云「本亦作『厄』」。

212 **童牛之牿**　石經、岳本、閩、監、毛本同。釋文：「牿，九家作『告』。」

213 **抑鋭之始**　岳本、閩、監、毛本同。釋文：「抑，本又作『挫』。」

214 **剛暴難制之物**　岳本、閩、監、毛本同。釋文：「剛暴，一本作『剛突』。」

* **爾雅云豶大防則豶是隄防之義**　補：案，此兩「豶」字當依爾雅作「墳」，下所謂「豕旁土邊之異」也。

215 **何謂語辭**　錢本、宋本同。閩、監、毛本下衍「何」字。

頤

216 **自求口食**　閩、監、毛本同。石經、岳本、宋本、古本、足利本「食」作「實」，是也。❻

217 **一者養此賢人**　閩、監、毛本同。錢本「此」作「其」。

218 **君子以慎言語節飲食**　石經、岳本、閩、監、毛本同。古本下衍「也」字。

* **言飲食猶慎而節之**　補：案，「言」下當有「語」字。

219 **觀我朵頤**　石經、閩、監、毛本同。釋文：「朵，鄭同，京作『揣』。」

220 **闚我寵禄**　岳本、閩、監、毛本同。釋文出「而闚」，則其本上有「而」字。

221 **拂經于丘**　石經、岳本、閩、監、毛本同。釋文：「拂，子夏傳作『弗』。」

222 **未見有與**　岳本、閩、監、毛本同。古本、足利本「有」作「其」，下有「也」字。

223 **故曰頤征凶**　岳本、閩、監、毛本同。古本下有「也」字，下「而二處」下、「養初」下、「无施而利」下、「不惡而嚴」下、「故厲乃吉」下並同。

224 **其欲逐逐**　石經下二字漫漶。岳本、閩、監、毛本同。釋文：「逐逐，子夏傳作『攸攸』，荀作『悠悠』，劉作『跾』。」

225 然後乃得全其吉而无咎　岳本、閩、監、毛本同。古本下有「也」字。集解下有「矣」字。×

226 觀其自養則履正察其所養則養陽　岳本、閩、監、毛本同。集解「履」作「養」，「陽」作「賢」。案，疏云「初是陽爻，則能養陽也」，是正義本自作「陽」。

227 故可守貞從上得頤之吉　岳本、閩、監、毛本同。釋文：「得頤，一本作『得順』。」集解作「故宜居貞，順而從上則吉」。古本下有「也」字。

228 不有謙退　錢本、宋本、閩、監本同。毛本「有」誤「可」。×

229 必宗於陽也　岳本、閩、監、毛本同。古本「也」上有「者」字。×

230 大過　岳本、錢本、宋本、足利本此下有注文「音相過之過」五字，古本「之過」下有「也」字。釋文出「相過之過」。十行本、閩、監、毛本並脱去。

*棟撓利有攸往　補：「撓」各本皆作「橈」，是「撓」字誤也，正義同。〇案，九三爻辭以下，經文、正義亦並作「橈」，則此特寫者誤耳。

231 唯陽爻　宋本同。閩本「陽」作「易」，監、毛本作「易」。

232 始終弱　閩、監、毛本同。錢本、宋本下有「也」字。×

233 拯弱興衰　岳本、閩、監、毛本同。釋文：「弱，本亦作『溺』。下『救其弱』、『拯弱』皆同。」

234 不失其中也　岳本、閩、監、毛本同。古本「也」上有「者」字。×

235 難乃濟也　岳本、閩、監、毛本同。宋本無「也」字。×

236 故往乃亨　岳本、閩、監、毛本同。古本下有 ×

「也」字。

237 **遯世无悶**　石經、岳本、閩、監、毛本同。釋文：「遯，本又作『遁』。」

238 **非凡所及也**　岳本、閩、監、毛本同。古本「也」上有「者」字。

239 **其唯慎乎**　岳本、閩、監、毛本同。古本下有「也」字。

240 **用絜白之茅**　錢本同。閩、監、毛本「絜」作「潔」，下同。

241 **雖遇大過之難**　閩、毛本同。監本「遇」誤「過」。

242 **枯楊生稊**　石經、岳本、閩、監、毛本同。釋文：「稊，鄭作『荑』。」

243 **心无持吝**　岳本、閩、監、毛本「持」作「特」。釋文：「特，或作『持』。」

244 **无衰不濟也**　岳本、閩、監、毛本同。古本「也」上有「者」字，「應斯義也」同。

245 **則稚者長**　岳本、閩、監、毛本同。釋文出「則稺」。○按，稺、稚古今字。

246 **枯老之夫**　閩、監、毛本同。錢本、宋本「枯」作「朽」。

247 **拯救陰弱也**　閩、監、毛本同。錢本、宋本「陰弱」作「弱陰」。

248 **則稚者長也**　錢本、宋本、閩本同。監、毛本「也」作「者」。

249 **似若槁者**　閩、監、毛本同。宋本「槁」作「枯」。

250 **生稊則女妻也**　宋本同。閩、監、毛本

「則」下衍「是」字。×

251 **宜其淹弱而凶衰也**　閩、監、毛本同。岳本、宋本、古本、足利本「弱」作「溺」。釋文出「淹溺」：「乃歷反」。

252 **若何得之不被橈乎在下**　閩本「若」作「弱」。監、毛本「若何得之」作「弱何得云」。宋本作「之」。

253 **柱爲本**　盧文弨云：當作「棟爲本」。

254 **棟爲末**　閩、監、毛本同。錢本、宋本「棟」作「榱」。盧文弨云：「榱」是也。

255 **不能生稊也**　閩、監、毛本同。宋本「能」下有「使之」二字。

256 **不能使女妻**　閩本同。宋本「使」作「得」。監、毛本「使」下有「老夫得」三字。

257 **過之甚也**　岳本、閩、監、毛本同。古本「也」上有「者」字。×

258 **故至于滅頂凶**　岳本同。閩、監、毛本「于」作「於」。古本下有「也」字。×

259 **故不可咎也**　岳本、閩、監、毛本同。古本「也」上有「之」字。×

260 **習坎**　石經、岳本、閩、監、毛本同。釋文：「坎，本亦作『埳』。京、劉作『欿』。」

261 **謂便習之**　岳本、閩、監、毛本同。古本下有「也」字。×

262 **案諸卦之名**　案，自此至「故云習也」，錢本在「行有尚也」下。

263 **一者人之行險**　閩、監、毛本同。錢本、宋本「一」作「二」，是也。

264 **因心剛正**　閩、監、毛本同。錢本、宋本「因」作「内」。

265 **故云剛正在内有孚者也**　閩、監本同。毛本「也」作「内」。

266 **心亨者也**　閩、監、毛本同。宋本下有「者」字。

* **而往謂陰闇之所**　補：毛本「謂」作「詣」。案，「詣」字是也，形近之譌。

267 **故特名曰重險**　岳本、閩、監、毛本同。古本下有「也」字。

268 **習重乎險也**　閩、監、毛本同。岳本、宋本、古本、足利本「重乎」作「乎重」。

269 **險陗之釋**　岳本、閩、監、毛本「釋」作「極」，是也。古本下有「也」字。

270 **習坎之謂也**　閩、監、毛本同。岳本、宋本「坎」作「險」。古一本作「其信習險謂也」，一本作「信習險之謂也」。

271 **故得保其威尊**　岳本、閩、監、毛本同。古本下有「也」字。

272 **故物得以保全也**　岳本、閩、監、毛本同。足利本「以」作「其」。

273 **故使地之所載之物**　閩、監、毛本同。宋本無「使」字。

274 **險雖有時而用**　閩、監、毛本同。宋本「雖」作「難」，是也。

275 **水洊至**　石經、岳本、閩、監、毛本同。釋文：「洊，京作『臻』，干作『荐』。」

276 **重險懸絶**　閩、監、毛本同。岳本、宋本、古本、足利本「懸」作「縣」。按，縣、懸正俗字。

277 **習乎坎也**　岳本、閩、監、毛本同。古本「也」上有「者」字。

278 當守德行　閩、監、毛本同。宋本「當」作「常」。

279 習爲險難之事也　岳本、閩、監、毛本同。古本「也」上有「者」字。×

280 最處坎底　岳本、閩、監、毛本同。釋文出「處欿」，云「亦作『坎』字」。

281 而復入坎底其道凶也　岳本、閩、監、毛本同。古本「坎」作「欿」，「其」上有「失」字。足利本亦有「失」字。

282 坎而有險未能出險之中也　岳本、閩、監、毛本同。古本「坎」作「欿」，「也」上有「者」字。×

283 初三未足以爲援故曰小得也　岳本、閩、監、毛本同。古本、足利本「援」上有「大」字，「小」上有「求」字。

284 險且枕　石經、岳本、閩、監、毛本同。釋文：「險且，古文及鄭、向本作『檢』。」「枕，九家作『玷』，古文作『沈』。」

285 出則之坎　岳本、閩、監、毛本同。釋文出「則之坎」：「一本作『出則亦坎』，誤。」

286 居則亦坎　岳本、閩、監、毛本同。古二本「亦」作「之」，一本「亦」下有「之」字。足利本與一本同。

287 枕枝而不安之謂也　閩、監、毛本同。岳本、宋本、古本、足利本無「枕」字。

288 勿用者不出行　閩、監、毛本同。錢本、宋本「不」下有「可」字。

289 納約自牖　石經、岳本、閩、監、毛本同。釋文：「牖，陸作『誘』。」

290 象曰樽酒簋貳　石經、岳本、閩、監、毛本同。釋文出「象曰樽酒簋」五字云：「一本更有『貳』字。」案此則釋文與石經不合。

291 祇既平　閩、監、毛本同。石經、岳本「祇」作「衹」，是也。釋文：「衹，京作『禔』。」

292 説既平乃无咎　岳本、閩、監、毛本同。古本「説」作「謂」。

293 中未大也　石經、岳本、閩、監、毛本同。集解「大」上有「光」字。案，疏亦云「未得光大」。

294 寘于叢棘　石經、岳本、閩、監、毛本同。釋文：「寘，劉作『示』，子夏傳作『湜』，姚作『寔』，張作『置』。」

295 險陗之極　岳本、閩、監、毛本同。古本「陗」作「欿」。

296 故三歲不得　岳本、閩、監、毛本同。古本下有「也」字。

297 以棘叢而禁之也　宋本同。閩、監、毛本「棘叢」作「叢棘」。

離

298 外强而内順　岳本同。閩、監、毛本「强」作「彊」。釋文出「外强」。

299 則得吉也　宋本同。閩、監、毛本脱「得」字。

300 似婦人而預外事　閩本下衍「也」字。監、毛本亦有「也」字，「似」作「以」。宋本作「似」，錢本作「以」。

301 若内外俱强　閩、監、毛本「强」作「彊」。宋本上有「明」字。

302 百穀草木麗乎土　石經、岳本、閩、監、毛本同。釋文：「乎土，王肅本作『地』。」

* 故云柔麗乎中正　補：案，「云柔麗乎」四字，毛本作「萬事亨以」，是也。

* 有中正而柔順故離之象　補：案，「而柔順故離」五字，毛本作「故也案諸卦」，是也。

303 麗乎正也者　閩、監、毛本同。浦鏜云：「也」當衍字。

304 是以牝牛吉者　錢本、宋本同。閩、監、毛本「者」誤「言」。

305 此象既釋卦名　十行本「此象既釋卦」五字闕，閩、監、毛本如此，下「例者此」三字、「麗因廣説日月草木所麗」十字、「義更无義例」五字並同。❼

306 繼謂不絶也明照相繼不絶曠也　此注十行本止有「也明照也」四字，餘並闕。岳本如此，閩、監、毛本同。釋文：「明照相繼，一本無『明照』二字。」❽

307 今有上下二體故云明兩作離也　錢本、宋本「體」作「離」。案，十行本此文「有上」至「故云」七字缺，閩、監、毛本如此，下「體事義隨文而發」七字、「揔稱」二字、「取連續相因」五字、「隨風巽」三字、「兩物」二字、「積聚兩明」四字並同。❾

308 坎云洊至也　錢本、宋本同。閩、監、毛本「洊」上衍「水」字。

309 乃得作離卦之美　錢本、宋本、閩本同。監、毛本「美」誤「義」。

310 乃照於四方　閩、監、毛本同。宋本「乃」下有「得」字。

311 警慎之貌也　岳本、閩、監、毛本同。集解「警」作「敬」。

312 是警懼之狀　閩、監、毛本同。宋本上有「錯」字。

313 故曰黃離元吉也　岳本、閩、監、毛本同。古本「吉」下衍「之」字。

314 日昃之離不鼓缶而歌則大耋之嗟凶　閩、監、毛本同。石經「昃」作「昊」，「耋」作「耊」，岳本同。釋文：「日昊，王嗣宗本作『仄』。」「鼓，鄭本作『擊』。」「大耋，京作『絰』，蜀才作『咥』。」「之嗟，荀作『差』，下『嗟若』亦爾。」「凶，古文及鄭無『凶』字。」

315 則至於耋老　岳本、閩、監、毛本同。宋本、古本「於」作「于」。

316 有嗟凶矣　岳本、宋本、古本、足利本同。閩、監、毛本作「而有嗟凶」。

317 大耋之嗟凶者　閩、監、毛本「大」上有「則」字。

318 時既老耄　錢本、宋本同。閩、監、毛本「時」誤「將」。

319 則至於大耋老耄而咨嗟　閩、監、毛本無「於」字。

320 棄如　岳本、閩、監、毛本同。石經作「弃如」。

321 出涕沱若戚嗟若　石經、岳本、閩、監、毛本同。釋文：「沱，荀作『池』，一本作『沲』。」「䶕，古文『若』皆如此。」「戚，子夏傳作『嘁』。」

322 以柔乘剛　岳本、閩、毛本同。監本「柔」誤「所」。

323 四爲逆首　岳本、閩、監、毛本同。釋文：「逆首，本又作『逆道』，兩得。」

324 離王公也　石經、岳本、閩、監、毛本同。釋文：「離，鄭作『麗』。」

325 此釋六五吉義也　閩、監、毛本同。錢本上有「象曰六五之吉離王公者」十字。

326 離道既成　閩、監、毛本同。錢本「既」作「已」。

327 事必剋獲　錢本、宋本同。閩、監、毛本

「剋」作「克」。

所斷罪人之首　閩、監、毛本同。錢本、宋本「所」作「折」。

03—328

校記

❶南昌本條末增「○補：『舊』字今依挍補栞」。

❷南昌本此條校語前標「補」，「按，當作『是減下而益上卦』」改作「案，『減』字是也，『三而』兩字猶誤，當作『是減下卦益上卦』。此『云』字與次行『卦』字正相並，互易而譌」。

❸按，禽，説文各本均作「⿱禽土」（段注作「⿱禽土」）。南昌本作「禽」。

❹于寂反，南昌本同。十行本所附釋文此處漫漶。宋本、通志堂本、盧本釋文均作「千寂反」，校勘記誤。

❺「釋文利己」之「利己」二字原誤倒，今據釋文及南昌本乙正。

❻北京市文物局藏十行本此葉爲明嘉靖補板（懷浙胡校，江達刊），作「自求口實」，與此條出文不同。南昌本出文改作「實」，與嘉靖補板同，校語改作「補：石經、岳本、宋本、古本、足利本同。閩本、明監本、毛本『實』作『食』，非也」。

❼南昌本條末增「○補：今並依挍補栞」。

❽南昌本條末增「○補：今並依挍補栞」。

❾南昌條末本增「○補：今並依挍補栞」。

周易注疏校勘記卷四

04—001 咸　此卦前石經題「周易下經咸傳第四」，釋文、岳本、古本、足利本同。錢本題「周易注疏卷第六」，宋本同。

002 取女吉　石經、岳本、閩、監、毛本同。釋文：「取，本亦作『娶』。」○按，娶，正字。取，假借字。

003 則萬物无由得應化而生　錢本、閩、監、毛本同。宋本「應」作「變」。

004 以其各亢所處也　岳本、閩、監、毛本同。釋文：「亢，本或作『有』。」

005 故觀其所感而天地萬物之情可見矣　閩、監、毛本同。錢本、宋本下有「也」字。 ×

006 物乃感應　岳本、閩、監、毛本同。古本、足利本下有「也」字。 ×

007 咸其拇　石經、岳本、閩、監、毛本同。釋文：「拇，子夏作『踇』，荀作『母』。」

008 未至傷靜　岳本、閩、監、毛本同。古本、足利本下有「也」字。 ×

009 則譬如拇指　閩、監、毛本同。錢本、宋本「如」作「於」。 ×

010 四屬外也　岳本、閩、監、毛本「也」作「卦」。古本上有「卦」字。

011 咸其腓　石經、岳本、閩、監、毛本同。釋文：「腓，荀作『肥』。」

012 故可以居而獲吉　岳本、閩、監、毛本同。古本下有「也」字。 ×

013 **故曰咸其腓凶居吉**　宋本、閩、監本同。毛本「凶」誤「由」。

014 **順不害也**　岳本、閩、監、毛本同。古本「也」上有「者」字。

015 **股之爲物**　岳本、宋本、古本、足利本、閩、監本同。毛本「股」誤「咸」。

016 **退不能靜處**　岳本、閩、監、毛本同。古本、足利本「靜處」作「處靜」。案，疏云「靜守其處」，作「處靜」非。

017 **吝其宜也**　此下十行本、閩、監、毛本並脱去正義一段，今據錢本、宋本録之於下：「正義曰『咸其股，執其隨，往吝』者，九三處二之上，轉高至股。股之爲體，動靜隨足，進不能制足之動，退不能靜守其處。股是可動之物，足動則隨，不能自處，常執其隨足之志，故云『咸其股，執其隨』。施之於人，自无操持，志在隨人，所執卑下，以斯而往，鄙吝之道，故言『往吝』。」

018 **憧憧往來**　石經、岳本、閩、監、毛本同。釋文：「憧憧，京作『𢥞』。」

019 **正而故得悔亡也**　閩、監、毛本同。浦鏜云：「『而』下當脱『吉』字。」

020 **口之下**　岳本、閩、監、毛本同。古本下有「也」字。

021 **雖諸説不同**　閩、監、毛本同。錢本、宋本無「諸」字。

022 **咸其輔頰舌**　石經、岳本、閩、監、毛本同。釋文：「輔，虞作『酺』。」「頰，孟作『俠』。」

023 **滕口説也**　石經、岳本、閩、監、毛本同。釋文：「滕，九家作『乘』，虞作『媵』。」

024 **薄可知也**　岳本、閩、監、毛本同。古本「也」上衍「之」字。

025 徒登反　此三字錢本、宋本並作雙行小注。×

* 鄭玄又作滕口送也　補：毛本作「滕滕送也」。案，經「滕」字，虞本作「滕」，是「滕口」二字當「滕滕」之譌。

恒

026 无疑亨字在三事之中　浦鏜云：「中」當作「外」。

027 則常通无咎而利正也　錢本、宋本、閩、監本同。毛本「正」作「貞」。×

028 釋訓卦名也　錢本、閩、監、毛本同。宋本「釋訓」作「訓釋」。

029 因名此卦得其恒名　閩、監、毛本同。宋本「名」作「明」。

030 取二氣相交也　錢本、宋本、閩、監本同。毛本「氣」誤「義」。×

031 皆可久之道　岳本、閩、監、毛本同。古本下有「也」字。×

032 往无窮也　閩、監、毛本同。岳本、宋本、古本、足利本「也」作「極」。×

033 浚恒　石經、岳本、閩、監、毛本同。釋文：「浚，鄭作『濬』。」

034 令物无餘縕　閩、監、毛本同。岳本、錢本「縕」作「蘊」。釋文出「餘縕」。

035 或承之羞　石經、岳本、閩、監、毛本同。釋文：「或承，鄭本作『咸承』。」

036 无恒者也　岳本、閩、監本同。毛本「无」誤「無」。×

037 有恒而失位　閩、監、毛本同。錢本、宋本「有」作「在」。×

038 **振恒凶** 石經、岳本、閩、監、毛本同。釋文：「振，張作『震』。」

遯

039 **剛當位而應** 岳本、閩、監、毛本同。錢本、宋本、古本上有「以」字。×

040 **能與時行也** 岳本、閩、監、毛本同。古本「也」上有「者」字。×

041 **陰長之象** 岳本、閩、監、毛本同。古本下有「也」字，一本「陰」上衍「之」字。×

* **危至而後未行** 補：毛本「未」作「求」。案，「未」字宜衍，正義「是遯之爲後也」可證。

042 **雖可免乎** 閩本同。監、毛本「雖」作「難」，不誤。釋文出「難可」。

043 **物皆遯已** 岳本、閩、監、毛本同。釋文：「已音以，或音紀。」案，音紀則當作「人己」字。疏云「物皆棄己而遯」，則正義本作「己」，與或音合。

044 **則莫之勝解** 岳本、閩、監、毛本同。古本下有「也」字。×

045 **係遯** 石經、岳本、閩、監、毛本同。釋文：「本或作『繫』。」○按，凡相連屬謂之「係」，此「係遯」是也。

046 **宜遯而繫** 錢本、宋本、古本同。岳本、閩、監、毛本「繫」作「係」，下「繫遯」、「繫於所在，不能遠害」同。

047 **繫於所在** 閩、監、毛本同。岳本、足利本「繫」作「係」。×

048 **有疾憊也** 石經、岳本、閩、監、毛本同。釋文：「憊，王肅作『斃』，荀作『備』。」

049 **遯之嘉也** 岳本、閩、監、毛本同。古本「也」上有「者」字。×

050 **矰繳不能及** 岳本、閩、監、毛本同。釋文出

「繒繳」。○按，矰，正字。繒，假借字。

大壯

051 一者謂陽爻　岳本、閩、監、毛本「一」作「大」。古本下有「也」字。❶

* 遂廣美正人之義　補：案，「人」當作「大」。

* 義歸天極　補：毛本「極」作「大」。

052 故正大則見天地之情　閩、監、毛本同。錢本、宋本「則」作「即」。

053 而順體也　岳本、錢本、閩、監、毛本「體」作「禮」。釋文：「而慎禮也，『慎』或作『順』。」

054 必能自終成也　岳本、閩、監、毛本同。古本「也」上有「者」字，一本「也」作「者」。×

055 而得終其壯者　岳本、閩、監、毛本同。古本下有「也」字，下「言其信窮」下、「是以貞吉」下、「故得无悔」下、「故曰喪羊于易」下並同。×

056 故曰征凶有孚　岳本、閩、監、毛本同。古本、足利本下有「也」字。×

057 其人信其窮凶也　閩、監、毛本同。錢本、宋本「其」作「有」。

058 羸其角　石經、岳本、閩、監、毛本同。釋文：「羸，王肅作『縲』，鄭、虞作『纍』，蜀才作『累』，張作『虆』。」

059 用之以爲羅罔於己　閩、監、毛本同。宋本無「以」字。

060 君子罔也　石經、岳本、閩、監、毛本同。古本「罔」上有「用」字，非。

061 壯于大輿之輹　石經、岳本、閩、監、毛本同。釋文：「輹，本又作『輻』。」

062 而上陰不罔己路　岳本、閩、監、毛本同。古本「陰」下衍「有」字。×

063 不于險難　岳本、閩、監、毛本同。古本「于」作

「於」。

064 **能幹其任**　岳本、閩、監、毛本同。古本「任」上有「所」字。

065 **二理自爲矛楯**　錢本、宋本同。閩、監、毛本「楯」作「盾」。

066 **持疑猶豫**　岳本、閩、監、毛本同。釋文：「猶與，一本作『預』。」○按，與，「豫」之假借字，「預」又「豫」之俗字。

067 **固志在一**　岳本、宋本、古本、足利本同。閩、監、毛本「一」作「三」。

068 **疑之不已**　閩、監、毛本同。錢本、宋本「疑」作「欽」。

069 **不詳也**　石經、岳本、宋本、閩、監、毛本同。古本、足利本「詳」作「祥」。釋文：「不詳，鄭、王肅作『祥』。」案，此則王弼本自作「詳」。古本、足利本非也。

070 **不詳也者**　閩、監、毛本同。錢本、宋本「詳」作「祥」。[2]

071 **祥者善也**　錢本、宋本同。閩、監、毛本「祥」作「詳」，下同。

072 **晉**　石經、岳本、閩、監、毛本同。釋文：「孟作『齊』。」

073 **所以在貴也**　閩、監、毛本同。岳本、宋本、古本、足利本「以」作「之」。案，噬嗑注「皆所之在貴也」，足證此文「以」字爲「之」字之誤。

074 **以顯著明自顯之道**　閩本同。岳本、監、毛本上「顯」作「順」。古本下有「也」字。[3]

075 **君子以莅衆**　錢本、監本同。閩、毛本「莅」作「涖」。

076 **之遥反**　十行本此三字雙行夾注，閩本作單行側注，監、毛本誤與正義字同。

077 之召反　十行本此三字亦雙行夾注。錢本、宋本「召」作「少」。閩、監、毛本與十行本同。

078 故必裕之　岳本、閩、監、毛本同。古本「必」作「以」。×

079 進之初　閩、監、毛本同。錢本、宋本上有「處」字。

080 乃得无咎　錢本、宋本同。閩、監、毛本下有「也」字。×

081 而回其志　岳本、閩、監、毛本同。古本「回」誤「曲」，下「履貞不回」同。

082 處晦能致其誠者也　閩、監、毛本同。岳本「晦」作「悔」。

083 間乎幽昧　閩、監、毛本同。岳本、宋本、古本、足利本「間」作「聞」。釋文出「聞乎」。

084 故曰進如愁如　閩、監本同。毛本「進」作「晉」，是也。

085 故得悔亡也　岳本、閩、監、毛本同。古本「也」上衍「之」字。×

086 故得其悔亡　閩、監、毛本同。錢本、宋本無「其」字。

087 晉如鼫鼠　石經、岳本、閩、監、毛本同。釋文：「鼫，子夏傳作『碩』。」

* 正之厄也　補：案，「厄」當「危」字之譌，正義「正之危也」可證。毛本作「危」。

088 不成一伎王　閩、監、毛本同。錢本、宋本「王」作「術」。○按，盧文弨云：「顏氏家訓作『不成技術』，知『王』字誤也。」

089 能游不能度谷　閩、監、毛本同。錢本、宋本「度」作「渡」。○按，詩疏亦作「渡」。

090 能穴不能掩身　詩疏「掩」作「覆」。

091 能走不能先人　閩、監、毛本同。錢本「先」作「免」，誤。✕

092 陸機以爲雀鼠　閩、監本同。毛本「機」改「璣」，非。

093 失得勿恤　石經、岳本、閩、監、毛本同。釋文：「失，孟、馬、鄭、虞、王肅本作『矢』。」

* 能不用柔　補：毛本「柔」作「察」。

094 不代下任也　岳本、閩、監、毛本同。古本「也」上有「者」字。✕

095 能消其悔　岳本、閩、監、毛本同。古本下有「也」字。✕

096 无不利也　岳本、閩、監、毛本同。宋本無「也」字。✕

097 有慶者委任得人　盧文弨云：「疏讀『失得勿恤往』爲句，故此上無『往』字。」

明夷

098 文王以之　石經、岳本、閩、監、毛本同。釋文：「鄭、荀、向作『似之』，下亦然。」

* 不爲邪干　補：毛本「干」作「諂」。

099 蔽僞百姓者也　岳本、閩、監、毛本同。釋文：「蔽僞，本或作『獘僞』。」

100 巧所避也　閩、監本同。古本、足利本「巧」作「乃」。岳本、毛本「避」作「辟」。❹

101 初處卦之始最遠於難也　岳本、閩、監、毛本同。古本「初」下有「九」字，「也」上有「者」字。

102 主人有言　岳本、閩、監、毛本同。古本下有「也」字，下「故不見疑」下、「故曰不可疾貞」下、「遂入于地」下並同。✕

103 夷于左股用拯馬　岳本、閩、監、毛本同。石經

「股用拯」三字漫漶。釋文：「夷，子夏作『睇』，京作『眱』。」「左股，姚作『右槃』。」「拯，子夏作『抍』。」

104 是行不能壯也　閩、監、毛本同。岳本、宋本、古本、足利本「是」作「示」。釋文出「示行」。

105 然後乃免也　岳本、閩、監、毛本同。釋文：「然後而免也，一本作『然後乃獲免也』。」古本「乃」作「獲」。

106 明夷于南狩　石經、岳本、閩、監、毛本同。釋文：「狩，本亦作『守』。」

107 發其明也　岳本、閩、監、毛本同。古本「也」上有「者」字，下「能不逆忤也」同。 ×

108 乃得大也　石經、岳本、閩、監、毛本作「乃大得也」，疏亦云「是其志大得也」。❺

* 事情之地　補：毛本「事」作「懷」。

109 隨時辟難　錢本、閩、監、毛本同。岳本、宋本、古本、足利本「隨」作「雖」。

110 獲心意也　石經、岳本、閩、監、毛本同。古本「也」誤「者」。

111 箕子之明夷　石經、岳本、閩、監、毛本同。釋文：「蜀才『箕』作『其』。劉向云：今易『箕子』作『荄滋』。」

112 故利貞也　岳本、閩、監、毛本同。古本「故」下有「曰」字。 ×

家人

113 不能知家外他人之事也　岳本、閩、監、毛本同。古本「也」上有「者」字，下「能富其家也」同。 ×

114 其正在家內而已　岳本、閩、監、毛本同。古本下有「也」字，下「盡婦人之正義」下、「則勿恤而吉」下並同。 ×

* 即入不失父道　補：毛本「入」作「父」。

115 **而身无擇行** 岳本、閩、監本同。毛本「无」誤「無」。古本下有「也」字。

116 **發邇化遠** 宋本、閩本同。監、毛本「化」作「見」。

117 **則悔矣** 岳本、閩、監、毛本同。古本作「則悔成矣」，足利本作「則悔生矣」。

118 **然後悔亡也** 岳本、閩、監、毛本同。古本「亡」下衍「之」字。

119 **志未變也** 石經、岳本、閩、監、毛本同。古本「也」上衍「之」字。

120 **職乎中饋** 岳本、閩、監、毛本同。古本上有「其」字。

121 **家人嗃嗃** 石經、岳本、閩、監、毛本同。釋文：「嗃嗃，荀作『確確』，劉作『熇熇』。」

122 **婦子嘻嘻終吝** 石經、岳本、閩、監、毛本同。古本「終」下衍「之」字。釋文：「嘻嘻，張作『嬉嬉』，陸作『喜喜』。」

123 **爲一家之長者也** 岳本、閩、監、毛本同。集解無「者也」二字。

124 **行與其慢** 岳本、閩、監、毛本同。集解、古本下有「也」字，下「家與瀆」下同。

125 **猶得其道** 岳本、閩、監、毛本同。集解作「猶得吉也」。古本無「猶」字。

* **上得終於家道** 補：毛本「上」作「乃」。

睽

* **睽動而上** 補：案，「動」上當有「火」字。

126 **故可以行小事而獲吉也** 宋本、閩本同。監、毛本脱「故」字。

127 **其志則通也** 閩、監、毛本同。錢本、宋本

「則」作「即」。

* 佐王治民　補：毛本「王」作「主」。×

128 與人合志　閩、監、毛本同。岳本、宋本、古本、足利本「人」作「四」。

129 故得悔亡　岳本、閩、監、毛本同。古本下有「也」字，下「二從下取」下、「終獲剛助」下、「故雖危无咎」下、「故曰睽孤」下並同。×

130 馬者必顯之物　岳本、閩、監、毛本同。古本下有「也」字。釋文：「必顯，一本作『必類』，下『相顯』亦然。」

131 見謂遜接之也　閩、監、毛本同。錢本、宋本無「見」字。

132 以辟咎也　閩、監、毛本同。宋本「辟」作「避」。

133 正義曰未失道者既遇其主雖失其位亦未失道也　此疏錢本、宋本在九二疏末，十行本在「未失道也」下，閩本與十行本同，監、毛本脱去。

134 其牛掣其人天且劓　石經、岳本、閩、監、毛本同。釋文：「掣，鄭作『挈』。子夏作『契』。荀作『觭』。劉本從説文作『觢』。」「劓，王肅作『𪖐𪖐』。」

135 有應故亡　岳本、閩、監、毛本同。古本、足利本「亡」上有「悔」字。○按，集解有「悔」字，正義本同，是古本之所據也。

136 後説之弧　石經、岳本、閩、監、毛本同。釋文：「弧，本亦作『壺』。京、馬、鄭、王肅、翟子玄作『壺』。」

137 豕失負塗　閩本同。岳本、錢本、宋本、古本「失」作「而」，監、毛本作「之」，足利本作「也」。案，「而」是。

138 恢詭譎怪　岳本、閩、監、毛本同。釋文：「譎，本亦作『決』。」

139 未至於治先見殊怪　閩、監、毛本同。岳本、錢本、宋本、足利本「治」作「洽」。古本「治先」作「合志」，一本「治」作「合志」二字。

140 故見豕負塗　岳本、閩、監、毛本同。古本「故」下有「曰」字。

141 四剠其應　岳本、閩、監、毛本同。錢本、宋本、古本「剠」作「剌」。釋文出「四剠」。

142 澤是卑穢　錢本、宋本、閩、監本同。毛本「是」誤「爲」。

143 未至於治　閩、監、毛本同。宋本「治」作「洽」。

144 乃得與二爲婚媾矣　閩、監、毛本同。錢本、宋本「二」作「三」。

145 故爲舉莛與楹　孫志祖云：今本莊子「故爲」下有「是」字。

蹇

146 利西南　石經、岳本、閩、監、毛本同。古本「利」下衍「也」字。

147 則道窮　岳本、閩、監、毛本同。古本下有「也」字，下「蹇難之象」下、「來則得譽」下、「匪躬之故」下、「故曰往蹇來連」下、「故曰往蹇來碩吉」下並同。

148 西南險位　閩本同。宋本「險」作「地」，監、毛本作「順」。

149 吉可得乎　岳本、閩、監、毛本同。古本「吉」下有「何」字，一本作「吉何可得也」。足利本上有「何」字。

150 以正邦也　石經、岳本、閩、監、毛本同。釋文：「正邦，荀、陸本作『正國』，爲漢朝諱。」

151 莫若反身脩德　岳本、監、毛本同。閩本「脩」作「修」。古本下有「之也」二字，一本無「之」字。

152 宜待也　岳本、閩、監、毛本同。石經「待也」二字漫漶。釋文：「張本作『宜時也』，鄭本『宜待時也』。」

153 處難之時　岳本、閩、監、毛本同。錢本、宋本、古本「之」作「窮」。

* 處蹇以比　補：毛本「比」作「此」。

154 而在難中　錢本、閩、監本同。毛本「而」作「尚」。

155 往則失之　岳本、閩、監、毛本同。錢本、宋本、古本作「往之則失」。

156 以從陽　閩、監、毛本同。宋本「以」下有「陰」字。

解

157 利施於衆遇難不困于東北　岳本、閩、監、毛本「遇難」作「也亦」。宋本「難不困于東北」作「亦不因于東北」。

158 一音古買反一音胡買反　錢本、宋本同。閩本「胡」作「故」，監、毛本作「諧」。又錢本、宋本「古買反」、「胡買反」六字小注。

159 解難而濟厄者也　十行本「難」字闕，岳本如此，閩、監、毛本同。古本、足利本「厄」作「危」，下放此。釋文：「厄，或作『危』。」❻

160 則以速爲吉者　閩、監、毛本同。岳本、宋本、古本、足利本「者」作「也」。

161 故謂之解　岳本、閩、監、毛本同。古本下有「也」字，下「難解之時」下、「非治難時」下、「故不言用」下、「處此之時」下並同。

162 即見免說於險　宋本同。閩、監、毛本「見」作「是」，「說」作「脱」。

163 而百果草木皆甲圻　石經、岳本、錢本「圻」作「坼」，是也。閩、監、毛本作「拆」，非。宋本注、疏皆作「甲坼」，經文「坼」字不明，當亦作「坼」。釋文：「坼，馬、陸作『宅』。」

164 故百果草木皆甲坼也　岳本、閩、監、毛本同。錢本無「也」字。×

* 无圻而不釋也　補：案，「圻」當作「坼」。毛本作「所」，非也。

165 故不曰義　岳本、閩、監、毛本同。古本下有「者也」二字，一本無「者」字。×

166 君子以赦過宥罪　石經、岳本、閩、監、毛本同。釋文：「宥，京作『尤』。」

167 屯難盤結　岳本、閩、監、毛本同。釋文出「磐結」。×

168 或有過咎非其理也　岳本、閩、監、毛本同。釋文：「遇，或作『過』。」「一本無此八字。」古本亦無此八字。

* 非理之當也　補：毛本「當」作「常」。

169 能獲隱伏也　岳本、閩、監、毛本同。古本「也」上有「者」字。×

* 搜獲懽盡　補：毛本「懽」作「備」。

* 乘二負四以容其爲寇之來也　補：毛本「爲」作「身」。

170 自我致戎　石經、岳本、閩、監、毛本同。釋文：「本又作『致寇』。」

171 言此寇雖由己之招　閩、監、毛本同。錢本、宋本「雖」作「難」。❼

172 解而拇　石經、岳本、閩、監、毛本同。釋文：「拇，荀作『母』。」

173 極則後動　閩本同。岳本、監、毛本「則」作「而」。❽

* 隼於人家高墉　補：案，「隼」當作「集」，因上「隼之爲鳥隼」字而誤也。

174 損　此卦前錢本、宋本題「周易注疏卷第七」。

175 二簋可用享　石經、岳本、閩、監、毛本同。釋文：「二簋，蜀才作『軌』。」

176 準下王注　閩、監、毛本同。錢本「準」作「准」。

177 損下而不爲邪　按，下注作「損剛」。

178 則是无咎可正　錢本、閩、監、毛本同。宋本「咎」作「過」。

179 得正旨矣　閩、監、毛本同。錢本、宋本「正」作「王」。盧文弨云：「『王』謂王弼也。」❾

180 損剛益柔也　岳本、閩、監、毛本同。古本「也」作「者」，一本作「者也」。×

181 非補不足也　岳本、閩、監、毛本同。古本「也」上有「者」字，下「非長君子之道也」、「足以盡天人之助也」同。×

182 言何以豐爲也　岳本、閩、監、毛本「以」作「用」。×

183 君子以懲忿窒欲　石經、岳本、閩、監、毛本同。釋文：「『徵』，劉作『懲』，蜀才作『澄』。」「窒，鄭、劉作『懫』，孟作『恎』，陸作『咨』。」「欲，孟作『浴』。」

184 莫善忿欲也　岳本、閩、監、毛本同。古本、足利本「善」下有「損」字。

185 已事遄往　石經、岳本、閩、監、毛本同。釋文：「已，本亦作『以』。虞作『祀』。」「遄，荀作『顓』。」

186 不敢宴安　閩、監、毛本同。岳本、古本、足利本「敢」作「可」。

187 故既獲无咎　岳本、閩、監、毛本同。古本「故」作「欲」。×

188 利貞征凶　石經、岳本、閩、監、毛本同。古本「征」作「往」，注同。

189 柔下可全益剛不可全削　下，「不」之誤。

岳本、閩、監、毛本不誤。古本「全」上並有「以」字。

190 進之於柔　閩、監、毛本同。岳本、宋本、古本、足利本「於」作「乎」。　×

191 故曰不損益之也　閩、監、毛本同。宋本無「也」字。　×

192 謂自六三已上三陰也　岳本、閩、監、毛本同。釋文出「以上」。按，以、已古多通用。

193 其實乃損　岳本、閩、監、毛本同。古本下有「也」字。　×

194 乃得化醇　岳本、閩、監、毛本同。宋本、古本、足利本「醇」作「淳」，疏同。釋文出「化淳」。

195 則必疑矣　岳本、閩、監、毛本同。古本「矣」作「也」。　×

196 三人疑加疑惑也　閩、監、毛本同。錢本、宋本上「疑」作「益」。

197 無復企子之疾　錢本、宋本「子」作「予」。閩、監、毛本「無」作「无」。

198 智者慮能　閩、監、毛本同。岳本「智」作「知」。釋文出「知者」。

* 則衆才之用事矣　補：案正義，「事」當作「盡」。毛本不誤。

199 自上祐也　石經、岳本、閩、監、毛本同。釋文：「祐，本亦作『佑』。」

200 吉無不利義同也　閩、監、毛本「無」作「无」，錢本無「也」字。

201 不制於柔　岳本、閩、監、毛本同。釋文：「不制，一本作『下制』。」

202 爲物所歸　岳本、閩、監、毛本同。古本下有「者也」二字。　×

203 不制於柔　閩、監、毛本同。宋本「不」作

「下」。⑩

益

204 損下益上　岳本、閩、監、毛本作「損上益下」，是也。古本下有「也」字，下「必獲大功」下、「興益之宗」下、「救凶則免」下並同。

205 施未足也　岳本、閩、監、毛本同。古本「也」上有「者」字。　✕

206 君子以見善則遷　岳本、閩、監、毛本同。石經「善」字磨改。

207 又應剛能幹　閩、監、毛本同。錢本、宋本「應」作「體」。⑪

208 得其時而无其處　閩、監、毛本同。錢本、宋本「无」作「非」。　✕

209 王用享于帝吉　岳本、閩、監、毛本同。石經下五字漫滅。釋文出「用亨」。案，此釋文據宋本、通志堂本作「亨」。

210 出震而齊巽者也　岳本、閩、監、毛本同。古本「齊」誤「濟」。

* 居益以中　補：案，「中」當作「沖」，下正義「居益而能用謙沖者也」可證。

* 不先不爲　補：案，「爲」當作「違」。

211 告公用圭　石經、岳本、閩、監、毛本同。釋文：「用圭，王肅作『用桓圭』。」

212 不失中行　岳本、閩、監、毛本同。古本上有「故」字。

213 國主所任也　岳本、宋本、監本、古本、足利本同。閩、毛本「主」誤「王」。　✕

214 誰有不納也　岳本、閩、監、毛本同。古本、足利本「誰」作「何」。

215 固不待問而元吉有孚惠我德也　閩、

監、毛本同。岳本、宋本、古本、足利本「固」作「故」。浦鏜云：下六字疑衍文。

216 兼張德義　閩、監、毛本同。錢本、宋本「張」作「宏」。

217 无厭之求　岳本、閩、監、毛本同。釋文出「無厭」。

04—218 偏辭也　石經、岳本、閩、監、毛本同。釋文：「偏，孟作『徧』。」

校　記

❶ 南昌本條末增「○補：案，『大』字是也，正義標起止可證」。

❷ 南昌本條末增「○補：案，下並同」。

❸ 南昌本條末增「○補：案，『順』字是也，正義可證」。

❹ 南昌本出文「避」改「辟」，校語改作「補：岳本、毛本同。古本、足利本『巧』作『乃』。閩本、明監本『辟』作『避』」。今檢岳本、伯克利藏元刊十行本、北京大學藏元刊明修十行本（此葉爲正德十二年補版）、閩本、監本、毛本均作「辟」，校勘記誤。

❺ 南昌本條末增「○補：案，『大得』是也，誤倒耳」。

❻ 南昌本條末增「○補：『難』字今依挍補栞」。

❼ 南昌本條末增「○補：案，所改是也」。

❽ 南昌本條末增「○補：案，『而』字是也，正義可證」。

❾ 王弼，羣書拾補作「王肅」。

❿ 南昌本出文「制」改「利」，校語作「補：宋本『不利』作『下制』。閩、監、毛本作『不制』。案，『不制』正與注同，然注『不』字亦疑是『下』字之譌」。

⓫ 南昌本條末增「○補：案，『體』字是也，注『體夫剛德』可證」。

周易注疏校勘記卷五

05—001 **夬** 此卦前石經、岳本、釋文、古本、足利本題「周易下經夬傳第五」。

002 **故可以顯然發揚決斷之事於王者之庭** 孫志祖云：上「之」字當作「其」。

003 **若用剛即戎** 錢本、宋本、閩、監本同。毛本「戎」誤「以」。 ×

* **剛夬柔者** 補：案，「夬」當作「決」。

004 **故可揚于王庭** 岳本、閩、監、毛本同。古本下有「也」字。 ×

005 **則柔邪者危** 岳本、閩、監、毛本同。釋文出「則邪」，是其本無「柔」字。

006 **尚力取勝也** 岳本、閩、監、毛本同。古本「也」上有「者」字。 ×

007 **道成也** 閩本同。錢本、宋本「道」作「終」，是也。監、毛本作「道成者」，尤誤。

008 **施而能嚴** 岳本、宋本、閩本、古本、足利本同。監、毛本「施」誤「明」。 ×

009 **壯于前趾** 石經、岳本、閩、監、毛本同。釋文：「趾，荀作『止』。」按，説文有「止」無「趾」，古經多用「止」字。「止」者，足也。

010 **惕號** 石經、岳本、閩、監、毛本同。釋文：「惕，荀、翟作『錫』。」

011 **能審己度** 岳本、閩、監、毛本同。古本無「能」字。

012 **莫夜必有戎卒來害己** 閩、監、毛本同。宋本「莫」作「暮」，「卒」作「寇」。

013 壯于頄　石經、岳本、閩、監、毛本同。釋文：「頄，鄭作『頯』。蜀才作『仇』。」

014 必能棄夫情累　岳本、閩、監、毛本同。釋文：「棄夫，本亦作『去』。」

015 若於此時　閩、監、毛本同。錢本、宋本「若」作「居」。

016 其行次且　石經、岳本、閩、監、毛本同。釋文：「次，本亦作『趑』，或作『䟒』。鄭作『趑』。」「且，本亦作『趄』，或作『跙』。下卦放此。」

017 必見侵傷　岳本、閩、監、毛本同。宋本、古本、足利本「傷」作「食」。按，正義本作「傷」。

018 抵狠難移之物　閩、監、毛本同。岳本「抵狠」作「牴很」，古本亦作「牴」。釋文出「牴很」：「牴，本又作『抵』。或作『羝』。」

019 莧陸夬夬　石經、岳本、閩、監、毛本同。釋文：「莧，一本作『莞』。」「陸，蜀才作『睦』。」

020 正義曰莧陸草之柔脆者　閩、監、毛本同。錢本、錢校本無下七字。案，此複上文，下皆放此。○按，「脆」，俗「脃」字。

021 草之柔脆者亦以爲一　閩、監、毛本同。錢本、宋本「者」作「似」。

022 姤　石經、岳本、閩、監、毛本同。釋文：「古文作『遘』，鄭同。」

023 勿用取女　石經、岳本、閩、監、毛本同。釋文出「娶女」，云「本亦作『取』，注及下同」。古本作「娶」，采音義。

024 爲壯至甚　閩、監、毛本同。錢本、宋本「爲」作「淫」。

025 彖曰姤遇也　石經、岳本、宋本、閩、監本、古本、足利本同。毛本「彖」誤「象」。

026 正乃功成也　閩、監、毛本同。岳本、宋本、古本、足利本「正」作「匹」。釋文：「正，亦作『匹』。」

027 誥四方 石經、岳本、閩、監、毛本同。釋文：「誥，鄭作『詰』。王肅同。」

028 繫于金柅 石經、岳本、閩、監、毛本同。釋文：「柅，王肅作『抳』，从手。子夏作『鑈』，蜀才作『尼』。」

029 羸豕孚蹢躅 石經、岳本、閩、監、毛本同。釋文：「蹢，一本作『擲』。古文作『𨄨』。」「躅，本亦作『𨇜』。古文作『𨂐』。」

030 制動之主 岳本、閩、監、毛本同。古本下有「也」字，下「而有攸往」下、「故稱魚」下、「義所不爲」下並同。 ×

031 若羸豕之孚務蹢躅也 岳本、閩、監、毛本同。古本「也」上有「者」字。 ×

* 注柅者制動之主者 補：案，下「者」字當衍，毛本不誤。

032 包有魚 石經、岳本、閩、監、毛本同。釋文：「包，本亦作『庖』，下同。荀作『胞』。」按，正義作「庖」。

033 不爲己棄 閩、監本同。毛本「棄」作「弃」。岳本、宋本、古本、足利本「棄」作「乘」。

034 行爲其應 閩、監、毛本「爲」作「失」，岳本作「无」，古本作「無」。案，「爲」乃「無」之誤，「失」乃「无」之誤。

* 然復得其位 補：案，「復」當作「履」，上注文可證，毛本不誤。

035 特以不遇其時 錢本、宋本、閩本同。監、毛本「時」誤「位」。 ×

036 以杞包瓜 石經、岳本、閩、監、毛本同。釋文：「包，子夏作『苞』。」

037 而不能改其操 閩、監、毛本同。宋本「不能」作「能不」。

038 自楚注 閩、監、毛本同。錢本、宋本「注」作「往」。

039 杞性柔刃　宋本、閩本同。監、毛本「刃」作「韌」。○按，盧文弨云：「禮記月令『命澤人納材葦』注『此時柔刃可取』，又毛詩抑箋『柔忍之木』，釋文云『本亦作刃』，知『刃』非誤字。」

040 不與物爭　集解作「不與物牽」，非也。×

041 萃亨　石經、岳本、閩、監、毛本同。釋文：「王肅本同。馬、鄭、陸、虞等並無『亨』字。」

* 假至聚　補：案，「聚」當「也」字之譌，毛本正作「也」。

042 王以聚至有廟也　岳本、閩、監、毛本同。錢本無「也」字。×

043 全乎聚道　閩、監、毛本同。岳本、宋本、古本、足利本「乎」作「夫」。

044 故聚也　石經、岳本、閩、監、毛本同。古本無「也」字。

045 何由得聚　宋本同。閩、監、毛本「聚」誤「衆」。×

046 聚以正也　石經、岳本、閩、監、毛本同。釋文：「聚以正，荀作『取以正』。」

* 通衆以正　補：毛本「衆」作「聚」。

047 順天則説　岳本、閩、監、毛本同。錢本「則」作「而」。

048 氣合而後乃羣　岳本、閩、監、毛本同。古本下有「也」字，下「不若之於同志」下、「故曰元永貞悔亡」下、「亦衆所不害」下並同。×

049 君子以除戎器　石經、岳本、閩、監、毛本同。釋文：「除，本亦作『儲』，又作『治』。荀作『慮』。」

050 則衆心生　閩、監、毛本同。岳本、宋本、足利本作「則衆生心」，古本作「則衆生心也」。孫志祖云：據困學紀聞當作「則衆生心」。

051 一握爲笑　石經、岳本、閩、監、毛本同。釋文：「握，傅氏作『渥』。」

052 懦劣之貌也　閩、監、毛本同。岳本「懦」作「愞」，釋文同。○按，釋文「乃亂反」，則當從「耎」。古音耎聲、需聲劃然不同。説文云：「偄，弱也。從人從耎。」作「愞」者後出字。

053 己爲正配　閩、監、毛本同。岳本、古本「配」作「妃」。釋文出「正妃」。○按，釋文「正」云：「本亦作『匹』。」

054 則情意迷亂　閩、監、毛本同。宋本「意」作「志」。

＊ 始以中應相信不以他意相阻　補：毛本「中」作「正」，「不」作「末」。案，「末」字是也。

055 比爲一握之小　閩、監、毛本同。錢本、宋本「爲」作「於」。

056 只爲疑四與三　閩、監、毛本同。錢本、宋本「爲」作「謂」。

×

057 孚乃利用禴　石經、岳本、閩、監、毛本同。釋文：「禴，蜀才作『躍』，劉作『爚』。」

＊ 獨正者危矣　補：毛本「矣」作「未」，屬下句。

058 故必見引　集解作「故必待五引」。

＊ 禴殷者祭名也　補：毛本「者」作「春」，下正義同。

＊ 致之以省薄　補：毛本「致之」作「故可」。

059 无攸利也　岳本、閩、監、毛本同。古本「攸」下有「往」字。

060 猶不若一陽一陰之至　岳本、宋本、古本、足利本同。閩、監、毛本「至」作「應」。○按，正義作「應」。

061 志未光也　石經、岳本、閩、監、毛本同。釋文：

「未光也，一本作『志未光也』。」

062 **升**　石經、岳本、閩、監、毛本同。釋文：「鄭本作『昇』。」

063 **用見大人**　石經、岳本、閩、監、毛本同。釋文：「本或作『利見』。」

064 **升者登也**　宋本「者」下空一字，十行本、閩、監、毛本不空。

065 **象曰柔以時升**　石經、岳本、宋本、閩、監本、古本、足利本同。毛本「象」誤「象」。❶

066 **起升貴位**　閩、監、毛本同。錢本、宋本「起」作「超」。

067 **純柔則不能自升**　岳本、閩、監、毛本同。古本「則」作「而」。　×

068 **君子以順德積小以高大**　石經、岳本、閩、監、毛本同。釋文：「順，本又作『慎』。姚本『德』作『得』。以高大，本或作『以成高大』。」古本、足利本有「成」字。

069 **允升大吉**　石經、岳本、閩、監、毛本同。古本下衍「也」字。

070 **約于神明矣**　岳本、閩、監、毛本同。古本「于」作「於」。　×

071 **往必得邑**　閩、監、毛本同。岳本、宋本、古本、足利本「邑」作「也」。

072 **保是尊貴而踐阼矣**　閩、監、毛本同。宋本「是」作「其」。錢本「阼」作「祚」。

073 **處貞之極**　錢本、閩、監、毛本同。岳本、古本「貞」作「升」。按正義當作「升」。

074 **冥猶暗也**　閩、監、毛本同。宋本「暗」作「昧」。

困

075 處窮而不能自通者　岳本、宋本、閩本、古本、足利本同。監、毛本「窮」誤「困」。

* 若巧言能辭　補：毛本「能」作「飾」。

076 剛揜也　石經、岳本、閩、監、毛本同。釋文：「本又作『掩』。虞作『弇』。」

077 剛則揜於柔也　閩、監、毛本同。岳本、宋本、古本、足利本「則」作「見」。案，「見」是。

078 困而不失其所亨也　岳本、閩、監、毛本同。古本「也」上有「者」字。

* 未能説困者也　補：案正義，「説」當作「濟」，毛本是「濟」字。

079 其唯君子乎者　閩、監、毛本同。宋本「唯」作「惟」，下「唯君子能然也」同。

080 此就二五之爻　錢本、宋本、閩、監、毛本同。考文補遺引毛本「此」作「比」，誤。　×

081 君子固窮　岳本、閩、監、毛本同。釋文：「固窮，或作『困窮』，非。」

082 居則困于株木　岳本、閩、監、毛本同。古本無「于」、「木」二字。

083 不過數歲者也　岳本、閩、監、毛本同。釋文：「數歲，本亦作『三歲』。」

084 幽不明也　石經、岳本、閩、監、毛本同。足利本無「幽」字。

085 初不謂之株也　錢本、宋本「初不」作「机木」。閩、監、毛本作「机木」。

086 利用享祀　石經、岳本、宋本、古本、足利本同。閩、監、毛本「享」誤「亨」。釋文出「享祀」。

087 故曰困于酒食　岳本、閩、監、毛本同，下「故利用享祀」下、「故曰征凶无咎」下、「故謂之金車」下並同。❷　×

088 據于蒺蔾　石經、岳本、監、毛本同。閩本「據」誤「攄」。

089 不受已者　閩、監、毛本同。岳本、古本下有「也」字。 ×

090 焉得配偶　閩、監、毛本同。岳本、宋本、古本、足利本「偶」作「耦」，宋本疏亦作「耦」。○按，「耦」字是也，俗多借「偶」字爲之。

091 來徐徐困于金車　石經、岳本、閩、監、毛本同。釋文：「徐徐，子夏作『荼荼』，翟同。王肅作『余余』。金車，本亦作『金輿』。」

* 而礙於九三　補：案，「三」當作「二」。

092 欲棄之　閩、監本同。毛本「棄」作「弃」，宋本誤「乘」。

093 故曰有終也　閩、監、毛本同。錢本、宋本無「也」字。 ×

094 劓刖　石經、岳本、閩、監、毛本同。釋文：「王肅本作『臲𦤶』，陸同，京作『劓劊』。」

095 利用祭祀　石經、岳本、閩、監、毛本同。釋文：「祭祀，本亦作『享祀』。」

096 遐邇愈叛　岳本、閩、監、毛本同。釋文出「遐遠」，云「本亦作『遐邇』」。

* 已德未得　補：案，「德」當作「志」，毛本正作「志」。

097 困于葛藟于臲卼　石經、岳本、閩、監、毛本同。釋文：「藟，本又作『虆』。臲，說文作『㓷』，薛同。卼，說文作『𡾰』，薛又作『杌』字，同。」

098 居无所安　岳本、閩、監本同。毛本「无」誤「尢」。 ×

* 動搖不安之辭　補：毛本「辭」作「貌」。

* 行則纏繞者不得安　補：毛本「者」作「居」。

099 應亦言困于臲卼　錢本、宋本同。閩、監本「應」誤「象」。毛本「應亦」誤「象不」。

100 吉行者　錢本、宋本、閩、監本同。毛本「吉」誤「言」。

井

101 此名井體有常　盧文弨云：「『名』當作『明』。」

102 已來至而未出井也　岳本、閩、監、毛本同。古本「已」下衍「以」字。

103 羸其瓶　石經、岳本、閩、監、毛本同。釋文：「羸，蜀才作『累』。」

104 計獲一瓶之水　閩、監、毛本同。錢本、宋本「獲」作「覆」。○按，盧文弨云：「此句下多衍文，當以集解正之云：計覆一瓶之水，何足言凶。但此喻人德行不恒，不能善始令終，故就人言之凶也。」

105 音舉上之上　岳本、閩、監、毛本同。古本下有「也」字，下「補過而已」下同。

106 汔至亦未繘井　石經、岳本、閩、監、毛本同。古本脱「亦」字。

107 井以已成爲功　岳本、閩、監、毛本同。古本下有「者也」二字。

* 其猶人德事被物　補：毛本「事」作「未」。案，「未」字是也。

108 汲水未出而覆　錢本、宋本、閩、監本同。毛本「出」誤「用」。

109 木上有水井之象也　集解云：「木上有水，上水之象也。」○按，正義作「則是上水之象」。

110 則是上水之象　閩、監本同。毛本「是」誤「堤」。

111 勤恤民隱　閩、監、毛本同。宋本「隱」誤「德」。

112 使有成功　閩、監、毛本同。宋本作「使有功成」。

113 物无取也　岳本、閩、監、毛本同。古本「也」上有「者」字，下「得井之義也」同。

114 井谷射鮒甕敝漏　石經、岳本、閩、監、毛本同。釋文：「射，荀作『耶』。甕，鄭作『甕』。」案，釋文二「甕」字當有一誤。

115 則莫之與也　岳本、閩、監、毛本同。釋文出「无與之也」，云「一本作『則莫之與也』」。

116 不停污之謂也　岳本、閩、監、毛本同。釋文出「停汙」。

117 而不見用　岳本、閩、監、毛本同。古本下有「明」字。

118 王明則見照明　岳本、錢本、閩本同。監、毛本「照」作「昭」。

119 行惻也　石經、岳本、閩、監、毛本同。古本上有「其」字。

120 脩井也　石經、岳本、閩、監本同。毛本「脩」誤「修」。

121 井洌寒泉　石經、岳本、閩本同。監、毛本「洌」誤「冽」。釋文出「洌」字。

122 井收勿幕　石經、岳本、閩、監、毛本同。釋文：「收，荀作『甃』。干本『勿』作『网』。」

123 正義曰收式冑反凡物可收成者　錢本、宋本同。閩、監、毛本刪三小字，「正義曰」上加「收式冑反」四字、一「〇」，大謬。

革

124 凡不合然後乃變生　閩、監、毛本同。岳本、錢本「然」作「而」。

125 火欲上而澤欲下 岳本、閩、監、毛本同。古本上有「故」字。

126 近而不相得也 岳本、閩、監、毛本同。古本「也」上有「者」字，下「不可變也」、「不肯變也」、「始宣命也」並同。

* 象曰居其志不相得曰革 補：毛本「居」作「至」。

127 火滅而氣冷 閩、監本同。毛本「冷」誤「泠」。

128 革而信之 石經、岳本、閩、監、毛本同。釋文：「一本無『之』字。」

129 非當如何 岳本、閩、監、毛本同。古本「如何」作「何如」，一本下有「也」字。

* 革而當其悔乃亡名爲革 補：毛本「名」作「者」。

* 其悔乃亡消也 補：案，此本「消」字缺，毛本如此，今補。

* 人亦叛主 補：毛本「主」作「亡」。

130 以明人革也 閩、監、毛本同。錢本、宋本「以」作「次」。

131 堅仞 岳本、閩本同。監、毛本「仞」作「韌」。❸

132 是以征吉而无咎 岳本、閩、監、毛本同。古本下有「也」字，下「信志而行」下同。

133 凶其宜也 岳本、閩、監、毛本同。古本「凶」下有「危」字。

134 既不言三就有孚 閩、監本同。毛本「不」改「革」。

* 故文炳而相暎蔚也 補：毛本「炳」作「細」。

135 但順而從君也 錢本、宋本同。閩、監、毛

本「而」誤「面」。✕

136 鼎　此卦前錢本、錢校本、宋本題「周易注疏卷第八」。

137 吉然後乃亨　岳本、閩、監、毛本同。古本上有「元」字。

138 賢愚有別尊卑有序　岳本、閩、監、毛本同。釋文：「『賢愚別，尊卑序』，本亦作有『別有序』。」

139 以供烹飪之用　閩、監、毛本同。錢本、宋本「烹」作「亨」。○按，「亨通」之「亨」、「亨獻」之「亨」、「烹飪」之「烹」，古多作「亨」。

140 能成新法　盧文弨云：「句有誤字。」

141 故曰鼎元吉亨也　閩、監、毛本同。錢本、宋本無「也」字。✕

142 亨飪也　石經、岳本、閩、監、毛本同。釋文：「亨，本又作『亯』。下及注『聖人亨』、『大亨』、『亨飪』、『亨者』並同。」古本作「烹」，「聖人亨」、「大亨」同，注放此。

143 飪孰也　岳本同。閩、監、毛本「孰」作「熟」。○按，孰、熟古今字。

*故質其牲大　補：毛本「質」作「舉」，「牲」作「重」。案，所改是也。

144 特性而已　閩、監、毛本作「特牲」，不誤。宋本「性」作「牡」，亦非。

145 而獲大亨也　閩、監、毛本同。岳本、宋本、古本、足利本無「而」字。✕

146 君子以正位凝命　石經、岳本、閩、監、毛本同。釋文：「凝，翟作『擬』。」

147 則是爲覆鼎也　岳本、閩、監、毛本同。釋文出「是覆」，則其本無「爲」字。

148 倒以寫否　岳本、閩、監、毛本同。古本、足利本「倒」下有「趾」字。

149 不我能即吉　石經、岳本、閩、監、毛本同。古本作「不能我即吉」。

* 我仇謂九也　補：案，「九」當作「五」，正義云「六五我之仇匹」是也。毛本是「五」字。

150 不我能即吉　閩、監、毛本同。錢本、宋本下有「也」字。

✕

151 不可復有所加　岳本、閩、監、毛本同。古本下有「也」字。

✕

152 虛中以待物者也　岳本、閩、監本同。毛本「虛」字空缺。

✕

153 其行塞　岳本、閩、監、毛本同。古本上有「而」字。

✕

* 雖陰陽爻　補：毛本「陰」作「體」。案，所改是也。

154 非有體實不受　閩本同。監、毛本「有」作「其」，錢本、宋本作「直」。

155 其形渥　石經、岳本、閩、監、毛本同。釋文：「渥，鄭作『剭』。」

156 處上體之下　岳本、閩、毛本同。監本「處」誤「虛」。

✕

157 故曰其形渥凶也　岳本、閩、監、毛本同。古本「也」上有「者」字。

✕

158 信之如何　閩、監、毛本同。岳本、宋本、古本、足利本「之如」作「如之」。

✕

159 高不誠亢　岳本、閩、監、毛本同。錢本、宋本、古本「誠」作「誡」。

✕

震

160 懼以成則是以亨　岳本、閩、監、毛本同。釋文：「成，亦作『盛』。」古本下有「也」字，下「故曰震來厲億喪貝」下同。

161 震來虩虩笑言啞啞　岳本、閩、監、毛本同。釋文：「虩虩，荀作『愬愬』。言，亦作『語』，下同。」石經初刻「語」，後改「言」。下唯象傳句漫滅不可識，餘並改「語」爲「言」。

162 威至而後乃懼也　岳本、閩、監、毛本同。古本「也」上有「者」字，一本無「乃」字，下「奉宗廟之盛也」、「能以恐懼修其德也」，「也」上並有「者」字。

163 驚駭怠惰　岳本、閩、監、毛本同。釋文：「怠，本又作『殆』。」

164 則是可以不喪匕鬯矣　閩、監、毛本同。岳本、錢本、宋本、足利本「是」作「足」。

165 長三尺　宋本同。閩、監、毛本「三」作「二」。○按，「二」字誤。禮記雜記云「枇以桑，長三尺」可證也。

166 則惰者懼於近也　閩、監、毛本同。古本「惰」下有「惓」字，「也」作「矣」。岳本、宋本、足利本並作「矣」。

167 則己出可以守宗廟　岳本、閩、監、毛本同。古本下有「也」字，一本「則」作「即」。

168 君子以恐懼脩省　石經、岳本、監、毛本同。閩本「脩」誤「修」。

169 然卦則凡舉屯時　錢本、宋本「凡」作「汎」。閩、監、毛本作「況」。

170 億喪貝躋于九陵　石經、岳本、閩、監、毛本同。釋文：「億，本又作『噫』。六五同。躋，本又作『隮』。」

171 威駭怠懈　岳本、閩、監、毛本同。宋本「懈」作「解」。

172 亾其所處矣　岳本、閩、監、毛本同。古本無「其」字。

173 是傲尊陵貴　閩、監、毛本同。錢本、宋本「傲」作「慠」。按，傲、慠古今字。

174 正義曰驗注以訓震爲懼　盧文弨云：「當作『以震訓爲懼』。」

175 象曰震蘇蘇　石經、岳本、閩、監、毛本同。古本下衍「也」字。❹

176 震遂泥　石經、岳本、閩、監、毛本同。釋文：「荀本『遂』作『隊』。」

177 居恐懼之時　岳本、閩、監、毛本同。足利本上有「以」字。

*意无喪有事　補：毛本「意」作「億」。

178 不免於危　岳本、閩、監、毛本同。古本下有「矣」字。 ×

179 當有其事　閩、監、毛本同。宋本作「當其有事」。

180 視矍矍征凶　石經、岳本、閩、監、毛本同。古本「征」作「往」。

181 彼動故懼　岳本、閩、監、毛本同。釋文：「故，或作『而』。」

*疑婚媾有言者　補：毛本「疑」作「也」，屬上讀。

*亦不能无相寲之言　補：毛本「寲」作「疑」。案，「疑」字是也。

艮

182 得其所止也　岳本、閩、監、毛本同。古本上有「而」字。 ×

183 若對面不相交通　錢本、宋本、閩、監本同。毛本「面」誤「而」。 ×

184 其道光明　石經、岳本、閩、監、毛本同。古本脱「其」字，下「行其庭」同。

*謂此卦既止而不加交又峙而不應　補：毛本「加交」作「交爻」。

185 不侵官也　岳本、宋本、古本、足利本同。閩、

監、毛本「官」誤「害」。×

186 **艮其趾**　石經、岳本、閩、監、毛本同。釋文：「趾，荀作『止』。」○按，說見前。

187 **故利永貞**　岳本、閩、監、毛本同。古本下有「也」字，下「上下不相與」下同。×

188 **釋所以在永貞**　錢本、宋本、閩本同。監、毛本「在」作「利」。

189 **艮其腓不拯其隨**　石經、岳本、閩、監、毛本同。釋文：「腓，本又作『肥』。不承，音『拯救』之『拯』。」是陸所據本作「承」。

190 **故口无擇言**　岳本、閩、監、毛本同。古本「故」作「曰」。

漸

191 **女歸吉也**　石經、岳本、閩、監、毛本同。釋文：「王肅本還作『女歸吉利貞』。」

* **以明得位言言唯是九五也**　補：閩、監、毛本上「言」字作「之」。案，「之」字是也。宋本「唯」作「惟」。

192 **唯是九五也**　閩、監、毛本同。宋本「唯」作「惟」。×

193 **君子以居賢德善俗**　石經、岳本、閩、監、毛本同。釋文：「善俗，王肅本作『善風俗』。」足利本與王肅本同，蓋采音義。

194 **風俗以止巽乃善**　岳本、閩、監、毛本同。古本下有「也」字，下「故曰其羽可用爲儀吉」下同。×

195 **則困於小子**　岳本、閩、監、毛本同。釋文：「本又作『則困讒於小子』。」

196 **未傷君子之義**　岳本、閩、監、毛本同。古本下有「者也」二字。×

197 **若鴻之進于河之干**　閩、監、毛本同。

宋本「于」作「於」。

198 故曰无咎也　閩、監、毛本同。錢本、宋本無「也」字。

＊ 面獲吉福也　補：毛本「面」作「而」。

199 婦孕不育　石經、岳本、閩、監、毛本同。釋文：「孕，荀作『乘』。」

200 而棄乎羣醜　岳本、閩、監、毛本同。古本「醜」作「配」，下「經離羣醜也」同。

201 故曰鴻漸于陸也　閩、監、毛本同。宋本無「漸」字。

202 志相得也　岳本、閩、監、毛本同。古本上有「與」字。

203 巽而附下　閩、監、毛本同。錢本、宋本作「巽而下附」。

204 九五進于中位　閩、監、毛本「于」作「乎」，宋本作「得」。

205 進以正邦三年有成者　閩、監、毛本同。宋本「年」作「歲」。錢本無「者」字，以此爲標注，在「正義曰」上。

206 峨峨清遠　閩、監、毛本同。岳本「峨峨」作「峩峩」。釋文出「峩峩」。

歸妹

207 少陰而乘長陽　閩、監、毛本同。宋本、古本、足利本「乘」作「承」。岳本作「永」，蓋亦「承」之誤。

208 以妹從娣而嫁　閩、監、毛本同。錢本、宋本「娣」作「姊」，下「明是妹從娣嫁」、又「妹從娣嫁」、又「嫁而係於娣」、又「係娣所以説者，既係娣爲媵」、又「故係娣而行合禮」、又「從娣而行」、又「是從娣之義也」並同。

＊ 本非正四　補：各本「四」作「匹」。案，「匹」字是也。

209 若妾進求寵　閩、監、毛本同。錢本、宋本「妾」作「妄」，是也。

210 人倫之終始　岳本、閩、監、毛本同。古本下有「也」字，下「故以永終知敝」下、「非敵之謂」下、「極陰之盛」下並同。×

＊ 令姪娣從其姑娣　補：各本下「娣」字作「姊」。案，「姊」字是也。

211 所歸妹也　石經、岳本、閩、監、毛本同。釋文：「本或作『所以歸妹』。」

212 嫁而係娣　岳本、閩、監、毛本同。宋本、古本「娣」作「姊」。

213 更有勳望之憂　閩、監、毛本同。宋本「勳」作「勤」。○按，盧文弨云：「詩摽有梅『迨其謂之』，箋云『謂勤也。女年二十而無嫁端，則有勤望之憂』，正義本此。」

214 此因六三六五乘剛　閩、監、毛本同。宋本「三」誤「二」。

215 緣於失正而進也　錢本「正」作「位」。×

216 君子以永終知敝　石經、岳本、閩、監、毛本同。釋文出「知弊」。

217 娣少女之稱也　閩、監、毛本同。岳本、宋本、古本、足利本「娣」作「妹」，是也。考文引毛本，「娣」下誤衍「者」字。

＊ 雖幼而不妾行　補：案，「妾」當作「妄」，形近之譌，下正義可證。毛本正作「妄」。

218 雖失其位　岳本、閩、監、毛本同。古本「失」作「非」，一本作「雖失非其位」。×

219 歸妹以須　石經、岳本、閩、監、毛本同。釋文：「須，荀、陸作『嬬』。」

220 則是室主獨存　閩、監、毛本同。錢本、宋本「獨」作「猶」。

221 夫以不正无應而適人也　岳本、閩、監、毛本同。釋文出「不正不應」，云「本亦作『无應』」。

222 有待而行也　石經、岳本、閩、監、毛本同。釋文：「一本『待』作『時』。」

223 月幾望　石經、岳本、閩、監、毛本同。釋文：「幾，荀作『既』。」

224 以長從少者可以從少　閩、監、毛本同。錢本、宋本作「以長從少者也以長從少」。

225 雖所居貴位　閩、監、毛本同。宋本無「貴」字。

226 言不必少女　閩、監、毛本同。宋本「必」作「如」。

227 女承筐无實　石經、岳本、閩、監、毛本同。釋文：「承匡，鄭作『筐』。」是其本作「匡」。

05—288 刲羊而无血　岳本、閩、監、毛本同。古本無「而」字。

校記

❶ 南昌本出文「彖」改「象」，校語作「補：毛本同。石經、岳本、宋本、閩、監本、古本、足利本『彖』作『象』。案，『象』字誤也。」

❷ 此條校記無異文，必文字有脱。今檢七經孟子考文補遺卷五云：「『故曰困于酒食』下、『故利用亨祀』下、『故曰征凶无咎』下，二本共有『也』字。」據此及校勘記文例，知「毛本同」下當脱「古二本下有『也』字」云云數字。

❸ 南昌本條末增「○補：下並同」。

❹ 此條原與上條位置互倒，今據南昌本、學海堂本乙正。

周易注疏校勘記卷六

06—001 豐　此卦前石經、釋文、岳本、古本、足利本題「周易下經豐傳第六」。

002 王之所至　岳本、閩、監、毛本同。古本下有「也」字，下「大者王之所尚」下、「故曰日中見斗」下、「故往得疑疾」下、「屋藏蔭之物」下並同。

* 財多則无所不齊　補：毛本「齊」作「濟」。×

003 憂未已也　岳本、閩、監、毛本同。古本「未」作「不」。×

004 然後可以君臨萬國　錢本、閩、監本同。毛本「君」誤「居」。×

005 二者由人之闡弘使大　宋本同。閩、監、毛本「二」作「一」。×

006 日中則昊月盈則食　石經、岳本同。閩、監、毛本「昊」作「昃」。釋文：「昊，孟作『稷』。食，或作『蝕』，非。」

007 施於已盈則方溢　岳本、閩、監、毛本同。釋文：「則溢，本或作『則方溢』者，非。」

008 承上宜日中之下　宋本同。閩、監、毛本「下」作「文」。

009 遇其配主雖旬无咎　石經、岳本、閩、監、毛本同。釋文：「配，鄭作『妃』。旬，荀作『均』，劉昞作『鈞』。」

010 交斯叛也　岳本、閩、監、毛本同。古本、足利本「也」作「矣」。×

* 過旬災光者　補：毛本「光」作「也」。案，所改是也。

011 災咎至焉　十行本「至」字筆畫舛誤，閩、監、毛本如此。宋本作「生」。

012 豐其蔀日中見斗　石經、岳本、閩、監、毛本同。釋文：「蔀，鄭、薛作『菩』。見斗，孟作『見主』。」

013 所豐在蔀　岳本、閩、監、毛本同。宋本、古本無「所」字。×

014 故曰豐其蔀　岳本、閩、監、毛本同。宋本、古本「曰」下有「所」字。×

015 又處於内　閩、監、毛本同。宋本上更有「陰」字。

016 象曰有孚發若信以發志也　石經、岳本、閩、監、毛本同。古本「若」下衍「吉」字，脱「也」字。

017 豐其沛日中見沬折其右肱　石經、岳本、閩、監、毛本同。釋文：「沛，本或作『旆』。子夏作『芾』，鄭、干作『韋』。沬，鄭作『昧』。肱，姚作『股』。」

018 沬微昧之明也　岳本、閩、監、毛本同。古本「也」上有「者」字，下「未足用也」、「豐其蔀也」、「獲慶譽也」、「而自深藏也」並同。×

019 日中則見沬之謂也　閩、監、毛本同。岳本、宋本、古本、足利本無「則」字。

020 日中盛則反而見斗　閩、監、毛本同。錢本、宋本作「日中盛明而反見斗」。

021 闃其無人　石經、閩、監、毛本同。岳本作「閴其」。釋文：「闃，姚作『闚』，孟作『窒』，並通。」按，説文門部無「闃」，鬥部有「鬩」。❶

022 三年豐道之成　岳本、閩、監、毛本同。古本「成」作「盛」，下有「也」字。宋本亦作「盛」。

023 是以治爲亂者也　閩、監、毛本同。岳本、宋本、古本、足利本無「是」字、「者」字，一本有「者」字。×

024 治道未濟　閩、監、毛本同。錢本「濟」作「際」。

025 **天際翔也** 石經、岳本、閩、監、毛本同。釋文：「翔，鄭、王肅作『祥』。」

026 **自藏也** 石經、岳本、閩、監、毛本同。釋文：「藏，衆家作『戕』。」

027 **旅** 此卦前錢本、錢挍本、宋本題「周易注疏卷第九」。

028 **是以小亨** 閩、監、毛本同。岳本、宋本、錢本、古本、足利本「是」作「足」。

029 **咸失其居物願所附** 岳本、閩、監、毛本同。足利本「其」作「所」。集解作「物失所居則咸願有附」。

030 **豈非知者有爲之時** 岳本、閩、監、毛本同。古本下有「也」字，下「志窮且困」下、「義足而已」下、「牛者稼穡之資」下、「不在於難」下、「莫之聞」下並同。 ×

031 **止以明之** 閩、監、毛本同。岳本「以」作「而」。

032 **懷其資** 石經、岳本、閩、監、毛本同。釋文：「本或作『懷其資斧』，非。」

033 **得童僕之所正也** 岳本、閩、監、毛本同。古本「也」上有「者」字。 ×

034 **則終保无咎也** 閩、監、毛本同。宋本「咎」作「尤」。

035 **而爲惠下之道** 閩、監、毛本同。錢本「惠」作「施」。

036 **爲君主所疑** 錢本、宋本、閩本同。監、毛本「君主」作「主君」。

037 **得其資斧** 石經、岳本、閩、監、毛本同。釋文：「資斧，子夏傳及衆家並作『齊斧』。」

038 **不獲平坦之地** 岳本、閩、監、毛本同。古本下有「者也」二字，采集解。

039 客于所處　集解作「客子所處」。　×

040 故其心不快也　岳本、閩、監、毛本同。古本無「故其」二字。

041 寄旅而進　岳本、閩、監、毛本同。古本「寄」作「羈」。

042 旅人先笑後號咷　石經、岳本、閩、監、毛本同。古本「後」上衍「而」字。

043 客旅得上位　閩、監、毛本同。岳本、錢本、宋本、古本、足利本「旅」作「而」。

044 衆之所嫉也　岳本、閩、監、毛本同。釋文：「嫉，本亦作『疾』，下同。」

045 終莫之聞　岳本、閩、監、毛本同。錢本、宋本、古本「終」作「故」。古本下有「也」字。

046 如鳥巢之被焚　宋本、閩本同。監、毛本「巢之」倒。

047 衆所同嫉　閩、監、毛本同。錢本、宋本「嫉」作「疾」，下同。

048 其義焚也喪牛于易　石經、岳本、閩、監、毛本同。釋文：「其義焚也，一本作『宜其焚也』。喪牛之凶，本亦作『喪牛于易』。」

巽

049 巽悌以行　岳本、閩、監、毛本同。釋文：「弟，本亦作『悌』。」

050 大人用之道愈隆　岳本、閩、監、毛本同。古本下有「也」字，下「故得小亨」下、「故利武人之貞以整之」下並同。　×

051 處乎中正物所與也　閩、監、毛本同。岳本、宋本「乎」作「于」。錢本亦作「于」，無「也」字。　×

052 雖上下皆巽　宋本同。閩、監、毛本「雖」

作「須」。

053 故又因二五之爻　閩本同。監、毛本「二」誤「三」。×

＊ 故又就初九各處卦下　補：毛本「九」作「四」。

054 則柔皆順剛之意　閩、監、毛本同。錢本、宋本「則」作「明」。

055 係小亨之辭　閩、監、毛本同。宋本「係」作「繫」。

＊ 釋經結也　補：毛本「釋」作「舉」。

056 故君子訓之　閩、監、毛本同。錢本、宋本「訓」作「則」。

057 進退疑懼　岳本、閩、監、毛本同。古本下有「者也」二字，一本有「也」字。×

058 頻巽吝　石經、岳本、閩、監、毛本同。古本「頻」作「嚬」，注同。

059 頻蹙不樂　岳本、閩、監、毛本同。釋文出「頻顣」。

060 三曰充君之庖　岳本、閩、監、毛本同。宋本「庖」作「包」，古本同，下有「也」字。

061 故初皆不説也　岳本、閩、監、毛本同。古本「初」作「物」。

062 夫以正齊物　岳本、閩、監、毛本同。古本「正」作「令」。

063 民迷固久　岳本、閩、監、毛本同。古本、足利本「固」作「故」。

064 故先申三日　岳本、閩、監、毛本同。釋文：「申音身。或作『甲』字。」

＊ 復申三日日然後誅而无咎怨矣　補：毛本「日」字不重。案，此誤衍也。

兑

065 民无不説也　錢本、閩本同。監、毛本「无」誤「莫」。

066 上六六三以柔處外　閩、監本同。毛本「三」誤「二」。

067 麗澤兑　石經、岳本、閩、監、毛本同。釋文：「麗，鄭作『離』。」

068 施説之盛　岳本、閩本同。錢本、監、毛本「盛」作「道」。

069 莫盛於此　岳本、閩、監、毛本同。古本下有「也」字，下「未見有疑之者」下、「小人道長之謂」下並同。

070 无所黨係　岳本、閩、監、毛本同。釋文出「黨繫」，云「本亦作『係』」。

071 初九居兑之初　閩、監本同。毛本「九」誤「六」。

072 孚兑　石經、岳本、閩、監、毛本同。古本「兑」作「説」。

073 乃悔亡也　岳本、閩、監、毛本同。古本、足利本「也」上有「者」字。

074 而以不正來説　閩、監、毛本同。宋本「來」作「求」。

075 此之爲喜　宋本「此」上更有「除邪」二字，十行本、閩、監、毛本無。

076 宜在君子　閩、監、毛本同。宋本「在」作「任」。

077 故以當位責之也　錢本、宋本、閩本同。監、毛本「責」誤「貴」。

078 故必見引　岳本、閩、監、毛本同。古本無「必」字。

涣

079 **王乃在乎渙然之中**　岳本、閩、監、毛本同。古本下有「也」字，下「以光其道」下、「正位不可以假人」下並同。

* **注乘木有功也**　補：毛本「木」下有「至」字。×

080 **先王以享于帝立廟**　岳本、閩、監、毛本同。石經「享于」以下八字磨改，初刻「于」下尚有一字。古本「于」下有「上」字。

081 **用拯馬壯吉**　石經、岳本、閩、監、毛本同。釋文：「拯，子夏作『拼』。」古本下有「悔亡」二字。

082 **故可以遊行**　岳本、閩、監、毛本同。釋文出「以逝」，云「逝，又作『遊』」。

083 **不在危劇**　岳本、閩、監、毛本同。釋文出「厄劇」，云「本又作『危處』，又作『厄處』」。

084 **故得无悔**　宋本、閩本同。監、毛本「悔」作「咎」，下同。

085 **渙有丘匪夷所思**　石經、岳本、閩、監、毛本同。釋文：「有丘，姚作『有近』。匪夷，荀作『匪弟』。」

086 **猶有丘虛匪夷之慮**　閩、監、毛本同。岳本、宋本、古本「虛」作「墟」，正義同。釋文出「丘墟」。○按，虛、墟正俗字。

087 **去而逖出者也**　閩、監、毛本同。錢本、宋本「逖」作「遠」。

節

088 **則物所不能堪也**　十行本「所」字墨丁，閩、監、毛本如此。岳本、錢本、宋本、古本、足利本無此字。

089 **然後及亨也**　閩、監、毛本同。岳本、古本「及」作「乃」。

090 **正由爲節不中**　閩、監、毛本同。錢本、宋本「正」作「止」。

091 **澤上有水** 石經、岳本、閩、監、毛本同。釋文：「上，或作『中』，今不用。」

＊ **慮於險僞** 補：案下正義，「爲」當作「僞」。毛本是「僞」字。

092 **故慎密不失** 宋本同。閩、監、毛本「失」誤「出」。×

093 **故不出門庭則凶也** 岳本、閩、監、毛本同。古本「故」下有「曰」字。

094 **不出門庭凶** 石經、岳本、閩、監、毛本同。古本「凶」上有「之」字。

095 **爲節之不苦非甘而何** 閩、監、毛本同。岳本「之」作「而」，古本同，「而」作「如」。

096 **甘者不苦之名也** 閩、監本同。毛本「甘」誤「苦」。×

097 **以斯施正** 岳本、宋本、古本、足利本同。閩、監、毛本「正」作「人」。依正義當作「人」。

098 **故得悔亡** 岳本、閩、監、毛本同。古本下有「也」字。×

中孚

099 **豚魚吉** 石經、岳本、閩、監、毛本同。釋文：「豚，黃作『遯』。」

100 **顯者可知** 閩、監、毛本同。錢本、宋本「者」作「著」。

101 **然後乃孚** 岳本、閩、監、毛本同。古本下有「也」字，下「信皆及之」下、「雖過可亮」下、「非己所克」下、「故曰月幾望」下並同。×

102 **而篤信發乎其中矣** 岳本、閩、監、毛本同。古本「矣」上有「也」字。×

103 **蟲之隱者也** 岳本、閩、監、毛本同。古本、足利本「隱」上有「潛」字。

104 獸之微賤者也　岳本、閩、監、毛本同。釋文出「畜之」，云「本或作『獸』」。

105 若乘木舟虛也　岳本、閩、監、毛本同。古本作「若乘木於舟虛者也」。

106 而應在四　岳本、閩、監、毛本同。古本「在」下有「乎」字。

107 繫心於一　岳本、閩、監、毛本同。古本「於」作「專」。

108 故更有它求　閩、監、毛本同。錢本、宋本「求」作「來」。

*九二鳴鶴在陰　補：案，十行本初刻與諸本同，正德補板「鳴鶴」誤作「鶴鳴」，今訂正。

109 吾與爾靡之　石經、岳本、閩、監、毛本同。釋文：「靡，本又作『縻』。陸作『緜』，京作『劘』。」

110 立誠篤至　宋本、閩本、古本、足利本同。岳本、監、毛本「至」作「志」。

111 四履正而承五　岳本、閩、監、毛本同。古本「正」上有「乎」字。×

112 月幾望　石經、岳本、閩、監、毛本同。釋文：「幾，京作『近』，荀作『既』。」

113 棄羣類也　閩、監、毛本同。岳本「棄」作「弃」。古本「也」上有「者」字。×

114 則失其所盛矣　岳本、閩、監、毛本同。古本、足利本「所」下有「以」字。×

115 若真以陽得正位　閩、監、毛本同。錢本、宋本「真」作「直」。

116 忠篤內喪　岳本、閩、監、毛本同。古本「內」作「日」。釋文出「內喪」。

117 若鳥於翰音登於天　閩、監、毛本同。錢本、宋本「於」作「之」。

小過

118 上愈无所適　岳本、閩、監、毛本同。古本下有「也」字，下「即飛鳥之象」下、「故曰過其祖而遇其妣」下、「故曰不及其君遇其臣无咎」下、「故曰弗過遇之」下並同。×

119 過之小事　閩、監、毛本同。宋本「之」作「於」。

120 得名上在君子爲過行也　閩、監、毛本同。錢本、宋本「上」作「止」。

121 時也小有過差　閩、監、毛本同。錢本、宋本「也」作「世」。

122 爲過厚之行順而立之　閩、監、毛本同。錢本、宋本「厚」作「矯」，「立」作「止」。

123 柔而浸大　岳本、閩、監、毛本同。古本、足利本「浸」誤「侵」。釋文出「而浸」。×

124 无所錯足飛鳥之凶也　岳本、閩、監、毛本同。釋文：「錯，本又作『措』，又作『厝』。」古本作「无所錯手足飛鳥凶也」。○案，錯與措、厝詁訓皆別，而古多通用。

125 過而不至於僭　岳本、閩、監、毛本同。釋文出「于僭」。古本「過」作「遇」。

126 履得中正　閩、監、毛本同。宋本「正」作「位」。

127 小過之世　錢本、古本、足利本同。岳本、閩、監、毛本「世」作「時」。

128 至令小者或過　閩、監、毛本同。岳本、宋本、古本、足利本「或」作「咸」，疏中錢本亦作「咸」。

129 然則戕者皆殺害之謂也　盧文弨云：「皆，衍文。否則『者』字當作『弑』。」

130 不爲責主　閩、監、毛本同。岳本、宋本、足利本「賁」作「賁」。

131 夫宴安酖毒　岳本、閩、監、毛本同。釋文出「晏安」。「鴆，本亦作『酖』。」○按，鴆，正字。酖，假借字。

132 以斯攸往　岳本、閩、監、毛本同。古本作「以斯有攸往」。

133 无援之助　岳本、閩、監、毛本同。古本「之」作「乏」，非。

134 言不足用之於永貞　岳本、閩、監、毛本同。古本無「於」字，下有「也」字。

135 即酖鳥之毒　閩、監、毛本同。宋本「即」作「比」。

136 小過小者過於大也　閩、監、毛本同。岳本「小過」作「小過者」。

137 陰在於上而陽薄之而不得通則烝而爲雨　閩、監、毛本同。岳本、足利本「在」作「布」，「烝」作「蒸」。宋本亦作「布」，古本同，「陽」下有「上」字。錢本亦作「蒸」。釋文出「則蒸」。

138 是故小畜尚往而亨　岳本、閩、監、毛本同。釋文：「畜，本又作『蓄』。」

139 雖陰盛于上未能行其施也　岳本、閩、監、毛本同。古本「陰」下有「復」字，「也」上有「者」字。

140 五極陰盛故稱公也戈射也　岳本、閩、監、毛本同。古本無「極」字，「射」作「獦」。

141 是乃密雲未能雨也　岳本、閩、監、毛本同。宋本、足利本「是乃」作「足及」，古本同，「也」上有「者」字。

142 已上也　石經、岳本、閩、監、毛本同。釋文：「上，鄭作『尚』。」

143 陽已上故止也　岳本、閩、監、毛本同。釋文：「本又作『陽已上故少陰止』。」

144 已上於一卦之上　閩、監、毛本同。宋本「已上」作「已止」。

145 至於亢也過至于亢　閩、監、毛本同。岳本「於」作「于」，「于」作「於」。古本「於」作「于」，「也」上有「者」字。

146 過至於亢　宋本同。閩、監、毛本「於」作「于」。

既濟

147 故惟正乃利貞也　岳本、閩、監、毛本同。錢本無「貞也」二字。

148 以既濟爲安者　岳本、閩、監、毛本同。錢本、古本、足利本「安」作「象」，宋本作「家」。案，「家」即「象」之誤。

149 故曰初吉終亂終亂不爲自亂　閩、監、毛本同。岳本、足利本不重「終亂」二字，古本同，「初吉終亂」下有「也」字。

150 不忘未濟也　岳本、閩、監、毛本同。古本「也」上有「者」字，下「而自得也」、「所以塞舟漏也」並同。

151 无所咎也　閩、監、毛本同。岳本、宋本、古本、足利本「也」作「矣」。

152 體剛居中　閩、監、毛本同。錢本、宋本「中」作「下」。

153 婦喪其茀　石經、岳本、閩、監、毛本同。釋文：「茀，子夏作『髴』，荀作『紱』，董作『髢』。」

154 量斯勢也　岳本、閩、監、毛本同。古本「斯」作「其」。

155 而能濟者高宗伐鬼方　閩、監、毛本同。

岳本、宋本、足利本「高宗」作「也故」，古本同，一本「高宗」上有「也故」二字。

156 **憊也**　石經、岳本、閩、監、毛本同。釋文：「憊，陸作『備』。」

157 **繻有衣袽**　岳本、閩、監、毛本同。釋文：「繻，子夏作『襦』，王廙同。薛云古文作『繻』。袽，子夏作『茹』，京作『絮』。」石經「袽」字漫滅。

158 **夫有隙之棄舟而得濟者**　岳本、閩、監、毛本同。釋文出「有郄」。

159 **牛祭之盛者也**　閩、監、毛本同。岳本無「也」字，下句同。　×

160 **物皆盛矣**　岳本、閩、監、毛本「盛」作「濟」。古本「矣」作「也」。　×

161 **可羞於鬼神**　岳本、閩、監、毛本同。古本「於」上有「之」字。　×

162 **過惟不已**　岳本、錢本、宋本、足利本「惟」作「進」，古本同，一本作「過進惟不已」。閩、監、毛本「惟」作「而」。

未濟

163 **不違剛也**　岳本、閩、監、毛本同。古本「也」上有「者」字，下「必有餘力也」同。　×

164 **未能出險之中**　岳本、閩、監、毛本同。古本下有「也」字，下「故未濟」下、「故可濟」下、「故曰利涉大川」下、「靡禁其威」下、「故曰有孚吉」下並同。　×

165 **小狐雖能渡**　岳本、閩、監、毛本同。古本下有「濟」字。

166 **令物各當其所也**　岳本、閩、監、毛本同。釋文：「各得其所，一本『得』作『當』。」古本作「得」，采音義。

167 **使皆得安其所**　閩、監、毛本同。宋本

「安」作「求」。

168 濡其首猶不反　岳本、閩、監、毛本同。古本「首」下有「而」字。

169 經綸屯蹇者也　岳本、閩、監、毛本同。釋文：「綸，本又作『論』。」

170 用健拯難靖難在正　岳本、閩、監、毛本同。宋本、足利本「拯」作「施」，「靖」作「循」，古本同，一本「靖」作「修」。錢本亦作「循」。釋文出「循難」。

06—171 靖難在正　閩、監、毛本同。錢本、宋本「靖」作「循」。

校記

❶ 按，今檢閩本實作「閴」。初印監本作「閴」，與岳本同，重修監本作「闃」。又說文門部有「闃」字，校勘記誤。又伯克利藏元刊十行本、北京大學藏元刊明修十行本（此葉爲嘉靖補版）皆作「閴」，與閩本同，與校勘記出文不合。

周易注疏校勘記卷七

07—001 周易兼義卷第七　錢本、錢校本、宋本作「周易注疏卷第十」。

002 韓康伯注　石經、岳本、古本、足利本同。釋文作「韓伯注」，云「本亦作『韓康伯注』」。閩、監、毛本上加「晉」字。

003 周易繫辭上第七　石經、岳本、閩、監、毛本、古本、足利本同。錢本、錢校本、宋本無「第七」二字。釋文：「周易繫辭，本亦作『𤔲』。上第七，本亦作『繫辭上』。王肅本皆作『繫辭上傳』，訖於雜卦皆有『傳』字。本亦有無『上』字者。」又十行本此行頂格，與石經合。閩、監、毛本並上空一字。

004 故字體從繫　閩、監、毛本同。錢本、宋本「繫」作「毄」。○按，「毄」字是也。

* 取剛係之義　補：毛本「剛」作「綱」，下同。

005 有以簡編重大　閩、監、毛本同。錢本、宋本「有」作「直」。

006 正義曰天尊地卑至其中矣此第一章　錢本、錢校本正義揔在每章之後，亦釋經畢乃釋注。考文所據宋本正義在每段之末，如此章第一段注文「以定乾坤之體」下接疏，與錢本異。十行本、閩、監、毛本以釋一章大義者分列每章之前，低一字寫，以下逐段繫疏，尤屬非是。又錢本、錢校本、宋本「此第一章」、「此第二章」之上不標經文起止，如此章作「正義曰此第一章」云云，無「天尊地卑至其中矣」八字，下皆放此。

007 天尊地卑　石經、岳本、閩、監、毛本同。釋文：「卑，本又作『埤』。」

008 其易之門戶　岳本、閩、監、毛本同。釋文：

「其易之門，本亦作『其易之門戶』。」是其本無「戶」字。

009 **以定乾坤之體**　岳本、閩、監、毛本同。古本下有「也」字，下「言運化之推移」下、「故曰易簡」下、「故曰有功」下、「並乎天地」下並同。

010 **則不得其位矣**　宋本、閩本同。監、毛本無「則」字。

* **則貴非唯天地**　補：毛本「貴」下有「賤」字。案，所補是也。

011 **乖其所趣則凶**　岳本、閩、監、毛本同。錢本、宋本「趣」作「趍」。

* **固方者則同聚也**　補：毛本「固」作「同」。

012 **象況日月星辰**　岳本、閩、監、毛本同。古本「況」作「謂」。

013 **縣象運轉以成昏明**　岳本、閩、監、毛本同。釋文出「縣象」。古本「轉」下有「而」字。

014 **剛柔相摩**　石經、岳本、閩、監、毛本同。釋文：「摩，本又作『磨』。」按，「摩」字是。

015 **八卦相盪**　石經、岳本、閩、監、毛本同。釋文：「盪，衆家作『蕩』。」

016 **日月運行**　石經、岳本、閩、監、毛本同。釋文：「運行，姚作『違行』。」

017 **乾知大始坤作成物**　石經、岳本、閩、監、毛本同。釋文：「大，王肅作『泰』。坤作，虞、姚作『坤化』。」

018 **其實亦一焉**　閩、監、毛本同。錢本、宋本「一」作「兼」。

019 **乾知太始者**　宋本同。閩、監、毛本「太」作「大」。下「知其大始」，宋本亦作「太」。

020 **未有營作**　錢本、宋本、閩、監本同。毛本「營」誤「管」。

021 **自然成物之終也是**　宋本同。閩、監、毛本「終」誤「始」。

* **人則易可做傚也**　補：毛本「做」作「倣」。案，「倣」字是也。

022 **德業既成則入於形器**　岳本、閩、監、毛本同。古本無「德業」二字。

023 **目其德業**　岳本、閩、監、毛本同。宋本「目」作「名」。古本下有「也」字。

024 **賢人則事在有境**　閩、監、毛本同。宋本「則」作「亦」。

* **法令兹章**　補：毛本「兹」作「滋」。

025 **又莊云**　閩、監、毛本同。錢本、宋本作「又莊子云」。

026 **而成位乎其中矣**　石經、岳本、閩、監、毛本同。釋文：「而成位乎其中，馬、王肅作『而易成位乎其中』。」

027 **成位至立象也**　閩、監、毛本同。岳本、宋本、古本、足利本「至」作「況」。

028 **言其中則並明天地也**　閩、監、毛本同。岳本、宋本、古本、足利本「並明」作「明並」。

029 **簡易之德**　閩、監、毛本同。錢本「簡易」作「易簡」。

030 **繫辭焉而明吉凶**　石經、岳本、閩、監、毛本同。釋文：「虞本更有『悔吝』二字。」

031 **是故吉凶者**　石經、岳本、閩、監、毛本同。足利本「故」作「以」。

032 **其以祉有慶有福之屬**　宋本同。閩、監、毛本「以」作「有」。

033 **剛柔者晝夜之象也**　石經、岳本、閩、監、毛本同。釋文：「剛柔者晝夜之象，虞作『晝夜者剛柔之象』。」

034 夜則陰柔　岳本、閩、監、毛本同。古本作「夜則柔陰也」。

035 則俱由剛柔而著　岳本、宋本、古本、足利本同。閩、監、毛本脱「則」字。×

036 次文別云變化者　閩、監、毛本同。錢本、宋本「別」下有「序」字。

037 辨變化之小大　閩、監、毛本同。宋本「小大」作「大小」。×

038 易之序也　石經、岳本、閩、監、毛本同。釋文：「序，虞本作『象』。」

039 序易象之次序　岳本、閩、監、毛本同。古本下有「也」字。×

040 故可居治之位　宋本、閩本同。監、毛本「可居」作「居可」。

041 所樂而玩者　石經、岳本、閩、監、毛本同。釋文：「所樂，虞本作『所變』。玩，鄭作『翫』。」

042 是故君子居則觀其象　石經、岳本、閩、監、毛本同。古本無「君子」二字。

043 吉无不利　石經、岳本、閩、監、毛本同。古本下有「也」字。

044 先王卜征五年　宋本、閩、監本同。毛本「卜」誤「十」。×

045 彖者言乎象者也　石經、岳本、閩、監、毛本同。古本「彖」下有「曰」字。

046 正義曰彖謂卦下之辭言説乎一卦之象也　閩本同。監、毛本脱「卦下之辭言」五字。錢本、宋本並有。

047 言乎其小疵也　岳本、閩、監、毛本同。石經「言」作「存」。案，正義云「言説此卦爻有小疵病也」，則正義所據本是「言」字。

048 言乎小疵也　岳本、閩、監、毛本同。古本「也」上有「者」字。×

049 謂小小疵病　閩、監本同。毛本下「小」誤「此」。×

050 存乎悔過也　岳本、閩、監、毛本同。錢本、宋本「過」作「道」。

051 辭有險易　石經、岳本、閩、監、毛本同。古本上有「而」字。

052 之否則其辭險　岳本、閩、監、毛本同。古本下有「也」字，下「作易以準天地」下同。×

053 其道消散　閩、監、毛本同。錢本、宋本「消」作「銷」。

054 其辭則難險也　閩、監、毛本同。錢本、宋本「難」作「艱」。

055 故能彌綸天地之道　石經、岳本、閩、監、毛本同。釋文：「彌，本又作『弥』。天下之道，一本作『天地』。」

056 俯以察於地理　石經、岳本、閩、監、毛本同。釋文：「察於，一本作『觀於』。」

057 原始反終　石經、岳本、閩、監、毛本同。釋文：「反終，鄭、虞作『及終』。」

058 知死生之數也止謂用易道　錢本、宋本、閩本同。監本「止」作「正」，毛本同，「死生」作「生死」。

059 上章明卦爻之義　錢本、宋本、閩、監本同。毛本「上」誤「此」。×

060 精氣烟熅　岳本同。閩、監、毛本「烟熅」作「絪縕」。釋文出「烟熅」。

061 而遊魂爲變也　閩、監、毛本同。岳本、足利本無「而」字。

062 故曰相似　岳本、閩、監、毛本同。古本下有「也」字，下「不可以一方一體明」下、「因神以明道」下、「各盡其分」下並同。×

063 旁行而不流　石經、岳本、閩、監、毛本同。釋文：「流，京作『留』。」

* 應變考通　補：案，「考」當作「旁」，形近之譌，毛本正作「旁」。

064 樂天知命　石經、岳本、閩、監、毛本同。釋文：「樂天，虞作『變天』。」

065 範圍天地之化而不過　石經、岳本、閩、監、毛本同。釋文：「範圍，馬、王肅、張作『犯違』。」

066 則物宜得矣　岳本、閩、監、毛本同。古本、足利本「宜得」作「得宜」。

067 通乎晝夜之道而知　石經、岳本、閩、監、毛本同。古本「乎」作「于」。

068 寂然天體　閩、監、毛本同。岳本、宋本、古本、足利本「天」作「无」。按，正義作「无」。

* 一陰是謂道　補：案，「是」當作「至」，毛本不誤。

* 有二有不得爲一　補：毛本作「有二有三不得爲一」。

069 故曰不通也　錢本「曰」作「无」。閩、監、毛本「曰」下增「无」字。

070 而无于陰　錢本、宋本、閩、監本同。毛本「无」作「不」。

* 班无於陰　補：案，「班」當作「雖」，與下「雖无於陽」對舉而言。毛本不誤。

071 百姓日用而不知故君子之道鮮矣　石經、岳本、閩、監、毛本同。古本「知」下有「也」字。釋文：「鮮，鄭作『尟』。」

072 恒日日賴用此道而得生　閩、監、毛本同。宋本「而」作「以」。

073 藏諸用　石經、岳本、閩、監、毛本同。釋文：「藏，鄭作『臧』。」〇案，臧、藏古今字。

074 故曰藏諸用　閩、監、毛本同。岳本、宋本、古本下有「也」字。×

075 未能至无以爲體　閩本同。岳本、錢本、宋本、足利本「至」作「全」。監本「未」作「不」。毛本亦作「不」，「至」作「全」。古本亦作「全」，無「无」字。❶

076 故順通天下則有經營之跡也　閩、監、毛本同。岳本「跡」作「迹」。宋本「順」作「顯」。釋文：「則有經營之功也，本亦无『功』字，一本『功』作『迹』。」

077 聖人功用之母體同乎道　岳本、閩、監、毛本同。宋本「母」作「無」。古本「同」作「周」。

078 所以能至　岳本、閩、監、毛本同。古本下有「也」字，下「故曰富有」下、「故曰日新」下、「以成化生」下、「擬乾之象」下、「效坤之法」下、「則近而當」下、「配此四義」下、「禮以卑爲用」下並同。×

079 成象之謂乾　石經、岳本、閩、監、毛本同。釋文：「成象，蜀才作『盛象』。」

080 效法之謂坤　石經、岳本、閩、監、毛本同。釋文：「爻法，蜀才作『效』。」

081 故兩而自造矣　岳本、閩、監、毛本「故兩」作「欻爾」。釋文出「欻爾」。古本「欻」作「歘」，采集解。

082 言變化而稱極乎神也　岳本、閩、監、毛本同。足利本「而」作「之」。

083 由神而冥於神也　岳本、宋本、足利本同。閩、監、毛本「也」上有「者」字，集解同。×

084 以言乎遠則不禦　石經、岳本、閩、監、毛本同。古本「乎」作「于」，下「以言乎天地之間則備矣」、「而易行乎其中矣」並同。

085 以言乎邇則靜而正　岳本、閩、監、毛本同。釋文：「迩，本又作『邇』。」

086 不煩亂邪僻也　宋本同。閩、監、毛本「亂」誤「辭」。×

087 其靜也專　石經、岳本、閩、監、毛本同。釋文：「專，陸作『塼』。」

088 遍滿天地之内　閩、監、毛本同。錢本、宋本「遍」作「徧」。○按，徧，正字。遍，俗字。

※ 則而得正　補：毛本「則」作「剛」。

※ 動則闢開以生物也　補：毛本「闢」作「闔」。

089 易其至矣乎　石經、岳本、閩、監、毛本同。古本「乎」誤「于」。

090 知崇禮卑　石經、岳本、閩、監、毛本同。釋文：「禮，蜀才作『體』。卑，本亦作『埤』。」

091 謂易與道義爲門戶也　宋本同。閩、監、毛本脱「易」字。×

092 此第六章也　自此章已下，錢本、錢校本、宋本爲「周易注疏卷第十一」。

093 是行之於急者故引七卦之議　閩、監、毛本同。錢本「於」作「尤」，宋本同，「議」作「義」。

094 聖人有以見天下之賾　石經、岳本、閩、監、毛本同。釋文：「賾，九家作『册』，京作『嘖』。」

095 以行其典禮　石經、岳本、閩、監、毛本同。釋文：「典禮，京作『等禮』，姚作『典體』。」

096 典禮適時之所用　岳本、閩、監、毛本同。古本下有「也」字，下「錯之則乖於理」下、「則盡變化之道」下、「道同則應」下並同。×

097 言天下之至賾而不可惡也言天下之至動而不可亂也　石經、岳本、閩、監、毛本同。釋文：「惡，荀作『亞』。言天下之至動而不可亂也，衆家本並然。鄭本作『至賾』，云『賾』當作『動』，九家亦作『册』。」○按，「至動」王本亦作「至賾」，正義云「謂天下至賾變動之理」，又云「以文勢上下言之，宜云『至動而不可亂也』」，云「宜云至動」，則不作「賾」可知。

098 議此會通之事　閩、監、毛本同。錢本、宋本「議」作「謂」。

099 議之而後動　石經、岳本、閩、監、毛本同。釋文：「議之，陸、姚、桓玄、荀柔之作『儀之』。」

100 吾與爾靡之　石經、岳本、閩、監、毛本同。釋文：「靡，本又作『縻』。」

* 緩之斯至　補：案，「緩」當作「綏」，形近之譌，毛本正作「綏」。

101 氣同則和　岳本、閩、監、毛本同。錢本、宋本「則」作「而」。

102 千里或應　岳本、閩、監、毛本同。古本「或應」作「應之」。×

103 況其邇者乎　石經、岳本、閩、監、毛本同。古本「乎」誤「于」，下「出乎」、「加乎」、「發乎」、「見乎」、「慎乎」並同。

104 言行雖初在於身　宋本同。閩、監、毛本「初」作「切」。

105 以同人初未和同　錢本、宋本同。閩、監、毛本「和」誤「知」。×

106 其纖利能斷絶於金　盧文弨云「『纖』當作『鐵』」，是也。

107 苟錯諸地而可矣　石經、岳本、閩、監、毛本同。釋文：「錯，本亦作『措』。」○按，「措置」之「措」，經傳假「錯」字爲之。

108 慎斯術也以往　石經、岳本、閩、監、毛本同。釋文：「慎，一本作『順』。」

109 有功而不德　石經、岳本、閩、監、毛本同。釋文：「德，鄭、陸、蜀才作『置』。」

110 則言語以爲階　石經、岳本、閩、監、毛本同。釋文：「階，姚作『機』。」

111 作易者其知盜乎　石經、岳本、閩、監、毛本同。釋文：「爲易者，本又云作『易者』。」

112 致寇至　石經、岳本、閩、監、毛本同。釋文：「寇，徐或作『戎』。」

113 慢藏誨盜冶容誨淫　石經、岳本、閩、監、毛本同。釋文：「誨，虞作『悔』。冶，鄭、陸、虞、姚、王肅作『野』。」

114 以此小人而居貴位　閩、監、毛本同。錢本、宋本「此」作「比」。

*易曰負且乘致　補：案，此六字各本皆有，不誤，惟此本六字空白，今補正。

115 故故尾皆稱易曰　十行本「尾」上缺一字，閩本如此。監、毛本删一「故」字。錢本、宋本下「故」作「首」。❷

116 而載易之爻辭也　盧文弨挍本「而」作「兩」。

* 明占筮之法揲蓍之體　補：本「蓍」上原闕「法揲」兩字，各本皆有，今補正。

117 則其一不用也　岳本、閩、監、毛本同。古本「也」上有「者」字。×

118 韓氏親受業於王弼　閩、監、毛本同。宋本「親」下空一字。×

119 所賴者　閩、監、毛本同。錢本、宋本作「所須賴者」。

120 可以却本虛无　宋本、閩本同。監、毛本「却」誤「知」。

121 若易由太　閩、監、毛本同。宋本下有「一」字。

122 故再扐而後掛　石經、岳本、閩、監、毛本同。釋文：「掛，京作『卦』。」○按，乾鑿度、説文解字引此句皆作『卦』，張惠言云作「卦」義長。

123 奇況四揲之餘　岳本、宋本、古本、足利本同。閩、監、毛本「況」誤「凡」。

124 是再扐而後掛也　閩、監、毛本同。錢本無「也」字。

125 以合成金木水火土　岳本、閩、監、毛本同。古本下有「也」字，下「五耦合爲三十」下、「鬼神以此行」下、「百四十四策」下、「伸之六十四卦」下、「由神以成其用」下並同。

126 天數二十有五　岳本、閩、監、毛本同。石經「二十」作「廿」，下同，又下「三十」作「卅」，衆經並同。

127 二百一十六策　岳本、閩、監、毛本同。古本下有「之也」二字。

128 當期之日　石經、岳本、閩、監、毛本同。釋文：「期，本又作『朞』。」

129 謂四度經營蓍策　閩、監、毛本同。宋本「營」下空五字。

130 引而伸之　石經、岳本、閩、監、毛本同。釋文：「伸，本又作『信』。」○按，古經傳「信」多作「伸」。

131 故可以顯明无爲之道　閩、監、毛本同。宋本「可」下空一字。

132 是故可與酬酢可與祐神矣　石經、岳本、閩、監、毛本同。釋文：「酢，京作『醋』。祐，荀作『侑』。」

133 謂應對報荅　閩、監、毛本同。宋本「對報」作「報對」。

134 則知神之所爲　岳本、閩、監、毛本同。古本下有「乎」字。✕

135 易有聖人之道四焉以言者尚其辭　石經、岳本、閩、監、毛本同。釋文：「聖人之道，明僧紹作『君子之道』。以言者，下三句無『以』字，一本四句皆有。」

136 可得而用也　岳本、閩、監、毛本同。古本「也」上有「者」字。✕

137 發其言辭出言而施政教也　浦鏜云：「『發』當作『法』。」

138 故法其陰陽變化　浦鏜云：「『故』當作『效』。」

139 其受命也如嚮　石經、岳本、宋本、古本、足利本同。閩、監、毛本「嚮」作「響」。釋文：「嚮，又作『響』。」❸

* 及幽遂深遠之處　補：毛本「遂」作「邃」。

140 遂成天地之文　石經、岳本、閩、監、毛本同。釋文：「天地之文，一本作『天下』，虞、陸本作『之爻』。」

141 前經論易理深　閩、監、毛本同。錢本、宋本「深」上有「功」字。

142 此經論極數變通　宋本、閩本同。監、毛本「變通」作「通變」。

143 无不記億　閩、監、毛本「記」誤「既」。宋本「億」作「憶」。❹

144 能體於淳一之理　閩、監、毛本同。宋本「於」作「其」。

145 聖人之所以極深而研幾也　石經、岳本、閩、監、毛本同。釋文：「研，蜀才作『揅』。幾，本或作『機』。」

146 以定天下之象　宋本、閩、監本同。毛本「以」作「遂」。

147 故曰聖人之道　岳本、閩、監、毛本同。古本下有「也」字。×

148 則有三事　宋本、閩、監本同。毛本「事」誤「章」。×

149 乃以通神明之德也　閩、監、毛本同。宋本「以」下有「數」字。

150 夫易開物成務　石經、岳本、閩、監、毛本同。釋文：「開，王肅作『闓』，一本無『夫易』二字。」

151 蓍之德圓而神　石經、岳本、閩、監、毛本同。釋文：「圓，本又作『員』。」

152 六爻之義易以貢　石經、岳本、閩、監、毛本同。釋文：「貢，京、陸、虞作『工』，荀作『功』。」

153 以告吉凶　岳本、宋本、古本、足利本同。閩、監、毛本「告」下衍「人」字。集解亦無「人」字。又古本下有「也」字，下「洗濯萬物之心」下、「坤道包物」下、「乾道始生」下並同。×

154 聖人以此洗心　石經、岳本、閩、監、毛本同。釋文：「洗，京、荀、虞、董、張、蜀才作『先』。」石經同。

155 寵辱若驚也　閩、監、毛本同。錢本「若」作「皆」。

156 知以藏往　岳本、閩、監、毛本同。石經漫滅不可識。釋文：「藏。劉作『臧』。」

157 其孰能與此哉　石經同。岳本、閩、監、毛本「與」下有「於」字。案，正義云「其孰能與此哉者，言誰能同此也」，是正義本無「於」字。

158 而不以威形也　閩本同。岳本、監、毛本「形」作「刑」。古本「也」上有「者」字。×

159 神威而不殺者夫　閩、監、毛本同。宋本無「而」字。×

160 以神明其德夫　石經、岳本、閩、監、毛本同。釋文：「一本無『夫』字。」

161 故云謂之法 錢本、閩、監本同。毛本「云」作「曰」。

162 言聖人以利而用 宋本同。閩、監、毛本「而」作「爲」。

163 易有太極 閩、監、毛本同。石經、岳本「太」作「大」。釋文：「大音泰，注同。」

164 取有之所極 閩、監、毛本同。岳本、宋本、古本、足利本「取」下有「其」字。

165 則吉凶可定 岳本、閩、監、毛本同。古本下有「也」字，下「則廣大悉備」下、「而濟萬物」下並同。

166 探賾索隱 石經、岳本、閩、監、毛本同。釋文：「賾，九家作『冊』。」

167 莫大乎蓍龜 石經、岳本、閩、監、毛本同。釋文：「莫善乎蓍龜，本亦作『莫大』。」

168 故云莫善乎蓍龜也 宋本、閩本同。監、毛本「善」改「大」。○按，正義作「善」，與釋文本同。

169 洛出書 石經、岳本、閩、監、毛本同。釋文：「洛，王肅作『雒』。」

170 又以尚賢也 石經、岳本、閩、監、毛本同。釋文：「又以尚賢也，鄭本作『有以』。」

171 告所斷而行之 宋本同。閩、監、毛本「告所」作「所以」。

172 乾坤其易之緼邪 岳本、閩、監、毛本同。石經初刻「緼」作「藴」，後去「艹」。釋文出「之緼」。

173 則乾坤或幾乎息矣 石經、岳本、監、毛本同。閩本「或」誤「成」。

174 其根株雖未全死 錢本、宋本、閩、監本同。毛本「全」作「至」。

175 是得以理之變也　盧文弨云：「『以』當作『其』。」

176 舉而錯之天下之民　石經、岳本、閩、監、毛本同。釋文：「錯，本又作『措』。」

177 故舉而錯之於民　岳本、閩、監、毛本同。古本下有「也」字。❶

178 有以見天下之賾　石經、岳本、閩、監、毛本同。釋文：「之賾，本亦作『之至賾』。」古本有「至」字，采音義。

179 化而裁之　石經、岳本、閩、監、毛本同。釋文：「裁，本又作『財』。」

180 默而成之　石經、岳本、閩、監、毛本同。釋文：「默而成，本或作『默而成之』。」

＊ 闇與理會　補：本「與」上原缺「闇」字，閩、監、毛本有，今補正。

07—181 不須言而自信也　閩、監、毛本同。宋本無「而」字。❷

＊ 則得默而成就之　補：本「而」下原缺「成就」二字，閩、監、毛本有，今補正。

＊ 據賢人之德行也　補：本「行」上原缺「德」字，閩、監、毛本有，今補正。

校記

❶ 南昌本條末增「○補：案下正義，『未』字不誤，『至』當作『全』」。

❷ 南昌本出文據十行本，校語前標「補」，文字作相應改動，末增「案，『首』字是也，今補正」。

❸ 此條原與上條位置互倒，今據南昌本、學海堂本乙正。

❹ 南昌本條末增「○補：案，『憶』字是也」。

周易注疏校勘記卷八

08—001 周易兼義卷第八　錢本、錢校本、宋本作「周易注疏卷第十二」。

002 周易繫辭下第八　石經、釋文、岳本、古本、足利本同。錢本、宋本無「第八」二字。

003 繫辭焉而命之　石經、岳本、閩、監、毛本同。釋文：「命，孟作『明』。」古本無「焉」字。

004 或否或泰　岳本、閩、監、毛本同。古本下有「也」字，下「而後有吉凶」下、「故曰聖人之大寶曰位」下並同。×

005 況之六爻　岳本、閩、監、毛本同。古本下更有「六爻」二字。

006 見存之爻辭　閩、監、毛本同。岳本、宋本、古本、足利本「見」作「則」。❶

007 立在其卦之根本者也　錢本、閩、監本同。毛本「立在」作「在立」。

008 貞勝者也　石經、岳本、閩、監、毛本同。釋文：「貞勝，姚本作『貞稱』。」

009 夫有動則未免乎累　正義「未」下有「能」字。

010 貞夫一者也　石經、岳本、閩、監、毛本同。古本「夫」作「於」。釋文出「貞夫」。

011 隤然示人簡矣　石經、岳本、閩、監、毛本同。釋文：「隤，孟作『退』，陸、董、姚作『安』。」

012 像此者也　岳本、閩、監、毛本同。石經初刻作「象」，後加「人」旁，下第三章同。釋文出「像此」。

013 則德之不大　孫志祖云：「之」字疑衍。

014 聖人之大寶曰位　石經、岳本、閩、監、毛本同。釋文：「寶，孟作『保』。」

015 何以守位曰仁　石經、岳本、閩、監、毛本同。釋文：「曰人，王肅、卞伯玉、桓玄、明僧紹作『仁』。」

016 財所以資物生也　岳本、閩、監、毛本同。古本「也」上有「者」字。

017 必信仁愛　閩、監、毛本同。宋本「信」作「須」。❷

018 包犧氏之王天下也　石經、岳本、閩、監、毛本同。釋文：「包，本又作『庖』，孟、京作『伏』。犧，孟、京作『戲』。」

019 无微不究　岳本、閩、監、毛本同。足利本「微」作「細」。

020 作結繩而爲罔罟以佃以漁　石經、岳本、閩、監、毛本同。釋文：「爲罟，黃本作『爲网罟』。佃，本亦作『田』。漁，本亦作『魚』。」

021 或水澤以罔魚鼈也　浦鏜云：「澤」當作「漁」。

022 故稱離卦之名　浦鏜云：「稱」當作「取」。

023 且依此釋之也　閩、監、毛本同。錢本、宋本無「也」字。✕

024 揉木爲耒　石經、岳本、閩、監、毛本同。釋文：「爲耒，本或作『揉木爲之耒耨』，非。」

025 以益萬物　岳本、閩、監、毛本同。古本下有「者也」二字。✕

026 在位一百一十年　錢本、宋本同。閩、監、毛本下「一」作「二」。案，帝王世紀正作「一」。

027 皆習包犧氏之號也　浦鏜云：「習」當作「襲」。

028 納奔水氏女曰聽談　錢本、宋本、閩本同。監、毛本「談」作「誮」。

029 及軒轅氏也　閩、監、毛本同。錢本、宋本無「也」字。

030 不解倦也　閩、監、毛本同。岳本、宋本、古本、足利本「解」作「懈」。○按，懈，正字。解，假借字。

031 大星如斗　閩、監、毛本同。錢本、宋本「斗」作「虹」。

032 生顓頊於弱水　盧文弨云：「當作『若水』。」

* 萬天氏　補：案，「萬」當作「葛」，形近之譌。毛本正作「葛」，今改正。

* 乃至皇帝堯舜　補：各本「皇」皆作「黃」。案，「黃」字是也，下並同。

033 即位九十八年而盟　錢本、宋本同。閩、監、毛本脱「而」字。

034 易窮則變變則通通則久　石經、岳本、閩、監、毛本同。釋文：「一本作『易窮則變通則久』。」

035 故可久也　閩、監、毛本同。岳本、宋本、古本、足利本無「也」字。

036 通則變之事　閩、監、毛本同。錢本、宋本「則」作「其」。❸

037 是以自天祐之吉无不利　岳本、閩、監、毛本同。釋文：「祐，本亦作『佑』。」石經「利」下有「也」字，古本同。

038 此明若能通變　閩、監、毛本同。錢本、宋本「通變」作「變通」。

* 此乃明易道道之變通　補：案，「道」字不當重，毛本删一「道」字。

039 以辨貴賤　岳本、閩、監、毛本同。釋文：「以別，一本作『辯』。」

040 此於九事之第一也　浦鏜云「於」字衍，是也。

041 何以連云　浦鏜云當作「所以連云」，是也。

042 刳木爲舟剡木爲楫　石經、岳本、閩、監、毛本同。釋文：「挎，本又作『刳』。掞，本亦作『剡』。楫，本又作『檝』。」

043 致遠以利天下　石經、岳本、閩、監、毛本同。釋文：「一本無此句。」

044 乘理以散通也　閩、監、毛本同。岳本、宋本、足利本「通」作「動」，古本同，「也」上有「者」字，下「各得其宜也」同。

045 以利天下蓋取諸隨　石經、岳本、閩、監、毛本同。釋文：「一本無『以利天下』一句。」

046 以待暴客　石經、岳本、閩、監、毛本同。釋文：「暴，鄭作『虣』。」

047 取其豫備　閩、監、毛本同。岳本、宋本、古本作「取其備豫」。

048 特以此象　閩、監、毛本同。宋本「象」作「豫」。

049 皆是未造此物之前　錢本、宋本、閩、監本同。毛本「皆」誤「此」。 ×

050 易之以棺椁　石經、岳本同。閩、監、毛本「椁」作「槨」，非。釋文出「棺椁」。

051 取其過厚　岳本、閩、監、毛本同。古本下有「也」字。 ×

052 書契所以決斷萬事也　岳本、閩、監、毛本同。宋本「決」上有「夬」字。

053 象也者像也　石經、岳本、閩、監、毛本同。釋文：「衆本並云：『像，擬也』，孟、京、虞、董、姚還作『象』。」

054 以統卦義也　岳本、閩、監、毛本同。古本「也」上有「者」字。 ×

055 故易者象也　浦鏜云：「故」下有「云」字。

* 象也者像也○謂卦爲萬物象者　補：案，「○」當「者」字之誤，毛本正作「者」。

056 故耦爲之主　岳本、閩、監、毛本同。古本下有「也」字，下「不慮而盡矣」下同。

057 无爲者爲每事因循　孫志祖云：「爲」當作「謂」。

058 憧憧往來　石經、岳本、閩、監、毛本同。釋文：「憧，本又作『憧』。」

059 不思而至　岳本、閩、監、毛本同。古本下有「矣」字。✕

060 心既寂靜　閩、監、毛本同。宋本「寂靜」倒。

061 來者信也　石經、岳本、閩、監、毛本同。釋文：「信，本又作『伸』。」

062 龍蛇之蟄以存身也　岳本、閩、監、毛本同。石經初刻作「虵」，後改「蛇」。釋文出「龍虵」，云「本又作『蛇』。全身，本亦作『存身』」。

063 感而遂通　岳本、閩、監、毛本同。古本下有「者也」二字，采集解。✕

064 而通其用也　岳本、閩、監、毛本同。古本「也」上有「之」字。✕

065 蛟蛇初蟄　錢本、宋本、閩本同。監、毛本「蛟」改「龍」。

066 是動因靜而來也　閩、監、毛本同。錢本、宋本無「也」字。✕

067 由安其身而後動也　閩、監、毛本同。岳本、宋本、古本、足利本「由」作「皆」。❹

068 名彌美而累愈彰矣　岳本、閩、監本同。毛本「彌」誤「愈」。✕

069 過此以往　石經、岳本、閩、監、毛本同。古本

「此」下有「而」字。

070 以上章先利用安身　集解「先」下有「言」字。

071 何崇德之有　集解無「德」字。

072 據于蒺蔾　石經、岳本、閩、監本同。毛本「蔾」作「藜」。釋文出「蒺藜」。

073 死期將至　岳本、閩、監、毛本同。石經「死」字漫滅，餘同。釋文出「死其」，云「其，亦作『期』」。

074 履非其地　閩、監、毛本同。宋本「地」作「位」，集解同。

＊ 故云不曰　補：閩、監、毛本「不」作「子」。案，「子」字是也。

＊ 則九三不爲其害　補：案，「三」當「二」字之譌，毛本正作「二」。

075 是以出而有獲　石經、岳本、閩、監、毛本同。古本下有「何」字。

076 此君子若包藏其器於身　錢本、宋本同。閩、監、毛本「此」作「比」。

077 待隼可射之動而射之　盧文弨云：上「之」字下當有「時」字。嚴杰云：「動」疑「時」字之誤。

078 小懲而大誡　岳本、閩、監、毛本同。石經初刻「戒」，後改「誡」。❺

079 屨校滅趾　石經、岳本、閩、監、毛本同。釋文：「止，本亦作『趾』。」古本「屨」誤「履」。❻

080 故惡積而不可揜　石經、岳本同。閩、監、毛本「揜」作「掩」。

081 何校滅耳　石經、岳本、閩、監、毛本同。古本「何」作「荷」。釋文出「何校」。

082 繫于苞桑　岳本、閩、監、毛本同。石經初刻「包」，後加「艹」。

083 力小而任重　岳本、閩、監、毛本同。石經「小」作「少」。錢大昕云：「當從唐石經爲正。後漢書朱馮虞鄭周傳贊注引易，與石經同。三國志王脩傳注引魏略『力少任重』。又漢書王莽傳『自知德薄位尊，力少任大』，今本『少』作『小』，唯北宋景祐本是『少』字。」

084 鮮不及矣　釋文：「尟，本亦作『鮮』。」

085 知小謀大而遇禍　閩、監、毛本同。錢本、宋本下有「也」字。

086 窮理者乎　閩、監、毛本同。岳本、錢本、古本「乎」作「也」。

087 理而无形　閩、監、毛本同。岳本、宋本、古本、足利本「无」作「未」，集解同。孫志祖云：「據乾文言『可與幾也』，疏當作『有理而未形』。」

088 故能朗然元昭　閩、監、毛本同。岳本、宋本、古本、足利本「昭」作「照」，集解同。

089 故爲吉之先見也　集解「故爲」作「故言」。

090 介于石　石經、岳本、閩、監、毛本同。釋文：「介，衆家作『砎』。」

091 此知幾其神乎　岳本、閩、監、毛本同。古本「乎」作「者也」二字。

092 未嘗不知　石經、岳本、閩、監、毛本同。古本下有「也」字。

093 以顔子通幾　閩、監、毛本同。錢本、宋本「通」作「近」。

094 得一者　閩、監、毛本同。岳本、宋本、古本、足利本「一」作「二」。

095 而終獲元吉　岳本、閩、監、毛本同。古本下有「也」字。

096 天地絪緼萬物化醇男女構精萬物化生

岳本、閩、監、毛本同。釋文：「絪縕，本又作『氤氳』。」石經「構」字「木」旁磨改，初刻似从「女」。古本「精」下衍「而」字。

097 **君子脩此三者**　石經、岳本、閩、監本同。毛本「脩」誤「修」。

098 **則物之所不欲也**　閩、監、毛本同。岳本、宋本、古本、足利本「欲」作「與」。按，正義作「與」。

099 **乾坤其易之門邪乾陽物也**　岳本、監、毛本同。閩本「陽」誤「坤」。釋文：「其易之門邪，本又作『門戶邪』。」

100 **不相踰越**　岳本、閩、監、毛本同。古本下有「也」字，下「乖其理則凶」下同。

101 **況爻繇之辭也**　閩本、宋本、古本、足利本同。岳本、監本「繇」作「䌛」，毛本誤「卦」。釋文出「爻繇」。

102 **易之其稱萬物之名**　浦鏜云：「之其」當作「辭所」。

103 **世衰則失得彌彰**　岳本、閩、監、毛本同。古本「衰」下有「而」字，「彰」下有「也」字。

104 **所以明失得**　閩、監、毛本同。岳本「明」作「辨」，宋本、古本、足利本作「辯」。

105 **故云衰意也**　浦鏜云：「衰」下脱「世之」二字。

106 **辨物正言**　石經、岳本、閩、監、毛本同。釋文出「辯物」。錢本亦作「辯」。

107 **欲令趣吉而避凶**　閩、監本同。毛本「趣」作「趨」。錢本、宋本作「取」。

* **身既患憂**　補：毛本「患憂」作「憂患」。

108 **故爲德之時**　閩、監、毛本同。宋本「故」作「欲」。

109 **謙德之柄也**　石經、岳本、閩、監、毛本同。古本無「也」字。

110 損德之脩也　石經、岳本、閩、監、毛本同。釋文「脩，馬作『循』。」

111 能以利益於物　閩、監、毛本同。錢本、宋本無「以」字。

112 困德之辨也　閩、監、毛本同。石經、岳本「辨」作「辯」。釋文出「之辯」。

113 象居得其所也　岳本、閩、監、毛本同。古本無「象」字。

114 不遠復也　岳本、閩、監、毛本同。古本「也」上有「者」字。

115 恒雜而不厭　石經、岳本、閩、監、毛本同。古本「雜」上有「先」字。

116 是以能恒　岳本、閩、監、毛本同。古本下有「也」字，下「无怨於物」下同。

117 不被物之不正也　閩、監、毛本同。宋本「不正」作「厭薄」。

118 而百姓不知其由也　岳本、閩、監、毛本同。古本「由」作「曲」。

119 以禮敬事於人　閩、監、毛本同。錢本疊「敬事」二字。

120 物亦益己　閩、監、毛本同。錢本、宋本「益」作「盈」。

121 井以辯義　石經同。岳本、閩、監、毛本「辯」作「辨」。

122 巽順以　閩、監、毛本同。錢本、宋本「以」作「也」。

123 故可以權行也　閩、監、毛本同。錢本、宋本「權行」倒。

124 不可立定準也　岳本、閩、監、毛本同。宋本

「立」作「以」。

125 在二位相易　閩、監、毛本同。錢本、宋本上有「或」字。

126 趣舍存乎會也　岳本、閩、監、毛本同。古本「會」上有「其」字。

* 出入九行藏外内九隱顯　補：毛本「九」作「猶」，下正義並同。

127 道不虛行　岳本、閩、監、毛本同。古本下有「也」字。×

128 依循其易之文辭　錢本、宋本、閩、監本同。毛本「文辭」作「辭文」。×

129 初九盤桓　閩、監、毛本同。錢本「盤」作「磐」。×

130 覆釋其初難知也　閩、監、毛本同。錢本、宋本下空五字。×

131 若夫雜物撰德辯是與非　石經、岳本同。閩、監、毛本「辯」作「辨」。釋文：「撰，鄭作『算』。」

132 知者觀其彖辭　石經、岳本、閩、監、毛本同。古本「知」作「智」，「彖」作「象」。釋文出「知者」、「彖辭」。

133 而一以貫之　岳本、閩、監、毛本同。古本下有「者也」二字，集解同。×

* 九乾之九二　補：毛本「九」作「猶」。

134 其用柔中也　石經、岳本、閩、監、毛本同。古本「中」上有「得」字。

135 須援而濟　岳本、閩、監、毛本同。古本「援」作「扶」。

136 其剛勝邪　石經、岳本、閩、監、毛本同。古本下有「也」字。

137 勝其任也　岳本、閩、監、毛本同。古本「也」上有「之」字。×

138 陽剛處之則剋勝　錢本、宋本、閩本同。監、毛本「剋」作「克」。

139 兼三材而兩之　岳本、宋本、古本、足利本同。閩、監、毛本「材」作「才」。石經初刻作「才」，後改「材」，下同。

140 故曰爻有等故曰物　閩、監、毛本同。岳本疊「爻」字。足利本「爻」上有「交」字。古本下有「也」字。

141 物相雜故曰文　石經、岳本、閩、監、毛本同。足利本無「相」字。

142 玄黄錯雜　閩、監、毛本同。岳本、宋本、足利本「錯」作「相」，古本同，下有「也」字。

143 則似周釋爲得也　錢本、宋本同。閩、監、毛本「似」誤「以」，下「則似危謂憂危」同。×

144 恒易畧不有艱難　閩、監、毛本同。宋本「艱」作「難」。×

145 今以阻險　宋本同。閩、監、毛本「阻險」倒。

146 則覩方來之驗也　岳本、閩、監、毛本同。古本「覩」作「觀」。

147 況議於衆以定失得也　岳本、宋本、古本、足利本同。閩、監、毛本「況」誤「凡」，下「況寄」同。「失得」誤「得失」。×

148 不勞探討　閩、監、毛本同。岳本、宋本、古本、足利本「討」作「射」。釋文出「探射」。疏「探討」，宋本亦作「射」。

149 以象告人　岳本、閩、監、毛本同。古本下有「也」字，下「故吉凶生」下同。×

150 情逆違道以陷凶　陷，「蹈」之誤。岳本、宋本、古本、足利本作「蹈」，閩、監、毛本誤作「陷」。❼

151 然后逆順者殊　閩本同。岳本、監、毛本

「后」作「後」。古本下有「功」字。

152 情僞相感而利害生　石經、岳本、閩、監、毛本同。古本無此八字及注文。

153 情謂情實　閩、監、毛本同。錢本、宋本「情實」作「實情」。

154 近況比爻也　岳本、宋本、古本、足利本同。閩、監、毛本「況」誤「凡」。

155 以各无外應　閩、監、毛本同。錢本、宋本「以」作「又」。

156 失其守者其辭屈　石經、岳本、閩、監、毛本同。古本下有「也」字。

08—157 故言其辭游也　閩、監、毛本同。錢本、宋本「游」上有「浮」字。盧文弨云：「言」字疑衍。

校記

❶ 南昌本條末增「○補：案，『則』字是也，正義可證」。

❷ 南昌本條末增「○補：案，『須』字是也」。

❸ 南昌本條末增「○補：案，『其』字是也」。

❹ 南昌本條末增「○補：案，『皆』字是也，正義可證」。

❺ 此條原與上條位置互倒，今據南昌本、學海堂本乙正。

❻ 北京市文物局藏十行本此葉爲正德十二年補板（刻工：廷），作「履校滅趾」，與此條出文不同。南昌本出文改作「履」，與正德補板同，校文改作「補：古本同。石經、岳本、閩、監、毛本『履』作『屨』。釋文：『止，本亦作趾。』案，『屨』字是也，噬嗑爻辭及下正義可證」。

❼ 南昌本校語改作「補：閩、監、毛本同。岳本、宋本、古本、足利本『陷』作『蹈』。案，『蹈』字是也」。

周易注疏校勘記卷九

09—001 周易兼義卷第九　錢本、錢校本、宋本作「周易注疏卷第十三」。

002 周易説卦第九　石經、釋文、岳本、古本、足利本同。錢本、宋本無「第九」二字。

003 輔嗣之文言　閩、監、毛本同。錢本、宋本「之」作「以」。

004 將明聖人引伸因重之意　閩、監、毛本同。錢本、宋本「重」下有「卦」字。

005 幽贊於神明而生蓍　石經、岳本、閩、監、毛本同。釋文：「贊，本或作『讚』。」

006 蓍受命如嚮　閩、監、毛本同。岳本、宋本、古本、足利本「嚮」作「響」。釋文：「嚮，本又作『響』。」

007 不知所以然而然也　岳本、閩、監、毛本同。古本「也」上有「者」字。×

008 言是伏犧非文王等　閩、監、毛本同。錢本、宋本「言」作「明」。○按，集解作「明是伏犧非謂文王也」。

009 皆本其事之所由　錢本、宋本同。閩、監、毛本「由」作「自」。×

010 參天兩地而倚數　石經、岳本、閩、監、毛本同。釋文：「天，或作『大』者，非。倚，蜀才作『奇』，通。」

011 六八陰數　岳本、閩、監、毛本同。古本下有「也」字。×

012 取耦數於地　錢本、宋本同。閩、監、毛本脱「取」字。×

013 地二載　宋本、閩、監本同。毛本「二」誤

「三」。

014 **觀變於陰陽而立卦**　石經、岳本、閩、監、毛本同。釋文：「觀變，一本作『觀變化』。」

＊ **擬象陰陽變化之體○**　補：案，「○」當「者」字之譌，毛本正作「者」。

015 **不假用蓍成卦**　錢本、宋本、閩、監本同。毛本「假」誤「暇」。

016 **變動相和**　閩、監、毛本同。岳本、宋本、古本、足利本「和」作「生」。❶

017 **和順於道德而理於義**　此下古本有「易所以和天道，順地德，理行義」十二字註，足利本同，惟「理行義」作「理仁義也」。

018 **斷人倫之正義**　閩、監、毛本同。宋本「斷」下有「割」字。

019 **此節就爻位**　閩、監、毛本同。錢本、宋本「此」下有「一」字。

020 **將以順性命之理**　石經、岳本、閩、監、毛本同。古本下有「也」字。

021 **柔剛者言其形**　岳本、閩、監、毛本同。古本下有「也」字。

022 **或有在形而言陰陽者**　岳本、閩、監、毛本同。古本無「有」字。

＊ **與特載之剛也**　補：毛本「特」作「持」。

023 **故易六位而成章**　石經、岳本、閩、監、毛本同。釋文：「六位而成章，本又作『六畫』。」

＊ **與斷刮之義也**　補：閩、監、毛本「刮」作「割」，宋本同。案，「割」字是也。

024 **既備三才之道**　閩、監、毛本同。錢本、宋本「備」上有「兼」字。

＊ **注二四至爲陽者**　補：案，注文無「者」字，此誤衍也，毛本不誤。

025 以前民用　岳本、閩、監、毛本同。古本下有「也」字。

026 今八卦相錯　閩、監、毛本同。宋本「今」作「令」。❷

027 日以烜之　石經、岳本、閩、監、毛本同。釋文：「烜，本又作『晅』。」

028 巽東南也　石經、岳本、閩、監、毛本同。古本「南」下有「方」字。

029 故曰致役乎坤　石經、岳本、閩、監、毛本同。古本下有「也」字。

030 坎者水也　石經、岳本、閩、監、毛本同。古本無「也」字。

*萬物之所歸也　補：各本如此，十行本原脱「所」字。案，經「萬物之所説也」、「萬物之所成終而所成始也」並有「所」字，正義述此句亦作「萬物之所歸也」，是當有「所」字，今補正。

031 萬物之所成終而所成始也　石經、岳本、閩、監、毛本同。古本無下「所」字。

032 立秋而萬物皆説成也　閩、監、毛本同。宋本「立」作「正」。

033 妙萬物而爲言者也　石經、岳本、閩、監、毛本同。釋文：「妙，王肅作『眇』。」

034 則雷疾風行　盧文弨云：「則，當作『明』。集解作『明則』，衍『則』字。」

035 莫熯乎火　石經、岳本、閩、監、毛本同。釋文：「熯，徐本作『暵』。」

036 故水火相逮　石經、岳本、閩、監、毛本同。釋文：「水火不相逮，鄭、宋、陸、王肅、王廙無『不』字。」

037 正義曰鼓動萬物者　閩、監、毛本同。錢本、宋本與上疏相連，故無「正義」二字，但作「故曰」二字。

038 坎爲豕　石經、岳本、閩、監、毛本同。正義亦作「豕」。釋文云：「京作『彘』。」

039 羊者順之畜　閩、監、毛本同。錢本、宋本「順」下有「從」字。

040 爲瘠馬爲駁馬　岳本、閩、監、毛本同。石經「駁」字係磨改，初刻當是「駮」字。釋文：「瘠，京、荀作『柴』。駁，邦角反。」

041 取其尊道　閩、監、毛本同。宋本「道」作「首」。

042 取其剛之清明也　閩、監、毛本同。錢本、宋本「之」作「而」。

043 此馬有牙如倨　宋本同。閩、監、毛本「倨」作「鋸」，下同。

044 爲吝嗇　石經、岳本、閩、監、毛本同。釋文：「吝，京作『遴』。」

045 以其地道平均也　閩、監、毛本同。宋本「以」作「取」，是也。

046 爲龍　石經、岳本、閩、監、毛本同。釋文：「龍，虞、干作『駹』。」

047 爲旉　石經、岳本、閩、監、毛本同。釋文：「旉，本又作『專』。」

048 爲蒼筤竹爲萑葦　岳本、閩、監、毛本同。釋文：「蒼筤，或作『琅』，通。」石經「萑」作「藿」。釋文出「萑葦」。○按，依説文當作「萑」，从艸萑聲，省作「萑」，俗作「藿」。

049 爲舁足　石經、岳本、閩、監、毛本同。釋文：「舁，京作『朱』，荀同。」

050 其於稼也爲反生　石經、岳本、閩、監、毛本同。釋文：「反，虞作『阪』。」

051 取其萬物之所生也　閩、監、毛本同。

宋本「生」下有「出」字。

052 馬後足白爲馵　盧文弨云：「依爾雅，『足』上當有『左』字。」

053 白額爲的顙　閩、監、毛本同。宋本「額」作「頟」。○按，頟、額古今字。

054 爲臭　石經、岳本、閩、監、毛本同。釋文：「王肅作『爲香臭』。」

055 其於人也爲寡髮爲廣顙　石經、岳本、閩、監、毛本同。釋文：「寡，本又作『宣』。廣，鄭作『黄』。」

056 取躁人之眼　閩、監、毛本同。錢本、宋本「躁」上有「其」字。

057 爲矯輮爲弓輪　石經、岳本、閩、監、毛本同。釋文：「矯，一本作『撟』。輮，馬、鄭、陸、王肅本作『此』，宋衷、王廙作『揉』，京作『柔』，荀作『撓』。輪，姚作『倫』。」

058 爲亟心　石經、岳本、閩、監、毛本同。釋文：「亟，荀作『極』。」

059 取其行有孔穴也　閩、監、毛本同。錢本、宋本「行」上有「水」字。

060 爲乾卦爲鱉　閩、監本同。岳本、毛本「鱉」作「鼈」。石經「鱉」字下半漫滅。釋文：「乾，董作『幹』。鱉，本又作『鼈』。」○按，鼈、鱉正俗字。

061 爲蠃爲蚌　岳本、閩、監、毛本同。石經「蚌」字漫滅。釋文：「蠃，京作『螺』，姚作『蠡』。蚌，本又作『蜯』。」

062 其於木也爲科上槁　石經、岳本、監、毛本同。閩本「槁」作「稿」。釋文：「科，虞作『折』。槁，鄭作『槀』，干作『熇』。」

063 爲果蓏爲閽寺　石經、岳本、閩、監、毛本同。釋文：「果蓏，京本作『果墮』之字。寺，亦作『閹』字。」

064 爲黔喙之屬　石經、岳本、閩、監、毛本同。釋文：「黔，鄭作『黚』。」

065 爲堅多節　石經、岳本、閩、監、毛本同。釋文：「一本無『堅』字。」古本「多」上有「爲」字。

066 取陰在下爲止　閩、監、毛本同。錢本、宋本「在」下有「於」字。

067 爲羊　石經、岳本、閩、監、毛本同。釋文：「虞作『羔』。此六子依求索而爲次序也。本亦有以三男居前，三女後。從『乾，健也』章至此，韓無注，或有注者，非也。」

068 周易序卦第十　石經、釋文、岳本、錢本、錢校本、宋本同。古本「序」上有「經」字。又案，石經篇題在每卷首者，皆八分大書，此及雜卦與繫辭下同卷，故獨楷書。

069 以六門往攝　閩、監、毛本同。錢本、宋本「往」作「主」。

070 泰之次否等第　閩、監、毛本同。宋本無「第」字。

071 是人事門也　閩、監、毛本同。宋本無「門」字。

072 故以取其人理也　閩、監、毛本同。錢本、宋本「人」作「義」。盧文弨云：「按，句上疑有脱字。」

073 屯者物之始生也　石經、岳本、閩、監、毛本同。古本無「也」字。

* 故爲物之始交也　補：案，「交」當作「生」，正義可證，毛本是「生」字。

074 物之穉也　石經、岳本、閩、監、毛本同。釋文：「穉，本或作『稚』。」

075 比必有所畜　石經、岳本、閩、監、毛本同。釋文：「畜，本亦作『蓄』。下及雜卦同。」

076 此非大通之道　閩、監、毛本同。岳本、宋本、古本、足利本「此」作「比」。❸

*物不可以終通　補：各本如此，十行本原脱「以」字。案，序卦「物不可以終否」、「物不可以終盡」、「物不可以終過」、「物不可以終遯」、「物不可以終壯」、「物不可以終離」、「物不可以終動止之」、「物不可以終止」、「物不可以終離」，句法凡九見，「終」上並有「以」字，今依各本補正。

077 不謀而合　岳本、閩、監、毛本同。古本下有「也」字。

078 吾君不游吾何以休吾君不豫吾何以助　孫志祖云：今孟子二「君」字俱作「王」。

079 嘉樂游豫　閩、監、毛本同。宋本「游」作「歡」。

080 物大然後可觀　石經、岳本、閩、監、毛本同。古本下有「也」字，下「剝窮上反下」下、「有无妄然後可畜」下、「物畜然後可養」下、「不養則不可動」下並同。案，「无妄然後可畜」下，石經初刻有「也」字，後改删去。

081 故受之以坎　石經、岳本、閩、監、毛本同。古本「坎」上有「習」字。

082 然後禮義有所錯　石經、岳本、閩、監、毛本同。古本下有「矣」字。

083 言咸卦之義也　岳本、閩、監、毛本同。古本「咸」作「盛」。

084 非易之緼也　岳本、閩、監、毛本同。釋文：「緼，本又作『藴』。」

085 託以明義　岳本、閩、監、毛本同。古本「託」作「説」。

086 故夫子殷勤深述其義　閩、監、毛本同。岳本、足利本「殷勤」作「慇懃」。

087 而不係之於雜也　閩、監、毛本同。岳本、宋本、古本、足利本「雜」作「離」。❹

088 三材必備　岳本、閩本、古本同。監、毛本「材」作「才」。

089 君子日消也　岳本、閩、監、毛本同。古本「也」作「矣」。

090 君子道勝　岳本、宋本、古本、足利本同。集解亦作「勝」。閩、監、毛本誤「盛」。✕

091 日盈則食　閩本同。岳本、監、毛本「日」作「月」，是也。古本下有「也」字，下「宜革易其故」下、「而以信爲過」下並同。

092 必反於家　石經、岳本同。閩本「反」下空一字。監、毛本「於」作「其」。錢大昕云：「周易本義咸淳本亦作『於』字。」

093 乖必有難　石經、岳本、閩、監、毛本同。古本「難」上有「所」字。釋文出「有難」。

*故受之以解　補：各本如此，十行本原脱「以」字。案，序卦「故受之」下並有「以」字，今補正。

094 決必有遇　石經、岳本、宋本、古本、足利本同。閩、監、毛本「有」下衍「所」字。

095 必有喜遇也　岳本、宋本、古本、足利本「喜」作「嘉」。閩、監、毛本脱「也」字。

096 井道不可不革　石經、岳本、閩、監、毛本同。古本下有「也」字。

097 鼎所以和齊生物　岳本、閩、監、毛本同。古本「所」下有「可」字。✕

098 物不可以終動止之　石經、閩、監、毛本同。岳本、古本、足利本「止」上有「動必」二字。

099 必失其居　石經、岳本、閩、監、毛本同。古本「居」作「君」。

100 則得出入也　閩、監、毛本同。岳本、宋本、古本、足利本「出」作「所」。❺

101 則殊越　閩、監、毛本同。岳本、宋本、古本、足利本「越」作「趣」。

102 節而信之　石經、岳本、閩、監、毛本同。古本「而」下有「後」字。

103 則宜信以守之　岳本、閩、監、毛本同。古本下有「者」字。　✕

104 周易雜卦第十一　石經、釋文、岳本、錢本、錢校本同。古本「卦」下有「傳」字。○按，監本此節注文全脱，當依此補。

105 別言也此者　錢本、宋本同。閩、監、毛本「此」作「昔」。

106 故曰求　岳本、閩、監、毛本同。古本下有「也」字，下「不自重大」下、「莫速乎咸」下並同。　✕

107 君子經綸之時　閩、監、毛本同。岳本、古本「經」上有「以」字。釋文：「綸，本又作『論』。」

108 雜而未知所定也　閩、監、毛本同。岳本、宋本、古本、足利本「而」作「者」。

109 萃聚而升不來也　石經、岳本、閩、監、毛本同。古本「聚」下有「也」字，下「謙輕」下、「離上」下、「漸女歸」下並同。

110 謙輕而豫怠也　石經、岳本、閩、監、毛本同。釋文：「怠，京作『治』，虞作『怡』。」

111 謙者不自重大　集解作「不自任也」。

112 蠱則飭也　岳本、閩、監、毛本同。石經「飭」作「飾」。釋文：「則飭，鄭本、王肅作『飾』。」

113 復反也　岳本、閩、監、毛本同。古本無「也」字，下「親寡旅也」、「履不處也」並同。石經此三字漫滅，以字數計之，當有「也」字。

* 大正則小人也　補：案，「也」當作「止」，形近之譌。

114 小人享則君子退也　閩、監、毛本、古本「享」作「亨」，岳本、宋本、足利本同，無「也」字。

115 大有衆也　石經、岳本、閩、監、毛本同。釋文：「衆」，荀作「終」。

116 豐多故也　石經、岳本、閩、監、毛本同。釋文：「豐多故，衆家以此絕句。親寡旅也，荀本『豐多故親』絕句，『寡旅也』別爲句。」是其本無「也」字。

* 畏駭而止也　補：案，「駭」當作「險」，毛本是「險」字。

117 姤遇也　岳本、閩、監、毛本同。石經「姤」作「媾」，非。

09—118 小人道憂也　足利本此下有「君子以決小人，長其道，小人見決云，爲深憂也」十八字註。❻

校　記

❶ 南昌本條末增「○補：案，『生』字是也」。

❷ 南昌本條末增「○補：案，『令』字是也」。

❸ 南昌本條末增「○補：案，『比』字是也」。

❹ 南昌本條末增「○補：案，『離』字是也」。

❺ 此條上原空二格，誤作疏文，今據南昌本改正。

❻ 爲深憂也，南昌本脫「爲」字。

周易略例校勘記此校以岳本爲主

101—001 周易略例序　錢本此下右偏旁注「并序」二字。

002 唐四門助教邢　璹　註　錢本作「注」。

003 原夫兩儀未位，神用藏於視聽。一氣化矣，至賾隱乎名言。於是河龍負圖，犧皇畫卦，仰觀俯察，遠物近身。八象窮天地之情，六位備剛柔之體。言大道之妙有，一陰一陽。論聖人之範圍，顯仁藏用。實　錢本作「寔」。　三元之胎祖，鼓舞財成。爲萬有之蓍龜，知來藏往。是以孔子三絶，未臻樞　錢本作「區」。　奧。劉安九師，尚迷宗旨。臣舞象之年，鼓篋鱣序，漁獵墳典，偏　錢本作「徧」。　習周易，研窮耽玩，無舍寸陰。是知卦之紀綱，周文王之言略矣。象之吉凶，魯　錢本作「孔」。　仲尼之論備矣。至如王輔嗣略例，大則揔一部之指歸，小則明六爻之得失。承乘逆順之理，應變情僞之端，用有行藏，辭有險易，觀之者可以經緯天地，探測鬼神，匡濟邦家，推辟咎悔。雖人非上聖，亦近代一賢。臣謹依其文，輒爲註解。雖不足敷弘易道，庶幾有裨於教義。亦猶螢爝增輝於太　錢本作「大」。　陽，涓流助深於巨壑，臣之志也，敢不上聞。　此序注疏本無，今從岳本録補。案，足利本有。

004 周易略例卷第十　足利本同。石經、閩、監本、古本無「卷第十」三字。釋文同，云：「或有題爲『第十』者，後人輒加之耳。」

005 王弼　石經、古本同。閩、監本作「魏王弼撰」。

明象

006 故假設問端而曰何　足利本同。錢本、閩、監本「而」作「故」。

007 明其所由之主者也　石經、閩、監本同。足利本無「者」字。

008 明辯也辯卦體功用所由之主　閩、監本無「辯也功用」四字。

009 義在一爻明辯也　閩、監本同。錢本無下三字。

010 衆不能治衆　錢本、足利本同。閩、監本「治」作「理」，下同。

011 夫動不能制動　石經、閩、監本同。釋文：「動不能制動，一本作『天地不能制動』。」○按，盧文弨云「夫」字衍。

012 貞之一者也　錢本、足利本同。閩、監本「貞」下有「正」字。

013 動是衆衆由一制也　錢本、閩、監本不重「衆」字。

014 衆得皆存其存有必歸於一故無心於存皆得其存也　錢本、足利本「必」作「心」。閩、監本作「衆皆所以得其存者必歸於一也」。

015 原必无二也　閩、監本同。石經「无」作「無」，後惟引經「无妄」等作「无」，餘並作「無」。

016 天下之衆衆皆无妄　足利本同。閩、監本不重「衆」字。

017 統之有宗主　足利本同。錢本、閩、監本「有」作「以」。

018 錯雜交亂　足利本同。閩、監本「錯」作「雖」。

019 无爲之一者道也君也統而推尋　足利

本同。閩、監本無上九字。

020 **故處琁璣以觀大運** 石經、錢本同。閩、監本「琁」作「璇」。釋文：「琁，又作『旋』。璣，本又作『機』，或作『幾』。」

021 **則六合輻湊** 石經、足利本同。閩、監本「湊」作「輳」。釋文出「輻湊」。○按，説文有「湊」無「輳」。

022 **天地之運** 足利本同。閩、監本「之」作「大」。

023 **思過其半** 足利本同。閩、監本下有「矣」字。

024 **中正之用** 閩、監本同。錢本「正」作「貞」。足利本「中正」作「忠貞」。

025 **爲至多之所主** 足利本同。閩、監本無上二字。

026 **王弼曰** 錢本同。閩、監本「曰」作「云」。

027 **王氏曰** 足利本同。閩、監本無「氏」字。

028 **棄此一爻** 足利本同。閩、監本此下有「中之」二字。

029 **君能養民物雖繁不憂錯亂** 閩、監本「民」作「人」。錢本、足利本「不」上有「而」字。

030 **其孰能與於此乎** 石經、古本、足利本同。錢本、閩、監本無「乎」字。

031 **神武之君其孰能與於此** 足利本同。閩、監本無上四字，「孰」作「誰」。錢本亦作「孰」。

032 **故觀象以斯** 石經、閩、監本同。釋文：「觀象以斯，一本作『以象觀之』。」

明爻通變

033 **六二志在靜退** 足利本同。閩、監本「二」作「三」，誤。

034 **人之多辟** 足利本同。閩、監本「辟」作「僻」。按，古經傳多假「辟」爲「僻」。

035 **初九身雖潛屈** 閩、監本同。錢本無上二字。

036 **故曰屈伸** 足利本同。閩、監本「伸」作「身」。

037 **至如風虎雲龍** 足利本同。閩、監本「如」作「於」。

038 **爲于大君** 閩、監本同。錢本上有「人」字。足利本「爲」作「人」。

039 **不能定筭其數** 足利本同。閩、監本「筭其」作「其算」。

040 **詐僞長短** 足利本同。閩、監本下有「也」字。

041 **尚測不知** 足利本同。閩、監本「測」誤「側」。

042 **遠不必乖** 石經、閩、監本、足利本同。古本下有「也」字。

043 **不必均高卑也** 足利本同。閩、監本作「不必限高下」，無「也」字。

044 **不必齊形質也** 足利本同。閩、監本無「也」字。

045 **此明无識感有識** 足利本同。錢本、閩、監本「有」作「无」。

046 **隆墀永歎** 閩、監本同。石經「墀」作「墀」。釋文：「墀，本又作『坻』。」

047 **投戈散地** 石經、閩、監本、足利本同。古本「戈」作「兵」。

048 **置兵戈於逃散之地** 錢本、足利本同。閩本「地」作「感」，監本作「域」。

049 **同舟而濟** 石經、閩、監本同。釋文：「而濟，一本作『而載』。」

050 **不煩强武** 石經、閩、監本「强」作「彊」。

051 **苟知逃散之趣** 足利本同。閩、監本「逃」作「外」。

052 男女睽而其志同也　錢本「同」作「通」。

053 故有善邇而遠至　石經、閩、監本、足利本同。古本「善」作「繕」。釋文：「善，又作『繕』。」

054 若中孚之九二　錢本同。閩、監本脱「之」字。

055 君上福禄　足利本同。閩、監本「上」作「之」。

056 感君之德　閩、監本同。足利本作「威治之德」。

057 有應雖遠而相追　足利本同。閩、監本「而相」作「利」。

058 不揆則往　足利本同。閩、監本「揆」作「睽」。

059 語成器而後有格　足利本同。石經、閩、監本無「器」字。案，石經「成而後有格」五字磨改，初刻「成」下尚有一字。釋文：「語成而後有格，舊本如此，一本『格』作『括』。」

060 鼓舞而天下從者　古本、足利本同。石經、閩、監本無「者」字。

061 而不過差　足利本同。閩本「不」作「無」，監本作「无」。

062 而无體可明一者道也道者虛无也　足利本同。閩、監本「明」作「窮」，無下「无」字。

063 明卦適變通爻　石經、閩、監本同。釋文亦同，云：「本又作『明卦通變適爻』，又一本直云『適變通爻』。」

064 一時有大畜之制　閩、監本同。足利本「畜」下有「比泰」二字。

065 反有天衢之用　閩、監本同。足利本「衢」下有「後夫復隍」四字。

066 一時有豐亨之吉　足利本同。錢本、閩、監本「吉」作「用」。

067 拔茅彙征吉　足利本同。閩、監本無「吉」字。

068 否之初六　足利本同。閩、監本無「之」字。

069 爻變亦準也　足利本同。閩本「亦準」作「示唯」，監本作「亦應」。錢本「準」作「准」。

070 卦既推移　閩本同。監本「既」作「雖」。足利本下有「故」字。

071 則觀知動靜也　足利本同。閩、監本無「也」字，下「而動者有其應也」同。

072 陽承陰則逆　足利本同。閩、監本「承」作「乘」。

073 故小過六五乘剛　閩、監本同。足利本「乘」作「承」。

074 需卦九三近坎　足利本同。閩、監本「坎」作「難」。

075 始終之象也　足利本同。石經、錢本、閩、監本「始終」作「終始」。

076 上爲終　足利本同。閩、監本下有「也」字，下「不可越分輕犯」下同。❶

077 得其時也　石經、閩、監本同。古本「得」作「適」。

078 不憂出穴之凶　錢本、足利本同。閩、監本無下二字。

079 君子道消　足利本同。閩、監本「消」作「虞」。

080 良由柔御於陽　閩、監本同。足利本「御」作「遇」。

081 則泰之初九　足利本同。閩、監本作「泰初九」。

082 物競而獨安於靜者　石經、古本、足利本同。閩、監本無「於」字。

083 在乎應有應而動　閩、監本作「在中應而動」。足利本作「存乎應而有變而動」。

084 爻之安危在乎位　足利本同。閩、監本「乎」作「中」。

085 若節之六四　足利本同。閩、監本「若」作「居」。

086 安節亨之例　閩、監本下有「也」字，足利本有「是」字。

087 若晉之九四晉如鼫鼠貞厲之類是　足利本同。閩、監本無「若」字，「類」作「事」，下有「也」字。

088 陰乘於陽　足利本同。閩本作「陽承於陰」，監本作「陽乘於陰」。

089 辟險尚遠　石經、閩、監本同。釋文：「辟，本亦作『避』，後章同。」

090 不能遂无攸利之例是也　足利本同。閩、監本無「之例」二字。

091 勿憂宜日中是也　足利本同。閩、監本無下二字。

092 此所適違時也　閩、監本同。足利本無「也」字。

093 弑滅君主　足利本同。閩、監本「弑」作「誅」。

094 不可慢易　閩、監本同。足利本下有「也」字。

095 婦子嘻嘻終吝是也　足利本同。錢本、閩、監本無下二字。

明象

096 龍則象之意也　閩、監本缺上二字，無「之」字，「也」上有「者」字。足利本無「之」字。

097 言以盡象　足利本同。閩、監本「盡」作「明」。

098 言生於象　石經、古本、足利本同。閩、監本「生」作「主」，下「象生於意」同。

099 故可尋象以觀意　石經、閩、監本同。釋文：「觀意，本亦作『見意』。」

100 尋乾以觀其意　足利本同。閩、監本下有「也」字，下「失之甚」下、「則空守筌蹄」下、「則空說龍馬」下並同。

101 所以在兔　閩、監本同。足利本「在」作「存」。石經下二字漫滅。

102 言則非象未得意者存象象則非意　足利本同。閩本二「則」作「有」，上「意」作「忘」。監本二「則」作「有」。

103 而或者定馬於乾　石經、閩、監本同。古本「或」作「惑」。

104 巧愈彌甚　閩、監本同。石經初刻「喻」，後改「愈」。○按，錢本作「僞」字。

105 蓋存象忘意之由也　石經、閩、監本同。古本上有「斯」字。

辯位

106 案象无初上得位失位之文　閩、監本同。石經「象」下有「初」字，「无」作「無」。案，石經初刻「初無初上」四字作「初上無」三字，後磨改。

107 問其意也　足利本同。閩、監本「問」作「同」。

108 陽居之也　足利本同。閩、監本「陽」作「陰」，下「陰居之也」作「陽」，蓋互誤。

109 而初亦不說當位失位也　石經、閩、監本、足利本同。古本「說」作「得設」二字。

110 上有位而云无者也　閩、監本、足利本同。石經「无」作「無」。古本「无」下有「位」字。

111 應之以序　足利本同。閩、監本「序」作「事」。

112 陽之所處　石經、監本、古本、足利本同。閩本「陽」誤「爻」。

113 去初上而論位分　石經、閩、監本、足利本同。古本「位分」倒。

114 終始无陰陽之常主也　足利本同。閩、監本「常」作「恒」。

115 卦不可无六爻　閩、監本同。石經「无」作「無」。釋文：「無六爻，『無』亦作『損』。」

116 卦以六爻爲成　石經、閩、監本、足利本同。古本「爻」下有「而」字。

117 略例下　石經、閩、監本同。釋文：「舊本如此，本或無『下』字。」

118 亨由於貞也　石經、古本、足利本同。閩、監本脱「亨」、「也」。

119 離卦云利貞亨　足利本同。閩、監本「亨」誤「也」。

120 比之六三處二四之間四自外比二爲五貞所與比者皆非己親是有所存者也　錢本、足利本同。閩、監本此一段注作「既濟六二與初三相近，而不相得，是志各有所存也」。

121 則近而不相得　盧文弨云：「『不』字衍。」

122 隨之六三係丈夫九四隨有獲是无應而相得之例也　錢本、足利本同。閩、監本此一段注作「比之六三无應於上，二四皆非己親，是无應則近而不相得之例」。

123 則雖遠而相得　盧文弨云：「當作『則雖近而不相得』。」

124 既濟六二有應於五與初三相近情不相得之例　錢本、足利本同。閩、監本此一段注作「同人六二志在乎五，是有應則雖遠而相得之例」。

125 同救以相親　石經、閩、監本同。古本「救」作「求」。

126 志意懷疑　足利本同。閩、監本「意」作「竟」。

127 或有情僞生　足利本同。閩、監本「有」作「自」。

128 象各明一爻之義　足利本同。閩、監本下有「也」字。

129 而指説一爻之德　閩、監本同。石經初刻作「指」，後磨改作「旨」，下「指明」同。

130 正夫羣小　閩、監本同。足利本「正」作「止」。

131 應斯任矣　足利本同。閩、監本「斯」作「則」。

132 歸而逋其邑人三百戶无眚也　足利本同。閩、監本無「也」字。

133 ䷍大有之類是也　石經、古本、足利本同。閩、監本無畫卦，下「䷶豐卦之類是也」同。

134 若防失其道　監本、足利本同。閩本「失其」倒。

135 吉无咎者本亦有咎　石經、古本、足利本同。閩、監本「吉」誤「言」。

136 吉不待功　石經、閩、監本同。古本「待」誤「得」。

137 或有罪自己招　石經、閩、監本同。古本下有「致」字。

138 卦略　岳本、考文引古本、足利本此下有「凡十一卦」四字注。案，此音義文也。

139 故陰爻皆先求陽　石經、監本、足利本同。閩本「先」作「无」。古本「陽」作「婚」。

140 无所馮也　閩、監本同。石經作「無所憑也」。釋文：「所馮，本亦作『憑』。」

141 闇者求明明者不諮於闇　石經、閩、監本同。

釋文：「諮，本亦作『資』。」古本上「明」下有「者」字，足利本無。

142 四遠於陽　石經、監本、古本、足利本同。閩本「遠」誤「逺」。釋文出「四遠」。

143 又曰履者禮也　盧文弨云：「此四字是序卦文，不分別言之者，省文耳。用此足證李鼎祚集解以四字爲經文之不謬。而今本入之韓注，殊不類也。」

144 皆以陽處陰爲美也　石經、足利本同。閩本「美」作「失」，監本作「吉」。古本「陰」下衍「位」字。

145 以所見爲美者也　石經、閩、監本同。釋文：「以所見，一本『所』作『知』。」

146 拯弱之義也　石經、監本、古本、足利本同。閩本「拯」誤「極」。釋文出「拯弱」。

147 九四有應則有它吝　石經上有「故」字，「它」作「他」。閩、監本亦有「故」字。○按，它、他古今字。

148 睽而通也　石經、閩、監本同。古本「也」上衍「者」字。

149 洽乃疑亡也　石經「洽」初刻「合」，後加水旁。釋文出「洽乃」：「咸夾反。本又作『合』。」閩本「洽」誤「治」，監本誤「始」。古本、足利本不誤。

150 宣揚發暢者也　石經、監本同。閩本「揚」誤「陽」。

151 未盡則明昧　石經、閩、監本同。釋文：「昧，本亦作『妹』，又作『沬』，下文同。」

101—152 无明則无與乎世　閩、監本同。石經初刻並作「无」，後並改「無」。

校　記

❶「下同」原衍作「下下同」，今刪正。

周易釋文校勘記

f01—001 字從日下月　十行本、閩、監本同。宋本下有「正从日勿」四字。盧本下「从」作「從」。

002 第一　宋本此二字另提行。

乾

003 乾依字作乾下乙乾從旦㫃㫃音偃　○十行本、閩本同。監本脱此十三字。宋本「乾」並作「乹」，盧本同，是也。

004 无通於无者王述説　○宋本、十行本、閩、監本同。盧本「无」作「元」，「述」作「育」。

005 无悶門遜反　○宋本、十行本、盧本同。閩、監本「遜」作「遯」。○按，盧刻多半出於宋本。

006 確乎堅高之貌　○閩、監本、盧本同。宋本、十行本「貌」作「皃」。

*閑邪以嗟反　○補：通志堂本、盧本「以」作「似」。案，「似」字是也。　×

007 怵敕律反　○宋本、十行本、閩、監本「敕」作「敇」，是也。盧本作「勑」，依集韻改。

008 解怠佳賣反　○宋本、十行本、閩本、盧本同。監本「佳」作「諧」。○按，「諧賣反」乃「邂逅」之「邂」，監本非。　×

009 就燥蘇早先皁二反　○盧本同。宋本「皁」作「皀」，俗字。十行本、閩本作「早」，非。監本作「告」。

010 以辯徐扶免反　○宋本、盧本同。十行本、閩、監本「扶」作「便」。○按，「便免」即集韻之「平免」，「扶」字非也。

011 坤　○十行本、閩、監本同。盧本改「巛」。

012 坤本又作巛巛今字也　○宋本、十行本、閩、監本同。

盧本「巛」並改「坤」。案，坤，正字。巛，假借字。説詳王引之經義述聞。

013 **利牝** 又扶死反 ○宋本、十行本、閩本、盧本同。監本「死」作「允」。

014 **括** 方言云閉也 ○宋本、盧本同。十行本、閩、監本「閉」作「閑」，誤。

015 **閉** 心計反字林方結反 ○十行本、閩本「心」作「必」，監本、盧本同，又「方」作「兵」。宋本「方」作「力」。案，「必」字、「兵」字是也。

016 **之飾** 本或作餝 ○監本、盧本同。十行本、閩本「餝」作「飭」。宋本作「飭」。按，「餝」字不誤。

017 **由辯** 荀作變 ○宋本、盧本同。十行本模糊，閩、監本「荀」誤「苟」。 ×

018 **則不疑其所行** 張璠本 ○宋本、盧本同。十行本模糊，閩、監本「璠」誤「倫」。 ×

019 **爲其** 于僞反 ○監本、盧本同。十行本「僞」字模糊。閩本作「爲」，非。宋本「于」作「胡」。○按，「于」字不誤。 ×

020 **嫌** 鄭作謙荀虞陸董作嗛 ○十行本、閩、監本同。宋本「嗛」作「兼」。盧本「謙」改「溓」。

屯

021 **則否** 備鄙反 ○宋本、十行本、盧本同。閩、監本「備」誤「都」。 ×

022 **得主則定** 本亦作則寧 ○宋本、盧本同。十行本、閩、監本「則」誤「寧」。

023 **經論** 經論匡濟也本亦作綸 ○宋本、盧本同。十行本、閩、監本「論」作「綸」，「綸」作「倫」，非。

024 **邅如** ○十行本、閩、監本、盧本同。宋本作「亶如」。○按，亶、邅正俗字。

025 **乘馬** 馬牝牡曰乘 ○宋本、盧本同。十行本、閩本

「牝」作「牡」，監本作「四」。

026 相近下近五同　○盧本同。閩、監本「五」作「王」，十行本模糊。宋本作「並」，誤。

*如舍式夜反　○補：通志堂本、盧本「式」作「武」。

027 雖比毗志反　○十行本、閩、監本、盧本同。宋本「毗」作「以」。○按，「以」字非。 ×

028 不揆葵癸反　○宋本、十行本、盧本同。閩本「葵」誤「蔡」，監本誤「渠」。 ×

029 以從鄭黄于用反　○十行本、閩、監本、宋本、盧本「于」作「子」，是也。 ×

030 厄　○宋本、十行本、閩、監本、盧本作「阨」。 ×

蒙

031 用説徐又音稅　○宋本、十行本、盧本同。閩、監本作「餘又音脱」，誤。 ×

032 梏小爾雅云　○宋本、十行本同。閩、監本「爾」作「廣」。盧本亦作「廣」，無「小」字。○按，作「廣」是也。

033 包蒙　○十行本、閩、監本、宋本、盧本作「苞蒙」，是也。 ×

034 獨遠于万反　○十行本、盧本同。宋本、閩、監本「万」作「萬」。 ×

035 擊去起吕反　○十行本、閩、監本、盧本同。宋本作「繫去」。宋本「起」作「紀」。○按，當作「起」。

需

036 需字從兩重而者非　○宋本、十行本、閩、監本同。盧本「兩」改「雨」。

037 雲上干寶云升也　○宋本、盧本同。十行本、閩、監本「升」誤「外」。又閩本「干」誤「于」。

038 宴徐烏殄反安也下同鄭云享宴也李軓烏衍反　○宋本「下」作「干」，「宴」作「宜」，並誤。十行本、閩、監本「軓」誤「暫」。○按，「軓」當作「軌」。

039 **於難**下及文皆同。 ○十行本、閩、監本同。宋本作「及下文」，盧本作「下文及注皆同」。

040 **于沙**鄭作沚 ○宋本、十行本、閩、監本同。盧本「沚」改「沘」。

訟

041 **訟**辯則曰訟 ○宋本、十行本、閩、監本、盧本「則」作「財」，是也。 ×

042 **窒**徐得悉反 ○宋本、十行本、盧本同。閩、監本「悉」誤「息」。 ×

043 **褫**徐敕紙反本又作褫鄭本作拕徒可反 ○宋本「敕」作「致」，非也。十行本、閩、監本「褫」作「褫」，「可」作「何」。宋本「褫」作「補」。❶

師

044 **天寵**光耀也 ○宋本、十行本、閩、監本同。盧本「耀」作「燿」。

045 **長子**丁丈反 ○宋本、十行本、閩本、盧本同。監本「丁」作「之」。○按，「之」字誤。 ×

比

046 **比**徐又補履反 ○監本同。宋本、十行本、閩本、盧本「補」作「甫」，非也。❷

047 **有它**本亦作他 ○十行本、閩、監本、盧本同。宋本「它」誤「池」。 ×

小畜

048 **蒸**職膺反 ○宋本、十行本、閩、監本、盧本「膺」作「膺」。 ×

***車說**說云解也 ○補：通志堂本、盧本「說」下有「文」字，是也。盧文弨云：「今說文作『說，釋也』。」 ×

049 **攣**子夏傳作戀云思也 ○十行本、閩、監本、盧本同。宋本「思」作「惠」，非也。 ×

履

050 **坦坦**說文云安也 ○宋本、盧本同。十行本、閩、監本「安」作「文」，非也。❸

051 **跛**依字作破 ○宋本、閩、監本同。盧本「破」改「彼」。十行本模糊。○按，盧改是也。彼，正字，隸變而爲「跛」。❹

泰

052 **包**本又作苞音薄交反 ○宋本、十行本、閩、監本、盧本「包」作「苞」，「苞」作「包」。閩、監本「音」誤「者」。 ×

*荒本亦作巟 ○補：盧本「荒」作「荒」，「巟」作「巟」，云「舊譌作『巟』」。案，荒、巟並从「亾」，下「荒穢」同。

否

053 **不諂** ○宋本「諂」作「謟」，非也。 ×

同人

054 **不克則反反則得吉也** ○十行本、閩、監本、盧本同。宋本作「反則得則得則吉也」。

大有

055 **大車**剛除反蜀才作輿 ○宋本、盧本同。十行本、閩本「除」作「徐」。監本「剛除」誤「荆余」，「才」誤「本」。

056 **用亨**干云亨宴也姚云亨祀也 ○宋本、盧本同。十行本、閩本上「亨」作「享」，監本亦作「享」。

謙

057 **謙**云嗛謙也 ○宋本、盧本同。十行本、閩、監本「嗛」作「二」，非。

058 **裒**鄭荀董蜀才作捊廣雅云掊減 ○十行本、閩本、盧本同。減，宋本作「滅」，非也。監本「董」誤「童」，「才」誤「本」。 ×

059 **名者聲名聞之謂也** ○宋本、十行本、閩本、盧本同。監本上「名」改「鳴」。○按，監本是也。

060 **匪解**佳賣反 ○宋本、十行本、閩本、盧本同。監本

「佳」作「諧」。○按，「諧」字非也，説見前。×

豫

061 地奮　○宋本、盧本同。十行本、閩、監本「地」誤「他」。

062 薦本又作蔍　○宋本、盧本同。十行本、閩、監本「蔍」作「廌」。❺

隨

063 官有蜀才作館有　○宋本、十行本、閩本、盧本同。監本「才」誤「本」。×

蠱

*以振振仁厚也　○補：通志堂、盧本作「振，振仁厚也」。

064 不累劣僞反　○監本、盧本同。宋本、十行本、閩本「劣」作「力」。

臨

065 无疆　○盧本同。宋本、十行本、閩、監本「无」作「無」。

觀

066 而不薦王又作廌　○宋本、盧本同。十行本、閩、監本「王」作「本」。❻

噬嗑

067 者狹戶夾反　○十行本、閩、監本、盧本同。宋本「戶」作「下」。

068 噬市制反　○宋本同，是也。十行本、閩、監本、盧本「制」作「利」。❼

069 械口戒反　○宋本、十行本、閩、監本、盧本「口」作「戶」，是也。×

070 不行也或本作止不行也　○宋本同。十行本、閩、監本、盧本「或本」作「本或」。×

071 其分扶問反　○盧本同。宋本、十行本、閩、監本「扶」作「符」。○按，作「符」不誤。×

072 腊肉而煬於火　○監本、盧本同。宋本、十行本、閩本「火」作「日」。

073 胏字林云含食所遺也　○宋本、十行本、閩、監本「含」作「食」，盧本作「飡」。○按，盧作「飡」，依説文改也。

074 何校又音何　○宋本、十行本、閩、監本同。盧本「何」改「河」。

賁

075 賁鄭云變也　○十行本、閩、監本、盧本同。宋本「變」作「有」。

076 其須水邊作非　○宋本、十行本、閩本、盧本同。監本「非」上有「須」字，誤。

077 皤鄭陸作燔音煩　○宋本同。十行本「燔」作「蟠」，閩本作「膰」，監本、盧本作「蹯」。

078 翰鄭云白也　○宋本、十行本、閩、監本同。盧本「白」作「幹」。○按，盧作「幹」是也。

079 而閡五戴反　○宋本、十行本、盧本同。閩、監本「戴」作「載」。　×

剝

080 人長丁丈反　○宋本、十行本、閩本、盧本同。監本「丁」作「之」，非也。　×

081 六三剝无咎一本作剝之无咎非　○十行本、閩、監本、盧本同。宋本「无」並作「無」。　×

082 貫魚徐音官　○宋本、盧本同。十行本、閩本「官」誤「宮」。監本改「館」，尤誤。

復

083 復音服　○宋本、十行本、盧本同。閩本「服」作「復」，監本作「覆」。

084 朋來京作萠　○宋本、十行本、閩、監本、盧本「萠」作「崩」，是也。　×

085 **无祇** 九家本作䖲 ○盧本同。宋本、十行本、閩、監本「无」作「無」，「䖲」作「多」。祇，宋本作「祇」。○按，「多」字誤，「祇」字不誤。❽

086 **頻復** 本又作嚬馬云憂頻也 ○盧本同。宋本、十行本、閩、監本「嚬」作「頻」，下「頻也」作「嚬也」。

大畜

087 **篤實煇** 音輝 ○宋本同。十行本、閩、監本「煇」作「輝」，「音輝」作「音揮」，盧本同。

088 **輹** 輹似人屐又曰伏菟在軸上似之 ○盧本同。宋本「輹」作「屐」。十行本、閩、監本「在」作「上」。○按，「輹」字、「在」字並不誤。

089 **良馬逐** 鄭本作逐逐云兩馬走也姚云逐逐疾並驅之貌 ○盧本同。宋本上「逐逐」下有「衍」字，「疾」作「姚」，非。十行本、閩本「走」作「疋」，監本作「是」，亦非。

090 **險阨** 於革反 ○宋本、盧本同。十行本、閩、監本「革」作「厄」，非也。

頤

091 **朶** 京作椯 ○十行本、閩、監本「椯」作「瑞」，宋本、盧本作「揣」。❾

092 **虎視** 又常止反 ○宋本、十行本、閩本同。監本、盧本「常」作「市」。○按，「常」是也。

093 **逐逐** 志林云 ○宋本、十行本、閩本、盧本同。監本「志」作「字」。

094 **施賢** ○十行本、閩、監本、盧本同。宋本「賢」作「贒」。

095 **得頤** 一本作得順 ○宋本、十行本、閩本、盧本同。監本「得」誤「德」。

大過

096 **弼** 下救其弼 ○宋本、盧本同。十行本、閩、監本「弼」誤作「二」。

習坎

097 洊干作荐　○宋本、十行本、閩本、盧本同。監本「荐」作「薦」。

*窞王肅又作陵感反　○補：盧本同。宋本「陵」作「徒」。

098 枕徐針鴆反　○宋本、盧本同。十行本、閩、監本「針」作「舒」。○按，「舒」字非也。

099 祇又上支反　○宋本、十行本、閩本、盧本同。監本「上」作「止」。○按，監本是也。

100 寘姚作寔寔置也　○宋本、十行本、閩本、盧本同。監本「寔」並作「寘」，非是。

離

101 牝又扶死反　○宋本、十行本、閩本、盧本同。監本「死」作「允」。

102 涕徐他米反　○宋本、盧本同。十行本、閩本「米」誤「木」，監本誤「李」。

103 若　○十行本、閩、監本同。宋本、盧本作「蕤」，是也。

104 戚咨慼也　○十行本、閩、監本、盧本同。宋本「咨」上有「戚」字。

咸

105 脢武杯反王肅又音灰　○宋本「杯」作「抔」，「灰」誤「天」。

恒

106 而分　○此條各本俱在「詰，去吉反」下，盧本移在「德行」條上。○按，盧本是也。

遯

107 遯匿迹避時　○宋本、盧本同。十行本、閩、監本「迹」作「亦」，非。

108 夫靜　○此條各本俱在「非否」條上，盧本移在恒卦末。○按，盧本是也。

109 **能累** ○十行本、閩、監本、盧本同。宋本「累」作「果」。○按「劣僞反」則「果」字誤。 ×

大壯

110 **于易** 謂狡易也謂壃場也 ○宋本、十行本、閩、監本、盧本「狡」作「佼」。壃場，閩、監本作「疆場」。

晉

111 **三** 徐息蹔反 ○十行本、閩、監本、盧本同。宋本「蹔」作「暫」。○按，「蹔」字不誤。 ×

112 **接** 鄭音捷 ○宋本、盧本同。十行本、閩、監本「音」作「云」。○按，「云」字誤。

113 **愁** 狀由反 ○宋本、十行本、閩本、盧本同。監本「狀」作「仕」。 ×

114 **鼫** 一名鼫鼠 ○宋本、盧本同。十行本、閩、監本脱「鼠」字。

115 **失得** ○宋本、盧本同。十行本、閩、監本脱「失」字。

明夷

116 **最遠** 下遠難同 ○宋本、盧本同。十行本、閩、監本「遠」誤「袁」。

117 **夷于** 亦作睇 ○宋本、十行本、盧本「亦」作「京」。閩、監本作「京作胰」。⑩

118 **左股** 日隨天左旋也姚作右槃云自辰右旋入丑 ○盧本同。宋本下「右」誤作「在」。十行本上「旋」誤「音」。閩、監本誤「行」，「槃」誤「樂」。

119 **南狩** 手又反本亦作守同 ○宋本、盧本同。十行本缺「又」、「作」二字，閩、監本「又」誤「救」，「作」誤「與」。案，此「救與」二字乃閩本以意補十行本之缺，故誤。⑪

家人

120 **愛樂** ○宋本、盧本同。十行本、閩、監本「愛」誤「樂」。

睽

121 睽目不相視也　○十行本、閩、監本同。宋本、盧本「視」作「聽」。○按，「聽」字是也。

122 掣荀作觭　○十行本、閩、監本、盧本同。宋本「觭」作「觭」。　×

123 詭女委反　○宋本、十行本、閩、監本、盧本「女」作「久」。○按，「久」字是也。　×

解

124 用射食亦反下注同。　○宋本同。十行本、閩、監本、盧本「下注」作「注下」。

損

125 損虧減之義也又訓失序卦云緩必有所失　○宋本、盧本同。十行本、閩、監本「虧」作「省」，「緩」作「損」，誤。⓬

126 徵劉作懲蜀才作澄　○監本「徵」作「懲」。十行本、閩本作「劉懲云」，蜀才「作澄」作「作證」。監本作「蜀本作證」，「劉作懲」作「劉云懲」。盧本作「劉作瀓」。⓭

127 已事虞作祀　○十行本、閩本、盧本同。監本「祀」誤「紀」。　×

益

128 无疆　○監本、盧本同。宋本、十行本、閩本「无」作「無」。

129 用享　○十行本、閩本同。宋本、監本、盧本作「用亨」。　×

130 用圭王肅作用桓圭　○宋本、盧本同。十行本、閩、監本「桓」誤作「恒」。

131 用費　○宋本、十行本、閩、監本同。盧本「用」改「不」。○按，注云「惠而不費」，作「不」是也。

132 無厭　○宋本、十行本、閩、監本同。盧本「無」改「无」。

133 **莫和** ○宋本「和」作「以」。 ✕

134 **偏辭** 周匝也 ○十行本、閩、監本同。宋本、盧本「匝」作「帀」。○按，帀、匝正俗字。 ✕

夬

135 **夬** 決也 ○宋本、盧本同。十行本、閩、監本「決」誤「伕」。

***齊長** 丁丈反徐上六象並同 ○補：盧本「徐」作「除」。案，「除」字是也。

***莫夜** 鄭如字云無也無夜非一夜 ○補：案，此不誤。「無夜非一夜」正是鄭訓「莫」爲「無」之義。盧本「無夜」作「莫夜」，非。

136 **次** 説文及鄭作趀 ○宋本、盧本同。十行本、閩、監本「趀」誤作「赵」。⑭

137 **陸** 陸商陸也虞云莧蕢也陸商也 ○十行本、閩本、盧本上「商」字作「當」，「蕢」作「萁」，監本同。盧本「蕢」作「説」，「商」作「和」。○按，張惠言虞氏義作「莧，説也。陸，和睦也」，與盧本合。⑮

姤

138 **誥四方** 止也 ○盧本同。宋本、十行本、閩、監本作「正也」。

139 **梍** 説文作檷 ○宋本、十行本、盧本作「檷」，是也。 ✕

140 **蹢** 古文作蹢 ○宋本、盧本同。十行本、閩、監本「蹢」作「蹢」，非。⑯

141 **包有** 白茅苞之 ○十行本、閩、監本、盧本同。宋本「苞」作「包」。 ✕

142 **遠民** 袁万反 ○十行本、盧本同。宋本「袁」誤「來」。閩、監本「万」作「萬」。 ✕

143 **以杞** 馬云大木也柳柔韌木也 ○盧本同。宋本「馬」誤作「禹」，「韌」作「肕」。十行本、閩、監本「大木」作「大本」，「韌」作「脆」。

萃

144 萃在李反 ○宋本、十行本、閩、監本、盧本「李」作「季」，是也。 ×

145 除戎器本亦作儲 ○宋本、盧本同。十行本「儲」誤「鍺」，閩、監本誤「錯」。

*升

*冥見經反 ○補：盧本「見」作「覓」。

困

146 株木張愚反 ○宋本同。十行本、閩本「愚」誤「二」，監本誤「于」，盧本誤「慮」。

147 數歲色柱反 ○宋本、十行本、閩、監本同。盧本「柱」改「主」。

148 蔾音梨 ○十行本、閩、監本、盧本同。宋本「梨」作「黎」。 ×

149 刖五刮反 ○盧本同。宋本「五」作「王」，十行本、閩本作「方」，監本作「於」。○按，「五刮反」是也，餘並誤。

*藟幽州人謂之推虆 ○補：盧本「推」作「蓷」。

150 臲五結反王肅妍喆反 ○十行本、閩、監本、盧本同。宋本「結」作「綺」，「喆」作「器」。 ×

井

151 无喪 ○盧本同。宋本、十行本、閩、監本「无」作「無」。

152 以勞力報反注同 ○宋本、盧本同，是也。十行本「注」作「二」，閩、監本作「下」。

153 甕説文作罋 ○宋本、十行本、閩本同。盧本改「雍」，非。監本「罋」作「甕」，俗字。○按，依説文當作「罋」，从缶雝聲。

154 甃干云以甎壘井曰甃 ○宋本、盧本同。十行本、閩、監本「干」誤「本」。

155 洌絜也 ○宋本、盧本同。十行本、閩、監本「絜」作

「潔」。○按，絜、潔正俗字。

革

156 堅韌 ○宋本、十行本、閩、監本、盧本「韌」作「仞」。 ×

157 蔚敷也 ○監本、盧本同。宋本、十行本、閩本「敷」作「數」。○按，「蔚」訓「繁數」之「數」，見廣雅三。 ×

鼎

158 以爲 ○宋本、十行本、閩、監本同。盧本下增「子」字，是也。

159 雉膏食之美者 ○宋本、盧本同。十行本、閩、監本「者」誤「也」。

160 折足之舌反 ○十行本、閩、監本、盧本同。宋本「之」作「示」。○按，「示」非也。 ×

161 金鉉徐又古元反又古冥反 ○宋本、十行本、閩本、盧本同。監本「古」並作「胡」，「冥」誤「宴」。 ×

震

162 以成成亦作盛 ○宋本同。十行本、閩、監本、盧本「盛」作「威」。

163 躋本又作隮 ○十行本、閩本、盧本同。監本「躋」、「隮」倒。 ×

164 視徐市至反 ○宋本、十行本、閩、監本同。盧本「至」改「志」。 ×

*漸

*衎衎馬云讒衍 ○補：盧本「讒衍」作「饒行」。

歸妹

*知弊釋也反 ○補：盧本作「婢世反」。

165 以須荀陸作嬬 ○宋本、盧本同。十行本、閩、監本「嬬」作「孺」。

166 不正不應本亦作无應 ○宋本、十行本、閩、監本同。盧本下「不」作「无」，「无應」作「不應」。

167 承匡鄭作筐　○宋本同。十行本、閩、監本、盧本「匡」、「筐」互易。⑰

豐

168 豐若曲下作豆豐之言僎　○宋本「豆」作「者」，十行本、閩本、盧本同，「言僎」作「言典」，監本同。×

169 則溢本或作則方溢者非　○宋本、十行本、閩本、盧本同。監本「方」誤「云」。

170 以折之舌反　○宋本、十行本、盧本同。閩本「舌」誤「否」，監本改「哲」，非也。×

171 蔀大暗之謂蔀鄭薛作菩　○十行本、閩本作「常」，誤。○按，略例作「謂之」。×

*沫鄭干作常　○補：盧本「常」作「芾」，云：「舊本『鄭、干作芾』之『芾』作『韋』字，乃後人所臆改，不知訓小之『芾』乃『蔽芾』之『芾』，『鄭、干作芾』乃『朱芾』之『芾』，二字義本不同。今從宋本正，錢本同。」

172 豐其屋說文作豐　○十行本、閩、監本同。宋本作「豐」，盧本作「寷」，是也。

173 闃徐苦鶪反一音苦鬩反　○宋本、十行本、盧本同。閩本「鶪」誤「鶡」，監本同，又「鬩」作「域」。×

174 不出戶庭門戶通語　○宋本、十行本、盧本同。閩、監本「語」作「誤」，非。×

旅

175 不快苦夬反　○宋本、十行本、盧本同。閩、監本「苦」作「革」。○按，「革」字誤。

渙

176 血去　○此條各本在「逖，湯歷反」下，盧本移在上，是也。

中孚

177 爾靡本又作縻又亡彼反京作劘　○宋本、盧本「縻」作「糜」。亡彼，宋本作「亡波」。閩、監本「劘」作「劘」。

小過

178 不宜上 上六注上亦同 ○宋本、十行本、閩、監本同。盧本「亦」作「極」。○按，盧是也。

179 故令 力呈反注同 ○宋本、十行本、閩、監本同。盧本「注」作「下」。○按，盧是也。

180 陽已上故止也 故少陰止 ○宋本、盧本同。十行本、閩、監本「止」作「上」，非也。

181 上六弗遇 王付反 ○宋本、十行本、閩、監本、盧本「王」作「玉」，是也。

既濟

182 亨小 以小連利貞者非 ○宋本、十行本、盧本同。閩、監本「小」誤「上」。

183 其茀 董作髢 ○宋本、十行本、盧本同。閩、監本「髢」誤「并」。

184 衣袽 説文作絮 ○十行本、閩、監本同。宋本、盧本「絮」作「絜」，下「絮塞」同。

繫辭上

185 周易繫 徐胡詣反字從毄若直作毄下糸者 ○十行本、閩本「詣」誤「請」，監本誤「計」。十行本、閩、監本「糸」作「系」。盧本「從毄」下有「下系」二字。○按，古用「毄」爲「系」字，陸氏謂字作「毄」，不誤。若作「繫」，則音「口奚反」，説文所謂「繫縋」也。繫縋，惡絮也，上音溪，下音題。陸氏大字當云「周易毄」，小字「字從毄」當云「本作毄」。

186 辭 受辛者辤辝籀文辤字也 ○十行本下「辤」作「辝」，是也。閩本「辝」作「辤」，下「辤」作「辭」。監本「辤」、「辝」並作「辭」。盧本「受辛者辤」作「受辛者宜辤之」。

187 霆 凝爲電 ○十行本、閩、監本、盧本「凝」作「疑」。⑱

188 坤作 虞姚作坤化 ○十行本、閩本、盧本同。監本「姚」誤「本」。

189 震无咎周云救也　○宋本、盧本同。十行本、閩、監本「救」作「威」。

190 盡聚　○宋本、盧本同。十行本、閩、監本「聚」誤作「衆」。

191 功贍涉豔反　○宋本、盧本同。十行本、閩本「涉」誤「先」，監本誤「失」。

*而知明僧知音智　○補：盧本「僧知」作「僧紹」，是也。十行本原闕「僧」字，今正。

192 成象蜀才作盛象　○宋本、盧本同。十行本、閩、監本「才」作「本」，誤。

193 卑本亦作埤　○宋本、盧本同。十行本、閩、監本「埤」作「俾」。

194 賾云情也　○宋本、盧本同。十行本、閩、監本「情」誤作「債」。

*典禮姚作典禮　○補：盧本作「姚作典體」。

195 惡也馬鄭烏洛反亞通　○宋本、十行本、閩、監本、盧本「亞」作「並」，是也。　×

*之惡　補：盧本作「惡之」，云：「舊本誤倒，今從官本改正。」

*議之鄭姚　○補：盧本「鄭」作「陸」。

*子和明臥反　○補：盧本「明」作「和」。

196 縻之徐又亡彼反　○宋本、十行本、閩、監本、盧本「縻」作「靡」，注「靡」作「縻」。監本「彼」作「波」。　×

197 慎斯術也師用義　○宋本、盧本同。十行本、閩、監本「用」作「明」。

*不德蜀本作置　○補：盧本作「蜀才作置」。案，「才」字是也。

*期音朞　○補：盧本「朞」作「基」。

198 以斷下二章同　○宋本、盧本同。十行本「二」字缺，閩、監本誤作「一」。

199 有分符問反　○宋本、十行本、盧本同。閩、監本

「問」誤作「悶」。

200 **者夫**音符如字 ○宋本同。十行本、閩、監本、盧本「如字」作「下同」。

201 **洛出**故從各隹 ○宋本、盧本同。十行本、閩、監本無「隹」字。

***之奧** ○補：盧本作「淵奧」，云：「淵，舊本作『之』，疑避唐諱，因致譌，今依毛本正。」

繫辭下

***盡會**丁廻反 ○補：盧本「丁廻」作「津忍」。

***貞觀**官換反 ○補：盧本「換」作「喚」，云：「舊本作『換』，譌，今依前例作『喚』。宋本、錢本作『煥』。」

***隤然**人回反 ○補：盧本「人」作「大」。

202 **氏**包犧氏大皞 ○宋本、盧本同。十行本、閩、監本「氏」作「取」，誤。

203 **下治**章末同 ○宋本、盧本同。十行本、閩、監本「章」誤「草」。⑲

204 **暴客**鄭作虣 ○宋本、盧本同。十行本、閩、監本「虣」作「䡪」，誤。

205 **滅止** ○盧本同。十行本、閩、監本「止」作「趾」，注「趾」作「止」。

206 **形渥**於角反 ○十行本、閩本、盧本同。監本「於」作「屋」。

207 **介于**衆家作介 ○宋本「作介」作「作砎」。

208 **之分**符問反 ○十行本、盧本同。閩、監本「問」誤作「悶」。

***數也**邑柱反 ○補：盧本「柱」作「主」，云：「主，舊作『柱』，譌。宋本作『拄』，亦非。仍據前後例改作『主』。」

209 **以要**下文要終同 ○宋本、十行本同。閩、監本「文」作「云」，非。盧本「終」作「中」，亦誤。

210 **亦要**則句至吉凶 ○宋本、盧本同。十行本、閩、監

本「則」作「絶」。×

211 亹亹 汲汲也 ○宋本、十行本、閩、監本、盧本作「没没也」。○按，作「没没」是也。

説卦

212 發揮 音輝 ○宋本、盧本同。十行本「輝」字模糊，閩、監本作「揮」。

213 晅 ○宋本、十行本、閩本、盧本同。監本作「烜」。×

*撓 ○補：盧本「撓」作「橈」。案，橈，正字。撓，俗字。

214 熯 徐本作暵音漢云熱暵也 ○宋本、十行本、閩本、盧本同。監本「暵」作「熯」，非。×

*水火不相逮 一音七計反 ○補：盧本「七」作「大」。

*少男 許黨反下必之皆同 ○補：盧本「許黨」作「詩照」，「必之」作「少女」。

215 駁 ○宋本、盧本同。十行本、閩、監本誤作「駹」。

216 爲釜 房甫反 ○宋本、盧本同。十行本「房」字缺。○閩本「房」作「扶」，下一字模糊。監本作「扶古反」。○按，十行本「房」作「扶」，是也。×

217 爲旉 鋪爲花貌鄭市戀反 ○盧本同。宋本「貌」作「皃」，十行本、閩本誤「泉」。監本改「朵」，「市」誤「守」，閩本同。⑳

*蒼筤 ○補：盧本「筤」作「莨」。

218 顙 的顙白顛 ○宋本、盧本同。十行本、閩、監本「白」作「曰」。

219 反生 麻豆之屬陸云阪當爲反 ○宋本、盧本同。十行本「麻」字缺，閩、監本作「豌」。阪，十行本、閩本作「反」，監本作「坂」，並非。

*蟜 一本作橋 ○補：盧本「橋」作「撟」。

220 乾卦 古丹反陽在外能幹正也 ○宋本、盧本同。十行本、閩本「丹」誤「免」，監本改「完」。十行本「在」字舛錯，「外」作「以」。閩、監本「在外」作「性以」。

*鱉本又作鱉 ○補：盧本作「本又作鼈」。

221 蟹戶賣反 ○宋本、十行本、閩本同。監本、盧本「賣」作「買」，是也。

*果蓏在地曰瓜 ○補：盧本「瓜」作「蓏」。

222 黔鄭作黚 ○宋本、盧本同。十行本、閩、監本「黚」誤作「黯」。

223 喙徐丁遘反 ○盧本同。十行本「遘」字舛誤。宋本「丁遘」作「下溝」，閩、監本作「丁穢」。○按，「丁」字不誤。

224 爲堅多節一本無堅字 ○宋本、盧本同。十行本、閩、監本作「本无堅字」。

225 爲羊爲龍爲直爲牝爲迷爲楊爲鸛爲律爲可爲棘爲叢棘離後有一爲牝牛爲虎爲狐 ○十行本、閩、監本「直」作「首」，「爲牝爲」誤「爲作爲」。楊，宋本作「揚」。監本「可」作「河」。宋本「棘」作「梗」。十行本「牝牛」誤「此牛」。閩、監本「爲」下缺二字。

序卦

226 之組本又作蘊 ○十行本、閩、監本、盧本同。宋本「蘊」作「蕰」。

雜卦

227 則飭王肅作飾 ○宋本、十行本、盧本同。閩、監本「飾」誤「節」。

228 周易略例 ○宋本、盧本同。十行本、閩、監本無「周易」二字。

229 動不能制動一本作天地不能制動 ○宋本、盧本同。十行本、閩、監本無「一」字。

230 語成而後有格一本格作括 ○宋本、盧本同。十行本、閩、監本無「一」字。

231 所贍常豔反 ○宋本、十行本、閩本同。監本、盧本

「常」作「市」，亦同母字。✕

232 洽乃本又作合 ○宋本、十行本同。盧本「又」作「亦」，閩、監本誤「乃」。✕

附注解傳述人

233 齊服生劉向別録云齊人號服光 ○葉本「光」作「先」。盧文弨云：師古注漢志引作「服光」。✕

234 傳易授張禹字子文河内軹人徙家蓮勺 ○葉本「蓮」作「遵」。案，「遵」字誤，蓮勺漢屬左馮翊。✕

235 郱丹 ○葉本「丹」誤「甘」。✕

236 翟牧字子況 ○葉本「況」誤「沉」。案，漢書作「兄」。兄、況古今字。✕

237 苑升 ○葉本「苑」作「范」，是也。✕

238 楊政字七行 ○案，葉本亦誤「七」，盧本作「子行」，依後漢書改。✕

239 戴馮平輿人 ○葉本「輿」作「興」。盧文弨云：范書作戴憑，平輿人。✕

240 楊叔元 ○案，葉本亦衍「元」字。盧文弨云：宋本無「元」字，與漢書同。✕

241 北海鄭玄大司農徵不至還家凡所注 五經中候箋毛氏作毛詩譜駁許慎五經異議去公羊墨守起穀梁廢疾休見大慙 ○案，葉本「至」作「起」，「中」作「緯」，「作」作「成」，「去」作「發」，「廢」作「癈」，皆是也。惟「駁」誤「破」，「休」誤「可」，「慙」誤「儒」，又「還家凡所注」五字及「可」字空缺。✕

f01—242 今亦用韓本 盧文弨云：下「子夏易傳」當另提行。✕

校記

❶南昌本條末增「盧本『褫』作『褫』，『何』作『可』，云『褫』，

或體。舊本褫，庀下作市，譌，今改正』」。

❷ 此條末「非也」二字，南昌本改作「盧文弨云：『舊本作補，今據錢本正。』案，作『甫』非，舊本是也」。

❸ 南昌本出文增「吐但反」，校語增「補：閩、監本同，宋本、盧本『但』作『旦』」。

❹ 「盧本『破』改『詖』」後，南昌本增「云：『舊本作破，譌，今從雅雨本正』」。

❺ 二「蘪」字原誤作「廌」，據南昌本，宋本、通志堂本、盧本釋文改正。

❻ 此條南昌本增改作：「本又作『蘪』，同，牋練反。王肅本作『而觀薦』。○補：宋本、盧本『本』作『王』，『蘪』作『廌』，『而觀薦』作『而不觀薦』。案，『王』字非也。豫『殷薦』釋文云『本又作蘪』，此當與彼同。閩、監本亦是『本』字，唯此『觀薦』上當有『不』字，誤脱耳。」

❼ 南昌本云「盧本『利』作『制』」，與此異。今檢盧本作「制」，南昌本是。

❽ 按，盧本作「无祇」，而南昌本此條末云「案，盧挍是也」，與此處「『祇』字不誤」有異。

❾ 南昌本條末增「盧文弨云：『舊本從木，譌，今從宋本、錢本正』」。

❿ 南昌本增「盧文弨云：舊本『京』作『亦』，今正」。

⓫ 南昌本條末增「○補：『又』、『作』二字今正」。

⓬ 南昌本出文首增「豫本反」，校語首增「補：閩、監本同，宋本、盧本『豫』作『孫』」。

⓭ 通志堂本釋文「劉作懲」下有「云清也」三字，文選樓本出文脱，校語表述亦略有不清，南昌本改作：「徵

劉懲云清也蜀才作證○補：閩本同。監本『徵』作『懲』，『劉懲云』作『劉云懲』，『蜀才』作『蜀本』。盧本『證』作『澂』，云『舊本澄，據訓云清也，則當作澂』。」

⓮ 此條南昌本增作：「本亦作赼或作欧説文及鄭作赼同○補：閩、監本同。宋本、盧本上『赼』作『趑』，『欧』作『欧』，下『赼』作『趑』。案，『趑』字是也。」

⓯ 此條文選樓本對盧本異文表述不清，南昌本增改作：「陸當陸也虞云莧其也陸商也○補：閩、監本同。盧本『其』作『説』，『商』作『和』，云：舊作『陸，商陸也』，則與馬、鄭同，非。又『説也』作『蕢也』，或作『萁也』，『和也』作『商也』，皆譌，今據宋本正。『莧』通『莞』，故訓『説』，『陸』通『睦』，故訓『和』。案，張惠言周易虞氏義作『莧，説也。陸，和睦也』，與盧本合。」

⓰此條南昌本增作：「一本作鄭古文作蹢○補：宋本、盧本『鄭』作『躑』，下『蹢』字作『蹢』。案，『躑』字、『蹢』字是也。閩、監本亦作『蹢』，非。」

⓱此條南昌本增作：「承筐　郊作筐○補：宋本『承筐』作『承匡』，『郊』作『鄭』。閩、監本、盧本『筐』作『匡』。案，宋本是也。」

⓲南昌本條末增「盧文弨云：舊本『疑』作『凝』，非」。

⓳此條南昌本作：「草木同○補：閩、監本同。宋本、盧本『草木』作『章末』，是也。」

⓴此條南昌本作：「鋪爲花泉謂之敷○補：閩本同。宋本『泉』作『皃』，盧本作『貌』，『敷』作『藪』。案，『皃』字是也。監本作『朶』，亦非。」

尚書注疏校勘記

〔清〕阮元 總纂
徐養原 分校
王耐剛 整理

目録

整理説明

尚書注疏校勘記（以下簡稱校勘記）二十卷，又附尚書釋文校勘記二卷。初校工作由徐養原負責。徐養原（一七五八—一八二五），字新田，浙江德清人，嘉慶六年（一八〇一）副貢生。長於三禮，精通算學，著有頑石廬經説十卷，清史列傳卷六九儒林有傳。尚書而外，徐氏還承擔了儀禮的初校工作。

一、尚書版本源流考述

古文尚書本是與今文尚書相對的以古字書寫的尚書文本，有所謂孔子家傳本、中古文本、河間獻王本，但影響最大的是東漢杜林漆書古文本，經賈逵、馬融、鄭玄等人訓釋，在東漢逐漸成爲尚書學的主流，在曹魏、西晉曾立於學官，盛極一時。至西晉永嘉之亂，群書亡佚，此古文尚書亦式微。東晉時梅賾獻孔安國古文尚書傳，即今所謂古文尚書。經宋至清學者系統考訂，乃是將伏生所傳今文尚書二十八篇析爲三十三篇，又採摭古書中所引尚書之文撰爲二十五篇，並託名孔安國作傳，是爲僞古文及僞孔傳。陸德明撰經典釋文，孔穎達修尚書正義，皆用梅賾所獻之僞古文尚書，此後，梅賾所獻本定於一尊。

僞古文尚書中多有古字，即所謂「隸古字」本，時人遂用通行文字書寫，即所謂今字尚書。唐玄宗天寶三載，乃命衛包將尚書隸古字改爲今字。至唐文宗開成二年（八三七），又據衛包改本刻開成石經。後世所傳尚書，皆出自開成石經。

（一）寫本時代之版本

在雕版印刷廣泛應用以前，經典的傳布主要依賴手抄。現存僞古文尚書的寫本主要包括敦煌與新疆出土古寫本和日本所藏古寫本。敦煌寫本中涉及寫卷編號與尚書篇目如下：

P.4900a 孔安國尚書序

BD14681＋S.9935 堯典、舜典

P.3015 堯典、舜典

S.3111v3＋S.3111v4 大禹謨

S.5745＋S.801＋S.8464 大禹謨、泰誓中、泰誓下

P.3605＋P.3615＋P.3469＋P.3169 益稷、禹貢

P.5522＋P.4033＋P.3628＋P.4874＋P.5543＋P.3752＋P.5557 禹貢、甘誓、五子之歌、胤征

P.2533 禹貢、甘誓、五子之歌、胤征

BD15695 禹貢

Дх.08672 仲虺之誥

P.2643 盤庚上、盤庚中、盤庚下、説命上、説命中、説命下、高宗肜日、西伯戡黎、微子

S.11399＋P.3670＋P.2516 盤庚上、盤庚中、盤庚下、説命上、説命中、説命下、高宗肜日、西伯戡黎、微子

P.2523p3 泰誓上

S.799 泰誓中、泰誓下、牧誓、武成

Дх.02883 洪範

Дx.02884 洪範

P.2748 洛誥、多士、無逸、君奭、蔡仲之命

S.6017 洛誥

P.3767 無逸

S.10524a＋L2409＋S.5626＋S.6259 君奭、蔡仲之命、多方

S.2074 蔡仲之命、多方、立政

P.2630 多方、立政

P.4509 顧命

Дx.10698＋Дx.10838＋P.3871＋P.2980＋P.2549 費誓、秦誓及尚書目録

除以上經注寫本外，尚有陸德明尚書音義寫卷：

P.3315 堯典、舜典釋文

P.3462a 舜典釋文

這些寫本的時代，以唐代爲主，如P.5557署「天寶二年八月十七日寫了也」，P.2642署「乾元二年正月廿六日義學生王老子寫了故記之也」。或有早於唐者，如Дx.10698＋Дx.10838＋P.3871＋P.2980＋P.2549費誓、秦誓及尚書目録，王重民先生認爲是六朝寫本。這些寫本與今本互有異同，可證今本之譌舛疏誤，有重要的文獻學價值。❶

新疆寫本涉及尚書篇目如下：

大禹謨，吐魯番出土唐寫本，殘，今藏柏林普魯士博物館。

太甲上，和闐出土唐寫本，殘，日本大谷光瑞舊藏，見氏著西域考古圖譜。

大禹謨，吐魯番高昌地區出土唐

寫本，殘，今藏中國社會科學院考古研究所。❷

日本的尚書古寫本亦主要是孔傳，較爲主要的有以下兩種：

東洋文庫藏初唐人寫本古文尚書殘卷，今存卷三、五與十二，嚴紹璗先生日藏漢籍善本書録云：「此卷爲日本今存隸古定尚書中最古寫本之一種。卷中不諱唐太宗之『民』字，當爲初唐寫得。與後世刊本相比較，則可是正之處甚多。」

東京國立博物館藏初唐人寫本尚書殘卷，存卷六。日藏漢籍善本書録云：「卷中不避唐太宗諱。全文用隸古字，係唐玄宗改定用字前寫定。從筆跡考定，此殘卷與東洋文庫藏古文尚書唐寫本殘卷中的第五、第十二當爲同本，紙背抄録元秘抄亦爲同筆跡。」

日本所藏尚書孔傳之鈔本甚多，如十二世紀寫本尚書孔傳殘本九卷，天理圖書館藏十三世紀初期中原家寫古文尚書殘本一卷，伊勢神宮藏十三世紀中期清原家寫本古文尚書，東洋文庫藏後醍醐天皇元德二年（一三三〇，元文宗至順元年）中原康隆寫本尚書孔傳殘本一卷，足利學校遺跡圖書館藏室町時代寫本古文尚書十三卷，十五世紀初期寫本尚書孔傳殘本三卷，大谷大學圖書館藏後柏原天皇永正十一年（一五一四，明武宗正德九年）清原宣賢寫尚書孔傳殘本二卷，內閣文庫藏十七世紀初期寫本尚書孔傳十三卷等，這些寫本多爲日人抄寫，或自唐寫本而來，或自刻本而來。

經典在傳鈔的過程中易有魯魚亥豕、矛盾錯譌之處，因此有石經之刻，這是寫本時代官方規範經書文本最爲重要的措施。

我們在上文已經指出，開成石經是後世文本的源頭，這是因爲五代時後唐長興年間國子監所刻九經的經文即出唐石經，而北宋監本又是翻刻的五代監本，可見開成石經可以視作寫本時代與刻本時代的樞紐之一。

開成石經之前，漢有熹平石經，其尚書乃是今文歐陽氏本。曹魏有正始石經，乃是古文尚書鄭玄本，與東晉所出僞本不同。

開成石經而後，雕版印刷普及，刻本漸多，石經作爲規範經典的方式也逐漸爲官方刻書所取代，但依然有石經之刻。後蜀有廣政石經，它是石經中唯一經注並刊者，其尚書經文部分亦出唐石經。北宋有嘉祐石經、南宋有臨安石經，清有乾隆石經，各自尚書部分皆是僞古文尚書。又明萬曆二年（一五七四），太僕寺刻尚書冏命一篇。

（二）宋元以來刻本

經書刻本之始，自五代後唐長興年間。資治通鑑云：「初，唐明宗之世，宰相馮道、李愚請令判國子監田敏校正九經，刻板印賣，朝廷從之。丁巳，板成獻之。由是，雖亂世，九經傳布甚廣。」此事自後唐長興三年（九三二）始，至後周廣順三年（九五三）告竣，凡歷四代二十二年，册府元龜、五代會要皆詳載其經過。自此而後，尚書及其他經典之版本皆以刻本爲主。下文分白文、經注、單疏、注疏本簡述其源流。

1．白文本

景定建康志文籍志著録尚書有監本正文、建本正文、婺本正文，此所謂正文乃是與注、正義、注疏相區別，故知是白文本。景定嚴州續志卷四書籍亦有六經正文，惜無存焉。

尚書之白文本存世較早者有二，一是國家圖書館藏宋刻遞修八經本，一是日本静嘉堂文庫藏宋刊婺州九經本。

八經本每半頁二十行，行二十七字，細黑口，左右雙邊，版心下方記刊工姓名，尚書部分爲二十二頁。宋諱貞、恒、桓、慎、惇皆缺末筆，「廓」字則不諱，故傅增湘以爲寧宗以前刻板。又傅氏云：「今此本結體方峭，筆鋒犀鋭，是閩工本色，決爲建本無疑。」明清以來又有諸多翻刻，如明靖江王府翻刻本，民國時陶湘涉園影印本。

宋婺州刊九經本原爲陸心源皕宋樓舊藏。每半頁二十行，行二十七字，眉間有音切。版心有「易」、「書」、「詩」、「禮」等書名簡稱，並有刻工姓名及字數。尚書部分計二十六頁。此本避宋孝宗及以前諱，光宗之後則不諱，故陸心源儀顧堂題跋以爲孝宗時所刻。又陸氏云：「婺本重言尚書、周禮兩書款格狹小，與此書近，字體方勁，亦復相同，證以建康志，定爲婺本，當不謬爾。」明崇禎秦鏷刻九經，陸氏以爲即從此本出，唯改爲半葉十八行。此本傅增湘以爲明本，而非宋刻。

2．經注本

前揭五代長興監本尚書即是經注本，也是六朝以降尚書孔傳最爲主要的文本形態。後之經注附釋音本、注疏合刻本之經注亦由此經注本而來。所以自五代監本而下，版本衆多。岳浚刊正九經三傳沿革例云：「今以家塾所藏唐石刻本、晉天福銅版本、京師大字舊本、紹興初監本、監中見行本、蜀大字舊本、蜀學重刊大字本、中字本、又中字有句讀附釋音本、潭州舊本、撫州舊本、建大字本、俞韶卿家本、又中字凡四本、婺州舊本，併興國于氏、建安余仁仲凡二十本，又以越中舊本注疏、建本有音釋注疏、蜀注疏，合二十三本，專屬本經名士反覆參訂，始命良工入梓。」岳氏所列諸本，經注本最多。大致而言，可分爲中央官刻、地方官府刻、家刻本與坊刻本四類。中央官刻主要是國子監刻本。玉海云：「九月，國子監言，尚書、孝經、論語、爾雅四經字體訛缺，請以李鶚本別雕，命杜鎬、孫奭校勘。」由此可見，北宋國子監在景德以前所印行的九經經注是李鶚本，即五代國子監刻本。但由於日久歲深，所以到了景德時，書板間有損壞，故有重刻之舉。由此亦可知，北宋國子監重刻尚書孔傳在景德二年（一〇〇五）。

經靖康之亂，北宋國子監書板遭損毁刼掠，故南宋初主要是取諸州書板入國子監，至紹興九年（一一三九），始據北宋監本以鏤版。玉海云：「紹興九年九月七日，詔下諸郡，索國子監元頒善本，校對鏤板。」由此可見，南宋國子監所刊印經注本出自北宋監本，這大概就是刊正九經三傳沿革例所説的「紹興初監本」。至嘉定十六年（一二二三），毛居正又主持刊正經籍，張麗娟宋代經書注疏刊刻研究推測毛居正主持校刻的本子或即刊正九經三傳沿革例所謂「監中見行本」。兩宋監本尚書皆已不存，自監本爾雅來推測，其行款當爲每半頁八行，行十六字，注文小字雙行，行二十一字。

除中央官署刻本外，地方官府亦有刻本。如撫州公使庫刻本、興國軍學刻本。黃震修撫州六經跋云：「六經官板，舊惟江西撫州、興國軍稱善本。己未虜騎偷渡，興國板已毀於火，獨撫州板尚存。」可見撫州本及興國軍學本皆爲六經，其中之尚書皆不存焉。從現存撫州本周易、禮記等及興國軍學所刻春秋經傳集解來看，撫州本尚書每半頁十行，行十六字，小字雙行二十四字，白口，四周雙邊，同時又附釋文一卷。興國軍學本則每半頁八行，行十七字，小字雙行同，白口，左右雙邊，亦附釋文。

現今所存經注本尚書中，以北京大學圖書館藏宋刻尚書十二卷爲最早。是本每半頁十行，行二十字，白口，左右雙邊，避諱至「慎」字止。原爲李盛鐸木犀軒舊藏，是宋刻尚書中唯一一部經注本。

家刻本之中，則以廖瑩中世綵堂本最爲有名。廖瑩中世綵堂本是經注附釋音本。原刻已經不存，賴翻刻諸本傳世。義興岳氏所刻九經三傳之尚書即出自廖瑩中本，岳本今亦不存。清乾隆中曾據岳本翻刻，即所謂仿宋相臺五經，雖經輾轉翻刻，然廖本尚書之風貌得見一斑。據乾隆仿宋本知，廖瑩中世綵堂本尚書每半頁八行，行十七字，小字雙行同，四周雙邊，有書耳。

坊刻本之中，有余仁仲萬卷堂本。余氏萬卷堂所刊九經三傳亦爲經注附釋音本，尚書亦亡佚不存。從現存余氏所刻禮記來推測，尚書行款亦當是每半頁十一行，行十八、十九字不等，注文小字雙行，行二十七字，左右雙邊。

宋代以來，版刻興盛，書坊亦極多，除上述余仁仲萬卷堂外，坊刻尚書有如下重要版本：

尚書十三卷，宋乾道、淳熙間建安王朋甫刊本。每半葉十行，行十九字，注文小字雙行，行二十五字，左右雙邊，白口。避諱至「愼」字止。此本爲經注附釋音本，卷首附堯九族圖、舜巡四岳圖等十八圖。日本學者阿部隆一稱此本爲「字畫纖細，摹刻精良，楮墨清爽之美本」。今藏臺北「國家」圖書館。

纂圖互注尚書十三卷，又圖一卷，第二批國家珍貴古籍名録圖録著録爲宋刻本。每半頁十一行，行二十一字，小字雙行行二十五字，細黑口，左右雙邊。此本原爲天禄琳瑯舊藏，今所存者爲殘卷，且散藏於不同之處：卷一、卷二藏韋力芷蘭齋，卷五、卷六藏哈爾濱圖書館，卷七至卷十三藏於國家圖書館。

纂圖互注尚書十三卷，又圖一卷，宋紹熙年間建安宗氏刻本，行款與上本同。張麗娟宋代經書注疏刊刻研究指出，此本與上述國圖等地藏本相比稍有不同，可見並不同版，但整體相似，有密切的淵源關係。此本今藏日本京都市。

婺本點校重言重意互注尚書十三卷，宋刻本。每半頁十行，行二十字，小字雙行同，細黑口，左右雙邊。愼、敦字皆見避諱。有白文陰刻「重言」、「重意」、「互注」標目。原爲鐵琴銅劍樓舊藏，今藏臺北故宮博物院。

監本纂圖重言重意互注尚書十三卷，四部叢刊據劉氏嘉業堂藏本影印，嘉業堂藏書志卷一著録。是本每半頁十行，行十八字，小字雙行二十四字，白口，四周雙邊。避諱至「惇」字止。有重言、重意、互注等。此本今僅有影印本，原本下落不詳，蓋已亡佚。以上二本，雖稱「婺本」、「監本」，但實際皆出自建陽書坊。

3. 單疏本

玉海云：「端拱元年三月，司業孔維等奉勅校勘孔穎達五經正義百八十卷，詔國子監鏤板行之。易則維等四人校勘，李説等六人詳勘，又再校，十月板成以獻。書亦如之，二年十月以獻。」又云：「咸平元年正月丁丑，劉可名上言，諸經板本多誤，上令頤正詳校。可名奏詩、書正義差誤事。二月庚戌，奭等改正九十四字。沆預政。二年，命祭酒邢昺代領其事，舒雅、李維、李慕清、王渙、劉士玄預焉，五經正義始畢。」又云：「(紹興)十五年閏十一月，博士王之望請群經義疏未有板者，令臨安府雕造。二十一年五月，詔令國子監訪尋五經三館舊監本刻板。」王之望乞頒行群經義疏奏云：「臣愚欲望陛下仿端拱、咸平故事，悉取近地所刊群經義疏並經典釋文，付國子監印數百部，頒其書於四方，詔郡縣以贍學或係省錢各市一本，置之於學。」由以上我們可以歸納出兩宋國子監校勘單疏本尚書正義之經過如下：第一，其初刻經由校勘、詳勘、再校等步驟，負責人爲孔維，在端拱二年(九八九)十月完成印刷，是爲尚書正義之初刻本。第二，初刻本不無疏誤，因又有刊正之舉，其完成在咸平二年(九九九)。第三，南宋經靖康之亂後，群經義疏未有印本，因此王之望在紹興十五年請取近地已經刊行的群經義疏書板加以印行，所取書板可能就是各地翻刻的北宋監本正義。至紹興二十一年，國子監又陸續刊刻經籍，亦當有單疏本。

尚書之單疏本今僅有南宋刻本傳世，藏日本宮内廳書陵部。是本每半頁十五行，行二十四字，白口，左右雙邊。避諱至

「慎」字，可見是南宋孝宗以後的刊本。卷前有端拱元年三月孔維上書表及官員銜名，可以推測爲南宋翻刻北宋監本。原本之外，民國五年（一九一六）嘉業堂據抄本刻印行世，即嘉業堂叢書本。一九二九年日本大阪每日新聞社又將原本影印，有内藤湖南所撰解題及跋文。又有四部叢刊三編影印本。

4．注疏本

尚書的注疏合刻本主要有以下幾種：

越中八行本，即刊正九經三傳沿革例所謂「越中舊本注疏」。八行本尚書正義每半頁八行，行十九字，小字雙行同，白口，左右雙邊。八行本禮記正義載黄唐跋文云：「六經疏義，自京、監、蜀本皆省正文及注，又篇章散亂，覽者病焉。本司舊刊易、書、周禮，正經、注、疏萃見一書，便於披繹，它經獨闕。紹熙辛亥仲冬，唐備員司庾，遂取毛詩、禮記疏義，如前三經編彙，精加讎正，用鋟諸木，庶廣前人之所未備。乃若春秋一經，顧力未暇，姑以貽同志云。壬子秋八月，三山黄唐謹識。」由此跋文可知，在紹熙二年至三年（一一九一至一一九二）刊印禮記正義之前，已經先後刊刻周易、尚書、周禮之注疏合刻本。就尚書而言，其八行本今存兩部，一藏國家圖書館，一藏日本足利學校遺跡圖書館。藏於國家圖書館者，卷七、八、十九、二十配日本影宋鈔本，其避諱至「構」字止，孝宗嫌名不諱，故李致忠先生認爲是高宗紹興年間刊刻。足利學校所藏者，則歷經宋、元、明三代修補。

宋魏縣尉宅刻本附釋文尚書注疏。是本每半頁九行，行十六字，小字雙行，行二十二字，細黑口，左右雙邊，有書耳。慎、敦等字皆缺末筆，卷一末有刊記「魏縣尉宅校正無誤大字善本」一行。傅增湘藏園訂補郘亭知見傳本書目稱此本「字體峭勁流麗，建本之至精者」。但此本僅存前十六卷，卷十七以下用元刊明修十行本補配。今藏臺北故宫博物院。此本附入釋文之方式乃是逐句散入，而非十行本逐段散入。

十行本系統，今存者乃是元刊十行附釋音尚書注疏，此本影響極大，明代李元陽閩中刻本即從此出。萬曆間，國子監又據李元陽本重雕，是爲北監本，明崇禎毛氏汲古閣本與清乾隆初武英殿刊本則又出自北監本者。此系統之注疏合刻本是明清以降影響最大的版本。多家圖書館有藏。

平水刊尚書注疏二十卷，又新彫尚書纂圖一卷。半頁十三行，行二十六至二十九字不等，小字雙行，行三十五字，白口，四周雙邊，每卷後附釋文。傳世有三，一爲國家圖書館藏瞿氏鐵琴銅劍樓舊藏，鐵琴銅劍樓藏書目録著録爲金刻本，一爲日本天理圖書館藏傅增湘舊藏金刻本，存卷十八，一爲國家圖書館藏蒙古刻遞修本，存卷六至十、十六至二十：後二者爲清内閣大庫舊藏。據顧永新經學文獻的衍生和通俗化，此三本中傅氏藏本爲金刊本，而瞿氏藏本與國圖所藏内閣大庫本皆是覆刻金刊本，間有翻刻，唯瞿氏本爲較早印本，而國圖藏内閣大庫本則爲晚出之本。顧氏亦指出：平水所刊尚書注疏當出自宋本，其「所據宋本必在八行本之後，但絕非八行本，必在十行本之前，應該是十行本所據不附釋文的注疏合刻本相近或同版的本子」。[3]

二、校勘記的基本内容

（一）校勘記引據版本簡述

校勘記卷首有引據各本目録，共列十七種，可以分爲如下幾類：

第一，白文本，主要是唐石經和臨安石經。

第二，經注本，包括古本、岳本和葛本。所謂古本是據山井鼎七經孟子考文所引述之足利學校藏古鈔本。岳本乃是武英殿翻刻相臺岳氏本。葛本即永懷堂本，雖爲經注，實則出自閩本注疏。

第三，注疏本，主要包括宋板、宋十行本、閩本、明監本、毛本五種，其中宋板即前揭越中八行本尚書正義，校勘者是根據七經孟子考文補遺引據，而非目驗。宋十行本實是元刊明修本，閩本、明監本和毛本皆與十行本同一系統。其中毛本爲校勘之底本。

第四，參考資料一類。其中陸德明經典釋文、毛居正六經正誤、王天與尚書纂傳主要是作爲版本資料使用，注重各自所載異文，石經考文提要、顧炎武九經誤字、浦鏜十三經正字、盧文弨群書拾補則注重其校勘結論，山井鼎、物觀七經孟子考文補遺則兩者兼而有之。

這裏附帶説明一下尚書釋文校勘記所使用的版本。宋本十三經注疏併經典釋文校勘記凡例説：「經典釋文明代無單行之本，崇禎間，震澤葉林宗仿明閣本影寫一部。國朝徐乾學取以刻入通志堂經解，盧文弨又刻之抱經堂。雖皆據原書訂正，亦或是非互易，棄瑜録瑕，今仍取原書以校徐、盧兩刻，拾遺訂誤，分配各經。」據此，各經校勘記的釋文部分當是以葉林宗影鈔本爲底本，校以通志堂和抱經堂二本。但實際情形並不如此。就尚書釋文校勘記而言，是用通志堂本作底本，校以葉林宗影鈔本（記中稱爲「葉本」或「葉鈔」）、十行本及毛本注疏所附釋文，又參以盧文弨抱經堂本（記中稱爲「盧本」或「盧文弨校本」）和段玉裁校本。

（二）校勘記的主要内容

尚書注疏校勘記二十卷共有校記 3037 條，釋文校勘記 388 條，合計 3425 條，但以下的討論我們主要以尚書經、注與疏的校記爲主。校勘記詳細羅列各本差異，這些差異不僅包括經、傳、疏諸種校本的異文，還包括各本卷題、書名之差異。在此基礎上，校勘記對尚書經、注、疏在流傳過程中所産生的譌、脱、衍、倒進行校訂。

在校勘的過程中，校勘者還注重吸收他人的校勘成果，尤其是清人的校勘成果，除了在引據版本中説明的石經考文提要、九經誤字、七經孟子考文補遺、十三經正字和群書拾補外，還包括以下諸人、諸書：

王念孫：一次；

許宗彦：十五次；

段玉裁：二十三次，主要出自古文尚書撰異；又釋文校勘記部分亦多引段玉裁説，有四十七次；

孫志祖：二十六次；

臧琳：一次，出經義雜記；

岳本考證：六次；

閻若璩：一次，出尚書古文疏證；

胡渭：一次，出禹貢錐指；

朱長孺：一次；

王鳴盛：四次；

錢大昕：一次；

齊召南：五次；

趙佑：一次；

經典釋文考證：一次，又釋文校勘記引盧文弨説者亦多出經典釋文考證，計二十七次。

上述諸家之説中，校勘記對於段玉裁説幾乎全部接受，由此可見段玉裁與十三經注疏校勘記修纂之密切關係。

（三）校勘記的主要問題

校勘記在引據各本目録中「閩本」下云：「記中與考文所引並載，以見此詳彼略云。」即校勘記中記録閩本之文字，同時也以「嘉本」作某的方式記録七經孟子考文補遺中的記載。除閩本之外，十行本、明監本也有這種情形：

01—016條：「循蜚七也」，蜚，宋板、十行、正德本俱作「飛」。

01—046條：「天下學士」，嘉靖、閩、監俱脱「天下」二字。

校記中正德本與十行本實是一種，嘉靖本與閩本爲一種。稍嫌重複，但體例言明也無不可。但是校勘記中這種情形也有前後不一之處，即記載所謂正德本與十行本或嘉靖本與閩本不一致，如：

15—148條：「所以居王中」，居王中，古、岳、宋板、閩本作「居土中」，是也。十行、葛、正德、嘉、萬俱作「君上中」，亦非。

據校記所云，閩本作「居土中」，嘉本作「君上中」，但閩本和嘉本實際是同一種版本，並無修版或補版與原版之別，不可能文字不一致。今核閩本尚書注疏此作「君土中」，則校勘記所記閩本、嘉本文字皆非。又七經孟子考文補遺云「正德、嘉、萬三本『居土中』作『君土中』」，則校勘記所云「君上中」當是「君土中」之誤。由此一條可見，校勘記所記諸校本文字有誤，引用資料亦有誤，因而造成了對同一版本前後矛盾的記載。

校勘記還有其他一些問題，如版本使用不全，存在漏校等問題，但其他諸經疏校勘記亦存在類似問題，且據上文版本源流部分亦可知校勘記所遺漏重要版本，此處我們不再詳論。

三、校勘記的主要版本

校勘記的主要版本有以下幾類：一是嘉慶間文選樓刻本（以下統稱爲「文選樓本」），一是嘉慶二十年至二十一年南昌府學刻十三經注疏所附本（以下簡稱爲「南昌本」），一是清經解所收十三經注疏校勘記（以下統稱爲學海堂本），其中文選樓本和學海堂本是全本，南昌本則是盧宣旬摘録本。

（一）文選樓本

文選樓本存世較多，但據我們調查，諸本之間有先後印次之不同。我們所調查的文選樓本如下：

續修四庫全書影印南京圖書館藏本，以下簡稱「南圖本」，這也是我們此次整理校勘記的底本。文中所引校勘記，如無注明，皆出此本，下不一一説明。

上海圖書館藏本（索書號：002871），以下簡稱「上圖本」。

上海圖書館藏葉景葵藏本，以下簡稱

「葉藏本」。此本上圖目録著録爲嘉慶十一年刻本，然卷首有段玉裁嘉慶十三年序，故當是十三年以後印本。此本封面有葉景葵題記，録之如下：「凡例内所夾一簽似唐鷦安手書。儀禮缺卷補抄極工整。丙子年以廉價得於上海城内書攤，己卯年重裝訖。揆初記。」其中禮記注疏校勘記卷一至卷四，儀禮注疏校勘記卷一至卷八皆係抄配。

華東師範大學圖書館藏盛宣懷愚齋圖書館舊藏本，以下簡稱「愚齋本」。此本華師大圖書館著録爲嘉慶二十一年刻本，以其段玉裁嘉慶十三年序後有二十一年進書奏表。此奏表爲其他三本所無，因此四本之中，此本應該是刷印最晚的本子。

以上四個版本，雖然都是文選樓本，但四者之間，存在着細微的差别。此處略舉數例：如07—49、07—050條，今録之如下：

> 「楚語稱堯有重黎之後」，有，宋板、十行、監本俱作「育」。閩本亦誤作「有」。
>
> 「廢天地」，地，十行、閩本俱作「時」。按，「地」字非也。

底本之順序如此，上圖本亦同，而葉藏本和愚齋本此兩條的順序互换，與底本相反。今按，宋八行本尚書正義有兩「廢天時」，一在「楚語稱堯有重黎之後」前，一在其後。在前者，毛本作「廢天地」，在後者毛本作「廢天時」。出文既作「廢天地」，則應在「楚語稱堯有重黎之後」前，是則葉藏本與愚齋本爲是。

又如10—029條：

> 「官不至其言」，十行本「至」誤「全」。

底本及上圖本文字如此，而葉藏本、愚齋本

出文皆作「官不至其賢」，改「言」爲「賢」，核之毛本注疏，葉藏本、愚齋本所改爲是。

又如 14—094 條：

「常修己以敬哉」，常，閩本誤作「當」。

底本及上圖本文字如此，而葉藏本及愚齋本則作：

「當修己以敬哉」，當，閩本誤作「常」。

今按，閩本、毛本尚書注疏此句皆作「當修己以敬哉」，並無不同。核之諸本，惟監本作「常修己以敬哉」，故疑此條出文當作「當修己以敬哉」，校記當作「當，監本誤作『常』」，若是如此，葉藏本及愚齋本近其實，惟「監」誤作「閩」耳。

又如 18—030 條：

「吉禮之别十有三」，十有三，宋板作「有十二」，是也。

底本及上圖本文字如此，但葉藏本及愚齋本此條則作：

「吉禮之别十有二」，閩本作「十有三」，非也。

核之注疏諸本，此條出文當以葉藏本及愚齋本爲是，校記則當以底本、上圖本爲是。

由以上數例可推知，葉藏本、愚齋本改正了底本、上圖本的諸多錯誤。因此我們認爲底本和上圖本的刷印要早於葉藏本和愚齋本。我們再看下面的例子，16—015 條：

「天爲過逸之行」，天，古、岳、葛本、宋板、十行、閩、監、纂傳俱作「大」。按，「天」字誤。

按，校記中「大」字之横畫底本已斷續不清，然尚可識讀，至上圖本、葉藏本、愚齋本此條「大」字之横畫已不甚清楚，似作「人」字，至道光時，學海堂重刊十三經注疏校勘記，此條之「大」字遂誤作「人」字。由此亦可考知文選樓諸本刷印之先後。

經過我們初步比勘，上述四個版本之先後印次當爲：底本、上圖本、葉藏本、愚齋本。在尚書部分，底本與上圖本並無差異，但在儀禮部分差異較大，詳參儀禮注疏校勘記整理説明，此不贅述。

最後需要説明的是，愚齋本卷首序後有奏表，此奏表亦見於阮元揅經室集，奏表云校勘記「連年校改方畢」，這可能就是文選樓諸印本之間文字有異的原因。愚齋本既經進呈御覽，故可視爲十三經注疏校勘記之定本。

（二）南昌本

南昌本因附於阮刻十三經注疏之後，因而在校勘記諸本中流傳最爲廣泛。南昌本與文選樓本有重要差異。

這兩個版本的差別首先在於一個是全本，一個是摘録本。我們在上文已經指出文選樓本共有校記 3037 條，又有釋文校記 388 條，南昌本則共有校記 1727 條，除未附釋文校勘記外，另删去文選樓本校記 1312 條，此外南昌本還把文選樓本卷二、三、四、六、八、九、十一、十二、十四、二十之 001、002 條，卷十六之 101、102 條各自兩兩合爲一條。除删減、合併校記外，南昌本還增加了 13 條校記，其中卷一增加 3 條，卷三、卷六、卷七各增加 1 條，卷九增加 7 條。卷九所增 7 條校記中有六條録自釋文校勘記，則南昌本所新增校記實際僅有 5 條。除此而外，南昌本還删掉了文選樓本的標目。

其次，文選樓本與南昌本校勘底本不同，這是兩本最重要的差别。文選樓本的校勘底本爲毛本，南昌本則因爲附於尚書注疏之後，所以校勘底本是南昌府學校刻尚書注疏的底本，即十行本。這就決定了兩本之出文不同，文選樓本的出文依據毛本，而南昌本在摘録時，則需要將出文轉換成十行本相應的文字。在轉換的過程中，南昌本增加了新的問題。如：

02—074 條：「時言柬作」，時，宋板、十行俱作「特」，非也。

南昌本相應之條目作：

「特言柬作」，宋本同。岳本、閩本、毛本「特」作「時」。案，作「特」非也。

南昌本轉換了出文，并將校記中描述文字作了相應調整。校勘記一般只揭示與出文不同的版本，與出文相同的版本不再説明（僅徐養原如此，他經校勘記或同或否，如李鋭所校，則不論與出文同否，一概詳細説明。由此可見十三經注疏校勘記的體例並不嚴整），所以文選樓本僅提及宋板、十行。南昌本在轉化過程中要補充版本，所以多了閩本。閩本而外，南昌本還增加了岳本。但是此條是校疏文，不應言及岳本，岳本疑是明監本之誤。

10—071 條：「以紂自絶先王」，十行、閩、監俱脱「王」字。

南昌本相應之條目作：

「以紂自絶先」，閩本、明監本同。毛本「先」下有「王」字，正與岳本同。

南昌本轉化的問題在於「正與岳本同」一語，此亦是疏文，而岳本並無疏文。孔傳中有「以紂自絶於先王」一語，各本皆同，此處也没有必要單單引用岳本。又八行本尚書正義即校勘記所云宋板（或稱「宋本」）「先」下有「王」字，疑「岳」字當是「宋」字之誤。

由以上可知，南昌本一是不能完全反映尚書各本之文字差異，一是其所言往往與實際並不相符，問題較多。再者，因其删改過多，所以其與文選樓先後印本之關係亦不易推斷。

（三）學海堂本

學海堂本有道光九年（一八二九）初刻本（以下簡稱「道光初刻本」）和咸豐九年（一八五九）補刊本（以下簡稱「咸豐補刊本」）的差異，這一點在尚書注疏校勘記中表現尤爲明顯。

道光初刻本與文選樓本整體差異不大，具體來説，道光初刻本更接近嘉慶二十一年的印本，而與較早印本不同。我們在上文所舉文選樓諸印本之差別，道光初刻本之文字皆與愚齋本相同，而與底本不同。因此，我們認爲，道光初刻本源自嘉慶二十一年之定本。

從整體上考量，咸豐補刊本作爲道光本的補刊，所用的底本應該是道光初刻本，這一點我們可以從各卷卷尾校勘銜名得到確認。如校勘記卷十六（清經解卷八百三十三），道光初刻本卷末署名作「嘉應生員李恒春校」，到了咸豐補刊本，卷末的題名改作「嘉應李恒春舊校／南海桂文烜、桂文燦新校」，可見補刊本仍然部分保留了校勘者銜名。第二，咸豐補刊本還保留了若干道光初刻本的版面，如卷十七（清經解卷八百三十四）第七、八兩頁書版爲道光原版，又如卷二十（清經解卷八百三十七）的第五至七頁是道光原版，並且保留了「嘉應生員李恒春校」的署名。

但咸豐補刊本也對道光初刻本作了相當程度的校改，這些校改使其與文選樓本、道光初刻本之間有了重要差異。括而言之，表現爲以下幾點：

第一，校記或按語詳略不同。舉例如下：

01—073 條：「及以王若曰庶邦亦誤矣」，浦鏜云：「及」當「乃」字誤。

咸豐補刊本末增按語：「○按，浦云是也。」

又如：

03—001 條：「古文尚書舜典第二虞書孔氏傳」，古本如此。山井鼎曰：

「古本分爲十三卷，卷内有數篇者，每篇篇題同此，以下不重出，可推知也。」

咸豐補刊本末增按語云：「○按，唐石經、岳本俱無『古文尚書』四字，餘與古本同，後放此。」多數情形是咸豐補刊本按語較爲詳細，而文選樓本或略或無。但亦有相反者。如：

03—016 條：「傳麓録至於大」，大，十行、閩、監俱作「天」，是也。

咸豐補刊本無結尾「是也」二字。

第二，校勘結論不同。例如：

02—074 條：「時言東作」，時，宋板、十行俱作「特」，非也。

咸豐補刊本相應條目作：

「時言東作」，時，宋板、十行俱作

「特」。○按，「時」字非也。

文選樓本以「時」字爲是，咸豐補刊本則以「時」字爲非，二本結論相反。

02—135 條：「故傳倒文以曉民」，浦鏜云「民」恐「明」誤，當屬下句，是也。

咸豐補刊本相應條目作：

「故傳倒文以曉民」，山井鼎曰「民」恐「明」誤，當屬下句。○按，浦鏜云「明」誤，是也。

是文選樓本以爲「民」字當作「明」，咸豐補刊本則認爲「明」是誤字。今按，浦鏜十三經注疏正字云：「『民』當『明』字誤。」據此則咸豐補刊本「明誤」上脱「民當」二字，違背浦鏜原意。又「當屬下句」，乃山井鼎說，浦鏜無此說。

第三，條目多寡不同。這涉及釋文校勘記卷下 142 至 145 四條。今録之如下：

「鋭以稅反」○按，尚書撰異云：治尚書者，自蔡仲默以來，皆謂「鋭」當依說文作「鈗」矣，而未得其詳。考之玉篇，但有「鋭」字與「鈒」、「鋋」等字，以類相從，注云「徒會切，矛也，又弋稅切」，是野王所據尚書作「執鋭」也。

「瑁」○十行本、毛本作「冒」，非。

「憑」○段玉裁校本作「馮」。

「卞」○段玉裁校本作「弁」。

咸豐補刊本四條變爲兩條：

「鋭以稅反」○毛居正曰，「鋭，許氏說文音兑，廣韻徒外反，今音以稅反，是鋭利之鋭，非兵器也，其誤明矣。

當從説文、廣韻音。」按，經文「鋭」字若依説文則當作「鈗」，从金允聲，音允。今經既作「鋭」，故廣韻於泰韻「兑」字鈕載之，説文初無此音，未知毛説何據。○按，尚書撰異云：治尚書者，自蔡仲默以來，皆謂「鋭」當依説文作「鈗」矣，而未得其詳。考之玉篇，但有「鋭」字與「鈒」、「鋋」等字，以類相從，注云「徒會切，矛也，又弋税切」，是野王所據尚書作「執鋭」也。

「瑁」○十行本、毛本作「冒」，非。

不難發現，咸豐補刊本在「鋭以税反」條增加了「毛居正曰」云云，這些文字在咸豐補刊本中剛好佔了兩行，因此補刊本删去了「憑」、「卞」二條，從而使改動不會影響其他版片。又咸豐補刊本「鋋」字誤作「鋌」字，則沿襲自道光本。

以上三點差異，前兩點較主要，涉及條目較多。雖然咸豐補刊本有些校記詳於文選樓本，但是需要説明的是，這並不是説咸豐補刊本優於文選樓本。咸豐補刊本有如下一些問題，如誤字較多，多是形近而誤。如 01—004 條「怗」誤作「怙」，02—131 條「扞」誤作「扜」，「扜」又誤作「扞」，07—068 條「牗」誤作「牖」。前所舉 02—135 條亦是咸豐補刊本不合浦鏜原意。由此可知，二本互有短長，可以互補。

（四）咸豐補刊本校改依據之推測

我們在上文已經指出，咸豐補刊本刊刻之依據主要仍是道光初刻本。但是其校改依據呢？咸豐補刊本之刻在道光初刻本及文選樓本之後，那麼咸豐補刊本的校改是否是針對道光初刻本或文選樓本的呢？

從有些條目來看，可以這樣説。例如釋文校勘記卷下 094 條：

「不啻，徐本作翅音同」○翅，葉本作「商」。按，「商」蓋「商」之誤。

文選樓諸本及道光初刻本文字如此，咸豐補刊本此條作：

「不啻，徐本作翅音同」○翅，葉本作「商」。按，「商」蓋「商」之誤。○按，葉本誤也，云「商」（商）之誤更非。

今按，咸豐補刊本云「云商之誤更非」，顯然是針對原來「『商』蓋『商』之誤」而言的。如果僅從此條來看，咸豐補刊本是在道光初刻本基礎上改動的。

但是，實際情況並不如此簡單。我們先看一下 16—028 條（因要説明剜改問題，故暫不標點，且校記排作雙行）：

言我周亦法殷家 作 法古本宋板俱作涉非

此條校記「法」字左原有「作」字，文選樓諸本、道光初刻本皆如此。但「作」字似與文義無涉，且「非」字下文選樓本仍有空白。所以我們整理時刪去了「法」字左側的「作」字。但咸豐補刊本此條與文選樓本不同：

「言我周亦法殷家」，法，古本、宋本俱作「涉」。山井鼎曰，考疏意，作「涉」者非。

根據文選樓本的行款，「作涉者非」四字需要轉行，其中「作」字正合在「法」字之左。那麽我們可以推測，文選樓本此條原與咸豐補刊本一致，但後來作了修改，剜去「山井鼎曰考疏意作涉者非」十一字，又在

「涉」下刻「非」字。在剜改時，轉行處的「作」字剜改未盡，所以就成了我們今天看到的這樣。類似的情況還有 18—003、18—147 兩條。這可以説明，我們所看到的文選樓本是經過剜改的本子。

如果我們的推測成立，那麽咸豐補刊本校改之依據，恐怕是要早於我們今天所見到的有嘉慶十三年段玉裁序的本子。考雷塘庵主弟子記嘉慶十一年冬十月云：「纂刊十三經校勘記二百四十三卷成。」若此記載無誤，則十三經注疏校勘記的初刻乃是在嘉慶十一年，而非嘉慶十三年。咸豐補刊本是否根據的是這個初刻本呢？因材料有限，姑且存疑。

道光初刻本刊刻的主持者嚴杰對於南昌本所附校勘記提出過批評：「近年南昌重刻十行本，每卷後附以校勘記，董其事者，不能辨別古書之真贋，時引毛本以訂十行本之訛字，不知所據者乃續修之册。更可詫異，將宮保師校勘記原文顛倒其是非，加『補校』等字。因編經解附正於此，俾後之讀是記者，知南昌本之悠繆有如是夫。」因此，學海堂本對於南昌本所增校記和按語等並没有採納。

此次整理十三經注疏校勘記，我們選以南圖本爲底本，校以南昌本，參以學海堂本。但由於尚書注疏校勘記的文選樓本與南昌本存在校勘底本差異的問題，因此尚書注疏校勘記的整理與他經有別。首先，仍以南圖本爲底本，校以南昌本、道光初刻本、咸豐補刊本，參以上圖本、葉藏本和愚齋本。在出校時，如文選樓諸本同，則統稱爲「文選樓本」，若諸本之間不同，則具體指出。學海堂本亦如是。對於南昌本與文選樓本的差異，我們酌情出校。具體而言，對於因底本轉換所造成的出文或者校記的歧異一般不予出校，但二本結論不同或增删按語等情形則予以出校。

王耐剛

❶ 敦煌各寫本之内容、價值，可參：王重民敦煌經籍敘録，中華書局，二〇一〇年版；吴福熙敦煌殘卷古文尚書校注，甘肅人民出版社，一九九二年版；許建平敦煌文獻叢考，中華書局，二〇〇五年版；許建平敦煌經籍敘録，中華書局，二〇〇六年版；张涌泉主編敦煌經部文獻合集，中華書局，二〇〇八年版。

❷ 新疆本之詳細情況，可參劉起釪尚書源流及傳本考，遼寧大学出版社，一九九七年版；顧頡剛、顧廷龍輯録尚書文字合編，上海古籍出版社，一九九六年版。

❸ 参氏著經学文獻的衍生和通俗化，北京大學出版社，二〇一四年版。

尚書注疏校勘記序

自梅頤獻孔傳而漢之真古文與今文皆亡，乃梅本又有今文、古文之別。新唐書藝文志云「天寶三載詔集賢學士衛包改古文從今文」，説者謂今文從此始，古文從此絶，殊不知衛包以前未嘗無今文，衛包以後又别有古文也。隋書經籍志有古文尚書十五卷，今字尚書十四卷，又顧彪今文尚書音一卷，是隋以前已有今文矣。蓋變古文爲今文實自范甯始，甯自爲集注，成一家言，後之傳寫孔傳者從而效之，此所以有今文也。六朝之儒傳古文者多，傳今文者少，今文自顧彪而外不少概見。李巡、徐邈、陸德明皆爲古文作音，孔穎達正義出於二劉，蓋亦用古文本，如「塗」之爲「斁」，「云」之爲「員」是也。然疏内不數數覯，殆爲後人竄改，如陳鄂等之於釋文歟？然則衛包之改古從今，乃改陸、孔而從范、顧，非倡始爲之也。乃若天寶既改古文，其舊本藏書府，民間不復有之，更經喪亂，即書府所藏亦不可問矣。開成初，鄭覃進石經，悉用今文。前此張參之壁經，後此長興之板本，廣政之石本當無不用今文者。乃後周顯德六年郭忠恕獨校古文尚書上之，上距天寶三載已二百餘年，不知郭氏從何而得其本。宋初仍不甚行，至吕大防得於宋次道、王仲至家，而晁公武取以刻石，薛季宣據以作訓，然後大顯。今按，釋文序録云：「尚書之字本爲隸古，既是隸寫古文，則不全爲古字。今宋、齊舊本及徐、李等音所有古字蓋亦無幾。穿鑿之徒務欲立異，依傍字部，改變經文，疑惑後生，不可寫用。」是所謂古文不過如周禮、漢書略有古體及假借通用之字而已。晁氏讀書志云「陸德明獨存一二於釋文」，此正與古字無幾之説相合。若連篇累牘悉是奇字，則陸氏豈得或釋或不釋哉？晁氏又云：「以古文尚書校釋文，雖小有異同而大體相類。」夫釋文所存僅止一二，就此一二之中復小有異同，則全經不合者必十之九，其爲贋本無疑。然觀陸氏之言，則穿鑿立異自古而然，不獨郭氏也。臣於尚書注疏舊有挍本，兹以各本授德清貢生徐養原挍之，并及釋文，臣復定其是非，且考其顛末，著於簡首。臣阮元恭記。

引據各本目録

唐石經　用衛包所改之今文，後來注疏本俱出於此。

宋臨安石經　今所存者起禹貢之半至胤征之半，又起大誓末至酒誥之半。

古本　見山井鼎七經孟子考文，乃日本足利學所藏書寫本也。物觀序以爲唐以前物，其經皆古文，然字體太奇，間參俗體，多不足信。❶

岳本　宋岳珂用廖氏世綵堂本重加挍勘，所謂相臺本也，世甚重之。今考其書多詳於音讀、句逗，而略於字句異同，又往往據疏以改注，不知疏中所述經傳不必盡依元文也。然合二十三家參訂，用力甚勤，固當優於諸家。元本未見，今所據者武英殿翻刻本也。

葛本　即永懷堂本，與閩刻注疏本相類，而譌字較多。

○已上三種皆單注本。

宋板　見七經孟子考文。左傳考文載黄唐禮記跋云：「本司舊刊易、書、周禮正經、注、疏萃見一書，便於披繹，它經獨闕，紹興辛亥遂取毛詩、禮記疏義，如前三經編彙，精加讎正。」蓋注疏合刻起於南、北宋之閒，而易、書、周禮先刻，當在北宋之末也。此本或即黄跋所稱者。自盤庚以下爲九卷，泰誓以下爲十卷，洪範以下爲十一卷，旅獒以下爲十二卷，康誥以下爲十三卷，召誥以下爲十四卷，多士以下爲十五卷，君奭以下爲十六卷，立政以下爲十七卷，顧命以

下爲十八卷，君牙以下爲十九卷，文侯之命以下爲二十卷。其中缺葉爲後人所補者，則謂之「補本」。❷

宋十行本　案，他本注疏每半葉九行，此獨十行，故世謂之「十行本」。溯其源，蓋即岳珂九经三傳沿革例所謂「建本有音釋注疏」是也。修板至明正德間止，亦即山井鼎所謂「正德本」是也。記中偁「正德本」，據考文而言。其中譌字雖多，無臆改之失，考文所引宋板多與之合。

閩本　明嘉靖時李元陽刻於閩中，即考文所謂「嘉靖本」也。記中亦與考文所引並載，以見此詳彼略云。

明監本　神廟時所刊，毛本從此出。

毛本　汲古閣刻，今挍正義以此爲據。○已上七種皆注疏合刻本。❸

釋文　陸德明本據古文作音義，自陳鄂改用今文，流傳至今已非其舊矣，其注中所載「別本」，或尚屬元文，今仍歸之陸氏。

六經正誤　宋毛居正撰。多辨偏旁之疑似，惟所載監本、興國本、建本可以考宋本之異同，自不可廢。

尚書纂傳　元王天與撰。注語略有刊落，疏則僅載十之一二，其中有臆改處，不足盡憑。

石經考文提要　乾隆五十六年命刊立石經，工部尚書彭元瑞因著此書。其所據自通行各本外，有宋本九經、南宋巾箱本、宋本附釋音尚書注疏、宋本纂圖互注尚書、岳珂本、元本尚書注疏、至善堂九經本。

九經誤字　顧炎武撰。以唐石經正監本之誤。又金石文字記舉唐石經誤字。

七經孟子考文　山井鼎撰，物觀補遺。以古本、宋板挍明刻之訛，閒有辨論，別爲古文考一卷，列尚書之前，殊嫌肬贅。❹

十三經正字　嘉善浦鏜撰。

群書拾補　餘姚盧文弨輯。

校記

❶「俗體」下，咸豐補刊本有「無」字。又咸豐補刊本末有：「是否真本殆不可知，其字句異同，可以正今本之誤者固多，亦時有舛譌，蓋展轉書寫，已失其真矣。」

❷紹興，諸本同。核諸南宋兩浙東路茶鹽司刊八行本禮

記正義所載黄唐跋文，當作「紹熙」。山井鼎七經孟子考文誤「紹熙」爲「紹興」，校勘記編者未見黄氏原跋，故沿山井鼎之誤。楊守敬日本訪書志云：「七經考文於禮記後誤『熙』爲『興』，阮氏十三經校刊記遂謂合疏于注在南、北宋之間，又爲山井鼎之所誤也。」

❸ 刻今挍正義以此爲據，咸豐補刊本無此九字。

❹ 「辨論」下，咸豐補刊本有「頗中竅綮惟」五字。

尚书注疏校勘记卷一

尚書正義序

01—001 國子祭酒上護軍曲阜縣開國子臣孔穎達奉勑撰　按，七經孟子考文所據宋板此行在「尚書正義卷第一」之下，蓋唐時、北宋時單疏別行，序文當列正義第一卷之首，今序文既别爲一篇，遂移此行於序題下耳。閩本「達」下有「等」字。按，此行若如宋板，則「達」下宜有「等」字，以正義非一人所作故也。若在序題下，則不當有「等」字，序云「先君宣父」，此孔氏之詞，非他人所得通用。

002 古之王者　王，十行本誤作「正」。

003 欲其昭法誡　法，監本誤作「去」。×

004 怗釋注文　浦鏜云：「怗」疑「詁」字誤。○按，「怗」，疑「帖」字誤。❶

005 謹共銓敘　按，「銓」應作「詮」。

尚書注疏卷第一

006 尚書正義卷第一國子祭酒上護軍曲阜縣開國子臣孔穎達奉勑撰　山井鼎曰：「以上宋板題目也。正義，下或作『注疏』，參差不一。『勑』字提頭，凡三行記之，下放此。」○按，十行本「達」下有「等」字，餘同宋板。

007 尚書序　足利古本作「古文尚書序」。

008 則書者寫其言　閩、監俱脱「者」字。×

009 言序述尚書起記　十行、閩、監俱無「記」字。浦鏜云：「記」疑「訖」字誤。按，浦是也。❷

010 使理相胤續若繭之抽緒　宋板重「續」字。盧文弨云：似可不必。×

011 古者伏羲氏之王天下也　陸氏曰：「犧，本又

作『義』，亦作『戲』。」❸

* 易繫辭上　按，「上」當作「云」。❹ ×

012 作結繩而爲網罟　網，十行、閩、監俱作「罔」。

013 上古結繩而治　而，宋板、十行俱作「以」。○按，繫辭作「而」。 ×

014 七十子喪而大義乖　子，監本誤作「于」。 ×

015 僞起哀平　平，監本誤作「乎」。 ×

016 循蜚七也　蜚，宋板、十行、正德本俱作「飛」。

017 疏仡十也　疏仡，宋板、正德本俱作「流訖」，下同。十行本此作「流訖」，下誤作「況訖」。山井鼎曰：「史記三皇本紀載此及上條與宋板同，但『循』作『脩』。」

018 背文曰義翼文曰順　浦鏜云：「『翼』、『背』字互誤。『禮』誤『順』。」○按，「順」字不誤，浦云非也。毛詩、左傳正義及周禮疏引並可證。惟埤雅引作「翼文曰禮」。王念孫云：「『順』字與下『膺文曰仁，腹文曰信』爲韻，若作『禮』則失其韻矣。」

少昊顓頊高辛唐虞之書 ×

* 與孔子同　按，「子」當作「君」。

019 言及稱便　「稱便」二字，宋板、十行俱倒。

020 案左傳上有三墳五典　上，宋板作「止」，是也。

021 典是五帝之書　「是」下，宋板、十行俱有「五典」二字，閩、監并無「是」字。 ×

022 案周禮小史職掌三皇五帝之書　浦鏜云「外」誤「小」，是也。❺

023 又云五帝座　座，十行本作「坐」，下文仍作「座」。

024 何燧人説者以爲伏犧之前　浦鏜云：「何」，疑「又」字誤。

025 僑極子　浦鏜云：「蟜」誤「僑」。

026 舜非三皇　皇，宋板、十行、閩本俱作「王」。

027 曰非帝如　「如」下，宋板、十行、閩、監俱有「何」字。❻

至於夏商周之書　✕

028 而小史偏掌之者　浦鏜云：「外」誤「小」。　✕

八卦之説　✕

029 此索於左傳亦或謂之索　下「索」字，宋板作「素」。○按，宋本是也。

春秋左氏傳曰　✕

030 八索　陸氏曰：索，所白反，徐音素，本或作「素」。

031 春秋至書也　「至」下，十行本有「遺」字。　✕

032 知倚相似其名字　似，宋板、十行、閩、監俱作「是」，是也。　✕

先君孔子　✕

033 懼覽之者不一　「之者」二字，岳本倒。顔師古匡謬正俗曰：「孔安國古文尚書序云：『先君孔子生於周末，覩史籍之煩文，懼覽者之不一，遂乃定禮樂，明舊章。』覽者謂習讀之人，猶言學者爾。蓋思後之讀史籍者以其煩文，不能專一，將生異説，故删定之。凡此數句，文對旨明，甚爲易曉，然後之學者輒改『之』字居『者』字上云『覽之者不一』，雖大意不失，而顛倒本文，語更凡淺，又不屬對，亦爲妄矣。今有晉、宋時書不被改者，往往而在，皆云『覽者之不一』。」

034 穀梁以爲魯襄公二十一年冬十一月庚子孔子生　浦鏜云：「十月」誤「十一月」。許宗彦曰：公羊釋文云「一本作『十一月』」，則穀梁亦有作「十一月」者。

035 詩有序五百一十一篇　五，十行、閩、監俱作「三」，是也。浦鏜云：「有序」字當誤倒。○按，或「序」下脱「者」字。

036 全者三百五篇　浦鏜云：「全」當「今」字誤，下當脱「存」字。○按，「全」謂辭義俱存也，非誤。

037 於秘府而見焉　焉，十行、閩、監俱誤作「爲」。

038 別云述之以爲除九邱　浦鏜云：「之」疑「者」字誤。

039 更有書以述之　浦鏜云：「更」上疑脱「非」字。

討論墳典　✕

040 撮其機要　陸氏曰：「機，本又作『幾』。」　✕

041 足以垂世立教　文選李善注本無「立」字。

042 使小史掌之　浦鏜云「外」誤「小」，是也。

043 而禹身事受禪之後無入夏書之言　浦鏜云：「理」誤「言」，從後堯典下疏校。許宗彥曰：「『事』乃『自』字之誤，言禹所言皆在受禪以前，入於虞書，自受禪後，更無入夏書之言也。下堯典下疏同此義。

044 所以恢宏至道示人主以軌範也　文選李善本無「主」字。

045 並受其義　山井鼎曰：「古本後人旁記云，異本『義』下有『也』字。」○按，古本、異本多不足據，非本諸正義，即取諸唐、宋人類書爲之。　✕

及秦始皇　✕

046 天下學士　嘉靖、閩、監俱脱「天下」二字。　✕

047 反遭秦始皇滅除之　浦鏜云：「反」當「及」字誤。○按，當「又」字誤。❼

048 秦王政二十六年　政，十行、閩本俱作

「正」。

049 悉詣守尉親燒之　親，宋板、監本俱作「雜」，是也。 ✕

050 又衛宏古文奇字序云　段玉裁云：師古注儒林傳引此作「衛宏詔定古文官書」。

051 襄生中中生武武生延陵及安國爲武帝博士臨淮太守　宋板「中」作「忠」，「陵」作「年」，「安國」下復有「安國」二字。山井鼎曰：「史記與宋本同。」 ✕

052 漢室龍興開設學挍　挍，諸本俱从木，後放此。○按，作「挍」避明熹宗諱，汲古閣本全書皆然。 ✕

053 裁二十餘篇　唐石經凡「二十」俱作「廿」，「三十」俱作「卅」。○按，廿讀如入，卅讀如颯，秦刻石文亦如是。 ✕

054 於是詔太常使掌故臣鼂錯往受之　監本無「臣」字。浦鏜云「臣」字衍，是也。

055 其後兵大起流亡　十行本「大」作「火」，脱「亡」字。閩本亦脱「亡」字。

056 案史記及儒林傳者云　者，十行、閩、監俱作「皆」，是也。 ✕

057 則全之泰誓　全，十行、閩、監俱作「今」，是也。 ✕

058 使讀説之　按，文選注「讀」作「讚」。

059 人於伏生所傳内　人，十行、閩、監俱作「入」，是也。 ✕

060 但伏生雖無此一篇　一，宋板作「三」。按，「一」字非也。

061 宣帝本始元年　本始，宋板、十行、閩本俱作「泰和」，誤。

062 但於先有張霸之徒　於，監本誤作「此」。✕

063 生所言史所書　生，十行、閩、監俱作「上」。按，「上」字是也。✕

064 禮運鄭玄以先生食腥　生，宋板、十行、閩、監俱作「王」，與禮運合。[8] ✕

065 至魯共王　毛氏曰：「王」作「正」，誤。○按，今本無作「正」者，毛氏所據乃宋南渡初監本也。存其說以著宋本異同，後放此。✕

悉以書還孔氏 ✕

066 爲隸古定更以竹簡寫之　匡謬正俗曰：「言以孔氏壁中科斗文字依傍伏生口傳授者考校改定之，易科斗以隸古字，定訖，更別以竹簡寫之，非復本文也。近代淺學乃改『隸古定』爲『隸古字』，非也。按，直云『隸古』即是隸古字，於理可知，無所闕少。定者爲定訖耳。今先代舊本皆爲『隸古定』，不爲『古字』也。」

067 益稷合於皋陶謨　陸氏曰：皋，本作「咎」。陶，本作「繇」。

068 盤庚三篇合爲一　陸氏曰：盤，本又作「般」。○按，周禮司勳注作「般庚」，說詳段玉裁尚書撰異。

069 其餘錯亂摩滅　山井鼎曰：「古本後人旁記云，異本『摩』作『磨』。」按，「磨」字，說文所無。

070 弗可復知　弗，文選李善本作「不」。

071 反秦用篆書　反，十行、閩、監俱作「及」。按，「及」字不誤。✕

072 增多伏生二十五篇者　增，十行、閩本俱誤作「曾」。

* 亦壁內古文而合者者　毛本下「者」字作「也」。[9]

073 及以王若曰庶邦亦誤矣　浦鏜云：「及」當「乃」字誤。[10]

承詔爲五十九篇作傳 ×

074 採摭群言　陸氏曰："採，本又作『采』。"文選李善本亦作"采"。○按，采、採正俗字。×

075 令得申盡其義　義，宋板作"美"。山井鼎曰"似非"。×

書序 ×

076 故引之各冠其篇首　各，監本誤作"名"。×

077 傳子孫孫　諸本俱作"傳之子孫"。

078 以貽後代　代，古本、文選六臣本俱作"世"。×

079 此序宜各與其本篇相從附近　十行、閩、監俱無"此序"二字。⑪

080 冀能與我同於慕古之志　冀，宋板作"若"。×

081 即詔丞相劉屈氂　氂，十行、閩本俱作"釐"。○按，"釐"字非也。

082 太子釋長安囚與闕　十行本"釋"誤作"看"，"囚"誤作"因"。監本"囚"誤作"國"，"闕"誤作"閒"。

01—083 奔湖遂自殺　遂，宋板、十行本、正、嘉、二監本、閩本俱作"闕"。山井鼎曰："作『遂』似是。"○按，湖，地名也，作"湖闕"者，殆因壺闕而誤。

校記

❶ 怗，學海堂本皆誤作"怙"。

❷ 起記，咸豐補刊本作"起訖"。核諸毛本注疏，作"記"是。

❸ 伏羲，葉藏本、愚齋本、學海堂本作"伏犧"。核諸毛本注疏，作"伏犧"是。

❹ 南昌本此條在"作結繩而爲網罟"後，今據疏文順序移於此。

❺ 是也，咸豐補刊本作：「○按，浦是也。」又南昌本末增「下同」二字。
❻ 南昌本末增按語：「案，有者是也。」
❼ 咸豐補刊本末有「浦非也」三字。
❽ 「與禮運合」上，咸豐補刊本有「○按作王」。
❾ 南昌本此條在「及以王若曰庶邦亦誤也」後，今據疏文順序移至其前。
❿ 咸豐補刊本末有按語：「○按，浦云是也。」
⓫ 南昌本末增按語：「案，有者是也。」

尚書注疏校勘記卷二

02—001 尚書卷第一古文尚書堯典第一虞書孔氏傳　山井鼎曰：「古本篇題書法爲然。」○按，釋文題曰「堯典第一卷之一，虞書孔氏傳」。唐石經二典與安國序同卷，無「尚書卷第一」五字，自第二卷以後乃始有之，每篇篇名上俱無「古文尚書」四字。岳本亦無「古文尚書」四字，餘俱與古本同。按，卷數當依釋文記於篇數之下，其篇名上當依正義及足利古本加「古文尚書」四字。首行題「尚書卷第幾」，係後人所增，可刪。安國序當依唐石經與二典同卷。

002 尚書正義卷第二國子祭酒上護軍曲阜縣開國子臣孔穎達奉勅撰古文尚書堯典第一　山井鼎曰：「宋板篇題書法爲然。」❶

堯典第一

003 以垂無爲　宋板「垂」作「重」，非也。×

004 秦誓八篇誓也　秦，十行本誤作「泰」。

005 取其徙而立功　徙，十行本誤作「徒」。

006 與畢公之類　公，宋板、十行本俱作「命」。按，「公」字非也。

虞書

007 本無尚書之題也　浦鏜云：「尚」當「夏」字誤。按，浦是也。×

008 莊八年左傳引夏書曰　引，十行、閩、監俱作「云」。❷

009 典實十八　實，十行、閩、監俱作「寶」。按，「實」字誤。×

010 肆命二十　肆命，宋板作「伊陟」。○按，鄭注本無伊陟，宋板非是。

011 **泰誓竝無此文**　宋板無「泰誓」二字。按，無「泰誓」二字，則謂漢之大誓，經傳未有引之者也。若有「泰誓」二字，則謂經傳所引泰誓皆不見於漢之泰誓也。二義竝通。據泰誓疏引馬序云「吾見書傳多矣，所引泰誓而不在泰誓者甚多」，則此處宜有「泰誓」二字。

012 **我先師棘子下生安國亦好此學**　按，「子」字衍文。

013 **宅嵎夷爲宅嵎鐵**　鐵，宋板作「峓」。○按，段玉裁云：「嵎鐵，即『禺銕』。銕者，古文『鐵』字。鐵者，『鐵』之譌體也。廣韻六脂云，『嵎峓，山名，書作嵎夷。』集韻云，『嵎銕，東表之地。』又十二齊亦有『銕』字，引字林云『鐵名』，然則夷、銕、峓三字通用。」

014 **心腹腎腸曰憂腎陽**　孫志祖云：「『憂腎陽』三字乃『優賢揚』之訛。『優賢揚歷』語見魏志管寧傳及左思魏都賦。又隸釋載漢成陽令唐扶頌亦有『優賢颺歷』之文。」

015 **購募遺典**　募，十行本誤作「慕」。

016 **昔在帝堯**　案，疏文多合數節爲一，今依疏分段，但標首節首句。其篇末有經傳數節，不復有疏者，亦但標首節首句。×

017 **言聖德之遠著**　古本下有「也」字。案，古本句末有「也」字者甚多，不可勝載。顏氏家訓書證篇曰：「『也』是語已及助句之辭，河北經傳悉略此字。有不可無者，如『伯也執殳』、『於旅也語』之類，儻削此文，頗成廢闕。又有俗學，聞經傳中時須『也』字，輒以意加之，每不得所益，誠可笑。」是此字已經後人任意增損，今不悉校。

018 **遜遁也**　陸氏曰：「遁，本又作『遯』。」×

019 **皆二篇同序**　二，宋板、十行、閩、監俱作「三」。按，「二」字誤。×

020 **但逐同天之名**　逐，宋板、十行俱作「遂」。

閩本初作「遂」，後改「逐」，不誤。

021 三王無爲而同天　王，十行、閩、監俱作「皇」。 ×

022 既非明　明，宋板、十行、閩、監俱作「名」。按，「明」字誤。 ×

023 同於鄭玄矣　鄭，監本誤作「奠」。 ×

024 禪者汝涉帝位是也　涉，十行、閩、監俱作「陟」。按，「涉」字誤。 ×

025 雖聖受而攝之　聖，宋板、十行、閩、監俱作「舜」。按，「聖」字非也。 ×

堯典

曰若稽古帝堯 ×

026 能順考古道而行之者帝堯　古本「能」上有「言」字，「堯」下有「也」字。

曰放勳 ×

027 安天下之當安者　古本下有「也」字。 ×

028 故其名聞充溢四外　陸氏曰：「聞，音問，本亦作『問』。」外，古本作「表」，似非。 ×

029 詩稱考十維王　十，宋板、十行、閩、監俱作「卜」。按，「十」字非也。 ×

030 更知禍災　知，宋板、十行、閩、監俱作「致」，不誤。 ×

031 訓古爲大　大，宋板、十行、閩、監俱作「天」，不誤。 ×

032 推賢尚善曰讓　推，十行本誤作「惟」。

033 向下向上　下，十行本誤作「不」。

克明俊德 ×

034 皆變化從上　「化」下，古本有「今」字。按，「今」或是「令」字之誤。從，古本、岳本、十行、正、嘉、閩本、纂傳俱作「化」。

035 **是以風俗大和**　大，纂傳作「太」。按，「大」字釋文不作音，當讀如字，纂傳恐非。

036 **照然而明顯矣**　照，十行本作「昭」，是也。

037 **然則俊德謂有德又**　又，宋板作「人」，是也。

038 **故知謂天下衆人皆變化從上**　從，宋板、十行、正、嘉、閩本俱作「化」。山井鼎曰：「作『化』與注合矣。」○按，疏釋經云：「其萬國之衆人於是變化從上。」唯此句「從」字諸本皆同，無作「化」者。

乃命羲和　×

039 **敬授人時**　人，古本作「民」，注同。按，唐以前引此句未有不作「民」者，疏云「敬授下人以天時之早晚」，下人猶下民也，知孔疏所據之本猶作「民」字，後人因疏作「人」，并經傳改之。自開成石經以後沿譌至今。舜典「食哉惟時」傳曰「惟當敬授民時」，此未經改竄者。❸

040 **世掌天地四時之官**　史記集解無「四時」二字。按疏意似亦無此二字。

041 **日出於谷而天下明**　陸氏曰：「本或作『日出於陽谷』，陽，衍字。」○按，史記集解有「暘」字。

042 **平秩南訛**　按，史記「便程南譌」，集解引孔安國曰：「譌，化也。」索隱曰：「爲，依字讀。孔安國强讀爲『訛』字。」正義亦云：「爲，音于僞反。」然則史文及注皆當作「爲」，今作「譌」，非也。至孔本經傳亦皆當作「爲」，若經文本是「訛」字，可得云「安國强讀」耶？又群經音辨人部云：「僞，化也，音訛。書『平秩南僞』。」蓋古文爲、譌通用。漢書王莽傳亦作「南僞」。○按，今本史記「爲」作「譌」者，妄依衛包所改尚書，説詳段玉裁撰異。❹

043 **平敘南方化育之事**　敘，岳本作「序」。×

044 **四時同之**　時，纂傳作「方」。

045 改易革改也　宋板無「也」字，與疏標目合。×

046 掌秋天之政也　宋板、岳本俱無「也」字，與疏標目合，纂傳有。×

047 寅餞納日　按，「餞納」群經音辨作「淺内」，詳見釋文校勘記。❺

048 西方萬物成　「成」上，古本有「咸」字。

049 助成物　古本作「助成萬物也」，宋板、岳本俱作「助成物也」。

050 毛更生整理　「毛」下，古本有「羽」字。

051 北稱幽則南稱明　則，宋板作「都」。按，「則」字非也。

052 鳥獸皆生耎毳細毛以自温焉　陸氏曰：「耎，如兖反，本或作『濡』，音儒。」○按，十行本誤作「而」。宋板無「焉」字，與疏標題不合。

053 帝曰咨汝羲暨和　汝，古本作「女」，下皆同。

054 朞三百有六旬　朞，唐石經、纂傳俱作「期」，纂傳注同。

055 匝四時曰朞　匝，古本、宋板俱作「迊」。○按，迊、匝並俗「帀」字。

056 是得一月則置閏焉　是，古本、宋板、十行本俱作「足」。按，「是」字非也。×

057 釐治　治，古本作「理」。下「治百官」同。

058 於時苗稼已殖　已，宋板作「以」。按，已、以古多通用。

059 其後三苗復九黎之德　德，宋板、十行、閩本俱作「惡」。○按，作「惡」與國語楚語異。

060 楊子法言云　楊，十行、監本俱从手，閩本亦从木。○按，楊子雲之「楊」從木，不從扌，説詳段玉裁尚書撰異。閩本亦從木，是也。

061 **據世掌之文**　據，宋板作「是」。

062 **火掌爲地**　按，詩檜風正義引鄭志作「火當爲地」。

063 **皆以人事名官**　名，監本誤作「爲」。 ×

064 **何有罪而誅**　浦鏜云：「何」疑「既」字誤。許宗彥云：「何」字絕句。

065 **黎司地以屬人**　司，十行、閩本俱作「言」，誤。

066 **天地相通人神雜優**　優，十行、閩、監俱作「擾」，是也。 ×

067 **主岳與否**　與，十行、閩本俱作「以」。○按，唐人「與否」多作「以否」。❻ ×

068 **自下降監**　下，宋板、十行、閩本俱作「上」，是也。 ×

069 **推舉一星之中**　推，宋板作「惟」。

070 **莫不當中**　當，宋板、十行俱作「常」。○按，「常」字是也。 ×

071 **而日從谷以出也**　以，宋板、十行、閩本、纂傳俱作「之」。按，作「之」似誤。❼

072 **正義曰寅敬也**　十行本無「也」字。 ×

073 **各有疆場**　場，十行、監本并作「埸」。❽ ×

074 **時言東作**　時，宋板、十行俱作「特」，非也。❾

075 **謂秋分夕月也**　月，十行、閩、監俱作「日」。 ×

076 **晝暫長增九刻半**　暫，宋板、纂傳俱作「漸」，是也。 ×

077 **故言鳥謂朱雀七宿也**　雀，十行、閩、監

俱作「鳥」。✕

078 計仲春日在奎婁　奎，閩、監俱誤作「金」。✕

079 是朱雀七宿皆得見也　雀，宋板、十行、閩、監俱作「鳥」。✕

080 言各正三月之中氣也　正，監本誤作「王」。✕

081 不應言以正仲春　不，閩、監俱誤作「否」。✕

082 傳餞送至成物　「物」下，十行、閩本俱有「也」字，與注相應。✕

083 以此而從送日入也　「日入」二字，十行、閩、監俱倒。❿

084 互著明也　著，十行、閩本俱誤作「者」。

085 斗女在午　女，十行、閩、監俱作「牛」。⓫

086 皆以秋分之日　宋板無「皆」字。✕

087 總言此方是萬物所聚之處　此，監本誤作「比」。後可知者不悉挍。✕

088 故重明之　浦鏜云：此下當脱「日短」至「三節」傳。疏「内有『西方七宿則昴爲中，故昴爲白虎之中星。計仲冬日在斗入於申酉地，則初昏之時奎、婁在午，胃、昴在巳，畢、觜、參在辰』四十五字，餘無攷」。

089 故以耎毛解之　毛，宋板、十行俱作「毳」。按，「毛」字誤。✕

090 周天三百六十五度四分度之一　三，十行本誤作「二」。

091 而日日行一度　宋板「日」字不重。✕

092 是得一月則置閏也　是，宋板、十行俱

作「足」。山井鼎曰：「與注合。」 ×

093 有餘分三百四十八　餘，宋板、十行本俱作「日」。按，「餘」字是也。

094 雖爲歲月殘分所減　月，十行、閩、監俱作「日」。

095 以二百三日亦爲二百六日　按，「以」字下疑脱「并」字。

帝曰疇咨若時登庸 ×

096 而違背之　「違背」二字，古本、宋板俱倒。 ×

097 而心傲狠　狠，古本、岳本、宋板、十行、閩本、纂傳俱作「很」，是也。⓬ ×

098 言不可用　古本下有「焉」字。 ×

099 蕩蕩言水奔突　水，十行、閩本俱誤作「之」。

100 有能治者將使之　古本作「有能治者將使治也」。

101 方命圮族　按，群經音辨匚部云：「匚，放也，甫妄切。書『匚命圮族』。」

102 皆非帝意　「意」上，古本有「所」字。 ×

103 好此方名　毛氏曰：「比」作「此」，誤。○按，纂傳作「比」，與毛説合。又爾雅釋詁「虧、壞、圮、垝，毀也」疏引此傳正作「比」。孫志祖云：疏兩言「好此方直之名」，亦皆當改爲「比」。岳本亦誤作「此」。

104 异已也退也　古本作「异已也已退也」，宋板、岳本、史記正義俱作「异已已退也」，纂傳與今本同。按，今本之誤甚明，纂傳疑後人妄改。

105 無成乃退　古本作「無成功乃退也」。

106 故遂用之　之，古本作「也」。 ×

107 帝曰疇咨若予至九載績用弗成　宋

板作「帝曰疇咨至弗成」。

108 浩浩盛大　盛，監本誤作「成」。×

109 鯀治水九載　「九」下，宋板空一字。

110 而言順是事也　也，宋板、十行、閩、監俱作「者」。×

111 今王朝大臣　今，宋板作「令」。盧文弨云宋板非。×

112 即上羲和之四子也　四，監本誤作「曰」。×

113 其常聞諸先達　常，宋板作「當」。

114 蕩然惟有水耳　蕩然，宋板作「蕩蕩然」。按，宋板是也。

115 傳异已退也　宋板作「傳异已至乃退」。按，今本却與宋板傳合。×

116 年取米穀一熟也　米，宋板、十行、閩本俱作「禾」。按，說文「年」字從禾千聲，故義取禾熟也。

117 顧亦因鯀　顧，宋板作「頗」。

帝曰咨四岳朕在位七十載 ×

118 有禪位之志　志，纂傳作「意」。×

119 然其所舉　古本下有「也」字。×

120 心不則德義之經爲頑　則，古本作「測」。岳本此句下有「口不道忠信之言爲嚚」九字。按，前「嚚訟」傳云「言不忠信爲嚚」，傳例一訓不重出，岳本恐非。

121 觀其法度接二女　「觀」下，古本有「㠯」字，非也。⑬ ×

122 則其所能者大矣　矣，古本作「也」。×

123 否古今不字　浦鏜云：當作「否、不，古今字」。盧文弨云：當作「否，古文『不』字」。○按，浦義爲長，此釋傳「否，不也」。又前疏云「孶、字，古今同耳」，亦此例。

124 令其在側陋者　令，宋板作「今」。

125 民可使由之　民，宋板、十行本俱作「人」。

126 論語曰未見顏色而言　曰，十行、閩、監俱作「云」。

127 僖三十四年左傳文　三，十行、閩本俱作「二」，是也。

128 此經先指舜身　先，十行本誤作「光」。

129 傳諧和至於姦惡　宋板無「於」字。

130 舜以兩笠自扞而下　扞，監本誤作「扜」。⑭

131 馬鄭王本說此經　王，監本誤作「玉」。

132 當時庸生之徒漏之也　宋板無下「之」字。

133 孔據古今別卷　按，此「今」字當作「文」。

134 言女子時謂妻舜於是　子，宋板、十行、閩本俱作「于」。按，「子」字誤。

135 故傳倒文以曉民　浦鏜云「民」恐「明」誤，當屬下句，是也。⑮

136 當有賢賤　賢，宋板、十行、閩、監俱作「貴」，不誤。

137 故美舜能以義理下帝女尊尤之心　尤，宋板、十行、閩本俱作「亢」。按，「尤」字非也。

138 虞與嬀汭爲一也　也，宋板、十行、閩、監俱作「地」。

02—139

乃繇舜之敬　繇，十行、閩、監俱作「由」。×

校記

❶南昌本以上兩條合爲一條。

❷南昌本末增按語：「案，『引』字是也。」

❸「未經」上，咸豐補刊本有「古本之」三字。

❹蓋古文爲譌通用，南昌本改「爲」作「僞」。按，段玉裁古文尚書撰異云「古『僞』與『爲』通用」，則當作「爲、僞通用」，疑諸本並誤。

❺詳見釋文校勘記，南昌本改作：「○補，釋文校勘記，段玉裁云：餞，本是『淺』字，開寶依唐石經改爲『餞』，餞安得訓爲滅也？案，群經音辨水部云，『淺，送也，滅也。書，寅淺内日。』」今按，南昌本不載釋文校勘記，故涉及之處，則詳爲補録。又「群經音辨」原作「群經音義」，今改正。

❻唐人與否多作以否，咸豐補刊本作「唐人正義中與、以每多通用」。

❼按作之似誤，南昌本删去此按語。

❽咸豐補刊本末有按語：「○按，『場』當作『埸』。」

❾非也，咸豐補刊本作：「○按，『時』字非也。」

❿南昌本末增按語：「案，入、日誤倒也。」

⓫咸豐補刊本末有「非也」二字。

⓬傲狼，道光初刻本誤作「傲很」，他本不誤。

⓭非也，咸豐補刊本作：「○按，『目』字當在『其』字下。」

⓮扞，學海堂本皆作「扜」。扜，學海堂本作「扞」。今按，核諸明監本、毛本注疏，學海堂本非。

⓯此條校記咸豐補刊本作：「山井鼎曰，『民』恐『明』誤，當屬下句。○按，浦鏜云『明』誤，是也。」今按，浦鏜十三經注疏正字云：「『民』當『明』字誤。」山井鼎七經孟子考文云：「『民』恐『明』誤，當屬下句。」是咸豐補刊本「浦鏜云」下脱「民當」二字，底本「當屬下句」非浦鏜之説。

尚書注疏校勘記卷三

03—001 古文尚書舜典第二虞書孔氏傳　古本如此。山井鼎曰：「古本分爲十三卷，卷内有數篇者，每篇篇題同此，以下不重出，可推知也。」❶

002 尚書注疏卷第三　宋板如此。山井鼎曰：「宋板卷數同今本，其所分少有不同，今詳記之，見其牴牾耳。但宋板篇題『虞書孔氏傳』之類，或有或無，『注疏』或作『正義』之等，參差不一。又舜典以下無『古文尚書』四字，應以古本爲正也。」○按，十行本「堯典」上亦無「古文尚書」四字，每篇題「孔氏傳」下各有「孔穎達疏」四字，未知宋板如是否。❷

003 舜典第二　虞書　按，舜典傳乃姚方興所上，梅頤本無，詳見正義及釋文，此亦有關古本異同，故識之。

虞舜側微

004 似其繼世相傳　似，宋板作「以」。

✕

005 曰若稽古帝舜曰重華協于帝　陸氏曰：「此十二字是姚方興所上，孔氏傳本無。阮孝緒七録亦云然。方興本或此下更有『濬哲文明，温恭允塞，玄德升聞，乃命以位』，凡二十八字。」○按，方興奏上孔傳不容遽有異本，疑經文「濬哲」以下十六字及傳三十六字又後人所加。明鄭曉謂舜典孔傳乃劉光伯僞撰，托名姚方興。細按方興之事，見釋文序録，不可誣也。惟「濬哲」以下十六字，或劉氏所增耳。或問，陸氏著釋文時已知世有劉光伯乎？曰，隋文帝得舜典在開皇二年壬寅，陸氏著書在癸卯，較後一年，時南北雖未混一，陸氏或遥聞其説，而筆之於書也。

006 信允塞上下　古本作「充塞四表至于上下也」。岳本作「信充塞上下」。按，古本「四表」與疏説不合，「允」字作「充」則是也。纂傳亦誤作「允」。

007 **豫章内史梅賾**　賾，纂傳作「頤」。

008 **升聞天朝**　十行、閩、監俱無「升」字。[3]

009 **詩毛傳訓塞爲實**　實，監本誤作「貴」。

慎徽五典　×

* **叔豹**　補案，釋文「豹」下有「季貍」二字，此誤脱也。

010 **明舜之德合於天**　古本作「明舜之德合於天也」。　×

011 **格汝舜**　汝，古本作「女」。

012 **不能嗣成帝位**　成，纂傳作「承」。[4]

013 **是五者同爲一事**　同，十行本誤作「司」。

014 **勅我五典五惇哉**　勅，宋板、十行本俱作「自」。按，宋板非是。

015 **禱戢**　禱，十行本作「檮」，是也。

016 **傳麓録至於大**　大，十行、閩、監俱作「天」，是也。[5]

017 **書傳稱越裳之使久矣**　裳，閩本作「常」。[6]

018 **無愆者無冬温夏寒也**　「愆」下，宋板、十行本俱有「伏」字，是也。[7]　×

019 **又加此二年**　二，宋板、十行、正、嘉、閩本俱作「三」。山井鼎曰，作「三」爲是。　×

正月上日　×

020 **玉者正天文之器**　玉，岳本、閩本、纂傳俱作「王」，是也。

021 **以審己當天心與否**　古本作「以政察己，當天心與否也」。

022 **王云上帝天也**　山井鼎曰：「此以下二十二字，釋文混入于注，當細書。」○按，岳本在圈外，十

行本脱圈，今本遂混入注。❽

023 星也　「星」下，古本有「辰」字。

024 祭亦以攝告　「告」下，古本有「之」字。×

025 輯五瑞　按，「輯」古文作「楫」，見漢書倪寬傳注。

026 班瑞于群后　「瑞」上，古本有「五」字。

027 是爲玉者正天文之器也　玉，閩本作「王」。按，作「王」是也。十行本作「主」亦誤。

028 乃日日見四岳及群牧　日日，十行本誤作「日月」。

029 蓋自堯始祖之廟　自，十行、閩、監俱作「是」。按，「自」字非也。×

030 今史所用候臺銅儀　今，宋板作「令」。

031 猶卵之裹黄　裹，十行本作「裹」。按，陳師凱曰：「晉志及孔疏『裹』字皆作『裹』，取包裹之義。」❾

032 又其南十三度爲夏至之日道　三，宋板、十行、閩本、纂傳俱作「二」。

033 耿中丞象之　耿，十行本誤作「耻」。

034 王蕃　蕃，十行本誤作「藩」。

035 江南宋元嘉年　浦鏜云：「中」誤「年」。○按，玉海卷四引亦作「年」。

036 今在太史書矣　盧文弨云：「書」當作「署」。○按，當作「臺」。

037 衡長八尺　此下纂傳有「孔徑一寸」四字。按，正義前引蔡邕云「玉衡長八尺，孔徑一寸」，蔡氏集傳因錢樂銅儀亦衡長八尺，遂肊增此四字，而纂傳承其誤。

038 有天下者祭百神　天，十行本誤作「而」。

039 而傳之類謂攝位事類者　盧文弨云

「之」當作「云」，是也。

040 **禋之言煙**　煙，十行、閩、監俱誤作「禋」。

041 **幽禜**　禜，纂傳作「宗」，與記合，下同。○按，依説文當作「禜」。

042 **天宗三日月星辰**　辰，宋板、十行本俱作「也」，是也。　×

043 **司馬彪又上表云**　盧文弨云：「云」字疑衍。○按，疏中往往有小注，下文「歷難諸家及自言己意」九字疑是小注，否則「云」字當在「己意」下。

044 **方有一大山**　大，十行、閩本俱誤作「太」。　×

045 **輯是合聚之意**　意，十行、閩本俱作「義」。　×

歲二月　×

046 **乃順春東巡**　古本「巡」下有「守」字。　×

047 **爲四岳所宗**　古本無「所」字。　×

048 **東岳諸侯境内名山大川**　境，岳本、十行、閩本、纂傳俱作「竟」。按，竟，正字。境，俗字。

049 **皆均同**　「同」下，古本有「之也」二字。　×

050 **脩五禮五玉**　毛氏曰：「玉」作「王」，誤。　×

051 **二生**　按，儀禮士昏記疏引尚書云「三帛、二生、一死摯」，宋單疏本「生」作「牲」。考風俗通山澤篇及劉昭注補後漢書祭祀志上引此經俱作「二牲」，是漢世經文如此。孔傳古本蓋亦作「牲」，賈疏所引尚存其舊，今經及賈疏俱作「生」，古本遂湮矣。○按，史記封禪書、漢書郊祀志並作「牲」。

052 **自東岳南巡**　「巡」下，古本有「守」字。　×

053 **各會朝于方岳之下**　毛氏曰：「于」作「二」，誤。　×

054 **各使陳進治理之言**　理，古本、十行、正、嘉、閩本俱作「禮」。毛氏曰：「正義云『各使自陳進其治化之言』，監本作『治禮之言』，誤。興國軍本作『治理』。」

055 明試其言以要其功　要，古本作「考」，後改作「要」。×

056 既以其歲二月　既，十行、閩本俱作「即」。按，「既」字非也。×

057 白虎通云王者所以巡狩者也　盧文弨、浦鏜皆云「也」當作「何」，是也。

058 謂其牲帛粢盛籩豆爵獻之數　帛，十行本作「幣」。

059 始作甲子紀日　作，宋板、十行本俱作「用」，是也。×

060 兩之爲兩　「之」上，宋板、十行、正、嘉、閩本俱有「銖」字。山井鼎曰：「漢元文無『銖』字。」

061 以軍禮固邦國　固，宋板、纂傳俱作「同」。○按，作「同」是也。

062 所執以自至也　自，宋板作「白」。盧文弨云：宋板非。×

063 上云歲二月東巡守　云，十行本誤作「去」。×

064 此事不必然也　盧文弨云：「不必」疑倒。○按，下云「莽謂此官名爲朕虞，其義必不然也」，語勢正同。

065 知此以告至文祖之廟　以，宋板作「亦」。×

066 各自會朝於四岳之下　四，十行、閩、監俱作「方」。×

067 肇十有二州　肇，唐石經作「肈」，後竝同，不悉挍。

068 每州之名山殊大者　者，古本作「之」。按，疏云「特舉其名，是殊大之也」，則作「之」爲是。

069 以鞭爲治官事之刑　鞭，十行、正、嘉、閩、監俱作「作」，非也。⑩

070 惟刑之恤哉　匡謬正俗曰：「惟，辭也，蓋語之發端。書云『惟三月哉生魄』，『惟十有三祀，王訪于箕子』之類是也。古文皆爲『惟』字，而今文尚書變爲『維』者，同音通用，厥義無别。」⑪

071 流共工于幽洲　按，説文無「洲」字，水中之地本只作「州」，後人加水，相沿已久，惟此句不可作「洲」，觀孔疏直以十二州之幽州釋之，則孔氏所據之經作「州」，與孟子同。若作「洲」，則似别有一地名爲幽洲矣。孔傳云「水中可居者曰州」，此蓋汎釋「州」字之義，顧不於「肇十有二州」釋之，而釋之於此，亦不可解。

072 水中可居者曰洲　洲，十行、閩本俱作「州」。按，岳本亦作「洲」，然當以「州」爲正。

073 罪惡同　「同」下，古本有「矣」字。×

074 方命圮族　毛氏云：「方」作「万」，誤。×

075 績用不成　不，纂傳作「弗」。×

076 肇十至咸服　「十」下，閩、監俱加「有」字。⑫ ×

077 每一州以大山爲鎮　宋板「大」上有「一」字。十行本「州」上無「一」字，「大」上有「一」字。閩、監「州」上、「大」上俱無「一」字。

078 令勤念刑罰　勤，監本誤作「動」。×

079 流徙共工於北裔之幽洲　徙，監本誤作「徒」。洲，十行本作「州」。×

080 正義曰寬宥周語文　浦鏜云，宥、寬字誤倒。

081 比鞭爲重　十行本「比」誤作「此」，脱「重」字。

082 周禮條狼氏　條，十行、閩本俱作「滌」。○按，十行本是。周禮條狼氏，杜子春云「條讀爲滌器之滌」，因改而爲「滌」，此正義例也。

083 大隨造律　山井鼎曰，「隨」恐「隋」誤。○按，此説非也。唐人書「隋」字多作「隨」，歐陽詢書皇甫誕諸碑可證。

084 治官事之行者　行，十行、閩、監俱作「刑」，是也。×

085 言若與官事不治　與，十行、閩、監、纂傳俱作「於」，是也。×

086 榎槄也　槄，監本誤从手。×

087 冶氏爲殺矢　冶，十行、閩本俱誤作「治」。

088 㮚氏爲量　量，十行、閩、監俱誤作「重」。

089 呂刑已明言　明，十行、閩、監俱誤作「用」。

090 故此傳指言誤而入罪已解此贖　已，宋板、十行、正、嘉、閩本俱作「以」。×

091 是肆爲緩也眚爲過也　兩「爲」字，十行、閩、監俱誤作「爰」。

092 總言用刑之要　要，十行、閩、監俱誤作「罪」。

093 共在一州之上　州，宋板、十行俱作「洲」。⑬

094 謂此驩兜共工三苗與鯀也　鯀，監本誤作「鯱」。×

二十有八載 ×

095 堯死壽一百一十七歲　死，古本、岳本、宋板俱作「凡」。岳本、宋板俱無上「一」字。纂傳「歲」作「載」，餘同今本。

月正元日 ×

096 舜服堯喪三年畢將即政　古本「畢」上有

「喪」字，「政」作「位」。 ✕

097 **柔安邇近敦厚也** 邇，監本誤作「通」。敦，纂傳作「惇」。 ✕

098 **任佞難拒也** 古本「佞」下有「也」字，「拒」下無「也」字。無「也」字，「難拒」屬下句。 ✕

099 **既言然矣** 宋板「既」上有「孟子」二字。 ✕

100 **若其不能安近** 按，「若」疑當作「苦」。

101 **欲令遠近皆安也** 近，十行本作「言」，與下條互誤。

102 **故據遠近之** 近，宋板、纂傳俱作「言」。按，「言」字是也。

舜曰咨四岳 ✕

103 **禹代鯀爲崇伯** 崇，十行、閩本俱誤作「宗」。

104 **釋詁文庸勞也** 文，宋板、十行本俱作「云」，不誤。

105 **爲拜乃稽首** 爲，纂傳作「禹」，是也。 ✕

106 **帝曰棄** 棄，唐石經作「弃」，後並同。

107 **衆人之難在於飢** 人，古本作「民」。飢，十行、閩、監俱作「饑」。按，經「飢」字，蔡氏集傳本作「饑」。 ✕

帝曰契 ✕

108 **敬敷五教** 「敬」上，古本有「而」字。按，列女傳引此句亦有「而」字。又蔡邕司空文烈侯楊公碑「令公作司徒而敬敷五教」，蓋古本即據以增入。⑭ ✕

109 **所以得人心** 人，古本作「民」。 ✕

帝曰皋陶 ✕

110 **言無教所致** 古本作「无教之致也」。岳本作「言無教之致」。

111 **傳滑亂至所致** 所，十行、閩本俱作「之」，

與岳本傳合。 ×

112 往者洪水爲害　害，宋板、十行、閩、監俱作「灾」。 ×

113 有士師卿士等　浦鏜云：「鄉」誤「卿」。

114 咸庶中國　國，宋板、十行、閩、監俱作「正」，是也。 ×

115 議功議貴　十行本脱「議功」二字，閩本擠入。

116 攷傳言臯陶能明信五刑　攷，宋板作「故」。按，「攷」非也。

117 帝曰疇若予工　疇，古本作「誰」。 ×

益拜稽首 ×

118 知垂所讓四人　按，「垂」下脱「益」字。

帝曰咨四岳 ×

119 掌天地人鬼地祇之禮　上「地」字，宋板、十行、閩、監俱作「神」。○按，周禮是「神」字。 ×

夙夜惟寅 ×

120 言早夜敬思其職　其，古本作「厥」。 ×

121 傳夙早至清明　十行、閩、監俱全載傳文。 ×

122 深夜乃卧　「深夜」二字，宋板倒。

帝曰俞往欽哉 ×

123 然其賢　「賢」上，古本有「推」字。 ×

帝曰夔 ×

124 謂元子以下至卿大夫子弟　古本「謂」上有「子」字，「元」作「天」，「弟」下有「也」字。按，釋文：「王云，『胄子，國子也。』馬云，『胄，長也，教長天下之子弟。』」如馬氏説，則「教胄」二字連文，

「子」字單出，謂教長此子也。如王氏説，則「教」字單出，「冑子」二字連文，謂教此國子也。孔傳云「教長國子」，「國子」二字取諸王，「教長」二字取之馬，則孔意亦「教冑」連文，「子」字單出也。上文所謂「冑，長也」者，乃長養之長，非長幼之長，當從古本「謂」上加「子」字爲是。然以疏考之，則孔穎達時已譌脱矣。又按，冑無長義，馬本未必作「冑」。説文𠫓部「育」字注云：「養子使作善也。虞書曰『教育子』。」然則古書作「育」，馬本亦必作「育」，故訓作「長」，長即養也。陸氏未經注明，偶失檢耳。僞孔於文則從王，於義則從馬，殊爲牽率。後人誤解「長」字，妄删「子」字，職此之由。

125 **剛失之虐簡失之傲**　兩「之」字，古本、岳本、宋板、纂傳俱作「入」。岳本考證曰：「正義云『剛强之失入於苛虐，簡易之失入於傲慢』，謂過於剛簡則入虐傲。知元本兩『入』字最得解，若如諸本作『失之』，則似剛簡即虐傲矣，於義未洽。」

126 **歌永言**　按，疏云「定本經作『永』字」，言定本作「永」，則俗本有不作「永」者。釋文：「永，徐音詠。」殆據别本作音歟？ ×

127 **謂詩言志以導之**　古本無「謂」字。×

128 **歌咏其義以長其言**　咏，纂傳作「永」。按，作「永」則與「長其言」意複矣。孔疏申傳意云「定本經作『永』字，明訓『永』爲長」，正恐人誤認傳之「咏」字爲釋經之「永」也。

129 **聲依永**　永，古本作「詠」。按，古本此句作「詠」，上句不作「詠」，蓋字有虚實動静之别，定本當皆作「永」耳。

130 **則神人和可知**　「知」下，古本有「之也」。×

131 **我今命女典掌樂事**　今，十行本誤作「令」。

132 **不言元士士卑故略之**　「士」字，宋板不重。×

133 **故令正直而温和**　温，監本誤作「直」。×

134 **各生其竅厚薄均者**　按，「各」字疑衍，或「谷」字之誤。

135 述十二月之音氣也　宋板無「述」字。

帝曰龍　×

136 堲疾　堲，十行本誤作「即」。⑮

帝曰咨汝二十有二人　×

137 特勑命之　之，古本作「也」。　×

318 汝各當敬其職事哉　汝，宋板作「等」，屬上句。

139 成之在於汝　之，宋板作「主」，十行本誤作「王」。

三載考績　×

140 三年有成　「成」下，古本有「功」字。　×

141 九歲　歲，古本作「載」。

142 升進其明者　「者」下，古本有「焉」字。　×

143 分北流之　古本「分」上有「並」字，「北」作「背」。按，疏意似亦作「背」。

144 故於考績之下　於，宋板作「其」。　×

舜生三十徵庸　×

145 言其始見試用　「用」下，古本有「時也」二字。　×

五十載　×

146 三十徵庸　庸，古本作「用」。　×

147 服喪三年　「服」下，古本有「堯」字。　×

148 凡壽百一十二歲　古本作「凡壽一百一十二載也」。　×

149 巡守南岳也　宋板無「守」字。　×

150 舜薦禹於天十有七年　十有，十行、閩本俱誤作「子十」。

151 **鄭云讀此經云**　上「云」字，宋板、十行、閩、監俱作「玄」。讀，宋板誤作「續」。

152 **年六十一而踐天子位**　一，宋板作「三」。

盧文弨云，宋板非。

帝釐下土

153 **言舜理四方諸侯**　「理」下，古本有「於」字。

154 **稾飫**　稾，唐石經、岳本、十行、閩、監俱从木，注、疏放此。○按，稾即枯槁字也，今注疏本作「稾」，从禾，非也。

155 **稾勞也飫賜也**　宋板、岳本俱無上「也」字，與疏標目合。按，纂傳有。

156 **各爲其官**　盧文弨云：爲，依注是「設」字。

157 **不知若此設之**　此，宋板、十行、閩本俱作「爲」，是也。

03—158 **左傳言犒師者**　犒，十行、閩本俱作「槁」。

校記

❶ 咸豐補刊本末有按語：「○按，唐石經、岳本俱無『古文尚書』四字，餘與古本同，後放此。」

❷ 南昌本以上兩條合爲一條。

❸ 閩監俱無升字，南昌本作：「閩本、明監本、毛本『聞』上有『升』字。」是則兩本所記閩本、監本注疏文字各異。核諸閩本、監本注疏，南昌本非。

❹ 咸豐補刊本末有按語：「按，『成』非也。」

❺ 咸豐補刊本無「是也」二字。

❻ 「閩本」下，咸豐補刊本有「誤」字。又南昌本末增按語：「案說文『常』是『裳』之正字，詩小雅蓼蕭、周頌譜及臣工三正義皆引作『常』。」

❼ 是也，咸豐補刊本作：「○按，有『伏』與僞傳合。」

❽ 「當細書」及以下，南昌本刪落。

❾ 南昌本末增「是裏字誤也」五字。

⑩ 非也，咸豐補刊本作：「山井鼎曰，作『作』非也。」

⑪ 「而今文」以下，南昌本改作：「今文尚書易爲『維』，音義並同。」

⑫ 加，咸豐補刊本作「有」。又咸豐補刊本末有按語云：「按，十行本亦無。」

⑬ 咸豐補刊本末有「俗字」二字。

⑭ 蓋古本據以增入，咸豐補刊本作「是知古本不妄矣」。

⑮ 南昌本此條低兩格。按，此條出文爲僞孔傳文字，當低一格。

尚書注疏校勘記卷四

04—001 尚書卷第二古文尚書大禹謨第三虞書

孔氏傳　古本、釋文徐云本，虞書總爲一卷，凡十二卷，今依七志、七録爲十三卷。

002 尚書注疏卷第四　宋板。❶

大禹謨第三　虞書

003 臯陶矢厥謨　陸氏曰：「矢，本又作『矤』。」盧文弨云：「隋天文志『枉矢』，舊本竝作『枉矤』。」

大禹謨

004 禹謀最在後　謀，十行、閩、監俱作「謨」，不誤。

曰后克艱厥后

005 而衆民皆疾修德　「疾」下，纂傳有「敏」字。

006 善言無所伏　善，古本作「嘉」。

007 天下安寧　古本「寧」下有「也」字。岳本無「寧」字。按，岳本與疏合。

008 不虐無告　不，古本作「弗」。按，古本以「不」爲「弗」者甚多，今不悉挍。

009 傳攸所至下安　「安」下，宋板有「寧」字。山井鼎曰：「當作『攸所至安寧』。」○按，今本正與岳本傳合。

010 老無無妻謂之鰥　上「無」字，十行、閩、監俱作「而」，是也。

益曰都

011 文經天地武定禍亂　「經」下，古本加「緯」字，非也。❷

012 所以勉舜也 「也」上，古本有「之」字。○按，古本此類甚多，皆不可從。 ✕

013 易亦云陰陽不測之謂神 亦，十行、閩本俱作「又」，是也。 ✕

禹曰惠迪吉 ✕

014 惟影響 顔氏家訓書證篇曰：「尚書曰，『惟景響。』周禮云，『土圭測景，景朝景夕。』孟子曰，『圖景失形。』莊子云，『罔兩問景。』如此等字，皆當爲光景之景。凡陰景者，因光而生，故即爲景。淮南子呼爲『景柱』，廣雅云『晷柱挂景』竝是也。至晉世葛洪字苑，傍始加『彡』，音於景反。而世間輒改治尚書、周禮、莊、孟從葛洪字，甚爲失矣。」

015 儆戒無虞 按，朱子曰：「『儆』與『警』同，古文作『敬』，開元改今文。」

016 言有恒 恒，岳本、纂傳俱作「常」。 ✕

017 故特以爲戒 「戒」下，古本有「矣也」二字。 ✕

018 道義所存於心 「心」下，古本有「者」字。 ✕

019 言天子常戒慎 戒，十行本誤作「我」。

020 則四夷歸往之 之，古本作「也」。 ✕

禹曰於帝念哉 ✕

021 則民懷之 古本作「則黎民惟懷之」。 ✕

022 在先修六府 「府」下，古本有「矣」字。 ✕

023 九功惟敘九敘惟歌 兩「敘」字，古本作「序」，注同。 ✕

024 乃德政之致 古本作「乃德政之所致也」。 ✕

025 或寡令終 「或」下，宋板空一字。

026 用之事 之，十行、閩、監俱作「此」。 ✕

027 故以土下言之也 以，十行、閩、監俱作「於」。按，「以」字非也。 ✕

028 **此以相尅爲次**　尅，宋板、十行、纂傳俱作「刻」，正、嘉、閩本俱作「克」，是也。❸

029 **不爲糜費**　糜，十行、閩本俱作「縻」。

帝曰格汝禹

030 **厭倦萬機**　機，岳本作「幾」。

031 **欲使攝**　「攝」下，古本有「之也」二字。

032 **下洽於民**　「下」上，古本有「德」字。

033 **所宜念之**　之，古本作「也」，葛本作「玆」。

034 **言出謂始發於心**　言，宋板、十行、閩、監俱作「信」，下「言出」同。毛本下「言出」，「言」字似挖去人傍。

035 **之義爲主**　之，宋板、十行、閩、監俱作「以」，是也。

帝曰臯陶

036 **民皆合於大中之道**　合，十行本誤作「命」。

037 **嗣亦世**　「世」下，古本有「也」字。

038 **俾予從教以治**　教，諸本俱作「欲」，此誤。❹

039 **惟乃之休**　乃，古本作「女」。山井鼎曰：「篇内『汝』字皆作『女』。」

040 **刑無所用**　浦鏜云，四字疑在下「與前經期義別」之下。○按，下云「此期爲限，與前經期義別，而論語所謂『勝殘去殺』矣」三句，當是疏内小注。

041 **二者皆失**　皆，纂傳作「俱」。

042 **帝曰來禹降水儆予**　石經考文提要云：「坊本作『洚水』，沿蔡沈集傳。」○按，蔡傳云「洚水，洪水也，古文作『降』」，而纂傳引朱子則曰「降水，洪水也，古文作『洚』」，與蔡傳相反。蓋蔡氏用師説，而誤倒其文也。薛氏古文訓正作「洚」。

043 **水性流下**　性，古本作「惟」。

044 卑其宮室　宮，古本作「居」。

045 自功曰伐　伐，葛本誤作「成」。

046 所以能絶衆人　「人」下，古本有「者也」二字。

047 信執其中　信，古本作「允」。

048 民叛之　叛，古本作「畔」，監本誤作「判」。

049 汝能成聲教之信　宋板無「能」字。

050 敬修其可願好事　好，宋板、十行、閩、監俱作「之」。

051 使所得存立　所，宋板、十行、閩、監俱作「皆」。按，「所」非也。

052 令與受其言也　與，十行、閩、監俱作「禹」。按，「禹」是也。

053 故再云惟汝賢　云，纂傳作「言」。

054 百姓無主　姓，宋板、十行俱作「人」。

055 必謂四海之囚　囚，宋板、十行、閩、監俱作「内」，是也。❺

056 言享太福　太，十行、閩、監俱作「大」，是也。❻

禹曰枚卜功臣

057 惟先蔽志　孫志祖云：「左傳哀十八年引夏書『官占惟能蔽志』，釋文云，尚書『能』作『克』，克亦能也。孔疏則云，夏書大禹謨之篇也，惟彼『能』作『先』耳。此則陸氏所見本與今異，孔氏所見本與今同。頗疑釋文近得其真，『先』字後人以意改也。」○按，既言「昆」，則不必言「先」，故知陸氏爲得也。但孔疏云「惟能先斷人志」，「先」字上仍有「能」字，則孔氏所見本未必不作「克」，左傳疏「先」字疑本是「克」字，後人反據誤本尚書改之。

058 然請卜不請筮者　「然」下，宋板空一字。

059 謂帝王立卜筮之官　謂，十行、閩本俱

作「是」，是也。 ×

正月朔旦 ×

060 順舜初攝帝位故事　舜，閩、葛俱作「帝」。 ×

061 此言若舜之初　舜，宋板、十行本俱作「帝」。按，「舜」字非。 ×

062 言順帝之初　「言」上，宋板、十行、閩、監俱有「故」字。

063 奉行帝之事故　浦鏜云，故、事誤倒。

帝曰咨禹 ×

064 數干王誅　誅，纂傳作「法」，是也。

065 不循帝道　帝，纂傳作「常」，是也。

066 命禹討之　禹，纂傳作「汝」。

067 言其所以宜討之　之，古本作「也」。 ×

068 民棄不保　棄，岳本作「弃」。

069 言民叛天災之　「叛」下，古本有「之」字。

070 奉辭伐罪　辭，古本作「詞」。伐，宋板、岳本、十行、正、嘉、閩本、纂傳俱作「罰」。按，唐石經作「伐」，明監本及毛本俱因之，古本及蔡傳亦俱作「伐」，當以「伐」爲正。罪，古本作「辠」。❼

071 此則昏迷之狀也　昏，十行本誤作「氏」。

三旬苗民逆命 ×

072 脅之以兵　「兵」上，古本有「甲」字。 ×

073 帝初于歷山　「初」下，古本有「耕」字。 ×

074 往于田　陸氏曰：「田，本或作『畋』。」 ×

075 夔夔齊慄　齊，唐石經、岳本、十行、閩、葛、纂傳俱作「齋」，注同，惟葛本注作「齊」。按，釋文云「齊，側皆反」，明不作「齋」，蓋陸氏據古文，而石經則從今文也。

076 言能以志誠感頑父　志，岳本、十行、閩、葛、纂傳俱作「至」，與疏合。×

077 至誠感神　誠，監本誤作「誠」，注同。❽×

078 明御之者必有道　纂傳作「明御者之必以道」。×

079 去京師二千五百里也　五，閩、葛俱誤作「伍」。宋板、岳本俱無「也」字，與疏標目合。×

080 往至于田　「往」下，宋板空一字。

081 恭敬以事見父瞽瞍　「事」下，宋板空二字。

082 待其有辭爲之振旅　旅，閩、監俱誤作「旋」。×

083 何爲然也　「然」上，宋板有「其」字，是也。

084 事瞽同耳　瞽，宋板作「勢」，是也。

085 覆動上天　許宗彦云：當作「覆上動天」。

086 言其苗易感　其，宋板、十行、閩本俱作「有」。按，「其」字非也。×

087 神覆動天　許宗彦曰：「神」字衍。○按，「神」疑當作「祇」。×

088 禹貢五服甸侯妥要荒　妥，宋板、十行、閩、監俱作「綏」，是也。×

皋陶謨第四　虞書

曰若稽古皋陶×

089 夫典謨　岳本無「夫」字。按，釋文云「夫音扶」，明有「夫」字，岳本誤脱也。

090 迪踏厥其也　「迪」上，古本有「允信」二字。按，「允信」已見堯典。×

091 其古人也　古本重「其」字。×

092 歎美之重也　「也」上，古本有「之」字。

093 故傳明言其意　宋板無「言」字。

094 釋詁文迪道也　文，宋板、十行俱作「云」，是也。

皋陶曰都在知人

095 在能安民　「民」下，古本有「人」字。

096 佞人亂真　真，古本作「德」。按，「德」古作「悳」，與「真」相似，今本殆因此而誤。

097 哲智釋言文　言，宋板作「詁」。○按，當作「釋言」，宋本非也。

皋陶曰都亦行有九德

098 亦言其人有德　唐石經無「人」字，與史記夏本紀同。○按，石經元刻本有「人」字，唐玄度覆定乃删「人」字重刻，今注疏本則沿襲别本也。唐石摩去重刻者多同於今本，此獨異於今本也。❾

099 必言其所行某事某事以爲驗　史記集解作「必言其所行事，因事以爲驗」。

100 此爲薦舉人者　爲，宋板、十行本俱作「謂」，是也。

禹曰何

101 和柔而能立事　古本無「而」字。

102 彼言剛失之虐　之，宋板作「入」，與舜典傳古本合。下「之傲」放此。

103 外失於儀　宋板作「外在失上儀」，非也。

104 是爲强毅也　毅，十行、閩本俱作「貌」，誤。

105 從寬而至剛也　寬，十行、閩本俱作「柔」，是也。

曰宣三德

106 翕合也　合，十行、閩本俱誤作「和」。

107 則俊德能治之事　能治之事，岳本、十行、閩、監俱作「治能之士」，與疏合。史記集解作「理能之士」，纂傳作「能治之士」。　×

108 百僚師師　陸氏曰：「僚，本又作『寮』。」○按，依說文當作「寮」，俗省作「寮」，假借作「僚」。

109 庶績其凝　按，群經音辨：「冰，尚書古文『凝』字。」然則此經「其凝」古文作「其冰」。

110 故稱家　「家」上，纂傳有「有」字。

111 祗亦爲敬　爲，監本誤作「與」。　×

112 謂天子也任之所能　浦鏜云「也」疑「各」字譌，「之」疑「其」字譌，是也。

113 又訓爲治　又，宋板、十行、閩本俱作「乂」。按，「又」字非也。⑩　×

114 堯典敬授民時　「堯」上，宋板有「即」字。○按，宋本是也。

無教逸欲有邦　×

115 位非其人爲空官　人，岳本作「才」。　×

116 天次敘人之常情　情，古本、岳本、宋板、十行、閩本、監本、纂傳俱作「性」。　×

117 自我五禮有庸哉　有，古本作「五」。按，疏云「上言五惇，此言五庸」，疑孔氏所見本亦作「五庸」，與馬本同。○按，古本多竊取釋文、正義爲之，此其證也。

118 五服五章哉　章，古本作「彰」。

119 尊卑彩章各異　彩，岳本、纂傳俱作「采」。○按，采、彩古今字。

120 令此義慈友恭孝　令，閩、監俱作「今」。　×

121 又云自由也　「自由」二字，宋板、十行本俱倒。○按，釋詁作「由自也」，宋板不誤。　×

122 此文承五禮之下 承，宋板作「合」，山井鼎曰，似非。×

123 鄭玄以爲并上之禮 浦鏜云，「之」當「典」字誤。

天聰明 ×

124 自我民明威 威，古本作「畏」。山井鼎曰：「古字通用。」王應麟曰：「古文『天明畏，自我民明畏』，今文下『畏』字作『威』，蓋衛包所改，當從古。」○按，王所云古文即宋次道家本也，多不足據。

125 是天明可畏之効 効，岳本、纂傳俱作「效」，是也。×

126 不可不敬懼 古本作「不可以不敬懼也」。×

127 可致行 古本作「皆可致行也」。×

128 未能思致於善 「善」下，古本有「道」字。×

129 徒亦贊奏上古行事而言之 宋板無「而」字。

130 因討而代之 代，十行、閩本俱作「伐」。×

131 非己知天而所自能 天，宋板、十行、閩本俱作「思」。

132 天聽是我民聽 是，宋板、十行、閩、監俱作「自」。×

133 襄之言暢 盧文弨云，王伯厚鄭注尚書「言暢」作「言揚」，注一作「暢」，下「暢」亦作「揚」。毛本作「揚」，似與王所見本合。○按，鄭注尚書乃惠棟所輯，託名王伯厚者。

04—134 揚我忠言而已 揚，宋板、十行本俱作「暢」。

校記

❶ 南昌本以上兩條合爲一條。

❷非也，咸豐補刊本作：「〇按，『經』下有『緯』字，則『定』上宜有『克』字。」

❸咸豐補刊本無「是也」二字。

❹咸豐補刊本無「此誤」二字。

❺是也，咸豐補刊本作：「按，『囚』字誤。」

❻咸豐補刊本無「是也」二字。

❼詞，南昌本誤作「嗣」，蓋形近而譌。又南昌本以「辭」與「詞」，「罪」與「辠」，「皆古今字」，此結論爲其所增。

❽諴，咸豐補刊本皆誤作「誠」。

❾咸豐補刊本末有「段玉裁説」四字。

❿又字非也，學海堂本作「又字非也」。

尚書注疏校勘記卷五

05—001 尚書注疏卷第五　宋板。

益稷第五　虞書

益稷

002 又合此篇於臯陶謨　謨，十行、閩本俱誤作「謀」。

003 帝曰來禹汝亦昌言　汝，古本作「女」，篇内皆同。

004 因臯陶謨九德　謨，宋板、岳本俱作「謀」。按，纂傳作「謨」。

005 使亦陳當言　「當」上，古本有「其」字。陸氏曰：當，本亦作「讜」。

006 欲使帝重臯陶所陳　「陳」下，古本有「也」字。

007 奉承臣功而已　承，古本作「成」。

008 昬瞀墊溺　陸氏曰：瞀，本或作「務」。

009 開通道路以治水也　「也」上，古本有「之」字。山井鼎曰：「崇禎本『也』字細書，與釋文混，非也。」○按，監本誤同，毛本亦然。

010 澮畎深之　「澮畎」二字，纂傳倒。

011 使民鮮食之　之，古本作「也」。

012 魚鹽徙山林木徙川澤　「木」上，古本有「竹」字。盧文弨云：「依疏當以『林木徙川澤』爲句，不必增『竹』字。」

013 言禹功甚當　功，纂傳作「言」。

014 禹拜曰嗚呼　呼，十行本作「乎」。

015 乃皆是米粒之食　是，宋板、十行、閩本

俱作「得」。×

016 精神昏瞀迷惑　惑，十行本作「或」。

017 謂以鐵如錐頭　鐵，纂傳作「鐡」。×

018 標與桐轝爲一　轝，十行、閩、監俱作「輂」。×

019 傳奏謂至進食　十行、閩、監俱無「謂」字。×

020 意在救人難危之厄　難，宋板作「艱」，是也。×

021 故舉難得食之處以言之　宋板無「之」字。嘉靖本、閩本「食之」俱作「之食」。按，十行本「食」下無「之」字，當與宋板同。

禹曰都帝慎乃在位×

022 順命以待帝志　「命」上，古本、宋板俱有「天」字。

023 必用正直之臣　臣，宋板、十行、閩、監俱作「人」。×

024 言惡以形好也　形，十行、閩本俱誤作「刑」。

帝曰臣作朕股肱耳目×

025 會五采也　古本重「會」字。按，疏標目不重。×

026 藻火粉米　陸氏曰：藻，本又作「薻」。米，徐本作「絲」，音米。×

027 天子服日月而下　「服」下，古本有「自」字。×

028 諸侯自龍衮而下　「自」上，古本有「服」字。×

029 在察天下治理及忽怠者　怠，纂傳作

「亂」。

030 汝當聽審之　「聽審」二字，纂傳倒。之，古本作「也」。

031 當察之　古本作「當審也」。

032 侯以明之　石經「侯」字偏寫于右。

033 當誦詩以納諫　當，古本、岳本、宋板、纂傳俱作「掌」。按，「當」字非也。

034 當是正其義而颺道之　道，古本、纂傳俱作「導」。按，釋文無音，作「導」爲是。之，古本作「也」。

035 否則威之　威，古本作「畏」。

036 天下人能至于道　「人」上，古本有「之」字。

037 書其過者以識之　之，宋板作「哉」。十行本「識之」誤作「以識」。

038 易辭云　「易」下，宋板有「繫」字，是也。

039 彼鄭以徧祭天之諸神十二次亦當祭之　「次」下，十行、正、嘉、閩、監俱有「也次」二字。山井鼎曰：「似非。宋板與崇禎本同。」

040 以云畫之於衣　以，宋板、十行、閩、監俱作「此」。

041 或當二代天子　二，宋板作「三」。

042 考工記曰白與黑謂之黼　曰，十行、閩、監俱作「云」。

043 黻爲兩己相背　爲，十行、閩、監俱作「謂」。

044 黼取能斷　黼，監本誤作「翻」。❶

045 其衣三章裳四章凡十也　十，宋板、十行、閩、監俱作「七」，是也。×

046 則保以修之　以，宋板作「而」。×

047 若樂音合度　音，十行、閩本俱誤作「云」。

048 若有怠忽　有，宋板、十行、閩本俱作「其」。

049 當行射侯之體　體，十行、閩、監俱作「禮」，是也。×

050 古之射侯之士　士，宋板作「事」。

051 鵠方三尺三寸少半寸　半，監本誤作「牛」。×

052 士布侯畫以鹿家　家，宋板、十行、閩、監、纂傳俱作「豕」，是也。×

053 諸侯已下同五十弓　諸，十行、閩、監、纂傳俱作「熊」。×

禹曰俞哉

054 明庶以功　庶，古本作「試」。按，正義作「庶」。又僖二十七年左傳引夏書曰「賦納以言，明試以功，車服以庸」，疏云：「此古文虞書益稷之篇。古文作『敷納以言，明庶以功』，『敷』作『賦』，『庶』作『試』，師受不同，古字改易耳。」〇按，王符潛夫論引亦作「試」，正與左氏合。

055 明之皆以功大小爲差　古本無「大小」二字。×

056 以車服旌其能用之　之，古本作「也」。

057 無若丹朱傲　釋文云：「傲，五報反，字又作『奡』。」說文夰部，「奡，嫚也。讀若傲。」則奡、傲古字通。徐鍇曰「今文尚書作『傲』」，則作「奡」者，古文也。

058 惟慢遊是好　古本無「惟」字。×

059 **傲虐是作**　傲，岳本作「敖」。按，傲，倨也，五報反。敖，遊也，五羔反。傳釋「傲虐」云「傲戲而爲虐」，釋文音五羔反，則當作「敖」明矣。釋文又云「徐五報反」，則與上文「傲」字無別，唐石經及近刻皆沿其誤。薛氏古文訓兩句俱作「奡」，亦非也。惟岳本得之。

060 **侯甸綏要荒服也**　「侯甸」二字，纂傳倒。×

061 **禹曰俞至惟敘**　十行、閩本俱無「俞」字。閩本「禹」上有圈。×

062 **不嘗試驗**　嘗，十行、閩、監俱作「宜」。×

063 **惟有二苗頑凶**　二，十行、閩、監俱作「三」，是也。×

064 **得使天災消没**　十行、閩、監俱無「天」字。

065 **彼言施施諸侯**　下「施」字，十行、閩、監、纂傳俱作「於」，是也。×

066 **在壽春縣東北**　春，監本誤作「眷」。×

067 **得五千里者四十九**　五，宋板、十行、閩本俱作「方」。按，「五」字非也。×

068 **禹朝群臣於會稽**　浦鏜云：「魯語作『禹致群神于會稽之山』，注，『群神謂主山川之君，爲群神之主，故謂之神』。」許宗彦曰：「鄭答張逸云，『欲明守土之祀，故兼用外傳、内傳語，蓋稱諸侯爲群神，明其守土之祀也。』今書疏、禮疏引鄭注均作『群臣』，當是淺人所改。」

069 **直謂五國之長耳**　謂，宋板作「是」。

070 **謂舜分比三苗之時**　比，十行、閩、監俱作「北」，是也。×

皋陶方祗厥敘 ×

071 **禹五服既成**　毛氏曰：「五」作「玉」，誤。×

072 **考績之次序於四方**　毛氏曰：「四」作「曰」，誤。　×

夔曰戛擊鳴球　×

073 **丹朱爲王者後**　毛氏曰：「王」作「三」，誤。　×

074 **班爵同**　班，古本、岳本、宋板俱作「年」，與疏合。按，纂傳作「班」。

075 **各自互見**　古本下有「之也」二字。　×

076 **間迭也**　迭，監本誤作「送」。　×

077 **言簫見細器之備**　「見」上，古本有「以」字。　×

078 **信皆和諧**　「和諧」二字，纂傳倒。　×

079 **言神人洽**　洽，古本、岳本、宋板俱作「治」。

080 **所以太平**　古本作「所以致太平也」。　×

081 **言舜政教平**　政，十行本誤作「致」。　×

082 **令右右擊**　上「右」字，宋板、十行、閩、監俱作「左」，是也。　×

083 **戛敔之本名爲籈**　本，十行、閩本俱作「木」。

084 **鄭玄以戛擊鳴球三者**　按，「球」衍文。

085 **丹朱亦以德讓矣**　矣，宋板、纂傳俱作「也」。

086 **凡行容惕惕**　惕惕，十行本作「愓愓」，是也。　×

087 **是儀謂有容儀也**　謂，宋板、十行俱作「爲」。　×

088 **言九成致鳳**　鳳，十行本誤作「奉」。

089 **言其始用任賢**　用，宋板作「於」。

帝庸作歌曰

090 歌以申戒　古本作「故歌以申戒也」。

091 帝拜曰俞　古本無「帝拜」二字。

092 人君奉政天命　宋板、十行、正、嘉、閩本俱作「言天合奉正天命」。山井鼎曰：「不可解也。」○按，「天合」當作「人君」，「政」當作「正」，惟監本得之。

093 惟在慎微不忽細事也　忽，十行本誤作「忍」。

094 元首首也　元首，十行、閩本俱作「元良」，與釋詁合。

095 傳憲法至其職　職，十行本誤作「識」。

096 今數顧省之　今，宋板、十行俱作「令」。

097 西有長賡　孫志祖云：詩作「長庚」。

05—098 爲義同而文變耳　義，十行、閩本俱作「一」，是也。

校記

❶ 黼取，原作「黻取」，今據咸豐補刊本及毛本注疏改正。又校記中「黼」字，學海堂本誤作「黻」字。

尚書注疏校勘記卷六

06—001 尚書卷第三古文尚書禹貢第一夏書孔氏傳　古本。

002 尚書正義卷第六　宋板。❶

禹貢第一　夏書

禹別九州　×

003 任土作貢　「貢」下，古本有「作禹貢」三字。

004 定其貢賦之差　古本「定」上有「以」字，「賦」下無「之」字。按，有「以」字與疏合，無「之」字恐非。

005 而在夏書之首　「首」下，古本有「者」字。　×

006 禹之王　王，監本誤作「至」。　×

007 深大其川　宋板作「深其大川」。

008 詩傳云圻疆者　宋板、十行「者」俱作「也」。嘉、萬、閩本俱無「者」字。　×

009 取下貢上之義也　貢，十行、閩、監俱作「供」。❷

010 或仲虺始退其第　虺，宋板、十行、閩、監俱作「尼」。按，「虺」字非。　×

禹貢　×

011 定山川次秩　次，監本誤作「夫」。　×

012 論天子於土地布行德教之事也　布，閩、監俱誤作「在」。　×

禹敷土　×

013 洪水汎溢　汎溢，纂傳作「泛濫」。　×

014 祀禮所視　毛氏曰：「祀」作「杞」，誤。　×

015 **使之祀禮所視**　之，宋板、十行、閩、監俱作「知」，是也。×

016 **漫壞民居**　漫，宋板、十行、閩本俱作「浸」。

017 **故言分布治之也**　宋板無「也」字，十行本「也」誤作「之」。

018 **冀州**　唐石經別起一行，每州皆然。

019 **從揚而西次荆**　次，監本誤作「夫」。×

020 **傳堯所至於書**　於，十行本誤作「至」。

021 **史傳者云**　者，宋板、十行、閩、監俱作「皆」，是也。×

022 **諸川冀爲其先**　川，宋板、十行、閩本俱作「州」。按，「川」字誤。×

023 **壺口治梁及岐**　毛曰：「岐」作「蚑」，誤。×

024 **必當其見圖籍**　其，宋板、十行、閩、監俱作「具」。按，「其」字非也。×

既修太原　×

025 **壺口當有至于太岳**　當有，宋板、十行、閩、監俱作「雷首」，不誤。×

026 **地理志河東彘縣東有霍太山**　「志」下，宋板有「云」字。×

027 **山南見日**　日，十行本誤作「曰」。

覃懷底績　×

028 **從覃懷致功至横漳**　横，纂傳作「衡」。按，諸本皆作「横」，而疏内標目「横」作「衡」，必有一誤。❸

厥土惟白壤　×

029 **色白而壤**　毛氏曰：「白」作「曰」，誤。×

厥賦惟上上錯　×

030 錯雜　古本、史記集解下俱有「也」字。按，此與「海物惟錯」傳「錯雜」小異，此以雜訓錯，彼則二字平讀。

031 此州入穀不貢　州，宋板作「則」。盧文弨云，「則」字非。

032 豫州與冀州第一同　第，十行、閩、監俱誤作「等」。

恒衛既從　×

033 今鉅鹿縣北廣河澤也　河，纂傳作「阿」。按，下「廣河」亦當作「阿」。

034 相去甚遠　甚，十行本誤作「其」。

035 島夷皮服　臧琳曰：「孔傳『海曲謂之島』，正義曰，『孔讀鳥爲島。鄭玄云，鳥夷，東方之民，搏食鳥獸者也。王肅云，鳥夷，東北夷國名也。與孔不同。』據此知鄭、王本皆作『鳥夷』。孔傳雖讀鳥爲島，然未改經字，故正義本亦作『鳥』也。史記夏本紀冀州作『鳥夷』，揚州作『島夷』，蓋因集解采孔傳，後人遂私改。漢書地理志冀州、揚州皆作『鳥夷』。群經音辨鳥部云，『鳥，海曲也，當老切。書鳥夷。』是北宋孔傳尚作『鳥』字。」○按，唐石經已作「島」。

夾右碣石　×

036 碣石山在北平驪城縣西南　浦鏜云：「碣石山，漢志作『大揭石山』，『北平』上有『右』字。」按，疏引漢志多脱誤，諸本皆然，未可擅改，兹不悉挍，讀者取本書覆閲可也。

037 還都白帝所治　治，十行、閩本俱誤作「知」。

濟河惟兗州　×

038 濟河間其氣專質性信謙　宋板「質」下有「體」字。十行、正、嘉、閩本俱無「質」字，作「體性信謙」。

039 河南其氣著密厥性安舒　下八字宋板、十行、閩本俱作「其性安舒，厥性寬豫」。

按，此及上條尔疋疏所引俱與毛本同。

040 所言未必得其本也　其，宋板作「真」。

九河既道

041 河是大陸之北　是，宋板、十行、閩、監俱作「自」。按，「是」字非也。

042 故蘇其水下流　故，十行、閩、監俱作「胡」，是也。

043 其間相去三百餘里　三，宋板、十行、閩本、纂傳俱作「二」。○按，「二」字不誤。

雷夏既澤

044 會同此澤　毛氏曰：「此」作「北」，誤。

045 在濟陰城陽縣西北　陽，十行本誤作「縣」。

桑土既蠶

046 民居邱上　上，十行、閩本俱誤作「土」。

047 於是得下邱陵居平上矣　上，十行、閩、監俱作「土」，是也。

048 而夾川兩大流之間　川，纂傳作「於」。按，「川」字非也。

厥草惟繇

049 遭洪水其民尤困　其，纂傳作「之」。

050 與徐揚三州　三，纂傳作「二」，是也。

厥賦貞

051 賦正與九相當　「九」下，古本有「州」字。

作十有三載

052 是十二年而八州平　二，十行、閩本俱誤作「三」。

厥貢漆絲

053 盛之筐篚而貢焉　筐，十行本誤作「篚」，疏同。

054 繒是織繒之有文者　上「繒」字，宋板、十行、閩本俱作「綺」，是也。　×

055 傳謂織爲細貯　貯，十行、閩、監俱作「紵」，是也。　×

浮于濟漯　×

056 濟漯兩水名　兩，纂傳作「二」。　×

057 得乘舟徑達也　徑，宋板、十行俱作「經」。

058 嵎夷既略濰淄其道　陸氏曰：濰，本亦作「惟」，又作「維」。　×

059 東北至千乘博昌縣入海　海，纂傳作「泲」，與漢志合。

厥貢鹽絺　×

060 錯雜非一種　古本下有「也」字。　×

061 岱畎絲枲　陸氏曰：畎，徐本作「畎谷」。○按，徐本蓋「畎」上無「岱」字，「畎」下有「谷」字也。傳曰「畎，谷也」，則徐本之誤明矣，詳釋文挍勘記。❹

062 怪異好石似玉者　毛氏曰：怪石似玉者，「玉」作「三」，誤。○按，傳作「好石」，毛作「怪石」，當攷。　×

063 皆貢之　之，古本作「也」。　×

064 畎谷畎去水　谷，宋板、十行、閩本俱作「言」。　×

淮沂其乂　×

065 二山已可種蓺　已可，史記集解作「可以」。　×

066 言可耕　宋板此下有「作也」二字。

大野既豬　×

067 厥土赤埴墳草木漸包　陸氏曰：漸，本又作「蔪」。○按，說文「蔪」下云「艸相蔪包也，从艸斬聲」，引書「草木蔪包」。蔪包者，稹緻之皃，僞孔以進長釋「蔪」，而或改「蔪」爲「漸」，唐已前已如是。

068 漸進長　「進長」二字，史記集解倒。按，疏亦倒。

069 謂之摶埴之工　摶，十行、監本俱作「搏」。盧文弨云，釋文元有兩音。

070 是植爲黏土　植，十行、閩、監俱作「埴」，是也。爲，宋板、十行、閩本俱作「謂」。

厥貢惟土五色

071 則各割其方色土與之　「方」下，纂傳有「之」字。

072 使立社　「使」下，纂傳有「之」字。

羽畎夏翟

073 則夏雉共爲雉名　上「雉」字，十行、閩、監俱作「翟」，是也。

泗濱浮磬

074 淮夷二水　二，釋文作「之」，陸氏曰：「孔傳云『淮夷之水』，本亦有作『淮夷二水』也。」〇按，史記集解與今本同。

075 出蠙珠及美魚　岳本無「及」字。毛氏曰，「出蠙珠及美魚」下多一字。

076 達於河　諸本作「河」，非也。案，説文「菏」字下、水經濟水篇引並作「達於菏」。古文尚書疏證云：「菏者，澤名，爲濟水所經。又『東至于菏』者，是在豫之東北，即徐之西北。舟則自淮而泗，自泗而菏，然後由菏入濟以達於河，此徐之貢道也。」

淮海惟揚州

077 北據淮　據，十行本誤作「揚」。

彭蠡既豬

078 東匯爲彭蠡是也　爲，纂傳作「于」，非也。

三江既入 ×

* 錢塘江也　岳本「也」上有「浦陽江」三字，此誤脱也。

079 三江既入此湖也　浦鏜云，脱一「入」字。 ×

080 令江入此澤　令，十行、閩、監俱作「今」，非。

081 指其澤謂之　「之」下，宋板、十行、閩、監、纂傳俱有「藪」字，是也。 ×

厥土惟塗泥 ×

082 地泉濕　濕，古本作「温」。

083 厥田惟下下厥賦下上上錯　十行本脱一「上」字，閩本擠入。

084 田第九　毛氏曰：「田」作「丑」，誤。 ×

瑤琨篠簜 ×

085 皆美玉　按，正義曰「美石似玉者也」，荀子賦篇注引孔安國曰：「瑤，美石。」 ×

齒革羽毛惟木 ×

086 木楩梓豫章　梓，纂傳作「楠」。豫章，古本作「橡樟」，非。 ×

087 牙牡齒也　牡，宋板作「壯」。○按，「壯」字不誤。說文士部曰：「壯，大也。」壯齒謂齒大者。

088 故知旄是旄牛尾也　上「旄」字，宋板、十行、閩、監俱作「毛」，是也。 ×

厥篚織貝 ×

089 凡爲織者　織，纂傳作「錦」。

厥包橘柚錫貢 ×

090 大曰柚　毛氏曰：「柚」作「袖」，誤。 ×

091 當繼荊州之無也　之，宋板、十行俱作「乏」。

沿于江海

092 淮入泗　古本此下有「逆也」二字。

江漢朝宗于海

093 尊宗也　「尊宗」二字，宋板、十行俱作「宗尊」，是也。

094 江水海水其流遄疾　海，宋板、十行、閩、監俱作「漢」。按，「海」字非也。

沱潛既道

095 是沱爲江之別名也　按，當作「是沱爲江別之名也」。

096 直云水名　「直」上，宋板有「故」字。

097 在今蜀郡郫縣　郫，十行本誤作「鄆」。

098 潛蓋漢西出嶓冢　「漢西」二字，纂傳倒，是也。

沱水自蜀郡都水縣揃山與江別而

99 更流　自，纂傳作「出」。浦鏜云：「湔」誤「揃」。

100 入太穴中　太，纂傳作「大」，是也。

101 雲土夢作乂　陸氏曰：「雲，徐本作『云』。」沈括筆談曰：「舊尚書禹貢云『雲夢土作乂』，太宗皇帝時得古本尚書作『雲土夢作乂』，詔改禹貢從古本。」○按，筆談所謂「太宗」乃宋太宗也。胡朏明禹貢錐指乃以爲唐太宗，殆誤矣。疏云「經之『土』字在二字之間」，開成石經亦作「雲土夢作乂」，則古本即唐世通行本耳。至宋初監本始倒「土夢」二字，蓋據漢書地理志，不知史記夏本紀「夢」字亦在「土」下。

102 可爲東作畎畝之治　東，古本、岳本、葛本、宋板、十行、正、嘉、閩、監、纂傳俱作「耕」，是也。

103 此澤既土　土，宋板、十行、閩、監俱作「大」。

104 水去可爲耕作畎畝之治　十行、閩本俱脱「去」字。

105 杶榦栝柏　陸氏曰：「榦，本又作『幹』。」

106 弓人取榦之道也　浦鏜云：「七」誤「也」。○按，作「七」與攷工記合。❺

107 陸璣毛詩義疏云　璣，閩本作「機」，後竝同。○按，作「機」是也，説詳爾雅挍勘記。

包 ×

108 橘柚　岳本下有「也」字，與疏標目不合。❻ ×

甂菁茅 ×

109 傳甂匣至縮酒　十行、閩、監俱全載傳文。 ×

110 菁蕒菁也　浦鏜云：「蔓」误「蕒」，下同。按，浦是也。

111 江淮之間三茅脊以爲藉　「茅脊」二字，宋板、閩本俱倒，不誤。

厥篚玄纁璣組 ×

112 鄭云纁者　「纁」上，宋板有「染」字。❼

九江納錫大龜 ×

113 錫命而納之　「錫」上，古本有「故」字。 ×

114 浮于江沱潛漢　陸氏曰：「江、沱、潛、漢，四水名，本或作『潛于漢』，非。」正義曰：「本或『潛』下有『于』，誤耳。」

伊洛瀍澗 ×

115 出弘農盧氏縣東熊耳山　東，十行、閩本俱誤作「冢」。

滎波既豬 ×

116 蓋此澤跨河南北　河，閩本誤作「江」。 ×

117 多而得名耳　浦鏜云：「多」上脱「但在河

內」四字，從詩疏挍。

導荷澤❽　×

118 水流溢覆被之　之，古本作「也」。　×

厥土惟壤　×

119 下者墳壚　古本作「下者壚壚疏也」。岳本、宋板、十行、纂傳俱無「也」字，餘與古本同。許宗彥云：「傳末『疏』字，今本誤爲黑質白文。」○按，史記集解：「孔安國曰『壚疏也』。」

120 傳壚音盧説文黑剛土也　按，下九字乃陸氏音義，非孔疏也。今本既誤以傳末「疏」字爲黑質白文，遂於音義之首妄加「傳」字。閩本「疏」字雖已誤，尚無「傳」字，祇於「壚」上作圈，蓋猶知其爲音義也。

厥貢漆枲絺紵　×

121 纊細綿　「纊」上，纂傳有「纖」字。　×

錫貢磬錯　×

122 佗山之石　佗，十行本誤作「沱」。

123 浮于洛達于河　唐石經脱「達于」二字。

124 東據華山之南　南，古本作「陽」。　×

岷嶓既藝　×

125 江水所出　「出」下，宋板、十行、嘉、閩本俱有「也」字。　×

126 隴西郡西嶓冢山西漢水所出　宋板「嶓」上有「縣」字。十行、正、嘉、閩本、纂傳俱有「縣」字，脱「嶓」字。「出」下，宋板亦有「也」字。○按，「縣」不當有。❾

127 是二者皆山名沱出于江　「名」下，宋板有「也」字。十行、正、嘉、閩本俱有「也」字，脱「沱出」二字。「江」下，宋板、正、嘉俱有「也」字。❿

厥田惟下上　×

128 差復益小　小，宋板作「少」。×

熊羆狐貍　×

129 織金罽　古本作「織皮金罽也」。○按，史記集解「金」作「今」。⑪

130 胡人續羊毛作衣　盧文弨云：「續」當本是「績」字。

西傾因桓是來　×

131 桓水是西傾山南行　是，古本、岳本、葛本、宋板、十行、閩、監、纂傳俱作「自」，是也。古本「水」下有「也」字。○按，段玉裁校本作「桓水名自西傾山南行」。

黑水西河惟雍州　×

132 傳西距至州西　山井鼎曰：「此疏甚有謬誤，當以右行下二字與左行下相接也。」○按，第二行「河計」二字當在第三行「西」字下，第三行「王肅」二字當在第四行「水」字下，後放此。十行、閩、監俱不誤。纂傳載「雍州之境」至「所言得其實」一段亦不誤。×

133 皆云西據黑水　據，宋板、十行俱作「距」。

134 涇屬渭汭　陸氏曰：「汭，本又作『內』，同。」

135 水北曰汭　毛氏曰：「北」作「此」，誤。×

136 毛詩傳云　「毛詩」二字，宋板、十行、閩、監俱倒，是也。×

137 出安定涇陽縣西岍頭山　岍，纂傳作「笄」。案，漢志作「开」，師古注云：「开，音苦見反。」

漆沮既從　×

138 同之於渭　盧文弨云：史記集解作「同于渭也」，是。⑫

荊岐既旅　×

139 此荊在岐東　「在」上，古本有「一」字。×

三危既宅 ×

140 左傳稱舜云四凶　云，宋板、十行、正、嘉、閩本俱作「去」。按，「云」字非也。×

141 杜林以爲敦煌郡　敦，宋板、十行、正、嘉、閩本、纂傳俱作「燉」。下文「敦」字，宋板、十行從火，正、嘉、閩本從土。○按，作「敦煌」與漢書地理志合，唐人乃作「燉」，見元和郡縣志。⑬

142 先王居檮杌于四裔　四，纂傳作「西」。○按，昭四年傳作「四裔」。×

143 禹治水未已竄三苗　浦鏜云，「未」下疑脱「平」字。許宗彥云，「未」字當在「禹」下「治」上。

厥貢惟球琳琅玕 ×

144 皆玉名　玉名，纂傳作「美玉」。×

145 石而似珠　山井鼎曰：正、嘉、萬曆本「珠」作「玉」。毛氏本與古本、宋板同。○按，岳本、纂傳俱作「珠」，與疏標目合。十行、閩、葛俱誤作「玉」。初學記地部上「琅玕石似珠也」，注云：「出尚書注。」此作「珠」之證。古本「珠」下有「者也」二字。史記集解作「石名而似珠者」。⑭

浮于積石 ×

146 沿河順流而北　正義曰：「沿，或誤爲『治』，此説禹行，不説治水也。」×

織皮 ×

147 皆就次敘　「敘」下，史記集解有「之」字。×

導岍及岐 ×

148 地里志云禹貢北條荊山　里，十行、閩、監俱作「理」，不誤。×

壺口雷首 ×

149 太岳上黨西　「岳」下，古本、史記集解俱有「在」字，與疏合。

熊耳外方桐柏 ×

150 伊經方外　「方外」二字，岳、葛、十行、閩、監俱倒，是也。 ×

151 而後條列所治水於下　陸氏曰：列，本或作「別」。 ×

152 在潁川嵩高縣　嵩，纂傳作「崈」。 ×

過九江

153 言衡山連延過九江　「連」上，古本有「東」字。 ×

154 言陽從南　「南」下，古本有「起也」二字。 ×

155 豫章歷陵縣南有博陽山　浦鏜云：「博陽，漢志作『傅昜』。師古曰，傅，讀曰敷。昜，古『陽』字。朱長孺曰，韻會，『敷』古作『尃』，隸作『傅』，史世家『傅錫庶民』，漢文『傅納以言』是也。『博陽山』字當作『敷』，『敷』轉爲『傅』，『傅』轉爲『博』耳。」○按，此或刊本之誤，傳中「博」字疑亦當作「傅」，但陸氏不爲音，未可遽改。

156 導弱水　陸氏曰：「弱，本或作『溺』。」

157 傳合黎至沙東　十行本脱「東」字。

導河積石 ×

158 其出崐崘里數遠近　出，宋板、十行、閩本俱作「去」，是也。 ×

南至于華陰 ×

159 河自龍門南流至華山　「華」下，古本、史記集解俱有「陰」字。

160 北至東行　至，古本、岳本、宋板、史記集解、纂傳俱作「而」。

東至于底柱⑮ ×

161 山見水中若柱然　「柱」上，纂傳有「底」字。

162 東過洛汭至于大伾　陸氏曰：「伾，本又作『岯』。」○按，段玉裁云：「東京賦『厎柱輟流鐔以大岯』，善注引『東過大岯』，此正釋文又作之本也。」

163 一成伾　伾，十行、閩、監俱作「岯」。

164 又不一成　一，監本誤作「三」。　×

165 北過降水　降，蔡氏作「洚」。按，此與大禹謨「降水」字同義異。説文「洚，水不遵道。一曰下也。」然則禹謨「降」字可作「洚」，此「降」字必不可作「洚」也。唐石經、宋臨安石經亦俱作「降」，知自古無作「洚」者。

166 在大陸之南　南，十行、閩、監俱作「内」。

167 北近降水也　北，宋板作「此」。

嶓冢導漾　×

168 至漢中東流爲漢水　流，古本、岳本俱作「行」。按，纂傳作「流」。

又東爲滄浪之水　×

169 別流在荊州　「流」下，古本有「也」字。　×

南入于江　×

170 觸山迴南入江　入江，古本作「入于江也」。監本「江」誤作「泟」。　×

東爲北江入于海　×

171 分爲三　「三」下，史記集解有「道」字。

172 遂爲北江而入海　岳本「入」上有「南」字。古本「入海」作「入于海也」。按，史記集解、纂傳俱與今本同。

173 山水同今變易　許宗彥曰：同，蓋「古」字誤。案，宗彥説得之。下云「是古今同之驗也」，「同」上亦疑脱「不」字。

174 又東至于澧　案，澧，史記、漢書俱作「醴」。鄭氏以醴爲陵名，亦不從水。史記索隱曰：「騷人所歌『濯余佩於醴浦』，明醴是水。孔安國、馬融解得其實。又虞喜志林以醴是江、沅之别流，而『醴』字作『澧』也。」據此則以「醴」爲「澧」，始於虞喜志林。安國本作「醴」，與馬、鄭同耳。

175 東迆北會于匯　顧炎武曰：「石經及監本注疏皆同，史記夏本紀亦作『于匯』，今本作『爲匯』，非。」石經考文提要云：「坊本作『爲匯』，沿董鼎書傳。」⑯

176 都共北會爲彭蠡　共，葛本、十行、正、嘉、監俱誤作「其」。古本無「爲」字，與疏及史記集解合。按，經文「于」作「爲」，傳中加「爲」字，其誤一也。

導沇水　×

177 濟水在河東垣縣王屋山　在，宋板作「出」。

入于河　×

178 並流十數里而南截河　陸氏曰：數，一本作「所」。×

東出于陶丘北　×

179 邱再成爲陶邱　上「邱」字，宋板、十行俱作「云」，是也。×

又東至于菏　×

180 菏澤之水　菏，古本作「荷」。⑰

東會于泗沂　×

181 與泗沂二水合入海　泗，葛本誤作「四」。合入海，岳本作「合入于海」，與疏標目不合。纂傳作「合而入海」。按，史記集解與今本同。

導渭　×

182 鳥鼠共爲雌雄　「雌雄」二字，古本、岳本、宋板俱倒，與史記集解合，纂傳與今本同。

183 正義曰釋文云　文，宋板、十行俱作「鳥」，是也。⑱　×

184 至京兆北船司空縣入河　船，宋板、正、嘉、閩本俱誤作「沿」。○按，漢書地理志

「至京兆北」四字作「東」字。×

185 **過郡四**　四，宋板作「西」亦誤。×

又東過漆沮 ×

186 **漆沮二水名**　按，「二」當作「一」。洛水一名漆沮可證也。孫志祖云：「詩緜疏引孔安國云『漆沮一名洛水』，漆沮爲一，今作『二水名』，誤也。」

187 **沮水出北地直路縣**　地，宋板、十行俱作「池」。○按，水經作「地」不作「池」。⑲

九州攸同 ×

188 **已陂障無決溢矣**　「已」字下，古本有「皆」字。史記集解作「皆已」。矣，古本作「也」。按，此傳三「矣」字史記集解並作「也」。溢，集解作「濫」。×

189 **會同于京師**　古本、岳本、宋板、纂傳俱無「于」字。十行本「于」誤作「京」。

190 **言取之有節**　「之」下，古本有「民」字。×

錫土姓 ×

191 **相與共治之**　宋板無「相」字。

192 **胙四岳**　胙，十行本作「祚」，俗字也。

五百里甸服 ×

193 **去王城面五百里**　「里」下，古本有「內」字，依史記集解增。集解「面」作「近」。閩本「王」誤「至」。⑳

194 **百里賦納總**　陸氏曰：納，本又作「內」，音同。

二百里納銍 ×

195 **銍刈謂禾穗**　古本作「所銍刈謂禾穗也」。按，「所」字依史記集解增。㉑

196 **三百里納秸服**　陸氏曰：「秸，本或作『稭』。」×

五百里侯服 ×

197 **斥候而服事**　「服事」二字，葛本誤倒。×

二百里男邦 ×

198 任王者事　史記集解作「任王事者」。 ×

五百里綏服 ×

199 安服王者之政教　古本、岳本、宋板俱無「之」字，與疏及史記集解合。

200 彼賓服當此綏服　彼，十行本誤作「役」。

201 以文武侯衛爲安　侯，閩、監俱作「教」。

二百里奮武衛 ×

202 文教外之二百里　「外之」二字，史記集解倒。 ×

203 奮武衛天子所以安　「安」下，史記集解有「之」字。 ×

五百里要服 ×

204 要束以文教　「以」下，古本有「安」字。 ×

二百里蔡 ×

205 守平常教耳　「守」上，宋板、十行、閩本俱有「言」字。 ×

三百里蠻 ×

206 稅徵差簡　徵，十行、閩本俱誤作「微」。 ×

二百里流 ×

207 不復蠻來之也　復，宋板、十行俱作「服」，非。㉒

208 賈逵馬融五百里米特有此數去王以爲甸服之外百里至城千里　「五百」至「去王」十字，宋板、十行、閩、監俱在「城」字上，是也。㉓ ×

209 至減大半　大，十行本作「太」，非也。

210 使各有寰宇　浦鏜云：寰，國語作「寧」，按，詩頌殷武正義亦作「寰」，當舊本作「寰」

字也。

211 別有九服　服，十行、閩本俱誤作「里」。

212 山川載地　載，宋板、十行、正、嘉、閩本俱作「戴」。×

東漸于海 ×

06—213 正義曰考工記　「曰」下，十行本衍「義曰」二字。

校記

❶南昌本以上兩條合爲一條。

❷南昌本末增按語云：「案，供、貢古通用字。」

❸此以「横」、「衡」二字「必有一誤」，南昌本末增按語則云「按，衡、横古今字」，其結論似與此不同。

❹詳釋文校勘記，南昌本改作：「○補，釋文校勘記，段玉裁云：此處釋文不可通，不當一字爲二字也，當云『徐本作甽，谷也』，説文曰，甽，古文也，畎，小篆文也，『谷』下奪一『也』字。」

❺咸豐補刊本末有「浦云是也」四字。

❻咸豐補刊本末有「古今亦無」四字。今按，「今」字疑是「本」字之誤。

❼染，咸豐補刊本作「纁」，核諸宋八行本尚書正義，作「染」是。又咸豐補刊本末有「按纂傳亦無」五字。

❽荷，愚齋本、學海堂本作「菏」。按，毛本注疏作「菏」，則當以愚齋本、學海堂本爲是。

❾出下宋板亦有也字，南昌本删去此句。今按，校勘記卷首云所引宋板文字據七經孟子考文補遺，然核諸考文補遺，並未言宋板「漢水所出」下有「也」字，南昌本蓋據以删之。

❿校勘記云「山名」下十行本、閩本有「也」字，然南昌本出文脱去此「也」字，並漏校十行本、閩本與毛本之差異，且漏載宋板文字。又「『江』下，宋板、正、嘉俱有『也』字」，南昌本删。按，核諸考文補遺所引宋板，十行本及閩本，「江」下俱無「也」字，南昌本删去是。

⓫咸豐補刊本末有「餘與古本同似是」七字。

⓬咸豐補刊本末有按語：「○按，古本元有『也』字。」

⓭南昌本此條低一格。按，此條出文爲孔疏文字，當低

兩格。

⓮ 似珠，原作「似玉」，據毛本注疏改。南昌本據十行本，故出文作「石而似玉」，不誤，學海堂本亦誤。

⓯ 厎，學海堂本作「底」，據毛本注疏當作「厎」。

⓰ 咸豐補刊本末有按語：「〇按，近世坊刻蔡傳本已改正。」

⓱ 咸豐補刊本末有按語：「〇按，傳既作『荷』，則經亦宜作『荷』。」

⓲ 咸豐補刊本末有按語：「按，『文』字非也。」

⓳ 沮水，學海堂本作「漆沮」。今按，毛本注疏作「沮水」，則學海堂本誤。又咸豐補刊本末有「誤」字。

⓴ 「依史記集解增」及以下，咸豐補刊本作：「按，史記集解亦有『内』字，『面』作『近』。」

㉑ 按所字依史記集解增，咸豐補刊本作：「按，史記集解亦有『所』字。」

㉒ 「非」上，咸豐補刊本有「山井鼎曰恐」五字。

㉓ 咸豐補刊本無「是也」二字。

尚書注疏校勘記卷七

07—001 尚書注疏卷第七　宋板。 ×

甘誓第二　夏書

002 啓與有扈戰于甘之野 ×

夏啓嗣禹位　位，古本、宋板俱作「立」，與疏同。

003 故伐之　浦鏜云：「敵」誤「故」。

甘誓

004 其王曰已下　曰，監本誤作「國」。 ×

005 明堂云　云，宋板作「位」，是也。

006 未知何時改也　時，十行、閩、監俱誤作「故」。

大戰于甘 ×

007 各有軍事　事，閩、監、葛本俱誤作「士」。 ×

008 有扈氏威侮五行　威，古本作「畏」。

009 怠棄三正　棄，唐石經作「弃」，後竝同。

010 侍親而不恭　侍，古本、岳本、葛本、宋板、十行、閩、監、纂傳俱作「恃」。按，正義作「恃」。 ×

011 用其失道故　「故」下，古本有「也」字。

012 攻治也　十行、閩、葛俱誤作「絶之也」。

013 執戈矛以退敵　「以」字上，古本有「爲」字。

014 御以正馬爲政　「政」下，古本有「者也」二字。

015 有功則賞祖主前　則，史記集解作「即」。

016 親祖嚴社之義　義，纂傳作「意」。

017 言耻累也　也，史記集解作「之」。❶

018 傳五行至亂常　常，十行本誤作「帝」。❷

019 則爲啓之兄弟　兄，宋板作「見」，誤。×

020 知此者蓋禹未賜姓之前　知，十行、閩本俱作「如」。❸

021 諸侯討有罪　討，纂傳作「伐」。×

五子之歌第三　夏書

太康失邦 ×

022 須于洛汭　陸氏曰：「汭，如鋭反，本又作『内』，音同。」×

023 待太康於洛水之北　葛本脱「於」字。×

五子之歌

024 辭相連接　「辭」上，宋板有「而」字。×

025 以其述祖之訓　述，十行本誤作「迷」。

026 太康尸位以逸豫　陸氏曰：「逸，本又作『佾』。豫，本又作『忬』。」×

027 乃盤遊無度　陸氏曰：盤，本或作「槃」。×

028 盤樂遊逸無法度　古本重「樂」字。

029 有窮后羿　「后」上，古本有「之」字。

030 御侍也　侍，十行本誤作「待」。

031 一出十旬不反　「十」上，宋板有「而」字。

032 其弟侍母以從太康　侍，十行本亦誤作「待」。×

033 言雖不經以取信　浦鏜云：「以」字上當有「難」字。

其一曰

034 懔乎若朽索之馭六馬　蔡傳作「凛乎」。×

×

035 **能敬則不驕**　能，纂傳作「惟」。×

036 **惟此言六馬**　此，纂傳作「兹」。×

037 **甘酒嗜音峻宇彫牆**　彫，宋臨安石經俱作「雕」。孫志祖云，玉篇口部引作「酣酒嗜音」。

038 **相去不盈二百**　纂傳下有「里」字。×

其四曰　×

039 **典謂經籍**　謂，纂傳作「爲」。×

040 **則所稱之物**　所，宋板、十行、閩本俱作「止」。❹

041 **則官民皆足**　足，十行本誤作「定」。

042 **器既具**　「器」下，宋板有「用」字。×

043 **其五曰嗚呼曷歸**　按，顏師古匡謬正俗云：「嗚呼，歎辭也，或嘉其美，或傷其悲。古文尚書悉爲『於戲』字，今文尚書悉爲『嗚呼』字。」段玉裁云：「古、今二字互譌，以蔡邕石經殘字皆作『於戲』知之，石經系今文也。」

044 **言當依誰以復國乎**　「國」上，古本有「其」字。×

045 **忸怩心慙**　心，岳本作「小」。按，岳本非也。×

046 **雖悔可追**　陸氏曰：「雖，如字，或作『睢』。」○按，雖、睢古蓋通用。

047 **萬姓皆共仇我**　十行本脫「萬」字。

胤征第四　夏書

胤征

048 **奉辭伐罪曰征**　伐，岳本、葛本、宋板、十行、正德、嘉靖、閩本俱作「罰」。按，大禹謨「奉辭伐罪」，宋板亦作「罰」。

049 **楚語稱堯有重黎之後**　有，宋板、十行、

監本俱作「育」。閩本亦誤作「有」。 ×

050 廢天地　地，十行、閩本俱作「時」。按，「地」字非也。❺ ×

051 傳奉辭伐罪　伐，十行、閩本亦俱作「罰」。 ×

052 惟仲康肇位四海　仲，古本作「中」，注同。 ×

053 掌王六師爲大司馬　王，岳本、宋板俱作「主」。古本作「掌，主也。主六師爲大司馬也」。按，當從之，纂傳亦作「掌王六師」，則其誤久矣。

054 而立其弟仲康爲太子　太，宋板作「天」，與注合。

055 政由羿耳　「政」上，宋板有「故」字。

告于衆曰 ×

056 工執藝事以諫　陸氏曰：「藝，本又作『蓺』。」 ×

057 官衆衆官　上「衆」字，古本、岳本、宋板俱作「師」，與疏標目不合。纂傳亦作「官衆」。

058 百工各執其所治技藝以諫諫失常　古本無一「諫」字。 ×

059 蓋訓遒爲聚　「訓遒」二字，纂傳倒。❻ ×

060 已尚相規　已，宋板作「猶」。 ×

061 百工之職　職，宋板作「賤」。按，「職」字非也。 ×

062 不得不諫也　也，十行、閩、監俱作「矣」。 ×

惟時羲和 ×

063 俶擾天紀　陸氏曰：「俶，本又作『⿰亻⿹寸尗』，亦作『叔』，同。」 ×

064 不及謂曆象後天時　「謂」上，古本有「時」字。 ×

* 殺無殺　閩本、明監本、毛本下「殺」字作「赦」。案，「赦」字是也。

065 謂之聚會爲辰　之，十行、閩、監俱作「此」。宋板無「謂」字，但云「此聚會爲辰」。

066 則是日食可知也　食，宋板、十行、閩本俱作「月」。

067 以集是上舍之處　上，宋板、十行、閩本俱作「止」，是也。×

068 君南嚮北牖下　牖，十行本作「墉」。按，北牖之「牖」諸經正義多誤作「墉」，或又誤爲「牗」。

069 於音聲審也　聲，纂傳作「樂」。×

070 引政典而不言古典　言，宋板作「書」。×

071 若周官六卿之治典謂此也　六，宋板作「之」。×

今予以爾有衆 ×

072 舊染汙俗　毛氏曰：「汙」作「汗」，誤。×

073 皆與惟德更新　德，宋板作「得」。×

074 山脊曰岡　宋板無「曰」字。山井鼎曰：無「曰」字爲是。

075 或眦睚而害良善　「眦睚」二字，宋板倒。按，宋板是也。

自契至于成湯 ×

076 告來居治沃土　治，十行、閩、葛俱誤作「洽」。

077 文在湯征諸侯伊尹去亳之土　土，宋板、十行、閩本俱作「上」。按，「土」字誤。×

078 知先生是契父帝嚳　生，十行、閩、監俱作「王」，是也。父，監本誤作「文」。×

湯征諸侯 ×

07—079

湯使亳衆往爲之耕　十行、閩本俱脱「衆」字。

校記

❶南昌本此條低兩格。按，此條出文爲僞孔傳文字，當低一格。

❷南昌本末增「形近之譌傳文可證」八字。

❸南昌本末增按語：「案，『知』字是也。」

❹南昌本末增按語：「案，『所』字是也。」

❺按，此條葉藏本、愚齋本、學海堂本皆在049「楚語稱堯有重黎之後」條前。今按，宋八行本尚書正義有兩「廢天時」，一在「楚語稱堯有重黎之後」前，一在其後。在前者，毛本作「廢天地」，在後者毛本作「廢天時」。出文既作「廢天地」，則此條應在「楚語稱堯有重黎之後」條前，葉藏本、愚齋本、學海堂本是。

❻「倒」上，學海堂本有「倶」字。今按，文選樓本義長。

❼牖，咸豐補刊本誤作「牖」。

尚書注疏校勘記卷八

08—001 尚書卷第四古文尚書湯誓第一商書孔氏傳　古本。

002 尚書注疏卷第八　宋板。❶

003 湯誓第一　按，匡謬正俗卷二引商書湯誓曰「予則孥戮汝」，蓋古文尚書「誓」作「斷」也。　商書

伊尹相湯伐桀　×

004 伊尹以夏政配惡　配，十行、閩、監俱作「醜」，是也。

005 爲出其不意故也　十行、閩、監俱無「其」字。

湯誓　×

006 戒誓湯士衆　湯，古本、岳本、宋板俱作「其」，纂傳亦作「湯」。

王曰格爾衆庶　×

007 而割正夏　按，段玉裁云：「孔傳，『正，政也，言奪民農功而爲割剥之政。』按，傳不言『於夏邑』，則各本『夏』字賸也。正義云『爲割剥之政於夏邑』，增此三字以暢經意耳。史記殷本紀云『舍我嗇事而割政』，裴駰引孔安國曰，『奪民農功而爲割剥之政。』蓋今、古文尚書皆無『夏』字，後人據正義妄增之，非也。」❷

008 正政也　政，十行、葛本俱誤作「改」。按，閩本初亦作「改」，後改作「政」。

009 不敢不正桀罪誅之　按，史記集解引此「桀」下有「之」字，「罪」下有「而」字，文義較明。

010 言桀君臣相率爲勞役之事以絶衆力謂廢農功　按，史記集解引此作「桀之君臣相率遏止衆力，使不得事農」，蓋檃栝傳意，非

原文也。

011 不與上和合　合，纂傳作「協」。×

012 賚與也　與，纂傳作「予」。×

013 予則孥戮汝　按，匡謬正俗引此句「戮」作「勠」，蓋亦古文尚書也。

014 多有大罪　大，十行、閩、監俱誤作「夏」。

015 爲割剥之政　「爲」上，宋板、十行俱有「而」字。×

016 是日何時能畏　畏，宋板、十行、閩、監俱作「喪」。×

017 若其可喪　若，十行、閩、監俱誤作「君」。

018 契始封商湯號爲商知契始封商　十行、閩、監俱無下九字。浦鏜云，當誤衍。×

019 二代不同　二，閩、監俱誤作「三」。×

020 再言所以積桀之罪也　罪，十行、閩本俱作「非」。

021 所以比於日者　「比」下，宋板有「桀」字，是也。

湯既勝夏 ×

022 變置社稷　按，史記集解引此傳「變」上有「欲」字，浦鏜挍從之，似可不必。蓋改正易服，變置社稷，其事相因，疏言「改正易服因變置社稷」是也，非更端之詞。又據疏説，湯已變稷，唯社未遷，明不得有「欲」字。

023 變制社稷欲遷其社　制，宋板、十行、閩、監俱作「置」，是也。「因變制社稷也」同。×

024 鄭云等注此序　云，宋板、十行、閩、監俱作「玄」。下「鄭云因此」同。×

025 然而旱乾水溢　溢，十行本作「益」。按，閩本初亦作「益」，後加水。

026 故更置社稷　置，宋板、十行俱作「致」。盧文弨云可通用。

夏師敗績 ×

027 大崩曰敗績　「崩」下，古本有「壞」字。

028 從謂遂討之　遂，古本、岳本、宋板俱作「逐」，纂傳亦作「遂」。岳本攷證云：「『逐』字正釋『從』字之義，即春秋左氏傳『晉師從齊師』意也。」

029 誼伯仲伯作典寶　陸氏曰：「誼，本或作『義』。」

仲虺之誥第二　商書

湯歸自夏 ×

030 史録其言　史，十行、閩本俱誤作「使」。❸

仲虺之誥 ×

031 自簡賢附勢　附，十行本誤作「輔」。

032 湯誥召誥之類　湯，宋板、十行、閩、監俱作「康」。

033 二字足以爲文　二，十行、閩、監俱作「一」。

034 古人名字　字，閩本誤作「或」。×

035 謂於會之所　浦鏜云，「會」下當脱「同」字。

成湯放桀于南巢 ×

036 恐來世論道我放天于　于，古本、岳本、葛本、宋板、十行、閩、監俱作「子」，是也。×

037 無所慙　「慙」下，古本有「之也」二字。×

夏王有罪 ×

038 肇我邦于有夏　于，十行本誤作「予」。❹

039 恐其非罪見滅　其，古本作「以」。×

040 自然理　古本作「自然之理也」。×

041 惟王不邇聲色　按，篇題疏引此句，「不」作

「弗」，與古本合。

德懋懋官　×

042 若自己出　「若」上，古本有「皆」字。　×

乃葛伯仇餉　×

043 從此後遂征無道　「後」上，古本有「之」字。　×

044 則近者著矣　「矣」上，古本有「也」字。　×

045 曰徯予后　予，古本作「我」。

046 待我君來其可蘇息　古本重「君」字。　×

047 舊謂初征自葛時　舊，古本作「久」。　×

048 左傳稱怨耦曰仇　宋板「曰仇」二字間空一字，非也。　×

049 政謂擊之　政，宋板、十行、閩、監俱作「攻」，是也。[5]　×

050 末是滅其國　末，閩本誤作「未」。　×

德日新　×

051 正義曰繫辭云　「繫」上，十行、閩本俱有「易」字。　×

052 王懋昭大德建中于民　陸氏曰：中，本或作「忠」，非。　×

湯誥第三　商書

惟皇上帝　×

053 皇大　大，十行、閩、葛俱作「天」。

若有恒性　×

054 順人有常之性　人，古本作「民」。　×

055 則唯爲君之道　按，前疏引此句「惟」作「是」。

056 夏王滅德作威　威，古本作「畏」，下「明威」同。

057 以布行虐政於天下百官　毛氏曰：「官」

作「宮」，誤。

058 罹其凶害　陸氏曰：「罹，力之反，本亦作『羅』，洛何反。」害，古本作「虐」。❻

並告無辜于上下神祇

059 言百姓兆民　兆，監本誤作「先」。

060 稱冤訴天地　毛氏曰：「訴」作「許」，誤。

061 降災于夏　毛氏曰：「于」作「子」，誤。

062 而桀不改　古本作「而桀不改政也」。纂傳作「而桀終不改」。

063 不敢赦　不，唐石經作「弗」。❼

064 而加虐乎　「乎」下，古本有「也」字。按，凡古本所加「也」字，有甚不可從者，此類是也。

065 故云玄牡　云，宋板、十行俱作「用」。按，「用」是也。

066 用玄牡者　牡，十行本誤作「壯」。

067 聿求元聖與之戮力　戮，釋文、唐石經、岳本、纂傳俱作「勠」。

068 是謂伊尹爲聖人者也　宋板無「者」字。

上天孚佑下民

069 孚信也　孚，十行本誤作「浮」。

茲朕未知獲戾于上下

070 言伐桀之事　此句上，十行本衍「言伐桀之事，未知得罪于天地」兩句。

071 凡我造邦無從匪彝無即慆淫　兩「無」字，古本俱作「亡」，下「無以爾萬方」同。

072 承天美道　天，十行本誤作「大」。

073 朕弗敢蔽　蔽，古本作「獘」。

074 以其簡在天心故也　岳本、宋板俱無「也」字。×

075 無用爾萬方　毛氏曰：「用」作「羽」，誤。×

076 乃亦有終　亦，古本作「亓」。山井鼎曰：「亓，古『其』字。」〇按，「亦」與「亓」形相似而誤，當作「亦」。

伊訓第四　商書

成湯既没 ×

077 伊尹以冕服奉祀王歸于亳　祀，宋板、十行、閩、監俱作「嗣」，是也。×

078 於是乃立太丁之弟外丙三年崩　三，纂傳是「二」。按，諸本俱作「三」，與史記殷本紀合，纂傳蓋據孟子改之。❽ ×

惟元祀 ×

079 知此年十一月湯崩　一，監本誤作「二」。×

080 是特設祠也　祠，十行、閩、監俱作「祀」，下「特設祠禮」同。

081 奉祠王祗見厥祖　山井鼎曰：「古本『祠』作『嗣』，宋板同。」〇按，諸本俱作「嗣」，唯毛本誤耳。×

082 伊伊制百官　下「伊」字，岳、葛、十行、閩、監、纂傳俱作「尹」，是也。×

083 故稱焉　「焉」上，古本有「之」字。×

曰嗚呼古有夏先后 ×

084 先君謂禹以下　君，岳本、纂傳俱作「后」。按，疏標目作「君」。×

085 杍能師禹者也　盧文弨云：師，國語作「帥」。×

于其子孫弗率 ×

086 朕哉自亳　哉，石經補缺誤作「載」。

立愛惟親　✕

087 終洽四海　毛氏曰，「洽」作「合」，誤。○按，洽，葛本、十行本俱誤作「治」。疏「乃洽于四海」，十行本亦誤作「治」。

088 令緣親以及踈　令，十行本誤作「令」。

089 與人不求備撿身若不及　撿，唐石經、岳本、十行、閩、監俱從木作「檢」字。按，作「撿」避所諱，汲古閣全書皆然。　✕

090 以至于有萬邦兹惟艱哉　艱，古本作「難」。　✕

091 敷求哲人　陸氏曰：「哲，本又作『喆』。」　✕

曰敢有恒舞于宮　✕

092 敢有殉于貨色　按，一切經音義卷一云：「尚書『殉于貨色』注云，『殉，干求也。』」凡玄應所引尚書注不出姓名者，皆孔傳也。其經文當亦據孔本，此經「殉」字，古文蓋作「狥」，今文則作「殉」，當以「狥」爲正。傳云「殉，求也」，宜改作「狥，干求也」。

093 昧求財貨美色　昧，岳本、纂傳俱作「敢」。按，「敢」字固與經相應，然疏云「昧求謂貪昧以求之」，則疏自作「昧」。

094 常遊戲畋獵　畋，纂傳作「田」。　✕

095 是荒亂之風俗　「是」下，古本有「謂」字。　✕

096 則以争臣自匡正　争，纂傳作「諍」，下「争友」同。按，釋文云「争，諫争之争」，不必改「諍」。　✕

097 親比頑愚幼童　比，十行本作「此」，非也。

098 但有一於身者　宋板、十行俱無「者」字。

099 謂貪昧以求之　按，六經正誤引此文「貪」作「昏」。攷疏上云「殉者心循其事，是貪求之意」，此云「貪昧以求」，與上「貪求」相應，貪者必昧，故曰「貪昧」，似不當作「昏」。

100 所謂墨罪五百者也　者，纂傳作「是」。×

聖謨洋洋 ×

101 洋洋美善　岳本下有「也」字。×

爾惟德 ×

102 則天下賚慶　按，釋文云「賚，力代反」，是陸氏本作「賚」也。疏云「德雖小猶萬邦賴慶」，是孔氏本作「賴」也。似當以「賴」爲正，「賴慶」謂一人有慶，兆民賴之，若作「賚慶」，則費解矣。

太甲上第五　商書

太甲既立不明 ×

103 舜放四凶徒之遠裔　徒，宋板、十行、閩、監俱作「徙」。按，「徒」字非也。×

惟嗣王不惠于阿衡 ×

104 阿倚衡平　古本下有「也」字。×

105 言不順伊尹之訓　訓，纂傳作「言」。×

106 比至放桐之時　比，十行、閩、監俱誤作「此」。×

107 鄭玄亦云　玄，閩、監俱誤作「文」。×

惟尹躬 ×

108 禮法君稱臣名　稱，十行、閩、監俱作「前」，是也。×

惟尹躬先見于西邑夏[9] ×

109 夏都在亳西　古本作「夏都在亳之西也」。×

其後嗣王 ×

110 滅先人之道德　人，纂傳作「王」。×

111 不能終其業以取亾　以取亾，古本作「亡取滅亾也」。按，古本疑有誤字。×

伊尹乃言曰 ×

112 旁求俊彦　陸氏曰：「俊，本亦作『畯』。」×

113 開道後人　道，古本作「導」。

114 無越厥命以自覆　陸氏曰：越，本又作「粤」。

115 機弩牙也　古本作「機弩也牙也」。

116 明旦行之　「明」上，古本有「須」字。

117 欽厥止率乃祖攸行　按，今本皆以此兩句爲一節，下文「惟朕以懌，萬世有辭」兩句爲一節。以傳攷之，此節傳云「止謂行所安止，君止於仁，子止於孝」，專釋「止」字之義，至下傳乃云「言能循汝祖所行，則我喜悦，王亦見歎美無窮」，似當以「欽厥止」一句爲一節，「率乃祖攸行」合下兩句爲一節。然疏云「王又當敬其身所安止，循汝祖之所行，若能如此，惟我以此喜悦」，其分節蓋已同今本矣。

118 萬世有辭　辭，古本作「孠」。❿

119 言能循汝祖所行　「言」下，古本有「王」字。

120 又當以意往省視矢括　又，閩本誤作「人」。

121 欲發明也　明，十行、閩、監俱作「命」。

122 爽是未明　未，纂傳作「將」。

123 伊尹曰茲乃不義　陸氏曰：「義，本亦作『誼』。」

124 無俾世迷　無，古本作「亡」。

125 使比近先王　比，十行、閩本俱誤作「此」。

126 必當改過爲善也　過，十行、閩、監俱作「悔」。

太甲中第六　商書

惟三祀

127 今云冕者　云，纂傳作「爲」。

作書曰

128 實萬世無疆之休　無，古本作「亾」，下「無時」、「無斁」同。

既往背師保之訓

129 言己已往之前　己已，葛本誤作「已巳」。

並其有邦厥鄰

130 湯俱與鄰並有國　與，纂傳作「爲」。

131 王懋乃德視乃厥祖　石經考文提要云：「坊本作『烈祖』，亦沿蔡沈集傳。案，孔安國傳『視其祖而行之』，『其』訓『厥』也。」○按，纂傳已從蔡傳作「烈」矣。

朕承王之休無斁

132 則我承王之美無斁　美，十行本誤作「災」。斁，古本、岳本、宋板、纂傳俱作「厭」，岳本是也。釋文有「厭，於豔反」。[11]

太甲下第七　商書

133 伊尹申誥于王曰嗚呼惟天無親　無，古本作「亾」，「鬼神無常」同。

鬼神無常享

134 無有親疏　有，古本作「所」。

135 言鬼神不係一人　係，古本、岳本、宋板、十行、纂傳俱作「保」。

136 則享其祀　古本下有「之也」二字。

137 天位艱哉　艱，古本作「難」。

138 終始慎厥與惟明明后　惟明明后，唐石經初刻有「后」字，後磨改祇作「惟明明」。

先王惟時懋敬厥德

139 言湯惟是終始所與之難　惟，十行本誤作「推」。

若升高

140 若陟遐　陟，葛本誤作「涉」。

有言遜于汝志

141 勿以自臧　臧，葛本、閩、監俱誤作「藏」。

嗚呼弗慮胡獲

142 則天下得其正　古本作「則天下得其政也」。

咸有一德第八　商書

伊尹作咸有一德

143 以戒太甲　戒，岳本作「成」，誤。

144 經稱尹躬及湯有一德　「湯」下，宋板有「咸」字，是也。

145 伊尹既復政厥辟　厥，古本作「其」，下「常厥德」同。按，古本多以「其」爲「厥」，亦有以「厥」爲「其」者，後亦不悉挍。

146 陳德以戒　古本下有「之」字。

147 則伊尹又相太甲　「則」下，纂傳有「是」字。

148 比至沃丁始卒　比，十行、閩、監俱作「此」。

149 伊尹乃迎而授之政　授，十行、閩本俱誤作「受」。

150 太甲潛出自桐　「出自」二字，閩、監俱誤倒。

151 必若伊尹放居自立　居，宋板、十行、閩、監俱作「君」。按，「居」字非也。

152 曰嗚呼天難諶　閩本「曰」字空。葛本脱「曰」字。按，葛本多依閩本，此亦一證。

常厥德

153 厥德匪常　顧炎武曰：「石經、監本同。按，唐柳澤上書引此作『匪常』，今本作『靡常』，非。」石經考文提要云，亦沿蔡沈集傳，因上「命靡常」而誤。

154 九有諸侯　古本下有「也」字。按，此增「也」字亦可，傳意九有猶言諸侯也，疏云「謂九州所有之諸侯」，此又申釋傳義耳。

155 毛詩序云　序，宋板、十行、閩、監俱作「傳」。按，宋本是也。

156 汎説大理　汎，十行本作「凡」。

皇天弗保[12]

157 有天命者開道之　之，古本作「也」。

眷求一德

158 使伐桀　伐，岳本作「代」。[13]

以有九有之師

159 改其正　古本作「改其政也」。

今嗣王新服厥命

160 任官惟賢材　浦鏜云：材，今本作「才」。

161 謂卑順以爲下下　下下，宋板、十行、閩、監俱作「臣下」。

162 訓以善道訓助下民　上「訓」字，宋板作「謂」。按，「訓」字非也。

俾萬姓咸曰

163 一德之言　古本無「之」字。

嗚呼七世之廟

164 則爲祖宗　宗，古本作「廟」。

165 此又勸王修德　勸，十行、閩、監俱誤作「觀」，下「勸王使爲善政也」同。

166 論七廟者多矣　者，十行本誤作「諸」。

167 其文見於記傳者　十行、閩、監俱無「者」字。

168 王立七廟　立，纂傳作「之」字。按，「之」字

誤，祭法作「王立七廟」。×

169 無自廣以狹人 ×

無得自爲廣大　十行、閩、監俱無「自」字。×

沃丁既葬伊尹于亳 ×

170 晉文請隧　隧，十行、閩本俱誤作「遂」。

伊陟相太戊 ×

171 史録其事　史，十行本作「使」。

172 兩手搤之曰拱　拱，十行本誤作「揚」。

173 時則有青眚之祥　之，宋板作「青」，下同。案，作「青」與五行志合。

174 夏侯始昌劉向算法云　算法，宋板作「等說」，十行本作「筭說」，閩、監俱作「筭法」。按，「筭」字與「等」相似，故誤「等」爲「筭」，毛本又誤爲「算」，則益遠矣。×

175 而遠方重譯而至七十六國　浦鏜云：「『者』誤『七』。書傳『重譯而朝者六國』，説苑作『七國』，家語作『十有六國』，疑六與七近之。」〇按，恐仍當以「七十六國」爲是，書傳脱「七十」二字，説苑脱「十六」二字耳，然「者」字似不可省，姑存浦説俟考。

大戊贊于伊陟 ×

176 三篇皆亾　三，古本、岳本、宋板、纂傳俱作「二」，是也。

祖乙圮于耿 ×

08—177 大不辭乎　大，宋板、十行俱作「太」。×

校記

❶ 南昌本以上兩條合爲一條。

❷ 蓋今古文尚書，咸豐補刊本無此六字。

❸ 按，此本云閩本「史」誤作「使」，南昌本則云閩本「使」作「史」，核諸閩本注疏，南昌本誤。

❹ 肈，咸豐補刊本作「肇」。核諸毛本注疏，作「肈」是。

❺ 是也，咸豐補刊本作「按宋本不誤」。

❻ 「陸氏曰」至「洛何反」，南昌本刪。

❼ 咸豐補刊本末有按語：「按，山井鼎於此句獨不言古本作『弗』。」

❽ 「與史記殷本紀合，纂傳蓋據孟子改之」二句，咸豐補刊本作：「纂傳蓋據孟子改之。○按，史記殷本紀作『三』不作『二』，纂傳非也。」

❾ 尹，咸豐補刊本誤作「君」。

❿ 咸豐補刊本末有按語：「山井鼎曰，孠，古『嗣』字。○按，作『嗣』與傳義不協，疑古詞、孠通用。」

⓫ 岳本是也，咸豐補刊本作「山井鼎曰」。

⓬ 道光初刻本無「保」字。

⓭ 咸豐補刊本末有按語云：「按，纂傳亦作『伐』。」

尚書注疏校勘記卷九

09—001 尚書卷第五古文尚書盤庚上第九商書孔氏傳　古本。

002 尚書注疏卷第九　宋板。❶

盤庚上第九　商書

003 盤庚五遷將治亳殷　陸氏曰：「盤，本又作『般』。」按，疏云「壁内之書『治』皆作『乿』，蓋古文尚書也」，孔氏正義本用古文，後人改從今文，疏中間存古字，此「乿」字亦其一也。群經音辨云「乿，古文尚書『治』字也。𤔲、𤔔、𤕌，古文『亂』字也。」賈昌朝好宋次道家古文尚書，故其言如此。

004 乃咨嗟憂愁相與怨上　史記集解作「皆咨嗟憂愁，相與怨其上也」。×

005 而治於亳之殷治　下「治」字，宋板作「地」。

006 傳自湯至亳殷　殷，十行本誤作「怨」。按，十行本此篇誤字尤多，今不盡挍。

007 其實止十二也　止，十行、閩、監俱作「正」。×

008 則曰殷即是一都　曰，宋板、十行、閩、監俱作「亳」。×

009 始皆作亂其字與治不類　宋板作「治皆作乿，其字與始不類」。按，宋板是也。

010 有從河自亳地遷於洹水之南　自，宋板作「南」。山井鼎曰：「正、嘉二本作『有』字，非也，當從宋板。」○按，十行、閩本亦俱作「有」，監本始作「自」。

011 大序注云　大，宋板作「又」，是也。

012 耿在河北　宋板「耿在」間空一字。

盤庚

013 殷質以名篇　古本重「名」字。按，疏標目不重。

014 中上二篇　「中上」二字，纂傳倒。

015 題篇不曰盤庚誥者　曰，宋板、十行、閩、監俱作「目」。❷

016 皆以王名篇　宋板重「名」字。按，下文云「故以王名名篇也」，諸本俱重「名」字，則此句當依宋板，而傳文當依古本，其疏中標目亦當重「名」字，諸本不重，誤也。

017 子開甲立　開，十行本誤作「門」，下同。

盤庚遷于殷

018 我王祖乙居耿　古本作「我王，祖乙也。此居耿」。

019 重我民無欲盡殺故　欲，十行本誤作「殺」。

020 則當卜考於龜以從　考，十行本作「稽」。

021 于今五邦　「于」上，古本有「至」字。

022 天將絶命　「命」上，古本有汝字。

023 況能從先王之業乎　「乎」上，古本有「也」字。

024 若顛木之有由蘖　陸氏曰：蘖，本又作「枿」。○按，「枿」本作「櫱」，傳寫者從俗作「枿」耳。

025 有用生蘖哉　哉，古本作「栽」。山井鼎曰：「考疏，古文似是。」❸

026 先正其號名　名，宋板作「明」。按，作「明」屬下句亦通。

027 或稱殷　此句上宋板有「或稱商」三字。

* 亳是殷也大名　案，「也」當作「地」。❹

028 不欲往彼殷地　地，十行、閩本俱誤作「也」。

029 言爲正直之言　宋板作「故以矢言爲正直之言」。

030 今盤庚自耿遷于殷　耿，十行本誤作「欲」。

031 劉殺釋詁文　文，十行、閩、監俱誤作「云」。

032 先王所以去彼遷此者　去彼，十行、閩、監俱作「決欲」。

033 不能以義相匡正以生　以義，宋板作「從教」。

034 大遷則貞龜　則貞，十行本誤作「考自」。

035 謂行有典法　十行、閩、監俱無「行」字。

036 即是有所服行也　十行、閩、監亦俱無「行」字。

037 鄭王皆云　王，十行本誤作「注」。

038 盤庚斆于民由乃在位　「由」上，古本有「曰」字。

039 無或敢伏小人之攸箴　人，古本作「民」，注同。

040 又戒臣曰　臣，閩本誤作「且」。

041 王命衆悉至于庭　「庭」上，古本有「朝」字。

王若曰格汝衆

042 告汝以法教　「法」下，古本有「度」字。

古我先王

043 下句王播告之　「之」下，纂傳有「修」字。

044 蒙上之先　先，纂傳作「文」。

王用丕欽

045 民用丕變　用，古本作「由」，注「王用」、「民用」

同。按，注「王用」既作「由」，則經「王用」亦當作「由」。

今汝聒聒 ×

046 起信險僞膚受之言　僞，十行、閩、葛俱作「爲」。

047 拒善自用之意也　十行、閩本俱無「拒」字。

048 非予自荒茲德惟汝含德　含，葛本誤作「舍」，注同。

予亦拙謀

049 正義曰　此疏十行本此句之下全空。❺

若網在綱 ×

050 紊亂也　纂傳無「也」字。×

051 穡是秋收之名　收，纂傳作「成」。×

052 汝克黜乃心施實德于民　德，葛本誤作「得」。×

053 汝群臣能退汝違上之心　汝違，十行本作「去傲」。❻

乃不畏戎毒于遠邇 ×

054 不昬作勞　陸氏曰：昬，本或作「暋」。○按，正義引鄭注昬讀爲暋，勉也，然則古文作「昬」，鄭讀爲暋，釋文所謂「本或作『暋』」者，指鄭讀也。

055 越其罔有黍稷　陸氏曰：「越，本又作『粵』。」×

056 毒爲禍患也　爲，宋板作「謂」。

057 遠近謂賒促　山井鼎曰：「賒」字，毛本與宋板同，其餘注疏本皆作「徐」。○按，十行本亦作「賒」，閩本作「徐」。❼

汝不和吉言于百姓 ×

058 是自生毒害　古本作「汝自生毒害也」。×

乃敗禍姦宄 ×

059 是爲敗禍姦宄以自災之道　以自災之

道，古本作「以汝自災之道也」。×

乃既先惡于民 ×

060 徒奉持所痛而悔之　徒，十行、閩本俱誤作「徙」。

061 則於身無所及　古本「及」下有「也之」二字，「是不若小民」下有「之也」二字，山井鼎曰：「助字甚奇，恐誤寫。」○按，古本此類甚多，顏介所謂「不得所益誠可笑」者也。×

相時憸民 ×

* 馬云視王　案，「王」當作「也」。❽

062 責其不以情告上　不以情，閩、葛、監本俱脱「以」字，十行本誤作「不請」。按，諸本皆因疏而誤，不知疏亦誤也，見後。

063 恐汝沈溺於衆有禍害　古本「恐」上有「我」字，「害」下有「也之」二字。

064 尚可刑戮絶之　刑戮，十行本作「得遏」。

之，古本作「也」。❾

* 嚮竹亮反　案，「竹」當作「許」。盧文弨云「嚮」當作「鄉」，是也。

065 則惟汝衆　石經考文提要云：「坊本作『爾衆』。」×

066 威恩甚大　威，十行、閩、監俱誤作「滅」。

067 何以不情告我　以不，宋板作「不以」。按，觀宋板知諸本傳文無「以」字者爲誤。

068 傳曷何至禍害　禍，十行、閩本俱誤作「怱」。

遲任有言曰 ×

069 遲任古賢　古本下有「人」字。

070 予不掩爾善　陸氏曰：「掩，本又作『弇』。」×

071 言我世世數汝功勤　數，葛本、十行、閩、監俱作「選」。

* 掩本文作弇　毛本同。案，「文」當作「又」。

072 所以不掩汝善　古本作「所以此不掩汝善也」。　×

073 作福作災　古本作「依福依災」，注同。

074 我不敢動用非罰加汝非德賞汝乎從汝善惡而報之　古本「我」下有「豈」字，「之」下有「乎」字。山井鼎曰：「古本不成文理，作『我豈敢動用非罰加汝、非德賞汝乎，從汝善惡而報之』則爲穩，今本『不』字亦似不穩。姑記以俟再考。」○按，浦鏜改「乎」爲「各」，云「從疏挍」，是亦一説。或疑「非德」上有缺文。

075 可遷即遷　即，十行本作「則」。

076 宜法汝父祖　宋板無「汝」字。　×

077 自我先王以至於我　宋板無「我」字。　×

078 其意告臣言從上必有賞　告臣言，十行本誤作「而言汝」。

079 違我必有罰也　我，十行本作「命」。

080 傳遲至貴舊　「遲」下，宋板有「任」字。　×

081 故禘祫爲小也　禘祫，宋板作「礿祠」。

082 祫嘗祫烝　下「祫」字，十行、閩本俱誤作「禘」。

083 夏惟作祫不作祭　「祭」上，宋板有「時」字。　×

予告汝于難　×

084 志之所主欲得中也　十行、閩、監俱無「所」字。

085 汝無侮老成人　無，古本作「亡」，「無弱」、「無有遠邇」同。古本「侮」上有「老」字。唐石經作「汝無老侮成人」。按，今本脱上「老」字，石經脱下「老」字。傳及疏内「侮老」疑亦俱當作「老侮」。○按，段玉裁云：「唐石經是也。今版本作『侮老』，因『老成人』三字口習既孰，又誤會孔傳，故倒亂之。」

086 是侮老之　之，岳本作「人」，恐非。○按，段玉裁校本作「老侮」。⑩

087 正義曰弱　弱，宋板、十行、閩、監俱作「老」。　×

邦之臧　×

088 有善則衆臣之功　臣，纂傳作「人」。　×

自今至于後日　×

089 勿浮言　古本作「勿得浮言也」。　×

罰及爾身　×

090 罰及汝身雖悔可及乎　古本作「罰已及汝身，雖悔何可及乎」。

盤庚中第十　商書

盤庚作

091 大告用誠於衆　用誠於衆，古本作「用誠於其衆也」。　×

092 無褻慢　古本作「無有褻慢也」。　×

* 造士報反　毛本同。案，「士」當作「七」。

093 欲用民徒　徒，十行、閩、監俱作「徙」。⑪

094 延之使前而衆告之　衆，宋板作「教」。

095 王苦民不從教　苦，宋板作「話」。

096 行天時也　孫志祖云：也，當「者」字之誤。

殷降大虐　×

097 遷都者止爲邑居墊隘　都，十行、閩、監俱作「徙」。

098 則先王不思故居而行徙者　「者」字，十行本未刻。⑫

汝曷弗念我古后之聞　×

099 古后先王　后，古本、宋板俱作「君」。×

若乘舟 ×

100 謂穢氣也　纂傳作「爲穢之氣也」。×

今其有今罔後 ×

101 汝何得久生在人上　人，古本作「民」。×

恐人倚乃身 ×

102 盤庚疑其被誤　疑，十行本誤作「凝」。

103 予迓續乃命于天　按，匡謬正俗引此句「迓」作「御」，徐氏音訝，詳見牧誓。

104 予豈汝威　威，古本作「畏」。

105 豈以威脅汝乎　「豈」上，古本有「我」字。×

予念我先神后之勞爾先 ×

106 大能進勞汝　「汝」下，古本有「先」字。×

107 我念我先世神后之君成湯　按，下云「殷之先世，神明之君，惟有湯耳」，疑此句「后」字亦當作「明」。

108 用以道義德懷安汝心耳　宋板無「德」字。

109 其下直言先后　此句下，十行本衍「又略而不言先，其下直言先后」二句。

110 追言湯勞汝先　追，十行本作「此」。

失于政 ×

111 汝無能道　「汝」上，古本有「罰」字。

112 言神后將罪汝　宋板、十行俱無「后」字。

113 故言下見汝　「言下」二字，宋板倒，是也。

古我先后 ×

114 勞之共治人　人，古本作「民」，下「殘人」同。

115 是反父祖之行　「父祖」二字，纂傳倒，與疏合。

* 又士良反　案，「士」當作「七」。

116 古我至乃死　我，十行、閩、監俱誤作「者」。

茲予有亂政同位　×

117 但念貝玉而已　「念」下，古本有「具」字，與疏合。

118 乃祖乃父丕乃告我高后曰　乃父，唐石經、十行、纂傳俱作「先父」。陸氏曰：「我高后，本又作『乃祖乃父』。」按，段玉裁云：別本是也，當「乃祖乃父丕乃告」句絕，「乃祖乃父曰作丕刑於朕孫」句絕，「迪高后丕乃崇降不詳」句絕。説詳尚書撰異。

119 作丕刑于朕孫　「孫」上，古本、唐石經俱有「子」字。○按，顧炎武謂有「子」字誤。王鳴盛以爲據傳當有「子」字。段玉裁云：不必因上文「乃祖乃父」而必兼舉子孫也，古人文字不拘，言「朕孫」者，出乃祖口中，自可統乃父在內，傳多增字，足利古本往往依以增經，不足爲據也。

120 傳亂治至其貪　十行本脱「傳」字。

121 傳言汝至督之　「言汝」二字，十行、閩本俱誤倒。

嗚呼今予告汝不易　×

122 凡所言皆不易之事　「凡」下，古本有「我」字。

123 謂凶人　謂，古本、宋板俱作「爲」。

124 言不吉之人　吉，岳本作「善」。

125 我乃以汝徙　乃，古本、宋板俱作「用」。

126 汝群臣當分輩相與計謀念　當，十行、閩本俱誤作「臣」。

127 長立汝　宋板下有「家」字。

128 告汝以命之不易爲難　「爲」上，宋板有「亦以不易」四字。

129 釋詁云隕落隕墜顛越也是從上倒下之言　「落」下、「墜」下，宋板俱有「也」字。浦鏜云：「越也」二字，疑衍。○按，釋詁云：「隕、殞、湮、下、降、墜、摽、蘦，落也。」又云：「汱、渾、隕，墜也。」當從宋板增兩「也」字，而刪去「越」下「也」字，以「顛越」兩字屬下句。　×

130 恐隕越於下　十行、閩本俱脱「隕」字。

131 不使得子孫　「子」上，宋板有「生」字。

132 故絶其類　「類」上，宋板有「惡」字。　×

133 而言于此新邑　「邑」下，宋板有「者」字。　×

盤庚下第十一　商書

盤庚既遷　×

134 罔罪爾衆　罔，古本作「亡」，「罔有定極」、「罔有弗欽」同。　×

135 群臣前有此過　葛本脱「過」字。　×

* 讒仕減反　案，毛本作「仕咸」，是也。⑬

136 故先定其里宅所處　宋板「其里」二字間空一字。

古我先王　×

137 徙以爲之極　「徙」上，古本有「今」字。　×

爾謂朕曷震動萬民以遷　×

138 言由徙故天福之　「之」下，宋板有「也」字，十行本「也」字擠入。　×

139 自稱童人　自，閩、監俱誤作「將」。　×

140 弔至靈善皆釋詁文　孫志祖云：按，釋詁無「靈善」之文。

141 言己不自守也　守，十行、閩、監、纂傳俱作「專」。　×

142 宏賁皆大也　孫志祖云：賁，爾雅作「墳」。×

嗚呼邦伯師長 ×

143 共爲善政　共，古本作「其」，誤。×

144 能謀安其居者　古本無「者」字。×

145 故摠稱牧也　牧，十行、閩本俱誤作「故」。×

146 反覆相訓　覆，閩、監俱作「復」。×

147 相助慮也俱訓爲慮　兩「慮」字，浦鏜以爲俱「勴」之誤。

今我既羞告爾于朕志 ×

148 無敢有不敬　古本下有「之也」二字。×

149 無總貨寶以求位　求，葛本、十行、閩、監俱誤作「己」。

09—150 長任一心以事君　任，葛本、閩、監俱誤作「在」，疏同。×

校記

❶ 南昌本以上兩條合爲一條。又「宋板」下，南昌本增「同」字。

❷ 目，南昌本作「自」，今核諸十行本、閩本注疏及七經孟子考文補遺，作「目」是。又南昌本末增按語，云：「案，『曰』字是也，今正。」

❸ 栽，南昌本作「裁」。按，據七經孟子考文補遺，「栽」字是。

❹ 南昌本此條原在「或稱殷」條前，今據疏文之序置於其後。

❺ 南昌本此條移至標目「予亦拙謀」下，并改爲小字校記。

❻ 南昌本此條頂格。今按，此條出文爲僞孔傳文，當低一格。

❼ 南昌本刪去「○」及後之按語。

❽ 按，自此條以下南昌本本卷所增之校記皆爲尚書釋

文校勘記之文字，並非新補校之異文。

❾南昌本出文作「尚可得遏之絶之」。據文選樓本校記，十行本當作「尚可得遏絶之」，考諸十行本，南昌本出文上「之」字衍。又此條所記古本文字，南昌本删去。

❿岳，南昌本誤作「閩」。

⓫按，此處所記閩、監本文字作「徙」，與毛本注疏作「徒」者異，然南昌本則言閩、監、毛三本并作「徒」，兩處所記歧異。核之諸本，南昌本誤。

⓬王，南昌本脱。又南昌本末增「今補正」三字。

⓭南昌本此條在「宏賁皆大也」條後。今按，注疏本所附釋文，在疏文之前，故今移於此。

尚書注疏校勘記卷十

10—001 說命上第十二　商書　宋板與上合爲一卷。

002 高宗夢得說　按，一切經音義卷一大方廣佛華嚴經第一卷引此「得」作「㝵」，亦晉、宋古文本也。陸氏曰：「說，本又作『兑』，音悦，注及下篇同。」

003 經營求之於外野　十行、閩、監、葛本俱脱「營」字、「外」字。按，岳本、纂傳俱有。

說命　×

004 王又厲說以伊尹之功　厲，纂傳作「勵」。

005 王宅憂亮陰三祀　陸氏曰：「亮，本又作『諒』。」

006 陰默也　此句上古本有「亮信也」三字。山井鼎曰：「晉書杜預奏議中引尚書傳『亮，信也。陰，默也』，臣初疑之久矣，今得古本，乃知注疏諸本脱三字也。」○按，傳例已釋者不再見，亮之爲信已於舜典釋之矣，此處不得有「亮信也」三字。杜預在梅頤前，安得見孔傳，其所引者伏生大傳也。山井鼎之説殊謬。

007 群臣咸諫于王曰嗚呼知之曰明哲　陸氏曰：「哲，本又作『喆』。」

天子惟君萬邦　×

008 天下待令　待，古本作「得」。　×

009 王言惟作命不言臣下罔攸稟令　罔，古本作「亡」，「罔不同心」同。令，石經補缺誤作「命」。

王庸作書以誥曰　×

010 台恐德弗類　台，葛本、十行、閩、監、纂傳俱作「惟」。按，唐石經、岳本俱作「台」。

011 此故不言　古本作「此故不敢言也」。　×

說築傅巖之野　×

012 有澗水壞道　澗，葛本、閩、監俱誤作「間」。 ×

013 遂令傅險姓之　令，宋板作「以」。○按，史記殷本紀作「以」，宋本是也。

014 曰云我徒也　曰，宋板作「且」。

啓乃心 ×

015 若藥弗瞑眩　藥，石經補缺誤。

016 東齊海岱間　「間」上，纂傳有「之」字。 ×

017 先使人瞑眩憤亂　浦鏜云：憤，當「憒」字誤。○按，上云「瞑眩者，令人憤悶之意也」，此因彼而誤。

嗚呼欽予時命 ×

018 使有終　「終」下，古本有「之也」二字。 ×

疇敢不祇若王之休命 ×

019 誰敢不敬順王之美命而諫者乎　者，岳本作「有」，誤。 ×

說命中第十三　商書

乃進于王曰 ×

020 正義曰晉語言　言，十行、閩、監俱作「云」。

021 猶王官宗伯　宗，十行、閩、監俱作「之」。

樹后王君公 ×

022 后王君公人主也　主，纂傳作「君」。 ×

023 師長之言亦通有　「有」下，宋板有「士」字。

惟天聰明 ×

024 憲法也　按，此段今本將疏混入注中，山井鼎據古本、宋板正誤補闕，今録于下。傳：憲，法也。言聖王法天以立教，臣敬順而奉之，民以從上爲治。疏：傳「憲法」至「爲治」。正義曰，「憲，法也」，釋詁文。人之聞見，在於耳目，天無形體，假人事以言之。聽謂無所不聞，明謂無所不見。惟聖人於是法天。言法天以立教，於下無不聞見，除其所惡，納之於善，雖復運有推移，道有升降，其所施爲未嘗不法天也。「臣敬順而奉之」，奉即上文承也，奉承君命而布之於民。「民以從上爲治」，不從上命則亂，故從乂也。○按，岳本、纂傳俱與古本同。❶

惟口起羞　×

025 惟干戈省厥躬　陸氏曰：省，一本作「眚」。　×

026 省其身堪將師　師，十行、閩、監俱作「帥」。按，「帥」誤。　×

027 經傳之無鎧與兜鍪　「之」下，宋板有「文」字，是也。

028 則人爲背之　爲，宋板作「違」，是也。

官不及私昵　×

029 官不至其賢　十行本「至」誤「全」。❷

030 賢謂德行能謂才用　二句纂傳倒。　×

有其善　×

031 是言惟而不有　惟，宋板、十行、閩、監俱作「推」。

無啓寵納侮　×

032 謂君出恩以寵臣　君，十行本誤作「言」。

033 謂臣入慢以輕王　浦鏜云：王，當「主」字誤。

黷于祭祀　×

034 事神禮煩亂而難行　「煩」下，宋板有「則」字。按，有「則」字與注合。

説拜稽首曰　×

035 非知之艱行之惟艱　兩「艱」字，古本俱作「難」，下「不艱」同。

036 行之艱　「行」上，古本有「而」字。艱，古、岳、十行、閩、葛、纂傳俱作「難」。

説命下第十四　商書

037 王曰來汝説台小子　台，古本作「朕」。 ×

038 以爲大臣　以，纂傳作「已」。按，以、已古通用。 ×

039 若作和羹爾惟鹽梅　陸氏曰：「梅，亦作『楳』。」

040 鹽鹹梅醋　醋，古本作「酢」，下同。按，醋、酢二字古今相反。

041 羹須鹹醋以和之　「之」上，古本有「也」，誤甚。 ×

事不師古 ×

042 言無是道　道，纂傳作「理」。 ×

惟斆學半 ×

043 言日有所益　日，十行本誤作「曰」。

044 惟説式克欽承旁招俊乂　陸氏曰：「俊，本又作『畯』。」

昔先正保衡 ×

045 故此爲解　浦鏜云：「此爲」二字當誤倒。

046 一夫不獲則曰時予之辜　辜，古本作「罪」。

佑我烈祖 ×

047 功至于天　于，古本、岳本、葛本、宋板、十行、閩、監、纂傳俱作「大」。

爾尚明保予 ×

048 汝庶幾明安我事　汝，纂傳作「爾」。 ×

049 説拜稽首曰敢對揚天子之休命　唐石經無「之」字。

高宗肜日第十五　商書

高宗祭成湯 ×

050 以訓道諫王　浦鏜云：「『訓道』二字疑誤倒。」

或『以訓』二字倒。」○按，下傳云「遂以道訓諫王」，則此「訓道」二字誤倒明矣，纂傳「道」作「導」，亦誤。

051 故序言祭成湯升鼎耳以足之　之，十行、閩、監俱誤作「以」。×

052 孔歷其名於伊訓之下　訓，閩、監俱誤作「尹」。×

高宗肜日 ×

053 正義曰釋文云　文，宋板、十行、閩、監俱作「天」，是也，下同。×

054 故先周復商　復，宋板、十行、閩、監俱作「後」。按，「復」字非也。×

055 釋文又云　「文」字誤，見上。又，十行、閩、監俱誤作「文」。

056 儀禮有司徹　徹，宋板作「撤」。×

高宗肜日越有雊雉 ×

057 傳言至至自消　十行、閩、監俱脫一「至」字。×

乃訓于王曰 ×

058 謂有永有不永　「謂」下，史記集解有「其」字。×

乃曰其如台

059 天道其如我所言　我，葛本、十行、閩、監俱誤作「其」。×

嗚呼王司敬民 ×

060 祀無豐于昵　按，群經音辨尸部云：「尼，近也，乃禮切。書『祀無豐于尼』。尼，又女乙切。」考疏引尔疋亦是「尼」字。疏又云「尼與昵音義同」，此但明尼、昵同字，非經文作「昵」。

061 當敬民事民事無非天所嗣常也　史記集解作「當敬民事，無非天時，天時所常祀也」。

按，史記注固非，今本亦疑有誤。

062 是胤得爲嗣　得，十行本誤作「德」。

063 即尼也　尼，十行本誤作「兄」。

064 自立君以主之　宋板無「自」字。按，儀禮通解引亦無「自」字。

西伯戡黎第十六　商書

065 殷始咎周　始，古本初作「亂」，後改作「始」。按，「亂」當作「乿」，古「治」字。

066 作西伯戡黎　陸氏曰：「伯，亦作『柏』。」盧文弨云：「穆天子傳、古今人表『伯』通作『柏』，二字本可通用。」

西伯既戡黎　×

067 且言西伯對東爲名　伯，十行、閩、監俱誤作「北」。

格人元龜　×

068 皆無知吉　「吉」下，史記集解有「者」字。　×

069 祖伊木必問至人　木，宋板、十行、閩、監、纂傳俱作「未」。按，「木」字非也。　×

非先王不相我後人　×

070 以王淫過戲逸　逸，古本、岳本、宋板、纂傳俱作「怠」，十行本誤作「逌」。

故天棄我　×

071 以紂自絶先王　十行、閩、監俱脱「王」字。

072 動悉違法　悉，宋板作「皆」，十行本誤作「昔」。

今我民　×

073 大命不摯　「命」下，唐石經旁添「胡」字。陸氏曰：摯，本又作「鷙」。○按，說文作「鷙」，引書云「大命不鷙」，據說文則「胡」字不應有也。殷本紀作「大命胡不至」，石經旁添字乃後人依史記增

入也。❸

祖伊反曰 ✕

074 反報紂也　古本作「反報也報紂也」。

075 參列於上天　「天」上，古本有「在」字。按，古本恐誤。

殷之即喪 ✕

076 立可待　古本作「立在可待也」。按，此「在」字亦衍文。 ✕

微子第十七　商書

殷既錯天命 ✕

077 錯辭天命　辭，宋板、十行、閩、監俱作「亂」。

078 交錯是渾亂之義　之，十行、閩、監俱作「以」。

微子 ✕

079 微子名各　各，宋板、十行、閩、監俱作「啓」，是也。

080 以去見其爲卿士也　浦鏜云：「卿士，當『無道』誤。」許宗彦云：「『卿士』不誤，上『以此知其爲卿士也』八字，因末句而誤衍。」 ✕

微子若曰 ✕

081 我祖底遂陳于上　底，古本作「致」。

082 又爲姦宄於外內　「外內」二字，十行、閩、葛、監本、纂傳俱倒。

083 而小人各起一方　人，古本、史記集解俱作「民」。 ✕

084 共爲敵讎　共，十行、閩、葛俱誤作「其」。

085 無涯際　涯際，古本作「津涯」。

086 於是至於今到　到，古本作「致」，非。 ✕

087 傳父師至言之　言之，十行、閩、監俱作

「而言」。按，傳云「順其事而言之」，疏兩云「順其去事而言」，則作疏者所見孔傳疑本無「之」字。

088 比干是紂之親則諸父　浦鏜改作「比干于紂親則諸父」。

089 其事欲當然　欲，宋板作「或」。

曰父師少師　×

090 殷邦顛隕隮墜　邦，古本作「國」。×

091 則思如之何其救之乎　思，宋板、十行、閩、監俱作「當」。按，「當」是也。×

父師若曰　×

092 言起沈湎　古本下有「者」字。×

093 臥仕之賢　臥，古本、岳本、葛本、宋板、十行、閩、監、纂傳俱作「致」，不誤。×

094 又亟行暴虐　陸氏曰：「亟，欺忌反，數也。又紀力反。本又作『極』，如字，至也。」×

095 不解怠　解，岳本、葛本、宋板、正、嘉、閩本、纂傳俱作「懈」。按，注疏本載釋文云「解，佳賣反」，通志堂單行本釋文「解」作「懈」，但果係「懈」字，則陸氏不必作音，似當以「解」爲正。

096 言殷民上下有罪　民，古本作「人」。×

097 我罔爲臣僕　陸氏曰：「一本無『臣』字。」○按，說文云：「古本『僕』字從臣作『䑑』。」恐此是古本作「䑑」，後折爲二字，釋文所云一本是也。

098 我乃顛隮　隮，古本作「隕」。

099 我久知子賢　「我」上，古本有「言」字。

100 出處語默　「語默」二字，岳本倒。×

101 我又下視殷民所用爲治民者皆讎怨斂聚之道也　「民者」二字，宋板、十行、閩本俱倒。盧文弨云：「民」字衍文。

102 安得默而不言　言，十行本誤作「呼」。

103 大祭祀之物　大，纂傳作「天」。按，各本俱作「大」，纂傳誤。✕

10—104 無多少皆死　「死」下，纂傳有「者」字。✕

校記

❶ 「混入注中」下，南昌本增「又脱上截四十二字」八字。今按，此所謂「四十二字」者，乃是：「『憲，法』，釋詁文。人之聞見，在於耳目，天無形體，假人事以言之。聰謂無所不聞，明謂無所不見。惟聖人於是法天。」

❷ 賢，原作「言」，今據葉藏本、愚齋本、學海堂本、南昌本及注疏諸本改正。

❸ 藝，學海堂本、南昌本皆作「埶」，下同。今按，段玉裁說文解字注「埶」字下注云：「各本作『執聲』，纂作『藝』，非也，今正。」

尚書注疏校勘記卷十一

11—001 尚書卷第六古文尚書泰誓上第一周書

孔氏傳　古本。

002 尚書注疏卷第十　宋板。❶

泰誓上第一　周書

惟十有一年　×

003 渡津乃作　「津」上，古本有「孟」字。

004 自嗣位至卒　自，宋板作「則」。十行、正、嘉、閩本俱作「至」，監本亦作「自」。山井鼎曰：「宋板爲愈。」

005 以一月戊午　午，監本誤作「牛」。×

006 正言一月　正，宋板作「止」。

007 武成所以解一月者　解，宋板作「稱」。按，「解」字非也。

008 以其實是周之正月　正，宋板、十行、閩本、纂傳俱作「一」，是也。×

009 民無二王　民，宋板作「土」，十行本誤作「王」。❷

010 於孟地置津　「於」上，宋板有「是」字。

011 又云八百諸侯　按，「又」字疑當作「文」。

012 五至以穀俱來　「五至」二字，十行、閩本、嘉、萬俱倒。

013 計安國必不爲波僞書作傳　波，宋板、十行、閩、監俱作「彼」。按，「波」字非也。×

014 梁王兼而存之　王，宋板作「主」。×

015 古文泰誓伐紂時事　十行、閩、監俱脱

「時」字。

016 泰誓　王應麟困學紀聞：「泰誓，古文作『大誓』。孔氏注：『大會以誓衆。』晁氏曰：『開元間衛包定今文始作『泰』，或以交泰爲説，真燕書哉。』『大誓』與『大誥』同，音泰者非。」〇按，疏云「顧氏以爲泰者大之極也，猶天子諸侯之子曰太子，天子之卿曰太宰」，夫太子、太宰古通作「大」，無作「泰」者，則「泰誓」當作「大誓」明矣。字雖爲「大」，音則爲泰，後人遂誤爲「泰」。據唐石經作「泰」，則其誤固在開成之前。

017 惟十有三年春　陸氏曰：「或作『十有一年』，後人妄依序文輒改之。」

018 今商王受弗敬上天　弗，古本作「不」，下「弗事」同。　×

019 惟宮室臺榭　陸氏曰：榭，本又作「謝」。按，古无「榭」字。

020 使不流洫　洫，宋板作「溢」。按，「洫」字非也。

021 謂衣服采飾　衣，十行、閩本俱誤作「不」。

焚炙忠良刳剔孕婦　×

022 是則亦刲之義也　刲，宋板作「剔」，是也。

023 亦加以炭火之上　以，宋板、十行、閩、監俱作「於」，是也。　×

肆予小子發　×

024 功業未就之故　功，岳、葛、十行、閩、監、纂傳俱作「父」。

025 故我與諸侯　古本無「故」字。

惟受罔有悛心　×

026 紂當恐怖　紂，宋板、十行俱作「計」。

商罪貫盈　×

027 惡貫已滿　「滿」上，古本有「以」字，誤。　×

028 是我與紂同罪矣　紂，十行本作「討」，非也。

予小子夙夜祇懼 ×

029 厎天之罰　厎，古本作「致」。

030 告文王廟　「廟」上，古本有「之」字。 ×

031 類乎上帝　乎，纂傳作「于」，下三句同。 ×

天矜于民 ×

032 與民同　古本下有「欲也」二字。

泰誓中第二　周書 ×

033 王乃徇師而誓　徇，石經補缺誤作「循」。説文云：「徇，疾也。」按，依説文當作「侚」。❸

034 我聞吉人爲善　聞，古本作「聽」。

035 言吉人竭日以爲善　竭，岳本作「渴」，與釋文合，下竝同。按，説文：「㵣，欲飲也。」「渴，盡也。」「竭，負舉也。」今人多亂之。此「渴」字本當作「㵣」，從俗作「渴」。盧文弨挍釋文以爲當讀如「渴葬」之渴，是也，非取渴盡之義，尤不當作負舉之「竭」，俗本既誤作「竭」，併釋文「渴苦曷反」改作「竭巨列反」，謬甚。

今商王受 ×

036 故曰力行　古本下有「無度也」三字。

037 播棄犁老　犁，古本作「黎」，注同。

038 耇面凍犁色似浮垢也　犁，十行本作「棃」，下竝同。與釋詁疏所引合。 ×

朋家作仇 ×

039 傳臣下至罪惡深　十行本無「罪」字。 ×

有夏桀 ×

040 流毒虐於下國萬民　「流」下，古本有「行」字。 ×

天乃佑命成湯 ×

041 使下退桀命 「桀」上，古本有「夏」字。 ×

042 惟受罪浮于桀

物在水上謂之浮 之，十行、閩本俱誤作「水」。 ×

043 日亡吾乃亡矣 自此句「矣」字起，至下文「觀其心」止，凡三十字，十行、閩、監俱脱。

044 無剖心之事 剖，宋板作「割」，非也。 ×

045 是紂罪過於桀 「桀」下，毛本缺一字，宋板、十行、閩、監俱有「也」字。 ×

剥喪元良

046 一曰則割也 則，宋板、十行、閩、監俱作「剥」，是也。 ×

047 以殺善人爲惡之大 善，十行、閩本俱作「害」。 ×

厥監惟不遠

048 言必誅之 之，古本作「也」。 ×

朕夢協朕卜

049 精者事之祥人之夢爽先見者也 宋板、十行、閩、監「精」俱作「夢」，「夢」俱作「精」。 ×

050 群八皆懼 八，宋板、十行、閩、監俱作「公」。按，「八」字誤。 ×

051 予有亂臣十人 「臣」字，唐石經旁添。石經考文提要云：「此文諸經凡四見，此與論語泰伯句同，左傳襄公二十有八年『武王有亂十人』，昭公二十有四年『余有亂十人』是也。唐石經四見皆無『臣』字，後人於泰誓、左傳昭公二十有四年、論語皆旁增『臣』字，襄公二十有八年復失不增。若云唐石經脱字，不應四見皆同也。經典釋文於論語明出『予有亂十人』，注云『本或作亂臣十人，非』，是增『臣』字自論語別本始也。」 ×

052 其一見婦人 見，宋板、十行、閩、監俱作

「是」。按，「見」字誤。 ×

053 太公召公　纂傳「召公」在「太公」上。 ×

雖有周親 ×

054 不如周家之少仁人　少，纂傳作「多」。按，纂傳蓋據朱子論語集注。孫志祖云：「論語集注作『多仁人』，蓋沿邢疏之誤。孔氏正義云『明多惡不如少善』，則爲『少』字無疑。」「人」下，古本、岳本俱有「也」字。按，岳本讀「不如周家之少」爲一句，「仁人也」爲一句，文義甚明，益知「少」字不當改作「多」。

天視自我民視 ×

055 民所惡者天誅之　古本作「民之所惡，天必誅之也」。 ×

百姓有過 ×

056 在我教不至　古本作「在我教之不至也」。 ×

今朕必往 ×

057 比於湯　比，十行本誤作「此」。 ×

勖哉夫子 ×

058 寧執非敵之志伐之　「伐」上，古本有「以」字。 ×

059 如是小可克矣　小，宋板、十行、閩、監俱作「乃」，是也。 ×

百姓懍懍 ×

060 言民畏紂之虐　畏，纂傳作「懼」。 ×

泰誓下第三　周書

061 時厥明　古本下有「日」字。 ×

今商王受 ×

062 言慣見而忽也　也，宋板作「之」。 ×

063 斮朝涉之脛　斮，古本作「斬」。

064 剖賢人之心　剖，古本作「割」，注同。

065 **酷虐之甚** 古本作「言酷虐之甚也」。×

066 **作威殺戮** 威，古本作「畏」，下「作威」同。

067 **言害所及遠** 害，葛本誤作「善」。×

郊社不修 ×

068 **作過制技巧** 「制」下，古本有「之」字。×

069 **二者大同** 大，纂傳作「本」。按，「本」字是也。

爾其孜孜 ×

070 **勸勉不怠** 「勸勉」二字，纂傳倒。×

獨夫受 ×

071 **乃汝世讎** 顧炎武曰：「石經『世』誤作『誓』。」○按，今本唐石經「乃汝」、「讎」三字皆係補缺，惟「世」字作「廿」，尚係原刻，顧以爲誤作「誓」，非也。×

嗚呼惟我文考 ×

072 **明著岐周** 周，古本、宋板俱作「㐺」。盧文弨云：「㐺即『眔』字，從三人，後人不識，妄改爲『周』。」○按，从音吟，非「衆」字也。後人誤會人三爲衆之說，遂以众爲衆，然相沿已久，此「㐺」字當如盧說。山井鼎挍古文尚書「從」字作「从」，其例正同。

受克予 ×

073 **我之無善之致** 毛氏曰：「『善』作『義』，誤。」 古本作「我之無善之所致也」。×

牧誓第四　周書

虎賁三百人

074 **若虎賁獸** 史記集解無「獸」字。×

牧誓 ×

075 **又下傳以百夫長爲卒帥** 帥，十行本誤作「師」。

076 **欲摠明此百兩人之大數** 此，十行、閩、監俱作「三」。

王朝至于商郊牧野 ×

077 甲子朝誓　「誓」下，史記集解有「之」字。 ×

078 乃復倒退　倒，十行、閩本俱作「到」。按，「倒」古通作「到」。

079 王左杖黃鉞　陸氏曰：鉞，本又作「戉」。○按，作「戉」是也。說文云：「戉，大斧也。」

080 鉞以黃金飾斧　浦鏜云：「鉞」上脱「黃」字，從公劉詩疏挍。○按，史記集解亦無「黃」字。

081 示有事於教　「教」下，古本、史記集解俱有「令」字。

082 傳鉞以至苦之　鉞，十行本誤作「越」。

御事 ×

083 治事三卿　治，古本作「理」。

084 司空主土　土，葛本誤作「士」。 ×

085 是其誓戰者　其，宋板、十行、閩、監俱作「指」，是也。 ×

086 此御事之大　大，宋板、十行、閩、監俱作「文」。

亞旅 ×

087 旅衆也衆大夫　古本無下「衆」字。按，史記集解作「旅衆大夫也」，視今本少一「衆」字，而「也」字在「夫」下，文義較順。

088 使其屬帥四夷之隸　帥，十行、閩本俱誤作「師」。

千夫長 ×

089 師帥卒帥　兩「帥」字，史記集解並作「率」。

090 亦可以稱師　師，宋板作「帥」，是也。

及庸蜀羌髳 ×

091 孔不說　「孔」上，宋板有「故」字。 ×

092 巴在蜀之東偏　東，補本作「南」。

093 文十六年左傳稱庸與百濮伐之　之，宋板、十行、閩、監俱作「楚」。按，「之」字非也。

094 是庸濮在江漢之南　在，十行、閩本俱誤作「西」。

稱爾戈

095 傳稱舉至楯楯　楯楯，十行、閩、監俱作「干楯」，是也。

096 戟楚謂之干　干，十行、纂傳俱作「孑」。按，纂傳引在説命中篇，下同。

097 或謂之楯　浦鏜云：楯，方言作「瞂」，音伐，誤作「楯」。

098 關西爲之楯　爲，十行、閩、監俱作「謂」。按，十行是也。

099 是干吴爲一也　吴，宋板、十行、閩、監、纂傳俱作「楯」。按，「吴」字非。

100 故言之也　之，十行、閩、監、纂傳俱作「立」。按，「之」字誤。

牝雞之晨

101 喻婦人知外事　古本無「人」字。

102 吾離群而索志　志，宋板、十行、閩、監俱作「居」，是也。

103 今商王受惟婦言是用　「是」字，唐石經旁注。按，漢書五行志引此經無「是」字。

104 紂信用之　之，古本作「也」。

105 日義曰晉語云　按，「日」乃「正」字之譌，諸本俱不誤。

106 殷卒伐有蘇氏　卒，宋板、十行、閩、監

俱作「辛」。按，「卒」非。×

107 妲己所舉言者貴之　舉，閩、監俱作「與」。按，「與言」二字乃「譽」字誤分爲二也，當據列女傳元文正之，十行本及毛本俱作「舉言」，尤誤。

夫子勖哉 ×

108 小則四五　小，岳本、十行、史記集解、纂傳俱作「少」，是也。×

109 弗迓克奔　按，匡謬正俗引此經「迓」作「御」，又稱徐仙民音禦，是徐本亦作「御」。疏云「王肅讀『御』爲禦」，則孔氏所據本亦作「御」。蓋作「御」者古文也，作「迓」者今文也。釋文云「馬作『禦』」，史記同。

勖哉夫子爾所弗勖 ×

110 汝不勉　「汝」下，古本有「所」字。×

武成第五　周書

111 武王伐殷往伐歸獸　陸氏曰：「獸，徐始售反，本或作『嘼』，許救反。」匡謬正俗曰：「徐仙民音『嘼』爲始售反。按，武成當篇云『歸馬於華山之陽，放牛於桃林之野』，此與序意相承。六畜之字本作『嘼』，尒疋論牛、馬、羊、豕則在釋畜，論麋、鹿、虎、豹即在釋獸。若武王歸鹿放虎，可言歸獸，所放既是馬牛，當依『嘼』字本音讀之，不得謂古文省簡，即呼爲獸。堯典『鳥獸孳尾』、『鳥獸毛毨』，旅獒『珍禽奇獸』皆作『獸』字，何獨武成一篇以嘼爲獸，斯不然矣。」〇按，作「嘼」者古文也，作「獸」者今文也。徐、陸二本皆用古文，今本釋文，開寶所改，非陸氏元本，故録顏氏説以存古文之遺。❹

112 是往伐也　伐，纂傳作「征」。×

惟一月壬辰 ×

113 近死魄　十行、正德、嘉、萬、閩、葛俱脱「近」字。

114 越翼日癸巳　翼，古本作「翌」，注同。×

115 執豆籩　陸氏曰：「豆，本又作『梪』。」×

116 七世之祖　祖，纂傳作「廟」。

117 皆大奔走於廟執事　古本下衍「之也」二字。

118 而魄死明生　浦鏜云：而，疑衍字。

119 示天下不復乘用　「示」上，補本有「以」字。

120 由字積與誤　浦鏜云：「與誤」二字疑倒。孫志祖云：「字積」者，即積畫之説，「與誤」者或誤寫四爲三也，不必疑倒。

惟先王

121 尊祖故稱先王　古本作「尊其祖故稱先王也」。

122 故言建邦啓土也　十行、閩、監俱無「也」字。

至于大王

123 以翦齊商人　翦，古本作「剪」。按，翦、剪古今字。

124 始王業之肇迹　山井鼎曰：「補本本作『肇』，後改作『兆』，不知據何本。」○按，據疏耳，然可不必。

125 王季纘統其業　纘，古本作「續」。

126 我文考文王克伐厥勳　伐，古本、唐石經、臨安石經、岳、葛、十行、閩、監俱作「成」，是也。

127 以撫綏四方中夏　綏，古本、補本俱作「安」。

大邦畏其力

128 是文王威德之大　古本下有「者也」二字。

129 小邦必畏矣　「畏」下，纂傳有「力」字。

惟九年

130 九年而卒　古本、補本俱作「九年而文王

卒」。×

131 故大業未就　業，葛本、十行、正德、嘉、萬、閩本、纂傳俱作「統」。按，岳本亦作「業」，與疏合。

132 厎商之罪　厎，古本作「致」。

133 用祭事告行也　事，纂傳作「祀」。

曰惟有道曾孫周王發 ×

134 告天社山川之辭　社，岳本作「地」。

135 以兵征之也　岳本無「也」字。×

136 臨祭祀　祀，纂傳作「事」。

137 皆是言己承藉上祖奠享之意　補本無「享」字。×

138 暴殄天物　殄，古本作「絶」。

139 則天物之言　言，纂傳作「害」。

140 普謂天下百物　普，閩、監俱作「皆」。

爲天下逋逃主 ×

141 天下罪人逃亡者　「逃亡」二字，古本倒。×

142 窟聚　窟，葛本、閩、監俱誤作「窋」，疏放此。×

予小子

143 謂太公周召之徒　陸氏曰：召，本又作「邵」。×

肆予東征 ×

144 此謂十一年會孟津還時　古本、補本俱作「此謂十一年會於孟津之時也」。

145 惟其士女篚厥玄黄　古本無「厥」字。

146 筐篚盛其絲帛　古本作「上篚筐其絲帛」，補本作「筐篚其綿帛」。按，當作「筐篚其絲帛」，古本之「上」，今本之「盛」，衍字也。古本之「篚筐」，倒字也。補本之「綿」，誤字也。

惟爾有神 ×

147 渡民危害 「民」上，古本有「我」字。×

148 既戊午師逾孟津 顧炎武云：石經、監本同，釋文「逾，亦作『踰』」，今本作「渡」，非。

149 自攻于後以北走 于，岳本作「其」。×

150 血流漂舂杵 流，岳本誤作「法」。×

151 流血漂舂杵 「流血」二字，宋板倒，是也。

乃反商政 ×

152 用商先王善政 毛氏曰：「王」作「上」，誤。×

153 釋箕子囚封比干墓 唐石經「干」下旁增「之」字，「容」下同。

154 皆武王反紂政 「反」上，古本有「所以」二字。×

大賚于四海 ×

155 施舍已責 責，古本、岳本、宋板、十行俱作「債」。按，釋文作「責」。[5]

156 救乏賙無 陸氏曰：賙，本亦作「周」。×

157 況其復籍之乎 籍，纂傳作「聚」。×

列爵惟五 ×

158 即所識政事而法之 「法」下，古本有「者」字。×

分土惟三 ×

159 列地封國 列，古本作「裂」。×

160 伯七十里 「七」上，古本有「方」字。×

位事惟能 ×

161 必任能事　事，古本作「士」。 ×

重民五教 ×

162 所重在民　古本下有「人」字。 ×

惟食喪祭 ×

163 喪禮篤親愛　宋板「篤親」間空一字。

惇信明義 ×

164 使天下厚行信　信，葛本、十行、正、嘉、萬、閩俱作「言」。山井鼎曰：「似非」。○按，纂傳作「信」。

垂拱而天下治 ×

11—165 故垂拱而天下治　故，十行、閩、葛俱誤作「欲」。

校記

❶ 南昌本以上兩條合爲一條。

❷ 土，南昌本作「主」。今按，核諸七經孟子考文補遺所載宋板文字，南昌本誤。

❸ 徇，南昌本誤作「徇」。

❹ 何獨武成一篇，「成」字，諸本原誤作「城」，武成爲尚書篇名，今據以改正。

❺ 南昌本末增按語：「責、債古今字。」

尚書注疏校勘記卷十二

12—001 尚書卷第七古文尚書洪範第六周書孔氏傳　古本。

002 尚書注疏卷第十一　宋板。❶

武王勝殷 ✕

003 立武庚　庚，古本作「康」，注同，非也。

004 以爲王者後　「後」上，古本有「之」字。✕

005 歸鎬京　陸氏曰：鎬，本又作「鄗」。

006 上武成序云武王伐殷　殷，宋板、十行、閩本俱作「紂」。

007 本紀云封紂子武庚禄父以續殷祀　「云」上，宋板有「又」字。✕

008 傳歸鎬至作之　十行、閩、監俱無「鎬」字。✕

009 宋世家云　宋，監本誤作「朱」。✕

洪範

010 言天地之大法　古本下衍「之矣也」三字。✕

惟十有三祀 ✕

011 天不言而默定下民　默定下民，古本作「默定天下民也」。✕

012 是助合其居　孫志祖云：史記集解引此注無「是」字。✕

013 使有常生之資　常，葛本誤作「長」。✕

014 問何由　問，纂傳作「間」，誤。✕

015 周天意何由也　周，宋板、十行、閩、監俱作「問」。按，「周」字誤。

016 協合也　合，十行、閩、監俱作「和」。×

017 乃復佑助諧合其居業　復，宋板作「得」。

018 言大深定下民　大，十行、閩、監俱作「天」。按，十行本不誤。×

箕子乃言曰　×

019 亂陳其五行　史記集解句首有「是」字。按，疏云「是乃亂陳其五行」，似宜有「是」字。

020 故常道所以敗　古本下衍「之也」二字。×

021 天與禹洛出書　「天」下，古本有「乃」字。×

022 井陘水刊　水，宋板、十行、閩、監俱作「木」。○按，作「木」與襄二十五年左傳合。❷

023 故爲亂也　故，十行、閩本俱誤作「欲」。

024 水失其道　道，纂傳作「性」。○按，「性」是也。

025 畀與釋詁文　孫志祖云：與，爾雅作「予」。

026 劉歆以爲伏羲繫天而王　浦鏜云：「繼」誤「繫」。

027 通人計覈　計，宋板、十行俱作「討」。

028 初一曰五行　唐石經別起一行，九疇皆然。

029 治民必用剛柔正直之三德　剛柔正直，纂傳作「正直剛柔」。×

030 傳皇大至之道　十行本脱「傳」字。

031 下文更條此九類而演説之　條，十行、閩、監俱作「將」。按，「將」是也。×

032 政雖在德　在，宋板作「任」。×

033 天地百物　百，纂傳作「萬」。×

034 **五徵傳云**　徵，宋板、十行俱作「行」。按，「徵」字誤。×

一五行

035 **木可以揉曲直**　史記集解作「木可揉使曲直」。×

036 **金之氣味**　葛本、十行、正德、嘉、萬、閩本俱脱「味」字。史記集解作「金氣之味」。按，金氣之味猶上言「焦氣之味」也，鹹、苦、酸、辛、甘皆以味言，不以氣言，金之氣乃腥也。古本「味」下衍「之也」二字。

037 **箕子所陳**　古本下衍「之也」二字。×

038 **一五至作甘**　「五」下，十行、閩、監俱有「行」字。×

039 **各爲人之用**　各，十行、閩本俱誤作「名」。

040 **百姓之所飲食也**　所，十行、閩本俱誤作「求」。

041 **五月夏至日北極陰進而陽退**　進，纂傳作「極」。×

042 **土成數十義亦然也**　亦，纂傳作「或」。

043 **臭之曰氣**　臭，宋板作「嗅」。

044 **二五事一曰貌**　陸氏曰：「貌，本亦作『䫉』。」

045 **明作哲**　作，古本作「曰」，誤。顧炎武曰：「石經、監本同。書傳會選，哲，之列反，字與晣同，下當從日，從口非。」○按，疏云：「王肅及漢書五行志皆云『悊，智也』。定本作『哲』，則讀爲哲。」段玉裁云：說文日部：「晢，昭晣，明也，从日折聲。」口部：「哲，知也，从口折聲。」心部：「悊，敬也，从心折聲。」三字各有所屬本義，而經傳多相假借。

046 **所謀必成當**　當，史記集解作「審」。

047 **言乃可從**　乃，宋板作「必」。按，宋板是也。

048 言之決斷　「決斷」二字，纂傳倒。×

049 若金之斬割　斬，纂傳作「斷」。×

050 猶思在心　纂傳下有「也」字。×

051 不乖剌也　剌，宋板、十行、閩本俱作「倒」。盧文弨云：宋板非。

052 鄭玄皆謂其政所致也　玄，宋板作「云」。×

053 案庶徵之意　意，宋板作「章」。×

054 悊智也　悊，宋板、十行、正、嘉、閩本俱作「哲」，非。

055 鄭本作哲　鄭，宋板、十行俱作「定」，是也。×

三八政 ×

056 主姦盜使無縱　陸氏曰：「縱，子用反，或作『從』，音同。」×

057 故教爲先也　教，宋板作「食」。按，「教」字非也。

058 若以一字爲名　字，纂傳作「事」，是也。

四五紀 ×

059 紀一日　古本作「所以紀一日也」。×

060 曆數節氣之度　「節氣」二字，岳本倒。×

061 星謂二十八宿昏明迭見　迭，監本誤作「送」。×

062 旦觜中　盧文弨云「觜」下宋板有「觿」字，而考文獨未載，未知盧所據。○按，有「觿」字是也，月令云：「仲秋之月，旦觜觿中。」

063 何謂也辰對曰　宋板、十行、閩本俱無

「辰」字，監本有「辰」字，無「也」字。

064 **仲秋日在角**　此下十行、閩本俱衍「季秋日在翼仲秋日在角」十字。

065 **歲日月星**　「日月」二字，宋板、十行、閩、監俱倒。按，應作「月日」。×

凡厥庶民 ×

066 **民戢有道**　岳珂九經三傳沿革例云：「『戢』字止是一『或』字，傳寫誤作『戢』爾，疏義强釋作斂戢之戢，此不敢改。」

067 **汝則與之爵禄**　古本下有「矣」字。×

068 **時人斯其惟皇之極**　正義曰：「此經或言『時人德』，鄭、王諸本皆無『德』字。此傳不以德爲義，定本無『德』，疑衍字也。」

069 **無虐煢獨而畏高明**　孫志祖云：煢，周官大司寇疏引作「惸」。

070 **此人言曰**　此，十行、閩、監俱誤作「皆」。浦鏜云：「此人言」三字疑衍。

071 **謂始受取**　始，十行、閩本俱誤作「治」。取，十行、閩、監俱誤作「以」。

072 **荀卿書云**　云，十行、閩、監俱作「曰」。×

人之有能有爲 ×

073 **于其無好德**　按，疏云：「『無好』對『有好』。」又云：「傳記言『好德』者多矣，故傳以『好德』言之。」疑孔氏所見之本經無「德」字，至傳乃有之耳。又云：「定本作『無惡』者，疑誤耳。」蓋謂經文「無好」定本作「無惡」也。

074 **以敗汝善**　古本下有「之也」字。×

075 **皆謂臣民有正直者**　皆，宋板、十行俱作「普」。×

076 **必將奮衣而去**　衣，十行本誤作「夜」。×

077 **無偏無陂**　陸氏曰：「陂音秘，舊本作『頗』，音普多反。」唐書藝文志：「開元十四年，玄宗以洪範『無頗』聲不協，詔改爲『無偏無陂』。」困學紀聞：「宣和六年，詔洪範復從舊文，以『陂』爲『頗』，然監本未嘗復舊也。」顧炎武曰：「呂氏春秋引此正作『頗』，而下文有『人有側頗僻』之語，況以古音求之，作『頗』爲協。」○按，頗、陂皆以皮爲聲，詩云「彼澤之陂，有蒲與荷」，陂與荷爲韻，是陂、頗同音也。開元之改非但不知「義」字之古音，并不知「陂」字之古音。乃大和石經恪遵開元之詔，而紹興石經不遵宣和之詔，何也？今惟足利古本尚作「頗」字。又按，疏云「無偏私，無陂曲」，又云「偏頗阿黨是政之大患」，此在孔疏元本必皆作「頗」，後人據今本經文改之，而所改又復不盡耳。又按，匡謬正俗卷六引「無偏無陂，遵王之誼」，證「誼」字有宜音，此亦本作「頗」，而後人改之也。蓋顏氏亦知古韻部分與今不同，宜字可以韻頗，特未明平仄通協之例，故有此迂論耳，其注漢書亦多類此。

078 **言當循先王之正義以治民**　循，史記集解作「修」。

079 **言無有亂爲私好惡**　爲，監本誤作「無」。×

080 **則天下皆歸其有中矣**　「矣」上，古本有「也」字。×

081 **不正爲邪僻**　爲，宋板、十行俱作「謂」。×

曰皇極之敷言 ×

082 **不失其常**　其，岳本、宋板俱作「是」。

083 **則人皆是順矣**　人，古本作「民」。×

六三德 ×

084 **用正直治之**　之，古本作「也」，下二「治之」同。×

085 **能出金石**　毛氏曰：「金」作「全」，誤。×

086 **臣之有作福作威玉食其害于而家凶于而國**　按，漢書翟方進傳注，師古引周書洪範云「臣之有作福作威，酒凶于酒國，害于厥躬」，若非熹平石經，即唐初孔傳本如是。

087 在位不敦平　敦，史記集解作「端」，與疏異。

088 燮和也釋詁文　文，十行本誤作「詁」。

089 須在土以正之　土，宋板、十行、閩、監俱作「上」，是也。

七稽疑

090 曰蒙曰驛　孫志祖云：「案經文本作『雺』、『圛』，而傳讀爲『蒙』、『驛』耳。孔疏猶作『雺』、『圛』，且云『雺聲近蒙』、『圛即驛也』，可證經文之作『雺』、『圛』矣。不知何時徑改經爲『蒙』、『驛』，沿誤至今，幸疏中字多不及全改，後之學者猶可尋求是正也。」○按，改作「蒙」、「驛」在唐天寶、開寶時，說詳段玉裁尚書撰異。

091 氣落驛不連屬　落，十行本誤作「洛」。

092 五者卜筮之常法　筮，古本、岳本、宋板、十行、纂傳俱作「兆」，是也。

093 卜五　監本脱「卜」字。按，上傳「卜筮之數」，監本「數」下有「七」字，即此經「卜」字之誤也。

094 則蒙是闇之義　蒙，宋板、十行俱作「濛」。

095 因兆而細曲者爲水　細，宋板作「紐」。

096 王肅云卜五者　者，十行、閩、監俱誤作「也」。

097 周禮太卜掌三兆之法　三，十行、閩本俱誤作「一」。

098 故傳以爲夏殷周卜筮各異　周，監本誤作「同」。

099 次及卿士衆民　士，十行本誤作「主」。

100 故一人主爲一　上「一」字，宋板作「以」，是也。

101 傳動不至遇吉　遇，十行、閩本俱作「逢」。按，注作「遇」。

102 以下傳云一從三逆　一，宋板作「二」，是也。

103 亦得上敵於聖人　人，宋板、十行俱作「故」，屬下句。

104 筮之得吉　之，宋板、十行俱作「而」。×

105 謀有一從　謀，宋板、十行俱作「課」。

106 若三占之俱主凶　宋板無「主」字。

八庶徵 ×

107 正義曰　按，疏首疑脱「八庶徵」三字。

曰雨曰暘 ×

108 燠以長物　燠，古本、岳本、宋板俱作「燠」。按，史記集解亦作「燠」。疏云「燠、燠爲一，故傳以『燠』言之」，是疏亦作「燠」也。

109 五者來備　王應麟云「五者」史記作「五是」。而今本史記仍作「者」，蓋元明以來刊本之誤也。七經孟子考文云古本「者」下有「是」字，蓋或據史、漢箋「是」字於「者」字之旁，而轉寫者因增諸「者」字之下，致不可通，説詳尚書撰異。

110 各以次序　序，岳本、纂傳俱作「敘」。×

111 則衆草蕃滋廡豐也　「草」下，古本有「物」字，史記集解有「木」字。按，疏釋經云「衆草木蕃滋而豐茂」，則當有「木」字，又釋注云「衆草百物蕃滋廡豐」，則當有「百物」二字。「滋廡」二字，史記集解倒。

112 謂不時失敘　史記集解作「謂其不時失敘之謂也」，似誤。

113 惟木沴火　浦鏜云：「水」誤「木」。按，浦是也。

114 釋詁文廡豐茂也　浦鏜云「文」當「云」字誤，是也。

115 有無相刑　按，「刑」疑「形」字誤。

曰休徵 ×

116 君行政治　史記集解無「行」字，與疏合。

117 則時燠順之　燠，宋板、史記集解俱作「煖」。 ×

曰咎徵 ×

118 君行狂疾　疾，古本、岳本、宋板、史記集解俱作「妄」，與疏合。

119 則常燠順之　燠，岳本、宋板、史記集解俱作「煖」。 ×

120 君行蒙闇　按，「稽疑」章之「蒙」與此章之「蒙」，史記俱作「霧」，集解引此傳「蒙闇」即作「霧闇」，則孔本此經亦作「雺」明矣。或疑疏引王肅云「蒙，瞽蒙」，似此經不當作「雺」，然古字音同皆相假借，前既以「雺」爲「濛」，此何妨以「雺」爲「矇」，薛季宣書古文訓洪範兩「雺」字俱作「蒙」，非也。

121 曰君行急燥　燥，十行、閩本俱作「躁」，是也。 ×

122 此休咎皆言若者　休，十行本誤作「故」。

曰王省惟歲 ×

123 如日之有歲月　古本下有「之也」二字。 ×

庶民惟星 ×

124 箕星好風畢星好雨　浦鏜云：「按，疏云『不言畢星好雨，具於下傳』，此有者，當是後人增入。」

125 大小各有常法　「大小」二字，古、岳、葛本、宋板、十行、閩本、纂傳俱倒，與疏合。 ×

126 張衡蔡雍王蕃等説渾天者　雍，宋板作「邕」，是也。×

127 北極去南極直徑一百二十二度弱　北極去南極，宋板、十行俱作「南極去北極」。

128 南極二極中等之處　南極，宋板、十行、閩、監俱作「南北」。按，宋本不誤。×

129 交路而過　路，宋板作「絡」，是也。

九五福 ×

130 動不遇吉　「動」上，古本有「凶」字。按，此謬説也，疏云「『動不遇吉』者，解『凶』也」，然則正義本無「凶」字。×

131 折未二十　二，古、岳、葛本、宋板、十行、閩、監、纂傳俱作「三」。

132 醜陋　陋，岳本作「惡」。×

133 常多憂　宋板下有「愁」字。×

134 謂惡是善　十行、閩、監俱脱上二字。×

135 任其所好而觀之　「而」上，宋板有「從」字。

136 能者養之以福　盧文弨云：當作「養以之福」。○按，養以之福，見漢書五行志，杜預注左傳云「養威儀以致福」，疏云「養此威儀禮法而往適於福」，是杜、孔所見左傳並與漢志同，不知何時誤倒「以之」二字，并改此疏，失之遠矣。

武王既勝殷 ×

137 班宗彝　陸氏曰：「班，本又作『般』，音同。」×

138 賦宗廟彝器酒罇　按，罇，俗字也，疏作「尊」，傳文誤刊。

139 武王既以勝殷　以，宋板、十行、閩本俱作

「已」。　×

140　言爲尊之法正　浦鏜云：「也」誤「正」。

12—141　是諸侯各有分也亡　案，「亡」字似因傳文而誤衍。

校記

❶南昌本以上兩條合爲一條。

❷南昌本此條低一格。按此爲孔疏文字，當低兩格。又南昌本誤脱校記中「○」。

尚書注疏校勘記卷十三

13—001 尚書注疏卷第十二　宋板。

旅獒第七　周書

西旅獻獒

002 大保作旅獒　大，唐石經、岳本、十行、纂傳俱作「太」，下同。石經考文提要云：「釋文不發音，知係『太』字。」　×

旅獒

003 强大有政者爲酋豪　酋，十行本誤作「遒」，下同。　×

惟克商

004 西戎之長　戎，十行、閩、葛、纂傳俱作「旅」，與疏標目不合。　×

005 四夷名自爲國　名，宋板、十行、閩、監俱作「各」。按，「名」字誤。　×

曰嗚呼明王慎德

006 故銘其楛曰　浦鏜云：「栝」誤「楛」。按，魯語作「栝」。　×

不役耳目

007 則喪其德　古本下有「矣」字，下「其志」同。　×

008 故君子勤道　古本下有「之也」二字。　×

009 賤用物　按，疏稱「俗本云『弗賤』，衍『弗』字也」，謂此句「賤」上俗本有「弗」字也。疏不釋經，故因釋傳而并及之。

010 所以化治生民　治，古本、岳本、宋板俱作「俗」。

011 寶賢任能　任，十行本誤作「生」。

012 則遠人安矣　矣，古本作「也」。×

013 不役至人安　人安，宋板作「道接」。按，疏釋經實至「道接」而止，宋板是也。自「不作無益」以後，祇釋傳不釋經，以前後各章例之，疑有脱誤。

014 皆惟正矣　「皆惟」二字，十行本倒。

015 以聲色自娛　娛，監本誤作「誤」。×

016 遊觀徒費時日　徒，十行本誤作「從」。

017 諸是妄作　是，纂傳作「所」。×

018 諸是世所希　纂傳作「諸所希有」。×

019 皆爲生活民也　爲，宋板、十行俱作「謂」。×

嗚呼夙夜罔或不勤 ×

020 終累大德　群經音辨厽部云：「絫，連也。書『終絫大德』。」○按，絫、累古今字。

021 所戒以終　戒以，宋板作「誡已」。×

022 爲山九仞欲爲山　下「爲」字，十行、閩、監俱作「成」。×

巢伯來朝 ×

023 慕義來朝　「義」下，古本有「而」字。×

金縢第八　周書

武王有疾 ×

024 不欲人開之　「人」下，古本有「之」字。按，史記集解作「不欲人開也」，與疏合。×

金縢 ×

025 有金人三緘其口　三，十行、閩本俱作「叁」。按，儀禮經傳通解續作「叁」，十行本殆沿其誤。

既克商二年 ×

026 弗豫　陸氏曰：「豫，本又作『忬』。」按，説文引作「有疾不悆」，釋文別本作「忬」，蓋即「悆」字也。

027 不悦豫　古本下有「之也」二字。×

028 告謂祝辭　古本下有「之也」二字。下注「世教」下同。×

029 問王疾病瘳否　「瘳」上，宋板、通解俱有「當」字。

030 穆敬也　宋板、十行、通解俱重「穆」字。×

031 但不知以何方爲上耳　上，十行、閩本俱誤作「王」。

032 詩説禱旱至圭璧既卒　至，宋板、通解俱作「云」。

史乃册祝曰 ×

033 史爲册書祝辭也　辭，史記集解作「祠」。

034 大子之責　大，十行本誤作「太」。

035 謂疾不可救於天　「疾」下，史記集解有「不可救也」四字。×

036 我周公　古本下有「也」字。×

037 仁能順父　古本下有「之」字，非也。×

038 能事鬼神　「能」下，古本有「知」字。×

039 我先王亦永有依歸　「有」下，古本有「所」字。

040 則墜天之寶命　「墜」下，纂傳有「失」字。×

041 救之則先王長有依歸　「救」上，古本有「命」字，非也。有依歸，古本作「有所依歸也」。案，此依史記集解改。

042 卜知吉凶　史記集解下有「者也」二字。×

043 是有太子之責於天　太，十行、閩、監、通解俱作「大」。

044 謂負天大子責　大，十行本誤作「太」。

045 凶則爲不許我　宋板、通解俱無「爲」字。

046 秦誓牧誓　秦，宋板、十行、閩本、通解、纂傳俱作「泰」，是也。

047 因遂成王所讀故諱之　遂，通解作「逐」。故，纂傳作「而」。

048 傳大子至世教　大，十行本作「太」，誤，下並同。

049 欲令請之於天也　十行、閩、監俱無「欲」字。按，通解有。

乃卜三龜

050 既於壇所　既，十行、閩、監、通解俱作「即」。

051 亦與兆體乃并是吉　與，宋板作「以」。盧文弨云非。

052 見兆之吉凶　見，通解作「是」。

武王既喪

053 乃流言於國　於，葛本作「于」，下「於孺子」同。按，語助之「於」，尚書皆作「于」，惟堯典「於變時雍」，此篇「爲壇於南方」及此兩句，酒誥「人無於水監，當於民監」，各本並作「於」，薛氏古文訓亦然。蓋傳寫舛錯，初無義例。葛本獨於此兩句仍作「于」，又葛本之誤也。

054 以惑成王　古本下有「之也」二字。

055 公於成王之世　「公」上，宋板有「周」字。

056 傳武王死至成王　宋板無「死」字。

057 傳三叔至成王　三，十行本誤作「王」。

058 救其屬臣　救，宋板作「赦」。

秋大熟

059 故有風雷之異　古本下有「之也」二字。異，葛本誤作「意」。 ×

060 禾盡偃　「禾」下，古本有「則」字，以意增。 ×

061 史百執事皆從周公請命　皆，葛本誤作「者」。「命」下，古本、史記集解俱有「者」字。

062 故止之　古本「之」上有「也」字。史記集解直作「故止」，無「之」字。 ×

063 言己童幼　「童幼」二字，岳本倒。

064 發雷風之威　「雷風」二字，纂傳倒。

065 周公以成王未悟　悟，葛本、十行、閩、監俱作「寤」，疏同。按，史記集解亦作「寤」。

066 改過自新　史記正義句首有「成王」二字。

067 亦國家禮有德之宜　古本下有「也矣」二字。 ×

068 盡起而築之　陸氏曰：築，本亦作「筑」字。按，馬、鄭、王皆訓築爲拾。釋言云：「筑，拾也。」訓拾者宜作「筑」，孔不訓拾而別本亦作「筑」，是築、筑古蓋通用。○按，筑與掇雙聲，故得訓拾。築、筑皆非正字，且馬、鄭、王並訓「築」字爲拾，或漢魏時爾雅亦作「築」，未可知也。

069 禾木無虧　禾木，古本、岳本、宋板、十行、纂傳俱作「桑果」。按，桑果言木，百穀言禾，今本作「禾木」，則與百穀複矣。❶

070 并見之　「之」上，古本有「也」字，非。 ×

071 案省故事　「案省」二字，纂傳倒。 ×

072 亦如國家失道焉　失，宋板、十行俱作「未」。盧文弨云：玉藻云「國家未道，則不充其服焉」，宋板是也。

073 禾木無虧　禾木，宋板、十行俱作「桑果」。按，前釋經，疏內亦有「禾木無虧」句，各本皆同，

今本孔傳及此疏之誤俱由於此，其實前疏亦誤 ×
耳。

大誥第九　周書

武王崩 ×

作大誥 ×

074 大誥　陸氏曰：「誥，本亦作『𢍋』。」案，依汗簡、古文四聲韻其字當作「𢍜」，不作「𢍋」。

075 陳大道以誥天下　誥，岳本、纂傳俱作「告」。下傳「順大道以誥天下」，岳本作「告」，纂傳作「誥」。

076 管蔡導武康爲亂　康，十行、閩本俱作「庚」。按，毛本作「康」與洪範序、考文引古本「立武庚」作「立武康」、微子之命序「殺武庚」作「殺武康」，其誤一也。 ×

王若曰猷 ×

077 惟我幼沖人　「惟」下，古本有「累」字。按，疏言「惟我幼童人，謂損累之，故傳加『累』字」，是孔穎達所見經文無「累」字。

078 言其不可不誅之意　古本下有「之也」二字。 ×

079 而不能爲智道以安人　人，古本作「民」，下「安人」同。 ×

080 先自責　古本下有「之也」二字。 ×

081 若涉淵水　若，古本、岳本、宋板俱作「如」。 ×

082 就其命而言之　言，古本、岳本、宋板、纂傳俱作「行」，與疏合。岳本考證云：「案文義，『行』字爲長。」

083 將誅叛逆　將，宋板、十行俱作「當」。

084 則王若曰者稱成王之言　宋板「者稱」二字中間空一字。

085 傳世三十　傳，宋板作「卜」，十行本誤作

「六」。

086 皆得繼天明者　皆，宋板作「能」。×

曰有大艱于西土　×

087 欲復之　之，古本作「也」。×

088 天降威　威，古本作「畏」。×

089 欺惑東國人　人，古本作「民」。×

090 以于敉寧武圖功　敉，古本作「撫」，下「敉寧王大命」同。○按，「撫」即「𢼊」字。説文「𢼊，撫也，从支，亾聲，讀與『撫』同」，段玉裁云。

091 四國人賢者有十夫　四國人，古本作「四國之民」。

092 言人事先應　古本下有「之」字。×

093 止而復言　止，十行、閩本俱作「正」。

肆予告我友邦君　×

094 往伐殷逋亡之人　人，古、岳、葛本、宋板、十行、閩、監、纂傳俱作「臣」。×

095 民不靜　「民」下，古本有「亦」字。×

096 自責不能綏近以及遠　綏，葛本誤作「維」。×

097 則王室有害　「則」下，古本有「於」字。×

098 故我告汝有邦國之君　有，宋板作「友」。按，疏意似當以「有」爲是。

099 百尹氏也　氏，宋板作「是」。按，「氏」字不誤。×

100 上文大誥爾多邦綏越爾御事　宋板無「綏」字，是也。

肆予沖人永思艱　×

101 可哀哉　「可」上，古本有「甚」字。×

102 言不得已　「已」上，古本有「以」字。 ×

103 義爾邦君　義，古本作「誼」。

104 至御治事者　古本下有「之也」二字。 ×

105 責其以善言之助　「之助」二字，古本、宋板俱倒。按，疏云「責其無善言助己」，則傳當云「責其無善言之助」，責乃責讓之義，非責任之責也。

106 故我童子成王　故，十行本誤作「哉」。

107 何謂違我不欲征也　浦鏜云，「謂」疑「爲」字誤。

108 則爲天美　天，宋板、十行、閩、監俱作「大」。按，「天」非也。 ×

109 言得我之功　功，宋板、十行俱作「力」。

已予惟小子 ×

110 當必征之　「之」上，古本有「也」字，誤。 ×

111 言天美文王興周者　文，纂傳作「寧」，後並同。按，王氏據蘇氏說，以「寧王」爲武王，凡孔傳「文王」字率改爲「寧王」，不可爲訓。

112 故能安受此天命　命，纂傳作「明」。 ×

113 明卜宜用　古本下有「之也」二字。 ×

114 人獻十夫　人，古本作「民」。

115 亦文王　亦，岳本作「言」。

116 若彼之勸勞哉　勸，岳、葛、十行、閩、監、纂傳俱作「勤」。按，「勸」字非也。 ×

117 法之又明　古本下有「之也」二字。 ×

118 天閟毖我成功所　錢大昕曰：「『天閟毖我成功所』，傳訓『閟』爲『慎』，又解之云『天慎勞我周家成功所在』。孔疏云『閟，慎，釋詁文』，考釋詁本云『毖，慎也』，經既以『閟』爲『毖』，不當重出『毖』字，據莽誥云

『天毖勞我成功所』，則知此經『毖』乃『勞』之譌，字形相涉，後人傳寫致誤，僞孔傳尚未誤也。」〇按，下經「勤毖」，傳解作「勞慎」，此傳云「慎勞」，則經當作「毖勤」，莽誥於下云「天亦惟勞我民」，是訓「勤」爲「勞」也。

119 天棐忱辭　辭，古本作「詞」。 ×

120 其成我民矣　「矣」上，古本有「也」字。 ×

121 文王教致太平　教，宋板、十行、閩本俱作「謀」，是也。 ×

122 閟慎釋詁文　孫志祖云：閟，爾雅作「毖」。

123 亦同之義也　同，十行、閩、監俱作「民」，是也。盧文弨云：毛作「同」，是，上言國家，此方説民，不應言「亦民」。〇按，國家如此，民亦如此，故曰「亦民之義」。

王曰若昔朕其逝 ×

124 我所言國家之難備矣　難，纂傳作「艱」。 ×

125 矧肯構　疏云：「定本云『矧弗肯構』、『矧弗肯穫』皆有『弗』字，檢孔傳所解，『弗』爲衍字。」〇按，矧，況也。況，益也。「矧弗肯構」、「矧弗肯穫」猶言益弗肯構、益弗肯穫也，段玉裁云。

126 父已致法　已，古本作「以」，下「已菑」同。 ×

127 子乃不肯播種　「子」上，古、岳、宋板、十行、纂傳俱有「其」字。 ×

128 況肯收穫之乎　古、岳、宋板、十行、纂傳俱無「之」字，與疏合。 ×

129 今不征是棄之　征，十行本作「正」，閩本初亦作「正」，後加「彳」。之，古本作「也」。 ×

130 民養其勸不救者　「勸」下，古、岳、宋板俱有「心」字。

131 以子惡故　子，監本誤作「于」。 ×

132 以此四國將誅而無救者　浦鏜云：「此」

當「比」字誤。

133 亦不以卬爲惟義也　「不以」二字，十行、閩、監俱誤倒。

134 民爲父兄爲家長者也　上「爲」，宋板、十行俱作「謂」。按，「謂」字不誤。

135 王曰嗚呼肆哉爾庶邦君　古本作「王曰嗚呼肆告我爾庶邦冢君」。按，「哉」字與漢書翟方進傳合，古本分爲「告我」二字，殆非也。

136 爽邦由哲　由，古本作「用」。

137 來佐周　古本下有「者也」二字。

138 所以知必克者　按，「者」字疑「之」字之誤，宜連下「故」字爲句。

139 故有明德事用智道者　德，宋板、十行、閩、監俱作「國」。

140 若不早誅之　若，十行本誤作「君」。

141 傳惟大至易也　易也，十行、閩本俱作「不易」。按，各本傳末俱有「也」字。

予永念曰

142 除草養苗　古本下有「者也」二字。

143 言當滅殷　古本下有「之也」二字。

144 言必從也　古本「也」上有「之」字。

145 傳天亦至從也　從也，十行、閩本俱作「必從」。按，各本傳末俱有「也」字。

146 微子之命第十　「十」下，十行本誤衍「三」字。

周書

147 成王既黜殷命殺武庚　庚，古本作「康」，非也。

148 代武庚爲殷後　代，監本誤作「伐」。

149 微子作誥　誥，十行、閩本俱誤作「告」。

150 **右把茅**　把，十行、閩、監俱作「抱」，下「右把茅也」仍作「把」。按，史記元文作「把」。

151 **縛手於後**　後，十行本誤作「復」。

王若曰猷　✕

152 **正朔物色**　物，古、岳、葛本、宋板、十行、閩、監、纂傳俱作「服」。按，「物」字與疏不合。

153 **與時皆美**　皆，纂傳作「偕」。

154 **放桀邪淫蕩之德**　古本、岳本俱作「放桀邪虐湯之德也」，宋板無「也」字，餘與古、岳同。岳本考證云：「傳釋經，不當改『邪』作『淫』。又諸本『湯之德』下無『也』字，辭義似未足。」

155 **言湯立功加於當時**　於，葛本、十行、閩、監、纂傳俱誤作「流」。

156 **裔末也**　「也」上，古本有「之」字。　✕

157 **言能踐湯德**　纂傳無「言」字。按，傳上云「汝微子」，謂經所謂汝者指微子也，此五字自爲一句，纂傳與上三字連讀，故刪去「言」字耳。

158 **曰篤不忘**　陸氏曰：「篤，本又作『竺』。」

159 **傳言二王至三統**　十行本無「王」字。　✕

160 **是二王後得郊祭天**　得，十行、閩、監俱作「爲」。按，纂傳作「是二王後皆郊天」。

161 **僖十三年左傳**　三，宋板、十行俱作「二」，是也。　✕

欽哉　✕

162 **以蕃王室**　陸氏曰：蕃，本亦作「藩」。

弘乃烈祖　✕

163 **以法度齊汝所有之人**　人，古本作「民」。　✕

164 **以輔我一人**　「輔」下，古本有「成」字。

165 **言上下同榮慶**　古本下有「之也」二字。「無

厭」下同。×

唐叔得禾 ×

166 而合爲一穗 陸氏曰：穗，本亦作「穟」。×

167 傳唐叔至一穗 穗，十行、閩本俱誤作「德」。

周公既得命禾 ×

168 以善禾名篇 善，岳本、宋板、纂傳俱作「嘉」。×

13—169 告天下亡 古本作「布告天下亡也」。

校記

❶南昌本末增按語：「所改非是，後正義同。○案，正義釋經『禾木無虧』，是揔承上文，故各本皆同，皆不誤。毛本此傳、此疏因之誤改，不知上下文各別也。」今按，南昌本此處所補按語，實是補録本卷第073條校記，南昌本删去該條。

尚書注疏校勘記卷十四

14—001 尚書卷第八古文尚書康誥第十一周書

孔氏傳　古本。

002 尚書注疏卷第十三　宋板。❶

康誥第十一　周書

成王既伐管叔蔡叔　×

003 以殷餘民封康叔　「封」上，古本有「邦」字。山井鼎曰：「邦、封古或通用。按注及疏意，當作『邦康叔』，『封』字衍文。」

004 故使賢母弟主之　古本作「故使其賢母弟主也」，與疏異。

康誥　×

005 康圻内國名叔封字　纂傳此注在序「封康叔」下，諸本皆誤。

006 周禮上公五百　「百」下，宋板有「里」字，是也。

007 而康叔之康猶爲國　猶，十行本誤作「鄭」。

惟三月　×

008 乃洪大誥治　陸氏曰：「一本作『周公迺洪大誥治』。」

009 周公皆勞勉五服之人　人，古本作「民」。　×

010 大誥以治道　誥，古本作「告」。

011 而言新邑營及獻卜之事　及，監本誤作「反」。　×

012 七年制禮作樂　七，宋板作「六」。○按，當作「六」。

013 即云頒度量而天下大順　順，宋板作「服」。○按，明堂位作「服」，宋本是也。

014 以生治民　生，宋板、十行、閩本俱作「主」。×

015 男下獨有邦　「邦」下，纂傳有「字」字。×

016 自由當時之宜　由，十行本作「出」。

017 見亦主其勞　主，十行本作「上」。

018 其民猶至　民，宋板、十行俱作「且」。

王若曰孟侯 ×

019 慎去刑罰　慎，監本誤作「愼」。×

020 故於我一二邦　葛本、閩、監俱脱「我」字。

021 惟是次序皆文王教　序，岳本作「敘」。×

022 得在此東土爲諸侯　古本下有「也矣」二字。

023 不侮鰥夫寡婦　「侮」下，宋板有「慢」字。×

024 皆以修治也　皆，十行本作「漸」。

025 用兵除害于殷　害，宋板作「惡」。

026 以文王之德故也　德，宋板作「教」。

027 王制有連屬卒伯也　卒，十行、閩本俱作「率」。×

028 用誅殺道　「道」上，十行、閩、監俱有「之」字。×

王曰嗚呼封汝念哉 ×

029 今民將在祗遹乃文考　「民」上，古本有「治」字。

030 汝丕遠惟商耈成人　汝，古本作「女」，篇内皆同。

031 既言文王明德慎罰之訓　訓，十行本誤作「調」。

032 謂文王先有所聞善　「善」下一字未刻，宋板、十行、閩、監俱是「事」字。

033 王曰嗚呼小子封恫瘝乃身　按，後漢書和帝紀永元八年詔曰「朕寤寐恫矜」注：「尚書曰，『恫矜乃身。』孔安國注曰，『恫，痛也。矜，病也。言如痛病在身，欲除之也。』矜音古頑反。」蓋章懷所見孔氏尚書作「矜」，可證「瘝」爲「矜」之俗字矣。

034 人情大可見　人，古本、纂傳俱作「民」。

035 起於小　「起」上，古本有「大」字。

036 所明而云行天人之德者　盧文弨云：所，疑當作「此」，「而云」二字疑衍。○按，「而云」疑當作「上云」。

037 以小人難安也　安，十行、閩、監俱作「保」。

038 我聞古遺言曰　古，十行本誤作「名」。

王曰嗚呼封敬明乃罰 ×

039 非眚　陸氏曰：眚，本亦作「省」。○按，潛夫論作「省」。

040 乃惟終自行之　自，岳本作「身」，與疏合。按，纂傳已誤作「自」。

041 當以罰宥論之　之，古本作「也」。 ×

042 乃惟終身自爲不常之行　常，監本誤作「當」。 ×

043 汝當盡斷獄之道　宋板無「汝」字。 ×

王曰嗚呼封有敘 ×

044 惟民其畢棄咎　古本無「惟」字。

045 則惟民其盡棄惡修善　「善」下，古本、宋

板俱有「矣」字。 ×

046 言得刑殺罪人　「人」字，十行本缺。

047 爲人輕行之　之，古本作「也」。 ×

048 故文本於政不可以濫刑　文，十行、閩、監俱作「又」。 ×

049 言又曰者周公述康叔豈非汝封又自言曰得劓刵人此又曰者述康叔之又曰　按，或以爲此經文似本作「又曰非汝封，又曰劓刵人」，有兩「又曰」，無煩。朱子疑「又曰」字當在「非汝封」之上也。臣謂正義文理拙澁，「周公述」已下十八字爲一句，而下文又申明之，不當疑經文有兩「又曰」脱其一也。「又曰，要囚」正義「又重言曰」。❷

王曰外事 ×

050 重刑之至也　按，疏標目及舉傳文俱無「也」字。

051 爲奉上事　上，宋板作「王」，十行、閩本俱誤作「土」。

王曰汝陳時臬事 ×

052 用其義刑義殺　兩「義」字，古本俱作「誼」。

053 勿庸以次汝封　庸，古本作「用」。

054 我心我德　德，十行、閩、葛俱誤作「心」。按，葛本誤以上二字屬上句，下二字屬下句，故有此誤。

055 欲其明成王所以命己之款心　毛居正曰：「王」作「三」，誤。

056 乃使汝所行而順曰　而，十行、閩、監俱作「盡」。 ×

057 惟汝所悉知也　悉，宋板、十行俱作「委」。按，作「委」是。

058 述康叔爲言故云亦　亦，宋板作「已」。

按，經文有「已」字，無「亦」字，今本誤以此「已」字屬下句，故有此誤。

凡民自得罪 ×

059 言當消絶之 之，古本作「也」。×

060 盤庚已訓 「盤」上，宋板有「於」字，是也。

061 當須絶之 閩、監俱無「須」字。浦鏜云：按傳當作「消」字。

062 王曰封元惡大𤏲 𤏲，唐、宋兩石經、古、岳、葛本、宋板、十行、閩、監俱作「憝」，不誤。

063 不友兄弟者乎 友，古本作「善」。

064 爲人兄 「爲」上，古本有「於」字。

065 弗友不恭 弗，古、岳、纂傳俱作「不」。

066 不能字愛其子 字，十行、閩、監俱誤作「自」。

067 釋親云 孫志祖云：「親」當作「訓」。

068 目親以及物 目，宋板、十行、閩、監俱作「自」。按，「自」字是。×

069 故孝經曰 經，監本誤作「輕」。×

070 故此不友先言弟於兄者 者，宋板、十行俱作「若」。山井鼎曰：「『若』字似屬下句，然爲未穩。」浦鏜云：「者」當「也」字誤。

不率大戛 ×

071 主訓民者 民，古本作「人」。×

072 及外庶子 按，此四字於本節經意無當，疏亦無釋，疑衍文也。

073 不申我法者 申，岳、葛、十行、閩、監、纂傳俱作「用」。古本無「者」字。×

074 越厥小臣外正 古本無「厥」字。

075 而不能治其家人之道　治，古本作「理」。

076 大放棄王命　古本下有「矣」字。

077 當惟念文王之所敬忌而法之　忌，十行、閩、葛俱誤作「思」。句末古本有「矣」字。

078 及於小臣諸有符節者　諸，十行、閩、監俱作「猶」。

079 惟爲酷虐　惟，十行、閩、監俱作「則」。

080 是不明爲非德也　非，十行、閩、監俱作「臣」。

081 即敬德忌刑　宋板「即敬」間空三字。

王曰封爽惟民

082 我時其惟殷先哲王德　時，古本作「是」。

083 我是其惟殷先智王之德　岳本無「之」字。

084 則無善政在其國　古本下有「矣」字。

085 民不知道　「民」下，宋板有「則」字。

王曰封予惟不可不監

086 爽惟天其罰殛我　「我」上，古本有「於」字。

087 我罰汝　「罰」下，古本有「誅」字。

088 猶有罰誅　「罰誅」二字，岳本倒。

089 況曰　古本無「曰」字。

090 有上明聞於天　有，宋板、十行俱作「其」。

091 故德之言説而罰言行也　盧文弨云：「之」字疑衍。

092 故曰德刑也　十行、閩、監俱脱「刑」字。

王曰嗚呼封敬哉

093 無令有非　非，古本作「罪」。

094 常修己以敬哉　常，閩本誤作「當」。❸

095 敏爲見事之速　下三字十行、閩、監俱脱。許宗彦曰：浦鏜以毛本爲衍，殊非。

王曰嗚呼肆汝小子封

096 則不絶亾汝　古本作「則不汝絶亾」。

097 汝行善則得之　得，葛本誤作「德」。

098 而不念　古本作「而不思念也」。

099 聽先王道德之言　「聽」上，古本有「汝」字。

100 惟行善則得之　惟，宋板作「汝」。

101 汝念此無常哉　常，監本誤作「當」。

王若曰往哉封

102 聽朕告汝　告，古本、唐石經俱作「誥」。

103 即汝乃以殷民世世享國　即，古本作「則」，是也。

104 則汝乃得以殷民世世享國　世世享國，十行本作「世世殷國」。閩、監俱作「世享殷國」，纂傳與毛本同。

105 而言不絶國祚短長由德也　浦鏜云：「言」字當在「不絶」下。

酒誥第十二　周書

王若曰明大命于妹邦

106 文王弟稱穆　弟，古、岳、宋板、纂傳俱作「第」。按，説文有「弟」無「第」，後世次弟之弟既別從竹，則此當作「第」。

107 將言始國在西土　在，宋板作「於」。

108 亦爲亂行　古本作「而亦爲亂行也」。正義曰：

「俗本云『不爲亂行』，定本云『亦爲亂行』，俗本誤也。」

109 以此衆事少正　盧文弨云：「事」當作「士」。

110 此妹與沫一也　齊召南云：疏此段脱誤不一。「此妹與沫一也」，「沫」字上脱「鄘風桑中之」五字，「沫」字下脱「鄉」字，「但妹爲朝歌之所居也」應作「爲殷紂之所都也」，「詩又云沫之東矣沫之鄉矣」，「鄉」字應是「北」字之訛。

111 皇僕生差弗爲穆　差，宋板、十行、閩本俱作「羗」，下同。

112 差弗生毀揄爲昭　揄，十行、閩本俱从木，下同。

113 毀揄生公非爲穆　非，十行、閩、監俱作「飛」，下同。

114 亞圉生組紺爲昭　陳浩云：「組」應作「祖」，各本俱誤。

115 爲初始爲政　上「爲」字，宋板作「謂」。

116 言天下教命者　纂傳作「今言天降命者」。

文王誥教小子　×

117 正官治事　治，古本作「理」。　×

118 謂下群吏　吏，古本作「事」。

119 惟當因祭祀　因，纂傳誤作「知」。　×

120 惟曰我民迪小子　「我」上，古本有「化」字。

121 則子孫惟專一　古本下有「焉」字。　×

妹土嗣爾股肱純　×

122 今往使妹土之人　「往」下，古、岳、宋板、十行、纂傳俱有「當」字。　×

123 遠行賈賣　「賈賣」二字，古本倒。　×

124 統庶士有正者　庶，古、岳、宋板俱作「衆」。×

125 則爲君矣　爲，古本作「惟」。按，古字爲、惟通用，孟子「有攸不爲臣」，一本作「有攸不惟臣」。×

126 先戒群吏以聽教　聽，古本作「斯」。×

127 考中德爲用逸　「考」上，古本有「以」字。×

128 則此乃信任王者正事之大臣　古本下有「矣」字。×

129 孝養其父母父母以子如此　「父母」二字，十行本不重出。

130 所爲進行正之德　進，十行、閩、監俱作「考」。

131 乃及庶士衆百君子　百，宋板作「伯」。

132 若治不得有所民事可憂　宋板無「有」字。盧文弨云：疑「有」字當在「民」字上。○按，「有」疑當作「其」。

133 以下然兹亦惟天據人事　兹，宋板、十行俱作「並」。浦鏜云：「然」疑「云」字誤。○按，浦説是，宋板、十行以「兹」爲「並」，恐誤。

134 王曰封我西土棐徂邦君　徂，古本作「往」。

135 能受殷王之命　「王之」二字，古本倒，與疏合。

136 王曰封至之命　「至」上，十行、閩本俱有「我西」二字。×

王曰封我聞惟曰　×

137 明無也　按，疏標目無「也」字。×

138 國伯諸侯之長　諸，纂傳作「庶」。×

139 雖服事尊官　雖，十行、閩、監俱作「惟」。

140 伯言長連屬卒牧皆是　屬，纂傳作

「率」。

141 惟亞等雖不爲官首　十行、閩、監俱無「等」字。

我聞亦惟曰

142 不憂政事　「憂」下，古本有「其」字。

143 誕惟厥縱淫泆于非彝　陸氏曰：泆，又作「逸」，亦作「佚」。○按，泆、逸、佚古並通用。

144 民無不盡然痛傷其心　古本下有「者也」二字。

145 庶群自酒　正義曰：「自酒，定本作『自』，俗本多誤爲『嗜』。」

146 天非虐民惟民行惡自召罪　古本兩「民」字俱作「人」，「行」上有「所」字。

王曰封予不惟若茲多誥

147 人無於水監　監，古本作「鑒」，下文「民監」、「大監」同。

148 我其可不大視此爲戒　此，古本作「之」。

予惟曰

149 掌國典法所賓友乎　「乎」上，古本有「者」字。

150 不可不填　填，古、岳、葛本、宋板、十行、閩、監、纂傳俱作「慎」，是也。

151 薄違農父　按，群經音辨韋部云：「韋，違行也，音回。書『薄韋農父』。」

152 所服行美道服行美事治民　「道」字，宋板在「事」字下。山井鼎曰：「不可解。」盧文弨云：服行美事，依注，「行美」二字衍。

153 況惟所敬順疇盜之圻父　盜，十行、閩、監俱作「咨」，是也。

154 **以司徒致民五土之藝**　致，十行、閩、監俱作「教」，是也。 ×

155 **故言農夫也**　夫，十行、閩本俱作「父」。按，「夫」字誤。 ×

156 **摠上自劼毖殷獻已下**　「獻」下，宋板有「臣」字。

厥或誥曰 ×

157 **勿令失也**　勿，十行本作「無」。 ×

158 **惟工乃湎於酒**　盧文弨云：惟工，俗本誤作「百工」。

159 **以其漸染惡俗**　毛氏曰：漏「漸」字。 ×

160 **明法有張施**　施，十行、閩、監俱作「弛」，是也。 ×

王曰封汝典聽朕毖 ×

161 **而篤行之**　之，古本作「也」。 ×

162 **辯使也**　辯，十行、閩、葛俱誤作「乃」。

163 **汝當常聽命我所使汝慎者**　命，宋板作「念」，是也。

梓材第十三　周書

164 **梓材**　按，傳云「亦如梓人治材」，疏云「此古『杍』字，今文作『梓』」，謂傳中「杍」字乃古文，若今字尚書本則作「梓」也。孔疏本之劉炫，其所據者古文也，傳既作「杍」，則經亦作「杍」可知。今本經傳俱作「梓」，與疏不合。陸氏亦據古文，而今本釋文大書「梓」字，注云：「本亦作『杍』。」蓋爲後人竄改，亦非陸氏元文也。

165 **此古杍字**　杍，宋板作「杍」。按，杍乃古文「李」字，借爲梓匠之梓，取音同也。

166 **王曰封以厥庶民暨厥臣**　民，古本作「人」。

167 汝若恒越曰　汝，古本作「女」。×

168 汝惟君道使順常　惟，岳本作「爲」。×

169 於是曰　毛氏曰：「曰」作「日」，誤。×

170 如此則善矣　矣，古本作「也」。×

171 以民當敬勞之故汝往之國　古本重「故」字。

172 聽訟折獄　折，古本作「斷」。

173 傳用小臣與庶人　浦鏜云：「疑有脱誤。」按，「傳用」二字未誤，與下「鄭以爲」對。

174 與上厥君終始相承　「終始」二字，十行倒。

175 王啓監　監，古本作「鑒」，下皆同。

176 至于屬婦　孫志祖云：玉篇女部「媰，婦人妊身也」，引書「至于媰婦」。

177 無令見冤枉　陸氏曰：冤，一本作「以冤」。○按，陸氏此語未詳，俟考。

178 及以御治事者　以，古、岳、葛本、宋板、十行、閩、監、纂傳俱作「於」。×

179 無得相傷殘　「傷殘」二字，宋板、十行俱倒，與傳合。×

180 用古者明王之道而治之　者，宋板、十行、閩本俱作「昔」。×

惟曰若稽田 ×

181 惟其塗塈茨　按，塗，疏作「斁」，下同。此亦古文之見於疏者，又見群經音辨攴部。○按，衛包改「斁」爲「塗」，幸正義猶存「斁」字。

182 已勤立垣墻　墻，古本作「墉」。×

183 亦須禮義然後治　治，古、岳、宋板俱作

「洽」，與宋本疏同。

184 然後成　然，十行本作「乃」。

185 然後治　治，宋板作「洽」，下「後治」同。

186 乃言修治於未　未，閩、監俱作「末」。按，「末」字是。❹

187 使善垣墉故也　故，宋板作「一」。×

188 二文皆言斁即古塗字　盧文弨云：「斁」乃「敷」之訛。趙佑云：说文「雘」字下引周書曰「惟其敷丹雘」，孔疏蓋本此。「即古塗字」四字當爲疏中之注。○按，「斁」當作「敷」，固爲有據，但孔疏自據梅氏所上之本，非本説文也。

189 摠是以物塗之　總，十行、閩、監俱作「不」。

今王惟曰　×

190 言文武已勤用明德　傳首纂傳有「夾近也」三字。按，傳例不重訓，或訓于前，或訓于後，初無義例。「夾近也」乃多方傳，王氏移置於此，不足據。

191 萬方皆來賓服　萬，古、岳、宋板俱作「方」。按，「方方」孔傳屢見，後人誤以上「方」字爲「万」字之誤，遂改作「萬」，纂傳已誤。夏氏曰「如兄弟之密方方而來」，即用孔傳語也。

192 惟欲使至於萬年　「欲」上，古本有「敬」字，無「於」字。

193 累世長居國以安民　居，古本作「君」，監本亦作「君」，與疏不合。

194 拓懷遠人　拓，宋板、十行、閩、監俱作「招」。×

195 萬方皆來賓服　萬，宋板作「方」，是也。

14—196 以先王用明德於下之所行　於，宋板作「欲」。山井鼎曰：「似不可解，但作『行下之所欲』，則稍可通。」〇按，鼎説亦不可通。據疏意，先王行明德，下亦行明德以從之，是謂「先王用明德於下之所行」也。先王既然，凡爲君者亦如先王用常法，是謂「今亦奉用，爲亦先王也」，似當從今本作「於」。

校記

❶南昌本以上兩條合爲一條。

❷南昌本此條低一格。按，此爲孔疏文字，當低兩格。

❸出文、校記兩「常」字，葉藏本、愚齋本、學海堂本並作「當」。當，葉藏本、愚齋本、學海堂本作「常」。今按，閩本、毛本此句皆作「當修己以敬哉」，並無不同。核之注疏諸本，惟明監本此句作「常修己以敬哉」，故疑此條出文作「當修己以敬哉」，校記當作「當，監本誤作『常』」。是則葉藏本、愚齋本、學海堂本近其實，惟「監」誤作「閩」耳。

❹按，此以「末」是「未」非，南昌本則以「未」是「末」非。疏文云「皆言既勤於初」，與此「乃言修治于末」，初、末對舉，故當以「末」爲是。

尚書注疏校勘記卷十五

15—001 尚書注疏卷第十四　宋板。

召誥第十四　周書

召誥

002 然鼎之上　按，「鼎」上疑有「一」字。

惟二月既望　×

003 以遷都之事至文王廟　至，古、岳、宋板、十行、纂傳俱作「告」，與疏合。許宗彥曰：曲禮正義引亦作「告」。

004 太保乃以庶殷攻位于洛汭　顧炎武曰：攻，石經誤作「公」。○按，今石經作「攻」，顧説非也。

005 月當日衝光照　「光」上，宋板有「日」字。按，宋本是也。

006 必先正望朔　「望朔」二字，纂傳倒，是也。

007 正義曰經營者　十行、閩、監俱無「者」字。　×

若翼日乙卯　×

008 周祖后稷　祖，葛本、十行、閩、監俱誤作「祀」。

009 命衆殷侯甸男服之邦伯　衆殷侯甸，監本誤作「衆股侯甸」。　×

010 錫周公曰拜手稽首　「拜」上，古本有「致」字。按，「致」字依孔傳增也。

011 衆殷皆歡樂勸事　宋板「勸」作「勤」，十行「歡」、「勸」俱作「勤」，閩本「歡」字亦作「勸」。

012 周公以順位成之明日而朝至　位，十行本誤作「立」。

013 則是三月十二日也　二，十行本誤作

「三」。

014 養牲以養二　以，十行、閩、監俱作「必」。×

015 是帝稷各用一牛　「一牛」二字，宋板倒。

016 稷是天神　天，宋板、十行、閩、監俱作「人」。按，作「天」非也。×

017 祀之以爲社　宋板無「之」字。×

018 社稷惟祭句龍　宋板無「祭」字。×

019 此言社于薪邑　薪，十行、閩、監俱作「新」，是也。×

020 賦功謂賦斂諸侯之功　賦功謂賦斂，十行、閩本俱作「賦斂謂賦功」。

021 千里之外設方伯即州牧也　「即」上，宋板復有「方伯」二字。按，宋本是也。

022 庶殷既已大作　已，宋板作「以」。按，已、以古多通用。×

023 乃竝覲於王　於，十行、閩、監俱誤作「君」。×

024 爲戒成王賜周公　賜，十行本作「錫」。×

誥告庶殷 ×

025 故託焉　焉，古本作「之」。×

026 歎皇天改其大子　大，岳本、纂傳改作「太」，下同，葛本此句誤作「天」，下亦作「太」，閩、監此亦誤作「天」，下作「大」。毛氏曰：「『改厥元子』注『皇天改其大子，言紂雖爲天所大子，無道猶改之』，正義曰：『釋詁，元，首也。首是體之大，故傳言大子。』今監本作『太子』，而顧命注『將正大子之尊』猶作小大之『大』，則知作『太』者傳寫誤爾。興國及建本皆作『太』，誤。」

027 言紂雖爲天所大子　按，下文「元子哉」，傳云「大爲天所子」，與此不同，疑皆有誤，疏亦無所發明。

028 無道猶改之　猶，十行、閩、葛俱誤作「尤」。×

029 故以爲言也　故，宋板作「託」，是也。

030 改去其大子　大，十行、閩本俱作「太」，下同。×

031 無道猶改之　猶，十行、閩本俱誤作「尤」，下同。×

天既遐終大邦殷之命 ×

032 言不泰　泰，岳、葛、十行、閩、監、纂傳俱作「忝」。按，「泰」字誤。×

033 言無良臣　古本下有「者也」二字。×

034 夫知保抱其子　古本重「夫」字。×

035 所以窮　古本作「則所以窮也」。×

036 謂繼世之君及其時之人　及，宋板作「乃」。

037 以困窮也　「因窮」二字，宋板倒。×

038 言其去而不復返也　返，十行、閩、監俱作「反」。×

039 傳其忠至良臣　忠，十行、閩、監俱作「終」，與注合。×

040 殘暴在下　在下，纂傳作「其民」。

041 夫猶人人　猶，十行本誤作「尤」。

王其疾敬德 ×

042 面稽天若　「面」上，古本有「禹」字。按，「禹」乃「禹」字之譌，即古文「禹」字也，與傳合。

043 童子言成王少　古本下有「也」字。×

嗚呼有王雖小 ×

044 則德化立美道成也　美道成也，岳本作「而美道成」，宋板亦無「也」字，與疏標目合。

045 而爲大爲天所子愛哉　「而」下，宋板無「爲」字。

王來紹上帝　×

046 配大天而爲治　大，宋板作「上」。按，「大」字誤。

047 則不訓自也　浦鏜云：自，疑「用」字之誤。

048 正日景以求地中　景，宋板、十行、閩本俱作「影」，下同。○按，周禮作「景」。　×

049 王先服殷御事　「殷」上，古本有「ナ」字。山井鼎曰：「古文『有』字作『ナ』。」○按，古文「有」字作「又」，「ナ」乃「左」字也，此古本傳寫之訛。

050 比介于我有周御事　介，古本作「迩」。山井鼎曰：「迩，即『邇』字，考傳文『比介』解『比近』，恐經文作『比迩』爲是。」○按，作「迩」者，古文尚書也，今字尚書當作「邇」，後誤爲「介」，則因「迩」字而譌也，開成石經已然。

051 言當先服治殷家御事之臣　「御」下，古本有「治」字。　×

052 則下敬奉其命矣　矣，古本作「也」。　×

053 先服治殷家御事之臣　「御」下，宋板有「治」字。　×

054 常若命之不行　盧文弨改「若」爲「苦」，是也。

055 或加陵殷士　宋板無「殷士」二字，非。

056 政必乖戾　乖，纂傳作「舛」。　×

057 我不可不監于有夏亦不可不監于有殷　下「監」字，古本作「鑒」。按，下句作「鑒」，見後漢書崔駰傳，即古本之所據。

058 言桀不謀長久　謀，古本作「其」，與疏合。

059 所以歷年　古本下有「者」字。×

060 其夏殷也　古本重「其」字，非也。×

061 長與不長　「與不」二字，十行本倒。

王乃初服 ×

062 雖說之其實在人　「之」下，岳本有「於天」二字。沿革例曰：「『雖說之』三字不可曉，考石經則曰『雖說之於天』，添『於天』二字，意始明。」○今按，此所謂石經，疑是成都石經，然岳氏自述所據書本無成都石經，未知其審。「說之於天」即疏所云「托天說之」也。❶

063 天已知我王今初服政　「初服」二字，纂傳誤倒。×

064 求天長命以歷年　長，葛本誤作「常」。×

065 順行禹湯所以成功　以，古、岳、宋板俱作「有」，與疏合。

066 其命有智與愚也　有，十行、閩本俱誤作「者」。

067 是自遺智命矣　矣，宋板作「也」。×

068 惟勤修敬德　勤，宋板作「勸」，是也。

069 王者當疾行敬德　者，宋板作「其」，是也。

070 若真犯罪之人　真，宋板、十行俱作「直」。按，「真」字誤。×

071 相夏相殷禹湯之功　「禹」上，宋板有「謂」字。按，宋本是。

上下勤恤 ×

072 王未有成命　未，古本、唐石經、岳、葛、宋板、十行、閩、監俱作「末」。按，「末」字誤。

073 是上勤恤也　「勤」上，宋本有「下」字。

074 我周公承夏殷之後　公，宋板、十行、閩、監俱作「王」。按，浦鏜校改作「家」，是也。

075 尚書卷第九古文尚書洛誥第十五周書

孔氏傳　古本。❷

洛誥第十五　周書

076 召公既相宅周公往營成周　「營」上，古本有「經」字。

洛誥 ×

077 周公先相宅　周，宋板作「召」。按，「周」字誤。

078 及周公將欲歸政成王　宋板「政」下有「於」字，十行、閩本俱有「於」無「政」。

079 雖與相俱行　「與相」二字，宋板倒。按，當作「相與」。

周公拜手稽首曰 ×

080 不敢及知天始命周家安定天下之命　知，古本、宋板俱作「如」。❸

081 故己攝　古本下有「之」字。 ×

082 周公至民明辟　宋板無「民」字。 ×

083 正以此言還政者　言，十行、閩、監俱作「年」。按，「言」字誤。 ×

予惟乙卯 ×

084 我使人卜河北黎水上　上，纂傳作「卜」，屬下句，似誤。 ×

085 伻來以圖　按，群經音辨亏部：「平，使也。補耕、普耕二切。書『平來以圖』。」

086 來告成王　古本作「來告於成王之」。案，疏標起訖無「之」字，古本妄加。

王拜手稽首曰 ×

087 來教誨之言　來，古、岳、宋板、纂傳俱作

088 故荅其拜手稽首而受其言　故荅，十行本作「荅言」。按，此篇疏文十行本多誤，此其一也。

089 故成王復述公言　故，十行本誤作「於」。

090 言公欲今己作亂久遠　作，宋板作「祚」。按，「作」字非也。

周公曰王肇稱殷禮　×

091 咸秩無文　無，古本作「罔」，下「無若火」同。按，此句「無」字不可作「罔」。

092 言王當始舉殷家祭祀　「祭」上，古本有「之」字。　×

093 今王即命曰　陸氏曰：「曰，音越，一音人實反。」○按，古人書曰、日二字，其形正同，但以上缺者爲「曰」，不缺者爲「日」，此云「一音人實反」，則是别本不缺也。蓋經師傳讀不同，致經文有異，孔疏音越。

094 有大功則列大祀　「列」下，古本有「爲」字，與疏合。

095 其往　「其」上，古本有「慎」字。按，段玉裁云：後漢書爰延上封事曰：「臣聞之，帝左右者，所以咨政德，故周公戒成王曰，其朋其朋，言慎所與也。」李注：「尚書周公戒成王曰：『孺子其朋，孺子其朋，慎其往。』」較今本多一「慎」字，疑妄增。足利古本蓋本諸此。

096 少子慎朋黨　「慎」下，古、岳、宋板、纂傳俱有「其」字。

097 戒其自今已往　已，古本作「以」。　×

098 則汝長有歎譽之辭於後世　古本下有「矣」字。　×

099 又申述所以祀神記臣功者　記，十行本誤作「功」。

100 於其初即教之　於其，宋板作「宜於」，是也，十行本誤作「於於」。

101 其當盡自教誨衆官　盡，監本誤作「晝」。×

102 惟當用我此事在周之百官　此事，浦鏜據下疏改作「所爲」。

103 時文王未有留公之意　文，宋板、十行、閩、監俱作「成」。按，「文」字誤。

104 配享廟庭亦是也　庭，十行本作「廷」，是也。×

105 公曰已　「已」下，古本有「乎」字。

106 言汝爲王　爲，十行本作「惟」。×

107 惟曰不奉上　古本下有「之矣」二字。×

108 不可治理　古本下有「之矣」二字。×

109 前言已如是矣　十行、閩、監俱無「矣」字。×

乃惟孺子 ×

110 厚次敘汝正父之道而行之　敘，古本、宋板俱作「序」。×

111 明教農人以義哉　人，古本作「民」。×

112 言皆來　古本下有「之」字。×

113 務在知人　知，宋板作「化」，是也。

114 言欲己長久也　己，宋板作「以」。盧文弨云：作「以」疑非。

115 則天下之民　「則」下，宋板有「我」字。×

116 無問遠近者用來歸王　按，「者」字疑當作「皆」。

王若曰公明保予沖子 ×

117 不可去之　據疏似無「之」字，或當作「不可去也」。

118 以予小子揚文武烈　揚，監本誤作「楊」。 ×

119 而奉順天　古本下有「地」字。

120 居處其衆　古本下有「之也」二字。 ×

121 皆次秩無禮文而宜在祀典者　秩，纂傳作「敘」。 ×

122 凡此待公而行　古本下有「之」字。 ×

123 言化洽　洽，十行、閩、葛俱誤作「治」。古本「洽」下有「之」字，非也。

124 舉大明德以佑助我　佑，宋板、十行俱作「佐」，下「我小至佑我」同。

王曰公予小子其退 ×

125 便就君於周　便，十行本誤作「使」。

126 命立公後　立，十行本誤作「正」。

127 公當留佑我　佑，古、岳、宋板、十行、纂傳俱作「佐」，是也。 ×

128 亦未克敉公功　敉，古本作「撫」。

129 言四方雖道治　道，古本初作「通」，後改作「道」。

130 猶自未能定於尊禮　猶，監本誤作「猾」。 ×

131 周謂洛邑　十行、閩、監俱脱「謂」字。❹

132 公當留佑我　佑，宋板作「佐」，與宋本注合。❺

133 是顧無事　按，「是」疑當作「自」。

134 文武受民之於天下　民，宋板作「人」。浦鏜云：當作「文武受民受之於天」。

王曰公定 ×

135 公功以進大 以，岳本、纂傳俱作「已」。×

136 天下咸敬樂公功 「公」下，古本有「之」字，與疏合。×

137 無去以困我哉 無，古本、宋板俱作「勿」。×

138 我意欲置太平 置，宋板作「致」。按，宋本是也。

周公拜手稽首曰王命予來 ×

139 爲周家見恭敬之王 王，纂傳誤作「主」。×

140 厚率行先王成業 率，監本誤作「幸」。×

141 爲周家立信者之所推先 古本下有「也矣」二字。×

142 今我繼文祖大業 今，宋板作「令」，是也。

143 王意以此留我 此，十行、閩、監俱作「禮」。×

144 於周家後世人臣立信者之所推先 於，十行、閩、監俱作「爲」。×

145 王意大使我恭奉其事 事，十行、閩、監俱作「道」。×

146 被人恭敬推先已 已，十行、閩、監俱作「王」。盧文弨云：毛本是。

考朕昭子刑 ×

147 我所成明子法 「所」下，纂傳有「以」字。×

148 所以居王中 居王中，古、岳、宋板、閩本作「居土中」，是也。十行、葛、正德、嘉、萬俱作「君上中」，亦非。❻

149 本說之 岳本作「故本而說之」。沿革例曰：『本說之』三字不可曉，依疏云『故本而說之』，意始明。」○按，傳文多簡，疏中述傳往往增加數字以顯其意，似未可據疏以改傳。

150 **萬年厭于乃德**　厭，唐石經、古、岳、十行、纂傳俱作「猒」。按，厭飫之「厭」，説文本作「猒」，今通作「厭」，別作「饜」，其誤久矣。十行本脱「于」字。

151 **使有次序**　序，纂傳作「第」。×

152 **殷乃長成爲周**　古本下有「矣」字。×

153 **勉使終之**　之，古本作「也」。×

154 **我不敢經宿**　敢，宋板作「致」。×

155 **予斥成王下句並告文武**　宋板「予」作「子」，「王」下有「言用文王之道，制爲典法，以明成王行之爲明君也，特舉文祖，不言武王」二十八字。

156 **周公自非己意也**　「自」下，宋板有「言」字，是。

157 **使芬香調暢**　調，纂傳作「條」。×

158 **謂之秬鬯酒二器**　「酒」上，宋板復有「鬯」字。

159 **釋註云**　註，宋板作「詁」。按，「註」字誤。

160 **是明禋爲明潔致敬也**　潔，宋板作「絜」，下皆同。○按，絜，正字。潔，俗字。

161 **故本而説之此事者**　按，「此事者」三字疑有誤。

162 **使告其太祖**　告，纂傳作「祀」。×

163 **得還鎬京即文武**　「即」下，宋板有「告」字，是也。

164 **厭飽於汝德**　厭，十行本作「猒」，下同。×

165 **當行不怠**　浦鏜云：「當」疑「常」字誤。

戊辰 ×

166 特加文武各一牛　十行、閩、葛俱脱「一」字。

167 告曰尊周公　曰，古、岳俱作「白」，與疏合。

168 立其後爲魯侯　古本下有「之也」二字，非也。 ×

169 既受言誥之　浦鏜據儀禮續通解挍云：「言之」二字衍。

170 以算術計之　計，纂傳作「推」。 ×

171 於是成王元年　於，宋板、十行俱作「歲」。 ×

172 特以二牛告文武　牛，宋板作「年」，按，「於」字誤。 ×

是也。

173 示祭之日　示，宋板、十行俱作「云」，是也。 ×

15—174 故史於此總結之　史，監本誤作「安」。 ×

校記

❶ 托，南昌本、咸豐補刊本皆作「託」。今按，二字古通，然以疏文校之，作「託」近是。

❷ 南昌本此條併入下標目「洛誥第十五　周書」下。

❸ 南昌本此條低兩格。今按，此爲僞孔傳文字，當低一格。

❹ 南昌本此條低一格。今按，此爲孔疏文字，當低兩格。

❺ 南昌本此條低一格。今按，此爲孔疏文字，當低兩格。

❻ 按，校勘記云閩本作「居土中」，又言嘉本作「君上中」，然閩本即嘉本，校勘記所言前後不一，必有誤。今核閩本、監本俱作「君土中」，山井鼎七經孟子考文亦云「正德、嘉、萬三本『居土中』作『君土中』」，則校勘記此處誤引，「君上中」當作「君土中」。

尚書注疏校勘記卷十六

16—001　尚書注疏卷第十五　宋本。

多士第十六　周書

成周既成

002　心不則德義之經　陸氏曰：則，或作「測」，非。

003　周公以王命誥　石經考文提要云：「坊本『誥』作『告』。」

多士

004　所告者　告，纂傳作「誥」。

005　皆非民事　民事，十行、閩、監俱作「在官」。○按，段玉裁校本「民」作「序」，是也。

006　引之以解釋頑民之意　釋，宋板作「稱」。

007　計三國俱是從叛　三，監本誤作「二」。

王若曰爾殷遺多士

008　以告殷遺餘衆生　生，古、岳、葛本、宋板、十行、閩、監、纂傳俱作「士」。按，「生」字誤。

009　惟天不與信無堅固治者　「與」上，古本有「右」字。信，十行、閩、監俱誤作「言」。

010　故輔佑我　佑，岳本、宋板、十行、纂傳俱作「佐」。按，「佑」字誤。

011　惟我周家下民　下，岳本作「不」，誤。

012　天有多言　言，宋板、十行俱作「名」。按，「言」字誤。

013　殺無道之王　王，宋板作「主」。

我聞曰 ×

014 大淫泆有辭　陸氏曰：泆，又作「佾」，注同。○按，失聲、佾聲古音同部。

015 天爲過逸之行　天，古、岳、葛本、宋板、十行、閩、監、纂傳俱作「大」。按，「天」字誤。

016 既言天之效驗去惡與善　去，十行、閩本俱誤作「法」。

自成湯至于帝乙 ×

017 自帝乙以上　以，宋板作「已」。×

018 後嗣王紂　「紂」下，古本有「也」字。×

019 誕淫厥泆　泆，古本作「洪」，誤。

020 罔顧于天顯民祇　祇，唐石經、岳、葛、十行、閩、監俱作「祗」。

021 無能明人爲敬　人，古本作「民」。×

022 言皆有闇亂之辭　闇，纂傳誤作「圖」。×

023 天乃與之　與，宋板作「興」。

024 無非皆其惡辭聞於天　其，十行本作「有」。

王曰猷告爾多士 ×

025 不能使民安之　古本作「不能使民安安之也」。山井鼎曰：「恐衍一『安』字。」按，疏云「不能使民安而安之」，即古本之所本。❶

026 朕不敢有後　唐石經「後」下本有「誅」字，後磨改。

027 今爾又曰　顧炎武曰：又，今本作「其」。

028 言我周亦法殷家　法，古本、宋板俱作「涉」，非。❷

029 將任用之　之，古本作「也」。案，疏標起訖作

「之」。❸

030 今汝又有言曰　汝，十行、閩、監俱作「往」。

031 我一人惟聽用有德之者　浦鏜云：「者」當「人」字誤。○按，浦云非也。

032 聖人動合天心故每事惟託天命也　宋板「聖」作「衆」，「託」作「記」，非。❹

033 言未遷之時當求往　浦鏜云：當，疑「尚」字誤。

王曰多士昔朕來自奄

034 謂誅四國君　四，監本誤作「曰」。

王曰告爾殷多士

035 無所賓外　古本下有「之」字。

036 亦惟汝衆士所當服行　葛本「汝」誤作「如」，「服」誤作「順」。

037 爾不啻不有爾土　陸氏曰：啻，徐本作「翅」，下篇放此。

038 王曰又曰時予乃或言　唐石經「或」下本有「誨」字，後磨改。

039 則汝所當居行也　山井鼎曰：「諸本『也』作『之』。」○按，十行、閩本俱作「之」，監本亦作「也」。

無逸第十七　周書

周公作無逸

040 故戒以無逸　古本下有「之」字。

041 成王即政　政，葛本、閩、監俱作「位」，誤。

周公曰嗚呼君子所其無逸

042 歎美君子之道　歎，葛本誤作「教」。

043 其無逸豫　「豫」下，古本有「也」字。

044 農夫之艱難事　古本無「之」字。　×

045 則知小人之所依怙　人，古本作「民」。　×

046 乃不知稼穡之艱難　乃，宋板作「亦」。葛本脱「穡」字。

047 乃爲逸豫遊戲　乃，葛本、十行、閩、監俱誤作「力」。

048 言其可以君正上位　君，纂傳作「居」。　×

周公曰嗚呼我聞曰　×

049 故稱宗　「宗」上，古本有「中」字。　×

其在高宗　×

050 武丁其父小乙　其，古本作「也」。

051 言孝行著　著，十行、閩、葛俱誤作「者」。

052 起其即土之位　土，宋板、十行、閩、監俱作「王」。按，「土」字是也。

053 故云在喪其惟不言　「喪」下，宋板有「則」字，與注合。　×

其在祖甲　×

054 伊尹放之桐　「桐」下，史記集解有「宮」字。

055 思集用光　用，古本作「由」。　×

056 依仁政　史記集解「政」下有「也」字。　×

057 故得久年　古本下衍「之」字。　×

058 殷家亦祖其功　古本無「亦」字。　×

059 逃於人間　人，纂傳作「民」。　×

060 誰所傳説　傳，十行、閩、監俱作「傳」，是也。　×

自時厥後立王　×

061 同其敝　敝，古本、纂傳俱作「弊」。　×

062 惟樂之從　「樂」上，古本有「躭」字。

063 亦無有能壽考　考，古本作「者」。

周公曰嗚呼厥亦惟我周太王王季

064 王季即祖　「祖」下，古本有「也」字。

065 畏敬天命　畏，十行本誤作「長」。

066 又加惠鮮乏鰥寡之人　「惠」下，古本有「於」字。

067 自朝至于日中昃　陸氏曰：昃，本亦作「仄」。

068 文王不敢盤于遊田以庶邦惟正之供　按，後漢書郅惲傳注引此經云「文王不敢槃于游田，㠯萬人惟政之共」。

069 中身即位時年四十七　「身」下，古本有「則」字。

070 又加恩惠於鮮之鰥寡之人　上「之」字，宋板、十行、閩、監俱作「乏」。按，「之」字非也。

071 用善政以諧和萬民故也　按，「諧」字疑當作「皆」。

072 惟當正心行己以供待之　心，宋板、十行俱作「身」。

073 釋詁云盤樂也　孫志祖云：盤，爾雅作「般」。

074 故不敢非時田獵以爲樂耳　田，十行本作「畋」。

075 然殷之未世　未，宋板、十行、閩、監俱作「末」，是也。

076 何以皆待王命　以，宋板、十行俱作「必」，是也。

周公曰嗚呼繼自今嗣王

077 惟今日樂後日止　古本作「惟今日樂樂後日止也」。❺

078 是人則大有過矣　是，纂傳作「其」。×

079 所以不得然考　考，宋板、十行、閩、監俱作「者」。按，「考」字非也。×

080 王當正己身以洪待之也以身供待萬民　洪，宋板作「供」。十行、閩、監俱無「洪待之也以身」六字。

081 不敢自閑暇曰　不，宋板、十行、閩、監俱作「無」。×

082 侵淫不止　浦鏜云：「侵」當作「浸」。

083 如春秋隱公加棠觀魚　加，宋板、十行、閩、監俱作「如」。按，「加」字非也。×

084 遊謂遊湯　湯，宋板、十行、閩、監俱作「蕩」，是也。

085 田謂田獵　田，宋板作「畋」。×

086 酗從酉　酉，閩、監俱誤作「酒」。按，浦鏜以毛本爲誤，非也。

087 飲酒爲文　文，宋板、十行、閩、監俱作「政」。按，山井鼎但云正、嘉與宋板同，考神廟監本亦作「政」。

周公曰嗚呼我聞曰古之人

088 故下民無有相欺誑幻惑也　「也」上，古本有「者」字。×

089 古人之雖君明臣良　古人之，宋板作「古之人」。按，宋本不誤。×

090 否則其口詛祝上　上，十行、閩、監俱作「之」。×

091 譸張誑也　孫志祖云：爾雅作「侜張」。×

092 知此則訓之者　則，宋板作「乃」。按，「則」字非也。

093 此邪佞之人訓之也　此，十行、閩、監俱作「是」。 ×

094 亦是已有致上之言胥　「上之」二字，宋板倒。 ×

095 周公曰嗚呼自殷王中宗及高宗及祖甲　古本「殷王」下有「及」字，「高宗」下有「下」字。按，古本無義，不可從。

096 乃自願聞其愆　聞，監本誤作「言」。❻ ×

此厥不聽 ×

097 言含怒　怒，葛本作「怨」，誤。 ×

098 則知是信讒者　知，宋板作「如」。 ×

099 罰無罪殺無辜　十行本脱「罪」字。

100 乃令人怨益甚　益，纂傳作「愈」。 ×

101 尚書卷第十古文尚書君奭第十八周書

孔氏傳　古本。

102 尚書注疏卷第十六　宋板。❼

君奭第十八　周書

君奭 ×

103 同姓也　「同」上，古本有「周」字。

104 無名奭者　奭，監本誤作「東」。 ×

周公若曰君奭 ×

105 已受之　古本下有「矣」字。 ×

106 順天輔誠　誠，監本誤作「諴」。 ×

107 孔以召詔云　詔，宋板、十行、閩、監俱作「誥」。按，「詔」誤。 ×

嗚呼君已曰 ×

108 歎而言曰君也　也，古、岳、宋板、纂傳俱作「已」，與疏合。

109 越我民罔尤違　越，蔡傳本作「曰」。盧文弨云：宋元以來本無不作「越」字，蔡傳亦以「於」爲訓，似亦本作「越」字。○按，唐石經亦作「越」。❽

110 而動化於我民　「而」下，古本有「尤違」二字，似誤。動，古、岳、葛本、宋板、十行、閩本、纂傳俱作「勤」。

111 則不得知　古本下有「之也」二字。×

112 乃其墜命　「墜」下，唐石經本有「厥」字，後磨改。

113 不可不愼　古本下有「乎」字。×

114 正在今我小子旦　山井鼎曰：古本「我今」作「今我」，宋板同。○按，葛本、十行、閩、監俱作「我今」，毛本却不誤，鼎失撿耳，纂傳亦作「今我」。

又曰天不可信　×

115 言天不用令釋廢於文王所受命　古本無「廢」字。×

公曰君奭我聞在昔成湯既受命❾　×

116 尹摯佐湯　尹，史記集解作「伊」。山井鼎曰：「尹摯」古本作「伊尹」，後改作「伊摯」。○按，古本後改者正與史記集解合，亦與宋板疏標目合。

117 功至大天　天，十行本誤作「夫」。

118 謂致太平　太，古本作「泰」。×

119 率伊尹之職　率，古本作「帥」。×

120 言不及二臣　「言」下，史記集解有「其」字。×

121 言時有若者　「時」下，宋板有「則」字，是也。

122 言當其時有如此人也　「人」上，纂傳有「之」字。×

123 傳尹摯至太平　尹，宋板作「伊」。山井鼎曰：傳文作「尹摯」，此作「伊摯」，按，古本後改者恐有據也。○按，宋板於傳雖作「尹」，於疏則作「伊」，是也。⑩

124 如此二臣　如，宋板作「知」。×

125 傳高祖至傳説　祖，十行、閩本俱作「宗」。按，「祖」字非也。×

率惟兹有陳 ×

126 享國長久　「長久」二字，古、岳、葛本、宋板、十行、閩本、纂傳俱倒，與疏合。×

127 有陳列之功　列，十行本誤作「烈」，下同。

128 是配也　「配」下，宋板有「天」字。

王人罔不秉德 ×

129 明憂其小臣　憂，古本作「恤」。×

130 用治其君事　古本下有「乎」字。×

131 臣皆舉賢　皆，十行、閩本俱作「能」。

公曰君奭天壽平格 ×

132 言天壽有平至之君　言，十行本誤作「信」。

133 加之以威　以，十行本誤作「有」。

134 至謂道有所至也　也，宋板作「上」，屬下句。×

135 則知中宗高宗之屬身是也　盧文弨、浦鏜並云「則」、「身」二字俱衍，「知」當作「如」。

136 鄭注以爲傳言臣事　傳，宋板作「專」。按，「傳」字誤。

公曰君奭在昔上帝⑪ ×

137 閎氏號國叔字文王弟夭名　「閎氏」二字，纂傳在「夭名」上。按，王氏録諸家說，往往竄易字句，多不足據，然此處孔傳原文實不可解，故存以俟考。

138 佐文王爲胥附奔走先後禦侮之任　陸氏曰：「奔，又作『本』。走，又作『奏』，音同。」

139 公曰君奭至厥躬　厥躬，宋板作「宫括」。按，宋本不誤。

140 故文王能成大命於其身　大，十行本誤作「之」。

141 故閎散泰南宫皆氏　氏，十行本誤作「是」。

142 相道前後曰先後　道，十行本誤作「通」。

又曰無能往來 ×

143 亦惟純佑秉德　佑，古本作「佐」。 ×

144 迪知天威　威，古本作「畏」。 ×

145 文王德如此者　德，宋板作「得」。

武王惟兹四人 ×

146 誕將天威　古本作「誕將天畏」。

147 十三年方始殺紂　始，十行本作「得」。 ×

今在予小子旦 ×

148 不能同於四人　人，十行本誤作「方」。 ×

149 我則鳴鳥不聞　陸氏曰：「本或作『鳴鳳』者，非。」

150 周公既已還政　已，宋板作「以」。 ×

151 因即傳言己類　傳，宋板作「博」。

152 故以喻焉　故，宋板、十行俱作「固」。

153 故以鳴鳳況之格天　況，十行本誤作「如」。⑫

公曰嗚呼君 ×

154 請視此朝臣無能立功之事　請，宋

板、十行俱作「謂」。按，「請」字非也。　×

155 故今謀於寬裕也　今，宋本作「令」。按，宋本是也。　×

公曰前人敷乃心　×

156 爲汝民立中正矣　「正」下，古本有「之教」二字。　×

公曰君　×

157 言其大不可不戒　古本下有「之」字。山井鼎曰：「此下崇禎本有數字空闕，撿諸本經傳連接，非有缺誤，但當有『喪否』二字釋文耳。」

158 予不允惟若茲誥　茲，古本作「此」。

159 天休茲至　茲，古本、唐石經、岳、葛、宋板、十行、閩、監俱作「滋」。○按，茲、滋古多通用。

160 明我俊民在讓　俊，古本作「畯」。⑬

161 嗚呼篤棐時二人　古本首有「公曰」二字。

公曰嗚呼君惟乃知民德　×

162 鮮能有終　古本下有「矣」字。⑭　×

16—163 宜敬用此治民職事　用，監本誤作「朋」。　×

校記

❶ 即古本之所本，咸豐補刊本作：「則古本是也，山井鼎說非。」

❷ 法古，「法」字左原有「作」字，今刪。「非」上，咸豐補刊本有「山井鼎曰考疏意作涉者」十字。此數字中「作」字轉行，正合在「法」字之左。蓋原有此數字，刊刻時刪去而剜改未盡耳。

❸ 案疏標起訖作之，咸豐補刊本無此七字。

❹ 「非」上，咸豐補刊本有「山井鼎曰似」五字。

❺ 南昌本此條低兩格。今按，此爲僞孔傳文字，當低一格。

❻ 聞，原作「閩」。今按，閩本此亦作「乃自願聞其愆」，與毛本同，則作「閩」誤，且作「閩」字則不詳校何字。核諸明監本，此作「乃自願言其愆」，是監本「聞」作「言」，故改「閩」作「聞」，二字蓋因形近而誤，諸本皆誤。

❼ 南昌本以上兩條合爲一條。

❽ 咸豐補刊本末有按語：「山井鼎所據古本、宋板都不言作『曰』，當由坊刻蔡傳始誤。」

❾ 成湯既受命，咸豐補刊本無此五字。

❿ 是也，咸豐補刊本作「益知古本爲可信」。

⓫ 咸豐補刊本下有「割」字。

⓬ 出文「況」字，原作「泥」，今據葉藏本、愚齋本、學海堂本及毛本注疏改正。

⓭ 咸豐補刊本無「在讓」二字。

⓮ 學海堂本此條頂格，今按，此爲僞孔傳文字，當低一格。

尚書注疏校勘記卷十七

蔡仲之命第十九　周書

蔡叔既没　×

17—001 册書命之　册，古本作「策」。

蔡仲之命　×

002 以其繼父命子　子，纂傳作「之」。　×

003 故繫之蔡叔之後也　蔡叔，纂傳作「叔卒」。　×

004 不立管叔爲後者　爲，宋板、十行俱作「之」。按，「爲」非也。　×

惟周公位冢宰　×

005 百官總己以聽冢宰　「聽」下，古本有「於」字。

006 致法謂誅殺　法，古本作「辟」。　×

007 故退爲庶人　庶，古、岳本、宋板、十行、纂傳俱作「衆」。

008 蔡仲能用敬德　「仲」下，古本有「字也」二字。　×

009 謗毁周公　宋板「周公」下復有「周公」二字，屬下句。

010 謂流之遠地　地，十行本誤作「也」。

011 乃更爵禄　爵，宋板作「齒」，是也。盧文弨云：禄，亦當作「録」。

012 不聞其爵　聞，宋板、十行俱作「云」。

013 留佐成王　佐，十行、閩、監俱作「佑」。按，當作「佐」。

014 世家云蔡叔居上祭　盧文弨云：「世家」當作「世本」，據史記集解。○按，疏下文引宋仲子云云，宋仲子乃注世本者也。

王若曰小子胡 ×

015 故我命汝爲諸侯於東土　古本無「故」字。 ×

016 子能蓋父　古本下有「惡」字。

017 所以爲惟忠惟孝　忠，監本誤作「惠」。 ×

018 使可蹤跡而法循之　跡，岳本、纂傳俱作「迹」。按，説文有「迹」無「跡」，此處經文及傳上句俱作「迹」，此句不當岐出。❶

019 能勤無解怠　解，古、岳、葛本、宋板、纂傳俱作「懈」。○按，懈，正字。 ×

020 言當循文武之常教　武，古本、纂傳俱作「王」。按，岳本已作「武」。

021 則輔佑之　佑，岳本、宋板、十行、纂傳俱作「佐」，是也。 ×

022 言人爲善爲惡　人，岳本作「又」，誤。 ×

023 則終用不困窮　古本下有「者」字。 ×

024 無荒棄朕命　棄，石經補缺誤作「失」。

025 後世遵則　古本下有「之」字。 ×

成王東伐淮夷 ×

026 從管蔡作時　時，宋板、十行、閩、監俱作「亂」。按，「時」字誤。 ×

027 是滅其奄而徙之　徙，十行本誤作「從」。 ×

成王既踐奄 ×

028 使作册書告令之　古本作「使爲此册書告令也之也」，宋板作「使此册書告令之」。山井鼎曰：

二本紛亂混淆，似有謬誤，古本上「也」字誤寫灼然。○按，岳本、十行、纂傳俱作「使此册書告令之」，與考文所引之宋板同，僞古本衍二「也」字，疏標起訖可證也。❷

029 成王既至將蒲姑　將，十行、閩、監俱誤爲「作」。

030 古人居此地者　人，纂傳作「之」。○按，依昭二十年左氏傳當作「始」。

031 鄭云奄蓋在淮夷之地　齊召南云：周本紀注引鄭云「奄國在淮夷之北」，疑此疏「地」字訛。

多方第二十　周書

成王歸自奄　×

032 誥以禍福　誥，古本作「告」。

多方　×

033 衆方天下諸侯　「衆」上，史記集解有「告」字。按，傳意以「衆方」釋「多方」，以「天下諸侯」釋「衆方」也，不必加「告」字。

惟五月丁亥　×

034 成王至多方　多方，宋板作「宗周」。山井鼎曰：此一條當在序下，作「多方」爲是。○按，注與疏本別行，今附疏於注，已非舊式，此條因誤附而改疏文，則尤誤矣。❸　×

035 以洛誥語歸政之事　語，宋板、十行、閩本俱作「言」。按，「語」字非也。　×

036 以成王政之序　王，十行本誤作「以」。

037 王親征奄滅其國　「征」下，宋板、十行俱衍「之」字。

周公曰王若曰　×

038 殷之諸侯正民者　正，十行本誤作「王」。

039 我大降汝命　降，古、岳、宋本、纂傳俱作

「下」。

040 洪惟圖天之命　十行本脱「圖」字。

041 謂下災異譴告之　「異」下，宋板有「以」字。×

厥圖帝之命 ×

042 不能開於民所施政教　「民」下，古本有「之」字。×

043 桀乃大下罰於民　「罰」下，古本有「誅」字。

044 言桀不能善奉於人衆　「衆」下，古本有「民」字。○按，以疏攷之，「人衆」當作「民衆」，「衆」下不得復有「民」字。

045 而大舒惰於治民　惰，監本誤作「情」。×

046 謂殘賊臣　「臣」上，古本有「之」字。

047 民當奉王　王，宋板、十行、閩、監俱作「主」。

天惟時求民主 ×

048 任同已者　「已」上，古本有「於」字。×

049 故更求民主以代　「代」下，宋本有「之」字。按，有「之」字與孔傳合。×

050 天所不與之者　按，「所」下疑有「以」字。

051 亂主所好用同已者　宋本重「好」字。按，宋本是也。

乃惟成湯 ×

052 湯慎其施政於民　「湯」下，古本有「乃」字。×

053 安察囚情　安，古、岳本、宋板、十行、纂傳俱作「要」。按，「要」字不誤。×

054 弗克以爾多方享天之命　「享」上，古本有

「其」字，非也。

055 謂紂　古本下有「之」字，非也。❹ ×

056 故誅滅之　滅，纂傳作「戮」。 ×

057 作天下民主　此句下宋板有「湯既爲民主」五字。

嗚呼王若曰 ×

058 故誅放　古本下有「之也」二字。 ×

059 非天用棄有殷　古本作「天用棄有殷紂也」，非也。❺

060 故見誅滅也　古、岳、宋板、纂傳俱無「也」字。 ×

061 而復稱王命云　復，蔡傳、纂傳俱作「後」。 ×

062 乃惟爾商後王逸厥逸　下「逸」字，古本作「偷」。下「尔乃惟逸」同，後皆改作「逸」。

063 後王紂　古本下有「也」字。 ×

064 故天惟下其喪亾　其，古、岳、宋板、纂傳俱作「是」。

065 言桀紂非實狂愚　「非」上，古本有「是」字。 ×

066 武王服喪三年　王，十行本誤作「正」。

067 聖者上智之名　者，十行本誤作「君」。

068 狂必不可爲聖　可，宋板、十行、閩、監俱作「能」。按，「能」字是也。 ×

天惟求爾多方 ×

069 任天王　毛氏曰：「下」作「王」，誤，興國本作「天下」。○按，疏云「任作天子也」，則「王」當作「子」。

070 惟用教我用美道伐殷　伐，古、岳、宋板、纂傳俱作「代」。按疏則作「代」字是。

071 開其有德能顧天之者　之，宋板作「道」。按，宋本是也。

072 欲以伐紂　伐，宋板作「代」。按，作「代」與宋本注合。

073 今我曷敢多誥我惟大降爾四國民命　古本無「惟」字。

074 謂討其倡亂　「討」上，古本有「誅」字。×

075 言迪屢不靜之事　「言」下，古本有「其」字。❻ ×

076 我乃其大罰殛之　殛，古本作「極」。釋文云「殛」字本又作「極」，即古本之所本。按，作「極」是，說詳段玉裁尚書撰異。❼

077 汝其不用我命　「其」下，古、岳、宋板、纂傳俱有「有」字。×

078 乃惟汝自召罪以取誅　「誅」上，古本有「其」字。×

079 以享受上天之命　受，十行本誤作「愛」。×

080 我今何敢多爲言誥而已　「我今」二字，十行本倒，與注合。×

081 即此畋亦田之義也　浦鏜云「爾」誤「亦」。按，浦是也。

082 董之以武帥　帥，宋板作「師」。○按，作「師」與昭十三年傳合。

王曰嗚呼猷 ×

083 與衆多士　衆，古、岳、宋板、纂傳俱作「殷」。按，「衆」字非也。

084 監謂成周之三監　古本無「三」字，宋板、正德同。山井鼎曰：「嘉靖本誤衍一『之』字，神廟本强改

『之』作『三』，崇禎本據之。正德以上諸本皆作『成周之監』，今當從之。」齊召南云：文祇應云「成周之監」，不當云「三監」，此指洛邑之治殷民者，非謂武庚時事也，即孔疏並不解「三監」字義，則知「三」字衍文也。○按，疏云「故知監謂成周之監」，明無「三」字。岳本、十行、纂傳俱不誤，葛本與嘉靖本同，非也。❽

085 臣服我監　古本無「服」字。山井鼎曰：「宋板、正、嘉三本作『臣我我監』，衍一『我』字，神廟本改上『我』字作『服』，崇禎本據之。」按，岳本、十行、葛俱與宋板同。❾

086 則是還本土　是，古、岳、宋板俱作「得」。按，「是」字非。

087 大小多正自爲不和　山井鼎曰：「大小，諸本倒，神廟本與崇禎本同也。」按，岳、葛、十行、閩本亦俱作「小大」，是也。❿ ×

088 是汝惟能勤汝職事　下「汝」字下，古本有「之」字。 ×

089 我有周惟其大大賜汝　大大，十行本誤作「大夫」。

090 言受多福之祚　祚，十行、閩、葛俱誤爲「作」，監本作「胙」，是也。

091 比章皆告成周之人辭也　比，宋本、十行、閩、監俱作「此」，是也。⓫ ×

092 若能不入於凶德　此句十行本誤複。

093 我有周惟其大大賞賜汝　宋板「大」字不重。

王曰我不惟多誥 ×

094 汝無怨我　岳本、宋、十行、纂傳作「汝無我怨」，是也。⓬

095 又告者　告，宋板、十行俱作「誥」，不誤。 ×

096 則此篇是王親誥之辭　誥，宋板作

「告」。 ✕

097 又曰嗚呼王若曰是也　曰，宋板作「云」。 ✕

立政第二十一　周書

098 尚書正義卷第十七　宋板。[13]

099 周公若曰拜手稽首　按，此篇序題下俱無疏，疑有脱誤。

100 今已爲王矣　古本「今」下有「以」字，宋板「已」作「以」。山井鼎曰：「以下文注推之，古本衍『已』字也。」按，岳本與宋本同，纂傳與今本同。[14]

101 知憂此官置得賢人者少也　置，宋板作「宜」。

102 故言今已爲王矣　已，宋板作「以」。 ✕

古之人迪惟有夏 ✕

103 九德皐陶所謀　古本下有「之」字。 ✕

104 茲乃三宅無義民　義，古本作「誼」，下「義德」同。

105 乃能居賢人于衆官　古本無「于」字。 ✕

106 是暴德之人　「是」下，宋板有「惟」字。 ✕

107 皐陶所謀者　「皐」上，宋板有「故言九德」四字。

108 但大佞似忠　似，十行本誤作「以」。

109 但禹能謀所面見之事宫賢人　按，「宫」字，諸本俱作「官」，惟毛本獨誤。山井鼎攷文以毛本爲據，直書作「官」，誤也。「官」上，宋板有「善」字。

亦越成湯陟 ✕

110 曰三有俊　俊，古本作「畯」，下「三俊」、「三有俊」同。

111 言遠近化　遠，十行本誤作「逮」。

112 亦從成湯之道 從，宋板、十行、閩、監俱作「於」。

113 用以俊乂居官 乂，宋板作「人」。×

114 見其須賢之功 功，宋板、十行俱作「切」。按，「功」字誤。×

嗚呼其在受德暋 ×

115 王有華夏 王，監本誤作「主」。×

116 呼之有單複爾 複，十行、閩、監俱作「復」。

117 過德言以過惡爲德 上「過」字，宋板、十行、閩、監、纂傳俱作「逸」，是也。×

118 異言之爾 纂傳作「異其文耳」。

亦越文王武王 ×

119 故能以敬事上天 「故」上，古本有「以」字。×

120 亦曰至長伯 曰，宋板作「越」。按，「曰」字非也。

121 既言上天云惡與善 云，宋板、十行、閩、監俱作「去」。按，「去」是也。×

122 紂惡可以開文武 可，宋板、十行、閩、監俱作「所」。按，「可」字非。×

123 主謂諸侯 謂，纂傳作「爲」。×

124 維武王時爾 維，宋板作「惟」，纂傳作「謂」。

立政任人準夫 ×

125 以道藝爲表幹之臣 臣，岳本作「人」。按，岳本誤。×

126 及衆掌常事之善士 古本無「常」字。

127 特舉文武之初以爲法則 「特」字，岳、纂傳俱作「時」，屬上句，與疏合，宋板亦作「時」，下更有「也」字。

128 鑾夷微盧之衆帥　帥，十行、閩、葛俱誤作「師」。

129 及亳人之歸文王者三所　人，古本作「民」，與疏合。 ×

130 乃至左右攜持器物之僕　器，十行本誤作「舉」。

131 其綴衣虎賁而言牧者以下文自詳　盧文弨云：「而言牧者以」五字疑衍。○按，此疏自「前已備文」至「自詳」廿四字皆疑衍，下句「故」字亦衍。

132 茲乃俾乂　乂，宋板、十行、閩、監俱作「义」，是也。 ×

133 掌贊正良馬而齊其飲食　正，宋板作「王」。案，宋板非也。 ×

134 此三公六卿　此，宋板作「比」。 ×

135 諸官有所務從業　宋板無「從」字。 ×

136 兩謂兩卿長謂公卿　二句纂傳倒，是也。

137 其作立政之篇　宋板「其作」間空一字。

138 故言師言監　師，宋板作「帥」。

139 亳人之歸文王　按，疏上下文俱作「亳民」，此「人」字亦當是「民」之誤。

140 南轘轅　南，十行本誤作「陶」。

文王惟克厥宅心 ×

141 乃能立此常事司牧人　「人」上，古本有「之」字。 ×

142 衆當所慎之事　「當所」二字，古本倒，與疏合。 ×

143 惟慎擇有司牧夫而已　「擇」上，古本有「惟」字，非也。

144 知此能居心者　「能」上，宋板有「言」字。

亦越武王　×

145 循惟文王撫安天下之功　功，十行、閩、葛俱誤作「力」。

146 故君臣竝受此大大之基業　「竝」上，古、岳、宋板、纂傳俱有「以」字。×

147 又言武王遵循者　「遵」上，宋板有「所」字。[15] ×

嗚呼孺子王矣　×

148 歎稚子今已爲王矣　已，古、岳、宋板、十行俱作「以」。[16] ×

149 然後莫不盡其力　其，古、岳、宋板俱作「心」，與疏合。

150 及衆當所慎之事　按，「當所」二字亦宜倒。

151 各盡心力也　「各」上，宋板有「言」字。×

152 當用純一善言　宋板無「言」字。×

嗚呼予旦已受人之徽言　×

153 皆以告稚子王矣　陸氏曰：「稚，直吏反，本亦作『穉』。」○按，前章傳已有「稚」字，至此始作音，并存別本，未詳其故。

154 從今已往　已，古、岳、宋板、纂傳俱作「以」。×

155 國則罔有立政用憸人　陸氏曰：「憸，本又作『㤰』，同也。」按，説文：「㤰，疾利口也。」引詩曰「相時㤰民」，今詩無此句，蓋引盤庚也，是漢世古文尚書「憸」皆作「㤰」，孔氏元本亦與之同。陸氏於盤庚不言，至此乃言之，未詳其故。○按，集韻引説文作「商書相時㤰民」，丁度時所見説文尚不誤也。[17]

156 惟其吉士　其，古、岳、纂傳俱作「以」。×

157 無有立政用憸利之人者　之，宋板作「小」。

158 王常繼續從今已往　常，宋板、十行、閩本俱作「當」，是也。×

今文子文孫　×

159 言稚子已即政爲王矣　已，岳本、宋板俱作「以」。按，以、已古通用，故篇中數「已」字，義各不同，而諸本通作「以」。×

160 無不服化者　「無」下，古本有「有」字，宋板同。山井鼎曰：「正德、嘉靖二本共無『有』字，『者』下有『乎』字爲誤。」○按，岳本、纂傳亦俱作「無有不服化者」，與疏合，十行、閩、葛俱與正德本同。⓲

161 孺子今已即政爲王矣　即，十行本誤作「則」。

162 王其勿誤於衆治獄之官　誤，十行本誤作「設」。

163 不可任非其才　非，十行本誤作「不」。

164 此雖有戒成王　有，宋板作「指」。×

165 如禹之陟方　禹，宋板作「舜」。○按，宋本是也。

17—166 周公言然之時　按，「然」字恐係「此」字之譌。

校記

❶「有迹無跡」下，咸豐補刊本有「今多作『跡』，俗誤已行久矣」。不當岐出，咸豐補刊本「當」作「宜」，「岐」作「歧」。南昌本惟「岐」作「歧」，餘同底本。

❷「○」後按語咸豐補刊本作：「○按，岳本、十行、纂傳

俱與宋板同，據疏則當以古本爲是，但衍『之』、『也』二字耳。」

❸「○」後按語咸豐補刊本作：「○按，注與疏本別行，今附疏於注，已非舊式，故於今誤附諸條俱置不論，惟此條因誤附而改疏文，則尤誤矣，不可不辨。」

❹非也，咸豐補刊本作：「按，『之』疑『也』之誤。」

❺非也，咸豐補刊本作：「山井鼎曰，無『非』字不與經文合矣。」

❻下，學海堂本作「上」。今按，據七經孟子考文補遺，作「下」是。

❼即古本之所本，咸豐補刊本作「與古本合」。又「按」字上，咸豐補刊本有「○」。「是」下，咸豐補刊本有「也」字。

❽俱不誤，咸豐補刊本作「俱與古本同」。又「葛本與嘉靖本同」句，咸豐補刊本作「閩、葛俱與嘉靖本同」。非也，咸豐補刊本無此二字。

❾「按」上，咸豐補刊本有「當以古本爲正也」七字。又「十行」下，咸豐補刊本有「閩」字。

❿同也，咸豐補刊本「也」改作「○」，則校記讀至「同」字句絶，「○」屬下句。

⓫出文「比」，原作「此」，今據毛本注疏及校記改正。又「是也」二字，咸豐補刊本作「按此字非」，則二本結論亦相反。

⓬此條校記咸豐補刊本作：「岳本、宋、十行、纂傳作『汝無我怨也』。岳本、宋本、十行、纂傳俱與古本同，但無『也』字。」今按，咸豐補刊本所言前後矛盾，核之諸本，當以底本爲是。

⓭南昌本此條併入其前標目「立政第二十一　周書」下。

⓮字也，咸豐補刊本「也」改作「○」，則校記讀至「字」字句絶，「○」屬下句。

⓯武王，學海堂本作「文武」。今按，核之毛本注疏，作「武王」是，則學海堂本誤。

⓰咸豐補刊本末有「纂傳作已」四字。

⓱同也，咸豐補刊本「也」改作「○」，則校記讀至「同」字句絶，「○」屬下句。又「未詳其故」四字，咸豐補刊本作「亦不可解」。

⓲南昌本此條低兩格。按，此爲僞孔傳文字，當低一格。

尚書注疏校勘記卷十八

18—001 尚書卷第十一周官二十二周書孔氏傳　古本如此。山井鼎曰：「周官以下諸篇，無『古文尚書』四字爲非。」盧文弨云：「周官」下亦少「第」字。

周官第二十二　周書

周官　×

002 及其即位之後　位，宋板作「政」。

003 罔不承德　罔不，十行本作「六服」，非也。❶

004 故事就豐宣之故也　故，宋板作「大」。　×

005 以誥群臣　誥，宋板作「詔」。　×

006 是說用人之法　用，監本誤作「周」。　×

惟周王撫萬邦　×

007 巡行天下　宋板「巡行」間空一字。

008 五月節歸　節，宋板、十行、閩、監俱作「即」，是也。❷　×

王曰若昔大猷　×

009 家不安則危　家，纂傳作「邦」。按，浦鏜亦謂「家」宜作「邦」。

010 安其國於未危之前　前，纂傳作「始」。按，上句作「前」，則此句當作「始」。❸

曰唐虞稽古　×

011 言有法　法，葛本誤作「治」。古本下有「之者」二字。　×

012 所以爲正治　正，古、岳、宋板俱作「至」。「治」下，古本有「之」字。

013 外主方岳之事　方，十行、閩本俱作「太」。

014 左傳少昊立五鳩氏　「傳」下，宋板有「説」字。×

今予小子 ×

015 訓蹈其所建官而則之　訓，古、岳、宋板俱作「順」。按，疏云「若與訓俱訓爲順也」，明傳中兩「順」字，一釋「若」，一釋「訓」耳。❹

016 準擬夏殷而蹈之　「蹈」下，古本有「行」字。×

017 特置此三者　三者，古本作「三人者」。×

018 言任大　古本下有「者也」二字。×

019 使大小皆協睦　「大小」二字，岳、葛、十行、閩、監、纂傳俱倒。古、岳、宋板、纂傳俱無「皆」字。「睦」下，古本有「之」字。

020 主國禮治天地神祇人鬼之事　天地神祇，纂傳作「天神地祇」。

021 及國之吉凶賓軍嘉五禮　「賓軍」二字，纂傳倒，疏同。

022 夏司馬討惡　「夏」下，古本有「官」字。

023 秋司寇刑姦順時殺　古本作「秋官司寇刑姦惡順時教殺之」。

024 以居民士農工商四人　人，古本、纂傳俱作「民」。×

各率其屬 ×

025 六卿各率其屬官大夫士　「卿」下，古本有「者」字。×

026 以倡道九州牧伯爲政　道，纂傳作「導」。×

027 訓蹈其前代建官而法則之　訓，十行、閩、監俱作「順」。按，諸本傳雖作「訓」，疏仍作「順」，獨毛本作「訓」，宋板傳既作「順」，則疏亦必作「順」，不與毛本同。山井鼎失挍。

028 傳於保下言保安天子於德義　傳，宋板、十行、閩、監俱作「傳」，是也。❺ ×

029 使大小協睦也　「大小」二字，十行、閩、監俱倒。 ×

030 吉禮之別十有三　十有三，宋板作「有十二」，是也。❻

031 以職主戎馬之事　以，十行、閩、監俱作「其」，是也。❼

032 負固不服　負，宋板作「貞」，誤。 ×

033 是主寇賊法禁治姦慝之人　宋板「禁治」二字間空一字。

六年五服一朝 ×

034 周制十二年一巡守　陸氏曰：「守，音狩，下同，本亦作『狩』。」 ×

035 恒繇是興　繇，十行、閩、監俱作「由」，下「所繇」，下傳「繇志」、「繇勤」竝同。

王曰嗚呼凡我有官君子 ×

036 大夫以上　以，宋板作「已」。 ×

037 從政之本　「本」下，古本有「也」字。 ×

038 則民其信歸之　則民，古本作「凡制」。 ×

039 當以儀典常故事爲師法　儀，古、岳、宋板、十行、纂傳俱作「舊」，與疏合。 ×

040 是去而後反也　後，宋板作「復」。按，「後」字非也。❽

041 令既出口　既，十行本誤作「暨」。

蓄疑敗謀 ×

042 必亂其政　古本無「必」字。 ×

043 舉其掌事者　古本下有「也」字。 ×

044 **無所覩見**　覩，宋板作「都」。盧文弨云：疑是「都無所見」。

045 **戒汝卿之有事者**　之，宋板作「士」。按，「之」字非也。

位不期驕　×

046 **爲德直道而行**　道，古本作「德」，非。[9]　×

047 **而名且美**　且，古、岳、葛本、宋板、纂傳俱作「日」。

048 **爲心勞苦**　爲，古、岳、葛本、宋板、十行、閩、監、纂傳俱作「於」，與疏合。　×

049 **不可爲**　古本下有「之」字。　×

050 **弗畏入畏**　「入」下，古本有「可」字，乃衍文。

051 **當思危懼**　「當」下，古本有「常」字。懼，宋板作「惟」。按，當从宋本，以「惟」字下屬。

052 **庬亂也**　「也」上，古本有「者」字，非也。[10]　×

053 **舉匪其人**　匪，岳、葛、十行、閩、監、纂傳俱作「非」。　×

054 **治汝所有之職**　職，纂傳作「政」。　×

成王既伐東夷　×

055 **駒麗扶餘馯貊之屬**　貊，十行本誤作「貌」。　×

056 **以幣賄賜肅慎之來賀**　來賀，古本作「夷也亾」，岳本、宋板、纂傳俱作「夷亾」，疏標起訖亦作「夷亡」。史記集解引孔傳云「賄，賜也」，孔疏述傳云「以幣賜肅慎氏之夷也」，疏又云「王賜以財賄」，蓋以財賄賜人，因訓「賄」爲賜，財賄即幣也。言幣言賜，即不必更言賄矣，竊疑孔傳此句上當有「賜賄也」三字，此句衍「賄」字。[11]

057 **北方白貉**　白，宋板、十行俱作「曰」，是也。

周公在豐　×

058 致政老歸　古本下有「之」字。✕

059 斥及奄君已定亳姑　斥，古、岳、宋板、纂傳俱作「并」。

060 恐天下刃心趣向之　刃，宋板、十行、閩、監俱作「迴」。按，「刃」字誤。

061 令告周公之柩以葬畢之義　令，宋板、十行俱作「今」。按，「今」字是。✕

君陳第二十三　周書

王若曰君陳 ✕

062 惟孝友于兄弟　「孝」下，古本有「于孝」二字。山井鼎曰：「足利所藏古本論語及皇侃義疏本作『惟孝于孝』，足利本論語作『孝于惟孝』，潘岳閒居賦作『孝乎惟孝』。乎、于通用，固無意義也，所引之文少有異耳，據斯數者，今本尚書脱『孝乎』二字明矣。」○按，今皇疏本亦作「孝于惟孝」，山井鼎於論語考文亦祇言古本「乎」作「于」，不言作「惟孝于孝」，與此不合。要之，閒居賦最爲近之。「孝乎惟孝」者，猶言「君子人與，君子人也」，故曰美大孝之辭，以乎爲于，已不可通，若作「惟孝于孝」，更無是理，古本之謬，往往類此。⓬

063 必友于兄弟　「兄」上，古本有「其」字。✕

064 即畢命所云　云，十行本誤作「去」。

065 我聞曰至治馨香　馨，閩、葛俱誤作「聲」。✕

066 所聞之古聖賢之言　之，古、岳、宋板、纂傳俱作「上」。「言」下，古本有「也」字。

067 政治之至者　政，纂傳作「致」，誤。✕

凡人未見聖 ✕

068 而不能用之　而，古、岳、宋板、十行、纂傳俱作「亦」。按，「而」字非也。

069 汝戒勿爲凡人之行　「行」下，古本有「也」字。✕

070 出納之事　納，古本作「入」。×

071 則陳而布之　布，古本作「有」。×

072 禁其專　古本下有「之」字。×

073 則入告汝君於内　「則」下，古本有「當以」二字。×

074 汝乃順行之於外　「乃」下，古本有「后」字。×

075 無乘勢位作威人上　人，古本作「民」，下「殷人有罪」同。

076 爾無忿疾于頑無求備于一大　大，古本、唐石經、岳、葛、宋板、十行、閩、監俱作「夫」，是也。⑬

077 民者真也　真，宋板作「冥」。案，嚴杰云：宋本是也，鄭注論語泰伯可證，鄭注呂刑亦可證。⑭

078 在爲人君　「君」下，宋板有「長」字。×

惟民生厚

079 言人自然之性敦厚　人，古本作「民」，下傳「人之於上」、「汝治人能敬」同。×

080 故人主不可不慎所好　「所」上，纂傳有「其」字。「好」下，古本有「之」字，非也。×

081 常在道德　古本重「常」字。×

082 則信升於大道　古本下有「者」字。×

083 無凶危　危，古本作「厄」。×

084 終有辭於永世　辭，古本作「詞」。

085 非但我受多福而已　但，古本、宋板俱作「怛」，非也。⑮

086 凡稱誦於長世　凡，古、岳、葛本、十行、閩、監、纂傳俱作「見」。

087 因見所習之物　按，傳「見」上有「所」字。

088 本性乃有遷變爲惡　本性乃，宋板作「乃性皆」。 ×

089 常在於道德教之　許宗彦云：「教之」二字，因下句而衍。

顧命第二十四　周書

090 尚書注疏卷第十八　宋板。

成王將崩 ×

091 曰顧命　「曰」上，古本有「故」字。 ×

092 禮記曲禮下文云　宋板無「文」字。

093 牧主一州　牧，宋板作「故」。 ×

094 迴顧而爲語也　爲語，纂傳作「發命」。

惟四月哉生魄 ×

095 王乃洮頮水　宋板無「王」字。

096 王大發大命　大，岳本作「將」。按，疏述注作「將」，其標目仍作「大」，又云「顧命群臣，大發大命」，恐俱因注之誤而誤也。纘通解及纂傳載此注俱直云「王發大命」，無「將」字。

097 下至御治事　古本無「治」字。按，疏作「下及御事」，今本因下傳而誤。

098 顧命至御事　此下兩段疏，一本在篇題下。浦鏜云：「至御事」三字，誤衍。

099 自王曰至冒貢于非機　機，十行、閩、監、纂傳俱作「幾」，與經合。 ×

100 以上欲指明三公中分天下之事　三，宋板、十行、閩本俱作「二」，是也。⑯

101 傳成王至悅懌　懌，十行本誤作「譯」。

102 如不然者　如，宋板、十行、閩、監俱作「知」，是也。 ×

103 扆前南向　向，纂傳作「面」。

104 故特言公　特，十行本誤作「待」。

105 其餘五國姬姓　姬，十行本誤作「妣」。

106 蓋大夫士皆被召也　宋板無「士」字。按，續通解亦無「士」字。

王曰嗚呼

107 故能通殷　通，十行本誤作「適」。

108 勿忽略　古本下有「之」字。

109 大度於艱難　度，古、岳、宋板俱作「渡」。按，續通解亦作「渡」，纂傳作「度」。

110 不得結誓出言語　宋板「得結」二字間空二字。盧文弨云：此無脱文，但「結誓」疑當作「結信誓」。

111 昔先公文王武王　公，宋板、十行俱作「君」。按，「公」字誤。

112 伐殷爲主　伐，宋板、十行、閩、監俱作「代」。

113 言己常敬迎天之成命　成，宋板、十行、閩、監俱作「威」。按，「成」字非也。

114 言常戰慄畏懼　常，十行本誤作「當」。

115 大度於艱難　度，十行、閩本俱作「渡」，與宋本注同。

116 遠近俱安之　遠，監本誤作「還」。

117 恐死不得結信出言　宋板「死不」間空一字。

118 則不能續志　能，宋板、十行俱作「得」。

119 故我詳審出言教命汝　詳審，十行本誤作「詩蓄」。

120 言必殆也　殆，宋板、十行、閩、監俱作「死」。

兹既受命還 ×

121 此群臣已受賜命　賜，古、岳、宋板、續通解、纂傳俱作「顧」，是也。

122 王寢於北墉下　陸氏曰：墉，本亦作「牖」。○按，墉、牖字相似，鄭注喪大記兩存之，續通解、纂傳引此注俱作「牖」。

123 索虎賁百人　「賁」下，古本有「氏」字，非。⑰ ×

124 復還本位　「復還」二字，宋板、十行、閩本俱倒。

125 故孔子傳云　子，宋板、十行、閩、監俱作「下」，是也。⑱ ×

126 下云狄設黼扆綴衣　云，纂傳作「文」。

127 帝王在幕居幄中坐上承塵也　居，宋板作「若」，與周禮注本文合。

128 所言出綴衣於庭　所，宋板、十行、閩本、纂傳俱作「此」，不誤。 ×

129 執干戈以往　執，宋板、十行、閩本俱作「就」。按，續通解作「執」。

130 君大夫卒於路寢　大夫，宋板及續通解俱作「夫人」。按，作「大夫」非也。

131 延之使憂居喪主爲天下宗主也　續通解作「延使之居憂爲天下喪主也」。按，兩本疑俱有脱誤。

132 將崩雖口有遺命　宋板「將」上有「王之」二字。

133 故以此日作之　以，宋板作「於」。按，宋本是也。

134 皆是法度　纂傳下有「也」字。 ×

越七日癸酉

135 置户牖間　齊召南云：周禮司几筵賈疏引此注曰「其置竟户牖間」，似賈所見本「置」字上有「其」字，下有「竟」字。

136 越七日至綴衣　綴衣，十行本誤作「癸酉」。

137 其餘皆是將欲傳命布設之事　事，十行、閩、監俱誤作「士」。

138 於此所命士多　士，宋板作「事」，不誤。

139 蓋大斂之明日也　斂，纂傳作「殯」。

140 鄭大夫以上　「鄭」下，宋板有「以」字。以上，宋板、十行俱作「已上」。按，宋本是也。

141 今所命者皆爲喪事　事，十行本亦誤作「士」。

142 樂吏之賤者也　「賤」上，宋板有「至」字，乃衍文。

143 下言命者　下，十行、閩、監、纂傳俱作「不」。按，「下」字誤。

牖間南嚮

144 敷重篾席　孫志祖云：玉篇首部「蔑」字下引書曰「布重蔑席」。

145 白黑雜繒緣之　陸氏曰：緣，本或作「純」。

146 華彩色　彩，葛本作「采」。○按，采、彩正俗字。

147 有文之具飾几　具，岳本、十行、閩、監、纂傳俱作「貝」，是也。⑲

148 玄粉黑綬　粉，古、岳、宋板、十行、閩本、纂傳俱作「紛」，是也。

149 **赤刀削**　刀，古、岳、宋板、續通解俱作「刃」，纂傳作「刀」。按，「刀」字誤。

150 **大璧琬琰之珪**　珪，古本、纂傳俱作「圭」。

151 **三玉爲三重**　玉，古本作「寶」。×

152 **球雍州所貢**　陸氏曰：雍，本亦作「邕」。○按，説文有「雝」無「雍」，雝渠乃鳥名也，雍州字當以「邕」爲正，今皆作「雍」，此乃僅見。

153 **伏羲王天下**　山井鼎曰：宋板「犧」作「羲」。○按，岳、葛、十行、閩、監俱作「犧」，毛本却作「羲」，山井鼎誤。續通解、纂傳亦俱作「羲」。古本蓋作「犧」。「羲」下，古、岳、宋板、續通解、纂傳俱有「氏」字。

154 **東房東厢夾室**　古本下有「矣」字。×

155 **凡所陳列**　宋板、續通解俱無「所」字。×

156 **此言篾席黼純**　宋板「此言」間空一字。

157 **敷三重之席**　重，宋板作「種」，是也。下「一重」同。

158 **必非一重之席敷三坐**　坐，宋板作「重」。按，「坐」字非也。

159 **纖蒻苹席**　苹，監本誤作「䔁」。

160 **彼在朝**　朝，宋板作「廟」。

161 **莞荷籬**　籬，宋板、纂傳俱作「蘺」，與爾雅釋艸合。

162 **故名赤刀削也**　刀，宋板作「刃」，下「爲赤刀削」同。按，監本初似亦作「刃」，後刊去一點，下「赤刀」、「白刀」同。⑳

163 **遺弟興詣孫策**　詣，宋板、十行、閩本俱誤「治」。㉑

164 **策引白削斫席**　席，宋板、十行、閩本俱作「虎」，是也。㉒

165 我見刀爲然　刀，宋板、十行、閩本俱作「刃」。

166 然赤刀爲赤削　「然」下，宋板有「則」字。刀，宋板、十行、閩本俱作「刃」，下「白刀」同。×

167 曲刀刀也　曲刀，宋板作「白刃」，十行、閩本俱作「曲刃」。盧文弨云：鄭注考工記但云「今之書刀」，疏云「馬氏諸家亦爲偃曲却刃也」，疑「曲」字是。

168 大璧大琰　「璧」下，宋板有「大琬」二字。×

169 東北之珣玗琪也　北，纂傳作「方」，是也。玗，十行、閩本、纂傳俱誤作「玕」，下同。

170 古者伏羲氏之王天下也　伏羲，十行、閩本俱作「包犧」，監本「羲」作「犧」。

171 西序亦陳之寶近在此坐之西　按，「亦」字疑「所」字之譌，當讀至「寶」字絶句。

172 亦古人之巧人也　宋板無上「人」字。

173 則不知寶來幾何世也　寶，監本誤作「責」。幾何世，纂傳作「何時」。

174 鄭志張逸以此問鄭荅云　宋板重「鄭」字，衍文。×

175 有左右房也　房，十行、閩本誤作「旁」。

176 上言大輅綴輅　宋板「綴輅」間空一字。×

177 玉輅金即次象　玉，宋板、纂傳俱作「五」，是也，十行、閩、監俱作「王」。

178 革輅輓之以革而漆之　輓，宋板作「鞔」，是也，下「不輓」同。十行、閩本此作「輓」，下作「鞔」。

179 先輅是金輅也　此句上纂傳有「大輅是玉

輅」五字。按，大輅爲玉輅，孔、鄭所同，故賈氏不言，王氏蓋以意增之也。

180 故以北面言之　北，十行本誤作「此」。

二人雀弁執惠　×

181 亦仕　仕，古、岳、葛本、宋板、十行、閩、監、續通解、纂傳俱作「士」，是也。㉓

182 一人冕執瞿　葛本脱「執」字。

183 一人冕執鋭　岳珂沿革例曰：「『鋭』實『鈗』字也。説文以爲兵器，今注中釋爲矛屬，而陸德明又音以税反，且諸本皆作『鋭』，獨越中注疏於正文作『鈗』爾，疏中亦皆作『鋭』。」案，玉篇無「鋭」字，廣韻十七準亦無「鋭」字，則説文古本「鋭」字有無，未可定也。

184 故二人　二，宋板作「三」，誤。

185 南面三　三，宋板、閩、監俱作「二」。○按，攷工記注作「三」，宋板非也。

186 路寢三階不　不，纂傳作「否」。　×

187 士衛主殯　主，宋板、續通解俱作「王」。按，「主」字非也。

188 赤黑白雀　白，宋板、續通解、纂傳俱作「曰」，是也。

189 雀弁同如冕　同，宋板、續通解俱作「制」。按，「制」字不誤。

190 阮諶二禮圖云　二，宋板、纂傳俱作「三」，是。

191 戈即今之句子戟　子，宋板作「孑」。按，諸本作「子」，形相近而誤，他正義中「孑」字訛作「子」者，十之八九。

192 劉蓋今鑱斧　鑱，宋板作「纔」，非是。

193 釋詁云　詁，十行、閩、監俱作「詁」，是也。　×

194 知在堂上之遠地　知，纂傳作「蓋」。此句下宋板、續通解俱有「堂之遠地」四字。×

195 爲堂北階　爲，續通解作「謂」。×

王麻冕黼裳 ×

196 故奉以奠康王所位　奉，古本作「承」。×

197 皆賤者先置　置，纂傳作「至」，是也。

198 此必卿下士邦君即位既定　纂傳無「下」字。×

199 天子執瑁四寸以朝諸侯　瑁，十行、閩、監、續通解、纂傳俱作「冒」，與攷工記合。

200 其或不同　其，纂傳作「若」。×

201 鄭玄云冠禮注云　上「云」字，宋板作「士」，是也。

曰皇后憑玉几 ×

202 册命之辭　册，古本作「策」。×

203 率循大卞　古本作「帥修大辨」。

204 率群臣循大法　循，古本作「修」。×

乃受同瑁 ×

205 告已受群臣所傳顧命　「告」下，古本有「以」字。盧文弨云：「已受」當作「己受」。○按，疏云「告神言已已受群臣所傳顧命」，下「已」字宜作「己」，上「已」字古通作「以」。今本孔傳既以「以」爲「已」，遂脱「己」字，疏内又叠出兩「已」，並誤。

206 太保以盥手洗異同　以，古本作「已」，似誤。洗，十行、閩、葛俱誤作「先」。

207 太宗供王　王，葛本、十行、閩、監俱誤作「主」。

208 拜曰已傳顧命　曰，古、岳、宋板、續通解、纂傳俱作「白」。按，「白」字是也。

209 太宗既拜而祭　宗，古、岳、宋板、續通解、纂傳俱作「保」，與疏合。

210 則王亦可知　亦，古、岳、宋板、續通解俱作「下」，是也。纂傳作「亦」。

211 至殯東西報祭之　「西」下，宋板有「面」字。

212 傳記無文　文，纂傳作「聞」。

213 其人祭則有受嘏之福禮　人，宋板作「大」，是也。許宗彥曰：「之福」字，蓋誤倒。

214 祭祀以變爲敬　祀，纂傳作「禮」。

215 於上祭後　上，宋板作「王」。

216 受前所受之同　下「受」字，宋板、纂傳俱作「授」，是也。

諸侯出廟門俟　×

217 故曰廟待王後命　「廟」下，古本有「門皆」二字，岳本、宋板、續通解、纂傳俱衹有「皆」字，無「門」字。

18—218 二伯率諸侯入應門　伯，纂傳作「公」。

校記

❶ 罔不十，「罔」字左原有「也」字，今刪。非也，咸豐補刊本作：「〇按，作『六服』，十行本是也。」其中「也」字轉行，正合在「罔」字之左。蓋此「也」字當屬剜改未盡。底本以十行本爲非，咸豐補刊本則以十行本爲是。道光初刻本删去「罔」字左側之「也」字。

❷ 咸豐補刊本無「是也」二字。

❸ 當作始，咸豐補刊本作「必作始然後聲勢穩順」。

❹ 咸豐補刊本末有「纂傳已誤作訓」六字。

❺ 是也，咸豐補刊本作「按傳字誤」。二本結論相反。

❻ 出文「十有三」，葉藏本、愚齋本、道光初刻本皆作「十有二」，核諸毛本注疏當作「十有二」。有十二，咸豐補刊本作「十有二」。今按，核諸八行本尚書正義，咸豐補刊本誤。又校記部分，葉藏本、愚齋本、道光初刻本改作：「閩本作『十有三』，非也。」按，閩本注疏

此句作「吉禮之別十有二」，與毛本同。此處惟八行本作「吉禮之別有十二」。

❼ 咸豐補刊本無「是也」二字。

❽ 非也，咸豐補刊本作「是也」。

❾ 「非」上，咸豐補刊本有「山井鼎曰恐」五字。

❿ 非也，咸豐補刊本作：「按，古本蓋合上『所以和諧』爲一句。」

⓫ 疏標起訖亦作夷亡，咸豐補刊本作「山井鼎曰極是○按」。

⓬ 更無是理古本之謬，咸豐補刊本作「更無理矣古本數經傳寫漸失本真」。

⓭ 咸豐補刊本無「是也」二字。

⓮ 「案嚴杰」及以下數句，咸豐補刊本無。

⓯ 非也，咸豐補刊本作：「山井鼎曰，恐非。」

⓰ 是也，咸豐補刊本作：「○按，『三』字誤。」

⓱ 「非」上，咸豐補刊本有「山井鼎曰恐」五字。

⓲ 咸豐補刊本無「是也」二字。

⓳ 具岳，「具」字左原有「誤」字，今刪。是也，咸豐補刊本作「○按具字誤」。其中「誤」字轉行，正合在「具」字之左。蓋此「誤」字當屬剜改未盡。

⓴ 白刀，咸豐補刊本作「白刃」。今按，核諸毛本注疏，作「刀」是。

㉑ 誤治，咸豐補刊本作「作治似誤」。

㉒ 咸豐補刊本無「是也」二字。

㉓ 是也，咸豐補刊本作：「○按，『仕』非『士』是。」

尚書注疏校勘記卷十九

康王之誥第二十五　周書

康王既尸天子　×

19—001 主天子之正號　正，古本作「政」。

002 群臣陳戒　陳，纂傳作「進」。

王出在應門之内　×

003 太保率西方諸侯　率，古本作「帥」，下同。

004 各率其所掌諸侯　「掌」下，古本有「之」字。　×

005 若使東伯任重　伯，纂傳作「方」。

006 圭是致馬之物　致，宋板、十行、纂傳俱作「文」，下「致命」同。齊召南云：舊本作「文馬」，非也，據覲禮賈疏「皆以璧帛致之」，監本作「致」字是。

007 馬阜上　阜，十行、閩、監、纂傳俱作「卓」。○按，「阜」字誤，覲禮作「匹馬卓上」。

008 史言王荅拜之意也　言，宋板作「原」。按，纂傳已作「言」。

009 自許與諸侯爲主也　主，十行、纂傳俱作「王」。

太保暨芮伯　×

010 皆再拜稽首　皆，古本作「並」。

011 誕受羑若　「受」下，古本有「厥」字。

012 務崇先人之美　美，纂傳作「業」。

013 文王所憂　王，宋板、十行、閩本俱作「武」。

王若曰　×

014 不務咎惡　古本下有「人」字。❶

015 **言聖德洽**　洽，十行本誤作「治」。

016 **用端命于上帝**　于，石經補缺誤作「予」。

017 **用受直端之命於上天**　山井鼎曰：諸本「直端」作「端直」。○按，岳、葛、十行、閩本、續通解、纂傳亦俱作「端直」，與疏合。×

018 **乃命建侯樹屏**　「侯」上，古本有「諸」字。

019 **樹以爲藩屏**　藩，岳本、十行、纂傳俱作「蕃」，十行本疏同。

020 **安汝先公之臣服於先王而法循之**　古本「公」作「君」，「循」作「修」。

021 **言雖汝身在外之爲諸侯**　之，古、岳、宋板、纂傳俱作「土」，與疏合。

022 **乃施政令**　令，宋板作「命」。×

023 **甸侯衛駿奔走**　「甸侯」二字，纂傳誤倒。×

024 **不用刑罰之**　宋板無「之」字。×

025 **與同姓大國言之也**　與，宋板、十行、纂傳俱作「舉」。按，「與」字非也。×

026 **尚書卷第十二畢命第二十六周書孔氏傳**　古本。❷

畢命第二十六　周書

康王命作册畢 ×

027 **以命畢公**　命，宋板作「爲」。×

028 **成定東周郊境**　「周」下，古本有「之」字。按，史記集解亦無「之」字。×

畢命 ×

029 **則策命之**　則，纂傳作「皆」。×

030 **即經申畫郊圻**　申，宋板作「中」，誤。×

惟十有二年 ×

031 使安理治正成周東郊　陸氏曰：「治，直吏反，一本作『治政』，則依字讀。」×

032 今其逸篇有册命霍侯之事不同與此序相應非也　與此序相應，浦鏜從埤傳作「與此不應」。○按，「不同」謂異於豐刑也。漢志，豐刑本異於序，逸篇册命霍侯又與漢志不同，亦不與序相應，故知其非也。「與」字上宜更有「不」字，或衍「同」字，亦通。埤傳似不可從。

王若曰 ×

033 代周公爲大師　大，閩、葛俱作「太」。按，釋文云：「大師，上音泰。」×

034 用能受殷王之命　「王之」二字，古、岳、宋板、纂傳俱倒，與疏標目合。

035 惟殷頑民　惟，古、岳、宋板、纂傳俱作「慎」，是也。岳本考證云：「『慎』字正釋『毖』字義，孔疏云『慎彼殷之頑民』，諸本作『惟』字，非。」

036 世代民易　民，古本作「人」。×

037 則民無所勸慕　「民」下，古本有「亦」字。×

038 下人無不敬仰師法　古本下有「之」字。×

039 垂拱仰公成理　理，古本作「治」。×

040 令之比近王室　比，十行本誤作「北」。

041 傳王順至之命　之，宋板、十行俱作「王」，與注文合。❸ ×

王曰嗚呼父師 ×

042 不敢枉公往治　枉，古本初作「任」，後改作「枉」。×

043 彰善癉惡　孫志祖云：此「彰」字亦開元中所改也，古「彰」字、「影」字皆作「章」字、「景」字，不加「彡」，禮記「章義癉惡」可證。

044 京圻安　圻，岳本、纂傳俱作「畿」。 ×

045 辭尚體要　辭，古本作「詞」。 ×

046 辭以理實爲要　按正義當作「以體」。

047 紂以靡靡利口惟賢　古本「惟」下有「爲」字，纂傳有「爲」無「惟」。按，作「爲」是也，若「惟」、「爲」叠見，則「惟」字當在「紂」字下。

048 方里爲井　孫志祖云：今孟子作「方里而井」。 ×

我聞曰 ×

049 服飾過制　制，古本作「度」。 ×

050 美於其民　民，古本、纂傳俱作「人」。 ×

051 心未厭服　厭，古、岳、宋板俱作「壓」。按，釋文有「壓」字音，纂傳作「厭」。

052 則其德政信修立　古本下有「矣」字。 ×

053 惟公克成厥終　「公」上，古本有「畢」字，誤。

054 同致于道　「道」上，古本有「大」字。 ×

055 不可不尚　古本下有「道」字。

056 亦有無窮之聞　亦，古本作「其」。

057 以聞於後世　古、岳、宋板、纂傳俱無「以」字。

058 無曰人少不足治也　人，古本作「民」。 ×

059 雖令順從周制　令，宋板作「今」。 ×

060 思威自止　思，宋板作「畏」。 ×

061 心未厭服　厭，宋板、十行俱作「壓」。 ×

062 傳敬順至畢公　浦鏜云：自「邦之安危」以下，凡九節，僅存一條，當有脱落。

063 所以勉勸畢公　勸，宋板作「勱」。按，宋本是也。

君牙第二十七　周書

064 尚書注疏卷第十九　宋板。❹

穆王命君牙爲周大司徒 ✕

065 作君牙　陸氏曰：「君牙，或作『君雅』。」○按，禮記緇衣作「君雅」，注云：「書序作『牙』，假借字也。」然則記自作「雅」，經自作「牙」，陸言「或作『君雅』」，自指記言，非謂經之別本或作「雅」也，但無顯證，或僞孔本有作「雅」者，姑存以俟攷。

066 王若曰嗚呼君牙　毛本「嗚呼」作「鳴呼」，誤。

067 王之旂旗畫日月曰太常　旗，纂傳作「旂」。 ✕

068 亦惟先正之臣　正，唐石經、古、岳、宋板、蔡本俱作「王」。按，本篇下文及說命、文侯之命言先正皆無「之臣」二字，則此「正」字當屬「王」字之譌，先王之臣猶言先正爾。

今命爾予翼 ✕

069 言己無所能　古本下有「矣」字。 ✕

070 言委任　此下古本有「之」字。 ✕

071 小民惟曰怨咨　曰，古本作「日」，下同。

072 小人惟曰　人，古本、纂傳俱作「民」。 ✕

073 言心無中也　古本「也」作「正」。 ✕

074 民猶怨咨　咨，古、岳、宋板俱作「嗟」，與疏標目合。

075 厥惟艱哉　艱，古本作「難」。

076 天不可怨　天，岳本誤作「大」。 ✕

077 以謀其易民乃寧　寧，古、岳、宋板俱作「安」。○按，「安」字正釋經文「寧」字。 ✕

078 故今命汝爲大司徒　大司徒，宋板作「我輔翼」。

079 汝當正身心以率之　正身心，宋板作「爲中正」。

080 怨恨而咨歎　歎，宋板、十行俱作「嗟」。　×

081 爲治不違道　治，宋板作「政」。　×

082 股足也　足，宋板作「腳」。　×

083 故舉四支以喻爲股肱心體之臣　喻，宋板作「言」。　×

嗚呼丕顯哉　×

084 啓佑我後人　佑，古本作「佐」。

085 文王之謀業　王，古、岳、葛本、宋板、十行、閩、監、纂傳俱作「武」，是也。按，疏標目各本俱誤作「王」，毛本遂併改傳。

086 傳文王至邪缺　按，「王」當作「武」，各本皆誤。

087 王若曰君牙乃惟由先正舊典時式　山井鼎曰：正，永懷堂本作「王」，古本作「生」，二本非也。

088 汝惟當奉用先正之臣所行故事　盧文弨云：經當作「先正」，傳當作「先王之臣」，「先王之臣」乃解「先正」二字。

089 率乃祖考之攸行　攸，古本作「道」。　×

冏命第二十八　周書

090 穆王命伯冏爲周太僕正　陸氏曰：冏，字亦作「臩」。○今按，史記周本紀正義引尚書序云「穆王令伯臩爲大僕正」，蓋此字自魏晉以前俱作「臩」，僞孔亦必作「臩」，後人始改爲「冏」耳。集解引孔安國曰「伯冏，名也」，「冏」字疑亦後人所改，非裴氏原文。

冏命　×

091 故以爲周禮太御者知非周禮太僕

浦鏜云：「者」字疑在「太僕」下。

092 則此云太僕是矣　是，纂傳作「足」。按，「足」是也。

093 故以太僕爲長　僕，宋板、十行俱作「御」。

王若曰伯冏 ×

094 齊訓中也聖訓通也　宋板無上「也」字。十行本脱「中也聖訓」四字。

惟予一人無良 ×

095 言侍左右之臣　侍，十行本作「恃」。按，「恃」字不誤。

096 撿其非妄之心　撿，古本作「格」。○按，正義是「格」字，即古本之所本也。 ×

097 其愆過則彈正之　其，宋板、十行俱作「有」。按，「有」字是。 ×

098 有錯謬則舉發之　「舉發」二字，宋板、十行俱倒，是也。 ×

099 今予命汝作大正　「正」上，古本有「僕」字。按，疏云「命汝作太僕官大正」，則「大」字作如字讀，不讀爲「太」，古本非也。

100 令色無質　毛氏曰：「令」作「今」，誤。 ×

101 令選其在下屬官　令，十行本誤作「今」。

102 齊僕下大夫掌御金輅　御，十行本作「馭」。按，周禮夏官作「馭」。❺ ×

103 皆由臣下臣下銓擬可者　臣下，宋板不重出。按，纂傳重出。 ×

104 便辟是巧言令色之類　辟，十行本作「僻」。 ×

105 襄三十年左傳云　「十」下，宋板有「一」字。按，「一」字當有。

106 非是愛側人也　側，宋板、十行俱作「前」。×

僕正臣 ×

107 爾無昵于憸人　昵，古本作「暱」。陸氏曰：憸，本亦作「㥶」。

108 汝當清審　古本下有「之」字。×

呂刑第二十九　周書

呂刑 ×

109 故稱甫刑　「故」下，古、岳、宋板、十行、纂傳俱有「或」字。×

110 謂書緯刑將得放之篇　盧文弨云「刑將得放」當作「刑德放」，是也。

111 何以得專主刑也　主，宋板、十行俱作「王」。

112 刵罪五百　刵，宋板、十行、纂傳俱作「刖」。○按，周禮司刑是「刖」字。

113 此則輕刑少而重刑多　纂傳無「此」字。×

114 輕刑多而重刑少　首句纂傳有「則」字。×

115 而使刑罰大重　大，十行、閩本俱作「太」。×

116 今穆王改易之者　今，十行本作「令」。

117 惟呂命王享國百年耄荒　陸氏曰：耄，本亦作「𦒻」。○按說文當作「薹」，此「𦒻」字正說文「薹」字之譌也。

118 時穆王以享國百年　「以」上，古本有「已」字。按，以、已古通用，古本因誤疊。×

119 言百年大期　大期，古本作「大其」，屬下讀。按，疏云「美大其事」，則作「其」是也。❻

120 度作刑以詰四方　石經考文提要云：坊本譌「以詰」。

121 王已享國百年也　已，宋板作「以」。

122 此至命吕侯之年　此，宋板作「比」，是也，十行本誤作「北」。

王曰若古有訓

123 延及於平善之人　古本無「善」字，「人」作「民」。

124 罔不寇賊鴟義　陸氏曰：「義，本亦作『誼』。」

125 殺戮無辜　辜，古本作「罪」。

126 越兹麗刑并制　刑，古本作「剹」。

127 罔差有辭　辭，古本作「詞」。按，山井鼎校下「鰥寡有辭于苗」云：古文「『辭』作『詞』，下『師聽五辭』、『五辭簡孚』、『無僭亂辭』、『察辭于差』、『獄之兩辭』、『無疆之辭』並同。傳中『辭』字皆同今本」。

128 民興胥漸　胥，古本作「匹」。

129 上帝監民　民，古本作「人」。

130 三苗虐政作威　政，古本作「民」。

131 皇帝哀矜庶戮之不辜　陸氏曰：皇，宜作「君」字。○按，陸氏因傳有「君帝」之語，遂謂經之「皇」字宜作「君」，不知經自作「皇」，傳自作「君」，傳以「君帝」釋經「皇帝」，以别於秦之所謂皇帝也。皇之爲君，自是常訓，故傳不特釋之。下經「官伯」，傳作「官長」，亦將謂經之「伯」字當作「長」乎？考單本釋文乃大書「君帝」二字，注云「君」宜作「皇」字，尤爲舛誤，注疏本所載不誤也。

132 君帝帝堯也　山井鼎曰：「宋板『君』作『皇』，正、嘉同，古本、萬曆、崇禎本俱作『君』字。」今按，岳、葛、十行、閩本、纂傳亦俱作「皇」，疏引釋詁以解傳，則傳宜作「君」明矣，陸德明所據之本蓋亦作「君」也。

133 **乃報爲虐者以威誅遏絶苗民** 「絶」下，古本有「滅」字。按，如古本，則「誅」字宜屬下讀。

134 **君帝帝堯** 君，宋板作「皇」。❼ ×

135 **蚩尤是炎帝之末諸侯名也** 名，十行、閩本俱作「君」。按，「君」字誤。

136 **黄帝所伐者** 黄，十行本誤作「皇」。

137 **學蚩尤爲此者** 浦鏜云「亂」誤「此」，是也。

138 **堯末又在朝** 末，宋板、十行、閩、監俱作「未」。按，「未」字非也。 ×

139 **三生凶德** 孫志祖云：禮緇衣疏引鄭注作「凶惡」。

140 **必皆違之** 皆，宋板作「背」。按，宋本是也。

141 **傳君帝至下國** 山井鼎曰：「注文古本、萬曆、崇禎本作『君帝』，其餘注疏本皆作『皇帝』，而疏所引諸本皆作『君帝』，未知所適從耳。」○按，十行本亦作「君」，益知傳文宜作「君帝」。

乃命重黎 ×

142 **使人神不擾** 人，古本作「祇」。按，「祇」乃「民」之訛。

143 **地祇不至於天** 祇，疏作「民」，云：「『地民』或作『地祇』，學者多聞神祇，又『民』字似『祇』，因妄改使謬耳。」毛居正曰：「祇」作「民」，誤。○按，此傳全本楚語，楚語民神對言，故傳亦以神民對言，疏説甚明，毛氏不從，何也？岳本、纂傳及明刻注疏諸本俱作「祇」，蓋爲毛氏所誤，惟十行本不誤。

乃命三后 ×

144 **禹治洪水** 宋板「治洪」間空一字。按，「治」上疑有「平」字。

145 斷之以法　斷，古本作「折」。 ×

146 但禹治水　「水」上，宋板有「洪」字。 ×

王曰嗟四方司政典獄 ×

147 言苗民無肯選擇善人　「無」下，古本有「有」字。 ×

148 故下咎罪　故，古本作「以」。 ×

149 非是伯夷布刑之道乎　乎，十行、閩本俱作「也」。 ×

王曰嗚呼念之哉 ×

150 苗民爲戒　「苗」上，古本有「以」字。 ×

151 今爾罔不由慰曰勤　按，段玉裁云：「曰勤，釋文作『日月』字，『人實反，一音曰』。音曰，當作『音越』。正義作『子曰』字，云『言曰我當勤之』。王鳴盛云，孔傳『今汝無不用安自居曰當勤之』，按，『曰當勤之』，下文所謂『徒念戒而不勤』也，孔本本作『曰』字。今定作『曰』，唐石經作『日』，非也。」

152 我當行之哉　行，宋板、十行、閩、監俱作「勤」。按，「行」字非也。 ×

153 今我爲天子　今，十行本作「令」。按，十行本是。 ×

154 欲令其謙而勿自恃也　恃，十行、閩本俱作「取」。

155 或當日欲勤行　日，宋板、十行、閩本俱作「曰」。

156 王言己冀從使爲行稱天意也　從，宋板、十行俱作「欲」。 ×

157 汝當庶幾敬迎天命　迎，十行本作「逆」。 ×

158 必自謂己實有美德　「美德」二字，十行 ×

本倒。×

王曰吁來 ×

159 有國土諸侯　「土」上，古本有「有」字。×

160 當何所度　度，史記集解作「居」。按，度與宅古字通用。宅訓居，故史記作「居」。若孔意，則當與王肅同訓度爲謀，故疏云「何所謀度？非惟度及世之用刑輕重所宜乎」是也。裴氏所引，殆有意遷就，非孔氏本文。

161 共聽其入五刑之辭　共，岳本作「其」。岳本攷證云：「應作『共聽』。左傳云『共聽兩君之所欲成』是也。」×

162 則正之於五刑　史記集解下有「矣」字。×

163 從赦免　史記集解下有「之」字。×

164 其罪惟均　均，岳本作「鈞」。

165 罪與犯法者同　古本無「罪」字。×

166 其當清察能使之不行　察，古本作「潔」。×

167 其當清察能得其理　理，古本作「所」。按，史記集解亦作「理」。×

168 無簡核誠信　「誠」上，古本有「其」字。盧文弨云：古本非也。×

169 不聽理其獄　理，古本、史記集解俱作「治」。×

170 使與罰各相當　各，古、岳、宋板、史記集解俱作「名」，與疏合。按，纂傳已誤作「各」。

171 刖足曰剕　「剕」下，古本有「刑」字。按，以上兩節傳例之，當有「刑」字。

172 必令囚之與證　囚，十行本誤作「内」。

173 其當清證審察　盧文弨云：證，當作「澄」，楚辭「不清澂其然否」，下同。

174 或皆可刑　皆，宋板、十行、閩本俱作「記」。

盧文弨云：作「記」非。

175 皆當嚴敬天威勿輕聽用刑也　「天威」二字，十行、閩本俱誤重。

176 觀其犯狀　觀，十行、閩本俱誤作「覲」。

177 令其出金贖刑　刑，宋板、十行俱作「罪」，是也。　×

178 或雖有證見事涉疑似　涉，宋板、十行、閩本俱作「非」。

179 無服疑似之狀　服，宋板作「復」，是也。

180 損害王道　損，十行、閩本俱作「捐」。

181 囚有親戚在官吏　戚，十行、閩本俱作「戒」。

182 而此是也　而，宋板作「即」。

183 今律和合御藥　「和合」二字，宋板倒。山井鼎曰：「見于唐律十惡之條，作『合和』爲是。」

184 或以爲可赦　十行、閩本俱誤作「或可以爲赦」。

185 正義曰釋詁云　詁，宋板作「言」。按，「言」字不誤。

186 故謂死罪爲大辟　罪，宋板、十行俱作「刑」，是也。　×

187 不令死疑入宮　令，宋板、十行、閩本俱作「合」。　×

188 此經歷言一百三百五百者　山井鼎曰：「正、嘉二本作『二百三百五百』，似是。宋板『二百二百五百』，似重複也。」○按，十行、閩本俱與正、嘉同。

上下比罪　×

189 附以法理　附，纂傳誤作「刑」。　×

190 則之輕服下罪　輕，古本作「惟」，誤。×

191 有要善　善，岳本、纂傳俱作「義」，與疏不合，俟攷。

192 何得爲輕贓亦備　爲，宋板作「云」。×

193 輕罪應居作官當者　罪，十行本誤作「重」。

194 此即是下可適重之條　可，宋板、十行、閩本俱作「刑」。按，「可」字非也。×

罰懲非死 ×

195 無不在中正　古本作「無非在其中正」。×

196 當憐下人之犯法　人，古本作「民」。×

197 使刑當其罪　罪，古本作「罰」。×

198 其當詳審能之　「能」下，纂傳有「行」字。×

199 謂上其鞫劾文辭　鞫，古、岳、宋板俱作「鞠」。岳本考證云：「説文『窮理罪人曰鞫』，中應從言爲是。」

200 當哀憐之下民之犯法　宋板「憐」下無「之」字。

201 令人之所犯　令，宋板作「今」。×

202 故云臨事時宜　時，宋板作「制」。按，「時」字非也。

203 不相違也　宋板無「也」字。×

204 改下之上　之，宋板、十行俱作「爲」。按，「之」字非也。×

王曰嗚呼敬之哉 ×

205 我敬於刑　敬，古本作「儆」。×

206 言汝身多違則不達虛言戒行急惡疏

非虛論矣　浦鏜云："一十九字當誤衍。"盧文弨云："删此十九字，義無不足定，是衍文無疑。"○按，此數句疑是他節疏文誤入于此，而又多誤字，遂不可解。

207 惟最聚近罪之事爾　最，宋板作「是」。

208 故下句戒令畏天罰之　之，宋板作「也」，是也。

王曰嗚呼嗣孫　×

209 尚明聽之哉　聽，葛本誤作「德」。

19—210 知是五常也　宋板無「是」字。　×

校　記

❶ 惡，道光初刻本誤作「德」。

❷ 南昌本此條併入標目「畢命第二十六　周書」下。

❸ 「與注文合」上，咸豐補刊本有「山井鼎曰」四字。

❹ 南昌本此條併入標目「君牙第二十七　周書」下。

❺ 「按周禮」上，咸豐補刊本有「按纂傳五句並作御○」。

❻ 作其是也，咸豐補刊本作「古本是也」。

❼ 咸豐補刊本末有按語："按，下節疏亦有此句，未知宋本何如，山井鼎於此句不言下同。"

尚書注疏校勘記卷二十

20—001 尚書卷第十三文侯之命第三十周書孔氏傳　古本。

002 尚書注疏卷第二十　宋板。❶

文侯之命第三十　周書

平王錫晉文侯秬鬯圭瓚

003 所以名篇　「篇」下，古本有「也」字。按，纂傳移此四字於篇題傳末，文義較妥，但未必孔氏元文爾。 ×

文侯之命

004 祼之瓚　祼，宋板、纂傳俱作「謂」。山井鼎曰：「與周禮注合。」○按，十行本誤作「課」。 ×

005 肆解牲醴以祭　醴，宋板、十行俱作「體」。案，作「體」字與周禮注合。❷ ×

006 故乎王錫命焉　乎，宋板、十行、閩本俱作「平」，是也。 ×

007 救患分災討罰　罰，宋板作「罪」。山井鼎曰：「左傳元文作『罪』。」 ×

008 晉文侯鄭武公夾輔王室者爲大國　者，宋板作「晉」。按，「者」字非也。

009 王若曰父義和　義，古本作「誼」，注同今本。按，陸氏曰「義」本亦作「誼」，與古本合。作「誼」者，蓋古文也。作「義」者，今文也。馬云「能以義和諸侯」，則馬本作「誼」。鄭氏讀「義」爲儀，則鄭本作「義」。古文與馬本同，今文與鄭本同。

010 順其功而命之　「功」上，古本有「和」字。 ×

011 而布聞在下居　居，古、岳、宋板、纂傳俱作

「民」。

012 王者至在位　者，十行、閩、監俱作「若」，是也。❸ ✕

013 覲禮説天子呼諸侯之義　「義」下，宋板有「曰」字。✕

014 同姓大國　同，十行本誤作「曰」。按，宋板上句之末有「曰」字，十行本遂誤此句「同」字爲「曰」耳。

015 在今王之先祖　今，十行本誤作「令」。

嗚呼閔予小子嗣 ✕

016 而遭天大罪過　按，「而」字上疑有缺文。傳依經釋訓，無所遺漏，此經有「嗣」字，傳未釋。

017 既我御事　既，唐石經、古、岳、十行、閩、葛俱作「即」。○按，作「即」是也。王鳴盛曰：傳及疏亦皆言「即」。又按，漢書成帝紀鴻嘉元年詔曰「書不云乎，即我御事」，文穎注云：「即尚書文侯之命篇中辭也。」

018 無有耇宿壽考俊德　俊，古本作「雋」。

019 非平生所知　生，十行、閩、監、纂傳俱作「王」。按，「生」字大誤。

曰惟祖惟父 ✕

020 其惟當憂念我身　惟，纂傳作「誰」。

021 嗚呼能有成功　嗚呼，古本作「於乎」。

022 汝克紹乃顯祖　紹，唐石經、古、岳、宋板、蔡傳俱作「昭」。石經考文提要云：「孔安國傳『汝能明汝顯祖唐叔之道』，『明』訓『昭』也。」○按，疏云「『昭乃顯祖』，不知所斥」，是宜作「昭」明矣，今本因下「紹乃辟」而誤。

023 言汝今始法文武之道矣　汝，古本作「爾」。✕

024 **汝功我所善之** 「汝」下，古本有「之」字。「善」下，岳本無「之」字，與疏標目合。

025 **救周之國** 國，宋板作「日」。 ×

026 **傳義曰至諸侯** 義，十行、閩、監俱作「王」。按，「王」字與注合。 ×

027 **伊訓惟也** 惟，纂傳作「誰」。按，伊止訓維，不訓誰。要之，維亦有誰義。爾雅「伊、維，侯也」，詩云「侯誰在矣」，又曰「伊誰云從」。 ×

028 **以思謂未得** 浦鏜云：「謂」當「惟」字誤。按，浦云是也。

029 **更歎而爲言** 「更」下，宋板有「復」字，是也。

030 **禮君父之前曰名朋友之交曰字** 兩「曰」字，宋板並作「白」。 ×

031 **不於上文作傳** 宋板「不」字闕。

032 **王肅云云** 云，古本不重。按，「云云」疑當作「亦云」。

王曰父義和 ×

033 **盧弓一盧矢百** 兩「盧」字，古本並作「玈」，傳同。○按，正義中「玈」字凡六見，且曰：「彤字從丹，玈字從玄，故彤赤玈黑也。」據此則可知尚書經文、傳文皆本作「玈」。今經傳皆作「盧」者，未知正義本與陸氏釋文本所據有異，抑陸氏本亦作「玈」，天寶三載改作「盧」。音義中「玈」字爲宋開寶中所刪。周禮司弓矢疏云：「文侯之命賜之彤弓玈弓。」此段玉裁説也，其詳在尚書撰異。

034 **彤弓以講德習射** 毛氏曰：「弓」作「兮」，誤。 ×

035 **必能柔近** 近，古本作「邇」。 ×

036 **安小人之道** 人，古本作「民」，下竝同。 ×

037 告其先祖諸有德美見記也　浦鏜云：「者」誤「也」。

038 是諸侯有大功　浦鏜云：「是」當衍文。

039 然後專征代　代，十行、閩本俱作「伐」，是也。×

040 彤旅於弓赤黑之色　於，宋板、十行、閩本俱作「是」。×

041 周禮挍人云　挍，十行、閩、監俱作「校」。×

042 傳父往至相安　相，宋板作「自」，與注合。

費誓第三十一　周書

043 魯侯伯禽宅曲阜　史繩祖學齋佔畢云：「今文尚書費誓首句云『魯侯命伯禽宅曲阜』，予嘗疑魯侯即伯禽也，如何更自出命？此字極害義。諸家注解咸莫能剖析。今觀古文尚書元無『命』字，止曰『炏厎柏𠊿乇凸𨸏』，則今文衍字渙然冰釋矣。」○按，注疏及諸家本俱無「命」字。匡謬正俗引此序亦無「命」字，惟薛氏書古文訓有之，史氏謂惟古文無「命」字，殊不可解。

044 東郊不開　開，唐石經初作「闓」，後磨改。匡謬正俗曰：「費誓序云，『魯侯伯禽宅曲阜，徐夷竝興，東郊不闢。』孔安國注云，『徐戎、淮夷竝起，爲寇於東，故東郊不開。』徐邈音開。按，許氏說文解字及張揖古今字詁，閞，古『開』字，闢，古『闓』字。但闓既訓開，故孔氏釋云『東郊不開』爾，不得徑讀闓爲開。」○按，古文作「闢」，則今文自宜作「闓」，先儒以閞、闢相似，故誤讀闢爲開，而今文尚書又徑改爲「開」，失之遠矣。

045 並起爲寇於魯　「並」上，古本有「以」字，似誤。「魯」下，古本有「東」字。按，疏云「此戎夷在魯之東」，似釋傳「魯東」之義。匡謬正俗引此有「東」字，無「魯」字。

046 作費誓　按，史記魯世家云「作肹誓」，集解：「駰案，尚書作『粊』，孔安國曰『魯東郊之地名也』。」索隱亦云「尚書作『柴』」，蓋並據古文尚書也。

047 **公曰嗟人無譁聽命**　「命」上，古本有「予」字。

048 **歎而勅之**　之，古本作「以」。×

049 **善敹乃甲冑**　山井鼎曰：「宋板『穀』作『敹』，疏同。考字書，宋板爲是。」○按，毛本作「敹」不作「穀」也，唐石經、岳本、十行本俱作「敹」，考説文宜作「敹」，諸本並誤。❹

050 **在往征此淮浦之夷**　在，宋板作「今」。❺

051 **其以爲飾**　浦鏜云：「且」誤「其」。

052 **凡金爲兵器者須鍛礪**　者，宋板、十行、閩、監、纂傳俱作「皆」。按，「者」字非也。×

今惟淫舍牿牛馬　×

053 **今軍人惟大放舍牿牢之牛馬**　山井鼎曰：古本「後人旁注『牢，一作穽』。下注『牿牢』，古本作『牿穽』，旁注『穽，一作牢』」。

054 **杜乃擭**　陸氏曰：「杜，本又作『敷』。」○按，説文：「敷，閉也，讀若杜。」孫志祖云：周官雍氏注引作「敷」。

055 **然則掌牛馬之處**　掌，宋板、十行俱作「養」。

056 **鄭玄以牿爲梏之牿**　下「牿」字，宋板、十行、閩本俱作「梏」，是也，下同。×

057 **檻以捕虎豹**　檻，纂傳作「擭」。按，經文擭、穽相對，疏下云「穽以捕小獸」，則此當作「擭」明矣。浦鏜未見纂傳，亦云「檻」當作「擭」。

058 **今律文施機搶作坑穽者杖一百**　浦鏜云「槍」誤「搶」，是也。

059 **王肅云杜閑也**　閑，宋板作「閉」。按，「閑」字非也。

060 擭作剟也　浦鏜云：「柞鄂」誤「作剟」。

061 馬牛其風臣妾逋逃勿敢越逐　石經考文提要云：「勿敢，坊本作『無敢』。」

062 無敢取人　人，古、岳、葛本、宋板、十行、閩、監、纂傳俱作「之」。

063 峙乃楨幹　幹，唐石經、岳、葛、閩、監俱作「榦」，不誤。

064 總諸侯之兵　侯，古、岳、宋板、十行、纂傳俱作「國」，與宋本注同。

065 惟有風馬牛不相及也　有，宋板、十行、纂傳俱作「是」。按，「有」字與僖四年傳不合。

066 謂糧儲少　「糧儲」二字，宋板、十行俱倒。按，宋本是也。

067 摠諸侯之兵　侯，宋板、十行亦俱作「國」。

068 凡起徒役　「役」上，宋板有「從」字。○按，宋本非也，周禮小司徒並無「從」字。

069 萬二千五百人爲遂　人，宋板、十行、纂傳俱作「家」。

070 故云不敢不供　上「不」字，十行、纂傳俱作「無」，與經合。

秦誓第三十二　周書

秦誓

071 悔而自誓　「悔」下，宋板有「過」字。

072 墨縗絰　絰，監本誤作「經」。

公曰嗟

073 言民之行己　之，古本作「人」，與疏不合。

074 是惟艱哉　艱，古、岳、宋板俱作「難」。

075 **若弗云來**　云，古本作「員」，下「雖則云然」同。山井鼎曰：「傳文共同今本。」盧文弨云：疏云「『員』即『云』也」，則本是「員」字。○按，傳以「云」釋「員」，作「云來」，故正義曰「『員』即『云』也」，衛包依之改「員」爲「云」，下文「雖則員然」同。

076 **聽我告於汝**　告，十行本作「誥」。×

077 **不得改過也**　過，宋板、十行俱作「悔」，是也。×

078 **無所及益**　孫志祖云：「益」字疑當作「蓋」，屬下讀。

079 **自用改過遲晚**　用，宋板作「恨」，是也。

080 **雖則云然尚猷詢茲黃髮則罔所愆**　按，漢書李尋傳注師古引此經云「雖則員然，尚猶詢茲黃髮，則罔所諐」，「云」爲「員」，「猷」爲「猶」，「愆」爲「諐」。又韋賢傳注亦引此經，唯「諐」作「愆」，餘同。

081 **雖衆力已過者**　山井鼎曰：「諸本『者』作『老』。」○按，岳、葛、十行、閩本、纂傳亦俱作「老」。×

082 **我今庶幾欲有此人而用之**　「欲」上，古本有「敬」字，似誤。

083 **俾君子易辭**　辭，古本作「詞」。

084 **使君子迴心易辭**　迴，岳本、纂傳俱作「回」，是也。

085 **我前多有之**　按，以疏考之，「前」下當有「大」字。

086 **斷斷猗無他伎**　斷，古本作「鮎」，注同。按，說文「斷」古文作「𠢝」，引此句爲證，然則古本「鮎」字殆「𠢝」字之誤歟？陸氏曰：「他，本亦作『它』。」「技，本亦作『伎』。」按，唐石經、宋板、葛本「伎」俱作「技」，與釋文合，至監本始從人，其所載釋文亦誤倒，下文「人之有技」仍從手，舛錯之甚。此節傳中「伎」字，葛本亦從人，宋板從手。○按，它、他古今字。技，正字。伎，假借字。

087 如有束脩一介臣　「介」下，古本有「之」字。×

088 斷斷猗然專一之臣　一，古本作「壹」。×

089 自悔往前用勇壯之計失也　「勇壯」二字，宋板倒。按，宋本是也，否則與注不合，與上文亦異。

090 惟截截至有容　宋板「截」字不重。

091 獨無他技藝　獨，宋板、十行俱作「雖」。按，「獨」字誤。×

092 明辯便巧之善　善，宋板、十行俱作「意」。

093 以束脩爲束帶脩飾　飾，十行本誤作「節」，下同。

094 禮記大學引此　大，十行本誤作「太」。

095 河水清且漣漪　許宗彦曰：此引詩以證「猗」字，作「漪」者蓋誤。○按，毛詩釋文：「猗，本亦作『漪』，同。」蓋六朝以後有以「漣猗」爲「漣漪」者，猶「鸒斯」之爲「鸒鷽」也，在此疏則不可耳。

人之有技若己有之 ×

096 是人必能容之　「容」下，古本有「民」字，非也。×

097 用此好技聖之人　「技」下，古本有「美」字。

098 安我子孫衆人　人，古本作「民」，下「是不能容人」同。

人之有技冒疾以惡之 ×

099 用之不能安我子孫衆人　「之」下，古本有「則」字。×

邦之杌隉 ×

20—100

曰由所任不容賢　容，古、岳、宋板、十行、纂傳俱作「用」。 ×

校記

❶南昌本以上兩條合爲一條。

❷案作體字，咸豐補刊本作「山井鼎曰」。

❸是也，咸豐補刊本作：「○按，『者乎』非也。」今按，「乎」疑是「字」字。

❹考說文宜作敹，學海堂本「敹」作「斆」。今按，核諸說文，作「敹」是。

❺宋板作今，南昌本誤作「宋板作今在」。

尚書釋文校勘記卷上

f01—001 經典釋文卷第三　葉本無「卷」字，各卷皆同。

002 尚書音義上起第一盡第五　葉本脱此行，下卷仍有。

尚書序

003 犧許皮反　○許，十行本誤作「辭」。

004 氏一號庖犧氏　○庖，十行本、毛本俱作「包」。

005 結繩易繫辭云　○云，十行本誤作「上」。

006 黄帝母曰附寶　○附，葉本作「拊」。寶，毛本誤作「實」字。按，宋書志作「符寶」。

007 少施照反　○施，十行本、毛本俱作「詩」字。按，「詩照」即「施照」，乃同位同等字。

008 昊字青陽　○陽，葉本作「昜」。

009 高辛母名不見　○名，十行本誤作「曰」。

010 虞先儒解三王五帝多與孔不同　○王，葉本、十行本、毛本俱作「皇」。多，葉本作「並」，十行本、毛本俱無。不，十行本、毛本俱誤作「子」。

011 左史史官在左　○在左，十行本作「左右」，誤。

012 相楚靈王時史官　○「官」下，十行本、毛本俱有「也」字。

013 誓凡十篇正八攝二一篇亾　○一，十行本、毛本俱誤作「十」。

014 坦土管反　○管，十行本、毛本俱作「但」。

015 焚書坑苦庚反　○苦，毛本誤作「若」。

016 以傳直專反　○專，毛本誤作「戀」。按，釋文「傳」字遇平聲則作音，遇去聲即不作音，故下載「及傳」二字，但釋其義而已。

017 及傳非經謂之傳　○經，葉本作「純」，誤。

018 其餘錯亂磨滅稾飫徂后　○稾，葉本从木，十行本、毛本俱誤作「膏」。徂，葉本作「祖」，誤。

堯典第一　虞書

019 卷之一　○葉本無此三字，卷二以後仍有之，與禮記同。

020 虞書凡十六篇　○凡，葉本作「此」。

021 遁本又作遯　○十行本、毛本俱無「又」字。

022 襌時戰反　○十行本、毛本「襌」上俱有「遂」字，「襌」下俱有「音」字。按，翻切之上注疏本多有「音」字，單行本多無之，不可勝校，故概從略。

023 勳一云放勛堯字　○勛，十行本、毛本俱作「勳」。

024 日月所會亥曰娵訾　○訾，葉本作「觜」。

025 嵎嵎海嵎也　○下「嵎」字，毛本作「隅」。

026 訛五禾反　○禾，十行本、毛本俱作「和」。

027 餞　○段玉裁云：餞，本是「淺」字，開寶依唐石經改爲「餞」，餞安得訓爲滅也。按，群經音辨水部云：「淺，送也，滅也，音餞。書『寅淺内日』。」❶

028 毨先典反　○十行本、毛本「毨」上俱有「毛」字，「毨」下俱有「下」字。

029 氄徐又而充反又如充反　○而，十行本作「耎」。段玉裁云：「而充」當作「而允」，「如充」當作「如兖」。

030 迊　○十行本、毛本俱作「匝」字。按，當作「帀」。

031 滔土刀反　○土，十行本、毛本俱作「吐」。○按，「吐刀」即「土刀」。

032 鰥故頑反　○頑，葉本作「魂」字。按，「頑」字是也。

033 女于上而據反　○而據，葉本作「恧據」，毛本又作

「尼慮」。按，「而」字非也，「尼慮」即「恧據」。

034 **舜典第二**云舜典一篇　○云，葉本作「亾」，是也。

035 **厎**本或作厔非　○葉本「厎」作「底」。厔非，十行本誤「痓非」。案，顧炎武云：五經無「底」字，皆是「厎」字，今説文本下有一畫，誤字，當从氏。段玉裁云：此大誤也，古音氐聲、氏聲不同部，「厎」本訓柔石，經傳多借訓爲致，凡字書、韻書皆無作「厎」，少一畫者。

036 **牧**徐音目　○目，葉本作「同」。

037 **守**詩救反或作狩　○詩，十行本作「時」，毛本作「收」。考文云：「正、嘉二本作『時』，非也。」按，考文云「時」非，是也，「收救」即「詩救」。葉鈔、十行、毛本「或」上並有「本」字。

038 **華**華山在弘農　○弘，葉本作「恒」，與毛居正所見本合。毛氏曰：「『弘』作『恒』，誤。武成釋文亦誤作『恒農』。弘、恒聲相近，傳寫誤也。興國及建本舜典釋文作『弘農』，武成釋文猶作『恒農』，改正未盡耳。」

039 **四朝**四季朝京師也　○季，葉本作「秊」。盧文弨云：秊，古「年」字也，作「季」誤。

040 **共工**靖譖庸回　○譖，十行本作「僭」。

041 **饕**七刀反　○七，十行本、毛本俱作「土」字。按，「土」是「七」非。

042 **八音**竹箎笛也　○箎，葉本、十行本、毛本俱作「篪」字。按，説文作「鷈」，从龠虒聲，或从竹作「箎」。❷

043 **永**徐音詠　○詠，葉本作「評」，誤。

044 **稾**　○葉本、十行本俱从木，是也。

045 **飫**於庶反即隨其次第　○庶，十行本、毛本俱作「據」。第，俱誤作「篇」。

大禹謨第三

046 **卷之二**徐云本虞書總爲一卷凡十二卷爲十三卷　○按，「云」字疑衍，十行本重「十」字，毛本「十」上有

「一」字，俱誤。十行本、毛本俱脫「三」字。

047 矢本又作𡗜　○山井鼎云：「『𡗜』字可疑，古本作『𡰪』。」盧文弨云：「𡗜，古『矢』字。隸釋成陽令唐扶頌『惟直如𡗜』，太玄羨次六『得𡗜夫』，又爭次八『狼盈口，𡗜在其後』，隨書『𡗜矢』、『枉矢』皆作『𡗜』。今字書有不載『𡗜』字者，故具證之也。」按，「𡗜」蓋東京以後俗字也，因「矢」字與「失」相似，說文「失」本作「𠂒」，遂以「𡗜」爲「矢」耳。今之太玄已非子雲手跡，未足爲據。考文所載古本類多俗譌，至「𡰪」字之臆撰，更不足辨矣。❸

048 謨字又作謩　○「字又」二字，十行本、毛本俱作「亦」字，載在「作大禹、皋陶謨」句下。

049 寧安也說文安寧如此願辭也　○段玉裁云：上「寧」字必本作「寍」，開寶改爲「寧」，當云「寍，安也。說文安寧字如此。寧，願辭也。」

050 眷俱倦反　○俱，十行本、毛本並作「居」字。按，「居倦」即「俱倦」。

051 奄於簡反　○簡，葉本、十行本、毛本俱作「檢」，是也。

052 戾連弟反　○弟，毛本作「悌」。盧文弨云：「弟」誤。

053 格庚白反　○庚，毛本誤作「戾」。

054 懈于賣反　○懈，十行本、毛本俱作「解」。于，葉本作「工」字。按，「工」是「于」非。

055 治直吏反注下同　○「直吏反」三字，十行本、毛本俱作「音稚」。

056 愆起虔反　○十行本、毛本作「愆音牽」。

057 憚一音丹末反　○末，十行本誤作「未」。

058 號亡高反　○亡，葉本、十行本、毛本俱作「户」字。按，「户高反」不誤。

059 慝他側反　○側，十行本、毛本俱作「則」。

皋陶謨第四

060 嚴 馬徐魚簡反 ○簡，葉本、十行本、毛本俱作「檢」。○按，葉抄是也。

061 有分 符問反 ○符，十行本、毛本俱作「扶」。案，「扶問」即「符問」。

062 明畏 畏如字 ○畏，葉本作「不」，誤。

益稷第五

063 當 當蕩反 ○蕩，十行本作「湯」，非也。

064 輴 如淳音蕝以板置泥上 ○毛本重「蕝」字，非。按，漢書溝洫志注作「如淳音茅蕝之蕝」。

065 樏 史記作橋 ○橋，毛本作「檋」。考文云：「正、嘉二本作『橋』字。」按，史記夏本紀作「檋」，河渠書作「橋」。

066 畎 公犬反 ○公，十行本、毛本俱作「工」字。按，「工犬」即「公犬」。

067 烝 之丞反 ○丞，十行本、毛本俱作「承」字。按，「之承」即「之丞」。

068 會 馬鄭作繪胡對反 ○「胡對反」三字，十行本、毛本俱在「馬」字上。按，「作繪」當作「作繢」，説詳段玉裁尚書撰異。

069 彝 宗彝虎也 ○段玉裁挍本「虎」下有「蜼」字，是也。

070 出 又勑遂反注同 ○勑，葉本、十行本、毛本俱作「尺」。案，作「尺」是也。❹

071 殄 徒現反 ○現，十行本、毛本俱作「見」。

072 長 丁丈反 ○丁，毛本作「之」字。按，毛本非也。

073 合 徐音閤 ○閤，毛本作「閣」字。按，「閣」字誤。

074 互 音浖 ○浖，毛本作「護」。盧文弨云：「『浖』乃『沍』之變體也。」按，毛居正於顧命篇引此文「浖」作「㸦」，殆非也。

075 蹌 説文作槍鳥獸求食聲 ○槍，葉本、毛本俱从手，十行本誤作「蹌」字。按，説文作「牄」，从倉爿聲，引虞書曰「鳥獸牄牄」，與周禮大司樂注引書同。段玉裁云：求食，說文作「來食」，此「求」字誤。

076 **省** 悉并反　○并，毛本作「井」字。按，葉抄亦作「井」，與集韻合。

077 **叢** 才公反　○才，毛本作「徂」，十行本誤作「太」字。按，「徂公」即「才公」。

078 **脞** 徐音瑣　○瑣，十行本誤作「鎖」。

禹貢第一　夏書

079 **九州** 周公職録云赤縣之内有九州　○王應麟困學紀聞引周公職録，隋、唐志無此書，太平御覽引太一式占周公城名録，有此三句，夾漈通志藝文略：周公城名録一卷。城、職字相似，恐傳寫之誤。世說注云：「推周公城録，冶城宜是金陵本里。」抱朴子内篇登涉引周公城名録。

080 **汎** 孚劒反　○孚，十行本、毛本俱作「敷」字。按，「敷劒」即「孚劒」。

081 **壤** 汝丈反　○汝，十行本、毛本俱作「若」字。按，「若丈」即「汝丈」。

082 **島** 當老反馬云島夷北夷國　○按，兩「島」字宜俱作「鳥」。段玉裁云：開寶中改爲「島」，惟群經音辨云「鳥，海曲也，當老切。書『鳥夷』」，此賈氏據未改之釋文出此一條。

083 **九河** 簡六絜七　○絜，葉本作「潔」。按，絜、潔正俗字。

084 **墳** 韋昭音勃憤反　○憤，十行本、毛本俱作「僨」字。按，「憤」字不誤。

085 **十有三載** 馬鄭本載作年　○「載」字，十行本、毛本俱在「馬」字上。

086 **漯** 篇韻作他合反　○按，此句似後人校語。

087 **畎** 徐本作畎谷　○按，段玉裁云：此處釋文不可通，不當一字爲二字也，當云「徐本作甽，谷也」。說文曰，甽，古文也；畎，小篆文也。「谷」下奪一「也」字。

088 **鈆**合音以選反　○合，葉本作「合」字。按，合音猶當音也。

089 **埴**鄭作戠徐鄭王皆讀曰熾　○上「鄭」字，葉本作「徐」，非也。徐，葉本作「馬」，亦誤。

090 **包**必茅反字或作苞非叢生也　○段玉裁云：「包」宜作「苞」，「苞」宜作「包」，今本乃開寶中互易。盧文弨云：「苞正是叢生，安得云非，其妄改之迹宛然。」

091 **璸**字又作玭　○「玭」字，葉本如此，十行本、毛本改从虫，今本缺左旁。

092 **震澤**吴都太湖　○太，葉本作「大」，是也。

093 **底**之履反史記音致　○底，葉本、毛本俱作「底」，是也。音，葉本作「作」字。按，史記作「致」，非音致也，葉誤。

094 **大湖**音太胡　○大，毛本誤作「太」。胡，十行本、毛本俱誤作「湖」。

095 **喬**其驕反　○驕，十行本、毛本俱作「嬌」，同。

096 **長**丁丈反　○丁，十行本誤作「下」，毛本作「之」，亦非。

097 **犀**細兮反**旄**音毛　○段玉裁云：經文「羽旄」，開寶改作「羽毛」，遂倒移「旄」字於「犀」下。

098 **九江**九曰箘江張須无緣江圖云　○箘，葉本誤「箘」。无，葉本、十行本、毛本俱作「元」。

099 **沱**徒何反　○何，十行本、毛本俱作「河」。

100 **夢**亡弄反　○亡，葉本作「云」，誤。

101 **箘**韋昭一名聆風　○盧文弨云：「韋昭」下當有「云」字。

102 **璣**玉篇渠依居沂二反　○盧文弨云：今玉篇「依」作「氣」。

103 **榮**户扃反榮澤也　○兩「榮」字，葉本竝作「熒」字。按，「熒澤」字从火，不从水，左傳隱元年注「虢國，今熒陽縣」，釋文云：「本或作『滎』，非也。」

104 遏烏葛反　○葛，葉本作「曷」字。按，葉本非也。

105 導音道　○盧文弨云：「經本作『道』，陸音導，後人倒易之，舛謬之甚，下同。」段玉裁云：開寶中改。

106 荷又士可反　○士，毛本作「土」，與毛居正所見本合。毛氏曰：「『工』字作『土』，誤。」按，毛居正是也，「工可」即集韻之「賈我」，今本作「士」字亦誤。

107 孟豬左傳爾雅皆作孟諸　○「傳」下，十行本、毛本俱有「及」字，非。

108 璆按郭注爾雅璆即紫磨金　○璆，葉本作「鏐」。盧文弨云：十字與上文複，係後人妄增者。按，此亦後人校語也，陸氏誤以「鏐」爲「璆」，故特著此語以正之。

109 熊音雄　○雄，葉本作「維」，誤。

110 終南三秦記云　○三，毛本誤作「山」。

111 導音道　○音，葉本作「言」，誤。導、道見前。

112 太行　○盧文弨云：「釋文内『太』竝作『大』，此亦宋所改易，下竝同。」

113 漾　○葉本作「漾」。

114 虢寡白反　○毛居正曰：「白」作「曰」，誤。

115 孟津洛北地名　○北，十行本誤作「地」。

116 伾本又作岯字或作胚　○又，十行本、毛本俱作「或」。胚，葉本作「𠌯」字。按，夏本紀、水經作「邳」。段玉裁云：疑即「𠌯」字之異體。

117 澧音禮　○澧，葉本作「醴」字。按，作「醴」是也，詳注疏挍勘記。

118 數色主反　○主，葉本作「住」，是也。

119 隩　○段玉裁云：墺，開寶中改爲「隩」。

120 穗字亦作穟　○十行本、毛本俱脱「字」字。

121 秸馬云去其穎音稭　○按，「音」當作「曰」，段玉裁挍本不誤。

122 男任而針反又而鴆反　○此下十行本、毛本俱有「下同」二字。按，下云「任王，上而鴆反，又而針反」，與「男任」之「任」正相反，注疏本刪去「任王」之音，加「下同」二字，謬甚。

123 任王　○王，葉本作「壬」字。按，葉本非也。

124 朿一音來　○按，段玉裁挍本作「一作來」。

甘誓第二

125 勦子六反馬本作巢　○段玉裁云：勦，本作「剿」。巢，本作「剿」。今本爲開寶中改。

五子之歌第三

126 須馬云止也　○「須」下，毛本有「于」字，十行本「須」字空，亦有「于」字。

127 豫本或作忬　○或，十行本、毛本俱作「又」。毛本「忬」上復有「豫」字，誤也。

128 樂音洛　○十行本作「樂如字」，誤。

胤征第四

129 遒在由反○葉本「在」作「生」。　○按，「生」字誤，葉本「由」字空缺。

130 鈴音零　○零，十行本、毛本俱作「令」。

131 俶本又作⿰亻尗　○⿰亻尗，葉本亦作「俶」，誤。

132 赦亦作⿰亦攵　○十行本作「放亦作赦」，毛本作「赦亦作赦」，並誤。盧文弨云：赦，俗字。❺

133 契息例反　○例，葉本、十行本、毛本俱作「列」，是也。

湯誓第一　商書

134 沃徐烏酷反此五亾篇兩義俱通　○盧文弨云：「并湯征、女鳩、女方爲五篇，『此』字上有脫文也。」十行本、毛本「俱」作「並」。

135 商書凡三十四篇十七篇亾十七篇見存　○十行本作

「凡三十四篇十七篇存」，毛本作「凡三十四篇亾十七篇見存」。按，此段釋文，注疏本隸「湯誓弟一」下，誤。

136 改正又音正　○正，十行本作「政」。

仲虺之誥第二

137 坰故螢反又古螢反　○此上十行本、毛本俱有「夏亥雅反」四字。螢，葉本作「營」。

138 相息亮反　○此下十行本、毛本俱有「奚弦雞反」四字。

139 歛波我反　○波，十行本改「彼」。

140 建中本或作忠非　○本，十行本、毛本俱作「中」。

141 者王或如字　○或，十行本、毛本俱作「又」。

142 暴或作虣　○「或」上，葉本、十行本、毛本俱有「字」字。

湯誥第三

143 勠史記音力消反　○勠，十行、毛本俱作「戮」。消，葉本作「洛」字。按，説文云「勠，并力也」，與殺戮字有別。嚴杰云：集韻三蕭有「勠」字，亦訓并力也，葉抄作「力洛反」，非是。

伊訓第四

144 單卷末竝同　○十行本、毛本俱無「竝」字。

145 祠音辭　○「祠」上，十行本、毛本俱有「尹」字。

146 暨其器反　○其，毛本作「具」字。按，「具器」即「其器」。

太甲上第五

147 惟長丁丈反　○丁，毛本作「竹」，下並同。❻

148 則中丁仲反　○丁，毛本作「竹」。

149 令力呈反　○「令」下，葉本有「音」字。

咸有一德第八

150 諶　○毛本誤作「謀」。

151 而王下以王同　〇十行本、毛本俱脱「以王」二字。

152 之長丁丈反　〇丁，毛本作「竹」。

153 大戊馬云太甲子　〇十行本脱「云」字。

154 㲉工木反　〇木，葉本作「六」。

盤庚上第九

155 盤庚殷王名也　〇十行本、毛本俱無「也」字。

156 恪苦角反　〇角，葉本、十行本、毛本俱作「各」，是也。

157 斆户教反　〇此下葉本、十行本、毛本俱有「下如字」三字。按，「下」字，盧文弨挍作「又」字，云依宋本。

158 聒聒　〇盧文弨云：説文作「懖懖」。

159 昏强其丈反　〇丈，毛本作「兩」。

160 奉孚勇反　〇此下葉本、十行本、毛本俱有「注同」二字。

161 恫勑動反　〇勑動，十行本、毛本俱作「徒弄」。

162 相時馬云視也　〇也，十行本誤作「王」。

163 嚮許亮反　〇許，十行本誤作「竹」。盧文弨云「嚮」當作「鄉」，是也。

164 遲徐持夷反　〇遲，葉本作「迟」，毛本作「遅」。盧文弨云：「持」當作「侍」。案，作「侍」非也。❼

165 任而金反　〇金，十行本、毛本俱作「今」。

166 掩本又作弇　〇又，毛本誤作「文」。

167 必中丁仲反　〇丁，毛本作「竹」，下「丁長」同。

168 伐去下羌吕反　〇羌，十行本、毛本俱作「起」字。按，「起吕」即「羌吕」。

盤庚中第十

169 亶誠也　〇誠，葉本、十行本、毛本俱作「誠」。山井鼎云：誠，恐非。盧文弨云：「今注亦作『用誠』，宋元本、足利古本皆作『誠』。」

170 造七報反　○七，十行本、毛本俱誤作「士」，下「七良」同。

171 臭徐尺售反　○尺，毛本誤作「天」。

172 迓五駕反　○段玉裁云：御，開寶中改作「迓」。❽

173 乃告工號反　○號，葉本作「号」。

174 易以豉反　○「易」上，盧文弨校本有「不」字，云：「舊無『不』字，下『易種』亦無『種』字，似此易相混，皆出後人妄删，今俱補正也。」按，兩「易」字相隔尚遠，不虞相混，故衹各出一字，似非後人所删，不必補。

175 暫　○此條葉本在「隕」下。

176 長丁丈反　○丁，毛本作「竹」。

盤庚下第十一

177 讒士咸反　○士咸，十行本作「仕減」，毛本亦作「仕咸」，是也。

説命中第十三

178 長丁丈反　○丁，毛本作「竹」。

179 長丁丈反　○丁，毛本作「竹」。

180 從才容反　○容，十行本、毛本俱作「用」字。按，「用」字非也。

181 省一本作眚　○毛本脱「一」字。

説命下第十四

182 醋七故反　○醋，盧本作「酢」，云：「舊『酢』作『醋』，今傳亦同。此後人所改也。陸氏於内則、爾雅竝作『酢』字，今據以改正。」按，釋文所摘經注，各據當時行本，雖一經之中字體不能畫一，未可據内則、爾雅以改尚書。

高宗肜日第十五

183 繹字書作襗　○襗，十行本、毛本俱誤作「釋」。

184 中丁仲反 ○丁，毛本作「竹」。

185 昵 ○段玉裁云：尼，開寶中改作「昵」，注竝同。

西伯戡黎第十六

186 伯亦作拍 ○拍，葉本、十行本、毛本俱作「柏」，是也。❾

187 戡說文作𢦟 ○𢦟，葉本作「𢦟」，與說文合。

188 圻巨依反 ○依，葉本作「衣」。

微子第十七

189 酗說文作酌云酒醟 ○酒，盧文弨依說文改作「醉」。

190 讎市周反 ○市，十行本、毛本俱作「常」字。按，「常周」即「市周」。

191 涯五佳反又宜佳反 ○上「佳」字，十行本、毛本俱作「皆」。宜，葉本作「五」。按，上句宜從十行本、毛本，下句宜從葉本。

192 耄 ○葉本作「耄」。

193 遯一音都困反 ○都，毛本作「徒」字。按，「徒」是也。

194 長丁丈反 ○丁，毛本作「竹」。

195 懈佳賣反 ○懈，十行本、毛本俱作「解」。按，十行本孔傳作「懈」，毛本作「解」。

f01—196 靖謂絜也 ○絜，十行本、毛本俱作「潔」，俗字。

校記

❶ 辨，原誤作「義」。

❷ 竹簏，學海堂本作「竹箟」。核諸通志堂本釋文，作「簏」是。

❸ 也按，咸豐補刊本「也」作「○」。今按，此種情況多見，文選樓本「按」前之「也」、「字」、「非」，咸豐補刊本作「○」，本條及本卷之050、054、058、064、066、067、

072、073、146、168、174、180、190、193 諸條並如此，今出校於此，下不再一一出校。

❹ 案作尺是也，咸豐補刊本無此五字。

❺ 毛本作赦亦作赦，學海堂本作「毛本作赦亦作赦」。核諸毛本注疏所附釋文，文選樓本是。惟毛本「赦亦作赦」有誤，然若依學海堂本所改，則非毛本矣。

❻ 「竹」下，咸豐補刊本有「無惟字〇按竹丈即丁丈」數字。

❼ 咸豐補刊本無「案作侍非也」五字。

❽ 咸豐補刊本末有「後放此」三字。

❾ 咸豐補刊本末有按語：「〇按，『柏』是『拍』非。」

尚書釋文校勘記卷下

經典釋文卷第四

尚書音義下

f02—001 泰誓上第一　按，泰誓之「泰」，舊本作「大」，此亦當係後人所改。

002 虡芮如鋭反二國名　○十行本、毛本俱作「芮，如鋭反。虡、芮，二國名」。按，注疏本但取文便，未免失真。

003 冒莫報反注下同　○按，當云「下注同」，此誤倒。

004 匱其魏反　○魏，十行本、毛本俱作「媿」，是也。

005 爲立上于僞反　○僞，葉本作「嬀」。

泰誓中第二

006 渴苦曷反　○渴，十行本、毛本俱作「竭」。苦曷，毛本作「巨列」。盧文弨云：「此『渴日』當如公羊『渴葬』之『渴』，不當作『竭』。」

007 酗況具反　○況具，葉本、十行本俱作「況付」，毛本作「許具」。

008 辟必亦反　○必，葉本作「次」，誤。

009 之長丁丈反　○丁，毛本作「竹」。

泰誓下第三

010 夫長丁丈反　○丁，毛本作「竹」。

011 斮又士略反　○士，盧本作「七」，云依毛居正改。

012 孜孜音滋　○滋，十行本、毛本俱作「兹」。

牧誓第四

013 昧爽昧爽謂早旦也　○早，十行本作「甲」，非也。

014 麾許危反　○危，葉本作「魚」，非也。

015 牝頻引反徐又扶忍反　○盧文弨云：「易坤卦音頻忍反，徐邈扶忍反，又扶死反，此作『頻引』，譌。又删去『扶死』一音，殊闕略也。」

016 迓　○段玉裁校本作「御」。

武成第五

017 魄月始生魄然貌　○貌，盧本依説文改作「也」。

018 華華山在恒農　○恒，毛本作「弘」。段玉裁云：弘，宋人改作「恒」。按，説詳舜典。

019 非長丁丈反　○丁，毛本作「竹」。

020 豆本又作梪　○毛本脱「又」字。

021 大王大音泰　○泰，十行本、毛本俱作「太」。

022 陳于上直刃反　○毛居正曰：「刃」作「忍」，誤。

023 治　○盧校本移在「所任」上。按，經文固有「治」字，然音注而不音經，書中頗有之，或作者偶誤，當仍其舊。

洪範第六

024 五行户庚反　○庚，十行本、毛本俱作「更」。

025 嚮一音許兩反　○「一音」二字，十行本、毛本俱作「又」。

026 貌本亦作顡　○顡，葉本亦作「貌」，誤。

027 儼魚簡反　○簡，葉本、十行本、毛本俱作「檢」，是也。

028 晢徐之列反　○之，十行本作「丁」字。按，「丁」字是也。❶

029 罹　○段玉裁云：本作「離」，開寶改之。

030 陂音秘舊本作頗音普多反　○按，「舊本」謂釋文舊本，此李昉、陳鄂等語也。陸氏原書但大書「頗」字，注云「普多反」，與下文「側頗僻」音義同。既依衛包改之，仍存其舊，使後可稽全書竄易處。儻皆依此例，亦未爲不善也。段玉裁説。

031 **闢** 婢亦反 ○亦，十行本、毛本俱作「必」，非也。

032 **能治** 直吏反 ○盧本移在「禦」上。按，本節傳云「世强禦不順以剛能治之」，此「治」字當讀平聲，上「柔克」傳云「和柔能治」則去聲，故知當在「禦」上。然下「時暘」傳曰「君行政治」，陸氏云「治，直吏反，下『政治』、『治其職』皆同」，是平去二聲古皆通讀，原不甚拘。此處上下三節皆有「治」字，陸舉其中以括上下，不必定在「禦」上。

033 **辟** 徐補亦反 ○補，葉本作「甫」。盧文弨云：「毛居正謂『甫』當作『補』，後人即以其説改之，非陸氏之舊。」案，作「補」是也。❷

034 **蒙** ○段玉裁云：雺，開寶中改作「蒙」。

035 **驛** ○段玉裁云：圛，開寶中改作「驛」。

036 **廡** 徐莫杜反 ○杜，葉本、十行本、毛本俱作「柱」。

037 **省** 悉井反 ○悉，十行本、毛本俱作「息」。

038 **別** 彼列反 ○毛居正曰：「彼」作「方」，誤。

039 **折** 時設反一音之舌反 ○十行本無「一」字，毛本「一音」二字作「又」。山井鼎曰：「正德、嘉靖二本『又』作『音』，脱『一』字。」

旅獒第七

040 **獒** 馬云作豪酋豪也 ○盧文弨云：「云」字當在「作豪」下。

041 **召公** 後召公皆放此 ○放，十行本作「倣」，毛本作「例」，非。山井鼎曰：「正德、嘉、萬同元文。」

042 **厎** 之履反 ○履，毛本作「視」。

043 **之長** 丁丈反 ○丁，毛本作「之」，非也。

044 **不易** 羊質反 ○質，葉本作「隻」字。按，葉是也。

045 **累** ○段玉裁云：絫，開寶中改作「累」。

046 **巢** 徐吕交反 ○毛氏曰：「吕」當作「石」字。按，「吕交」即集韻之「力交」，居正云當作「石」，誤。

047 圻音祈 ○祈，十行本、毛本俱作「祁」。

金縢第八

048 祝或之又反 ○又，十行本、毛本俱作「疚」。

049 籥予若反 ○予，十行本、毛本改作「于」。

050 辟説文作壁 ○壁，據説文當作「擘」。

051 鴞于驕反 ○毛本「于」改「吁」。案，嚴杰云：釋文於詩、禮、爾雅、莊子音義皆作「于嬌反」，惟詩墓門音義作「户驕反」，非同位字。❸

052 説徐音始鋭反 ○始，毛本改作「如」。

053 噫馬本作懿猶億也 ○段玉裁云：「億」當是「噫」之誤。大雅「懿厥哲婦」，箋云「有所痛傷之聲也」，小雅「抑此皇父」，箋云「抑之言噫」，古懿、抑通用，如國語「懿戒」是也。今按，文王世子注云「億可以爲之也」，孔氏曰「億是發語之聲」，陸氏曰「億，本又作『噫』，音抑」，然則億與噫古亦通用。又或作「意」，武王踐阼曰「意亦忽不可得見與」。

大誥第九

054 邦馬本作大誥繇爾多邦 ○盧文弨挍本經文標全句，云依陸氏通例補。十行本、毛本「多邦」二字俱誤倒。

055 累 ○亦當作「絫」，説見旅獒。

056 省悉井反 ○悉，十行本、毛本俱作「息」。

057 底之履反 ○履，毛本作「視」。

微子之命第十

058 肰 ○十行本、毛本俱作「厭」。

059 穗本亦作穟 ○穟，十行本、毛本俱作「遂」，非也。

060 康誥第十一 題下葉本有「卷之八」三字。

061 叛亦作畔 ○叛，十行本、毛本俱作「下」。

062 **乃洪大誥治** 一本作周公迺洪大誥治 ○迺，毛本作「乃」。盧文弨云：「據釋文此語，豈陸本本無『周公咸勤』四字耶？」按，陸意蓋謂一本無「咸勤」二字耳，與孔傳不合，故不從。又按，「乃」作「迺」者，蓋天寶以前尚書本皆作「迺」，天寶時始皆改爲「乃」，於此可證：段玉裁說。

063 **孟長** 丁丈反 ○丁丈，毛本誤作「之其」。

064 **遹** 馬云述也 ○云，十行本、毛本俱作「紹」。

065 **斷** 丁亂反 ○丁，毛本誤作「下」。

066 **無不惡** 竝音同 ○按，「音」字疑衍。

067 **汝長** 丁丈反 ○丁，毛本作「之」，非也。

酒誥第十二

068 **文王第稱穆** 皇僕爲昭差弗爲穆 ○皇，葉本作「黃」。差，葉本、十行本俱作「羌」，並非。

069 **厥長** 丁丈反 ○丁，毛本作「之」，非也。

070 **養** 羊亮反 ○羊，十行本、毛本俱誤作「牛」。

071 **差** 初隹反 ○隹，十行本、毛本俱作「佳」字。按，作「佳」是也。

072 **惡俗** 上烏各反 ○各，毛本誤作「洛」。

梓材第十三

073 **梓** 本亦作杍 ○杍，十行本、毛本俱誤作「杼」。

074 **戕** 徐在羊反 ○「戕」下，十行本、毛本俱有「敗」字。

075 **寃** 一本作以寃 ○以寃，毛本作「以元反」，誤。

076 **恬** 田廉反 ○廉，葉本作「兼」。

077 **塈** 徐許氣反 ○氣，十行本、毛本俱作「既」。

078 **臒** 在略反讀與靃同也 ○在，葉本、十行本、毛本俱作「杜」。靃，十行本、毛本俱作「霍」。盧文弨云：說文「讀若隺」，與此不同。

召誥第十四

079 先周公上悉薦反　○悉，十行本、毛本俱作「息」。

080 朏徐又芳憒反　○憒，葉本、十行本、毛本俱作「憒」字。按，「憒」是「憒」非。

081 碞徐又音吟　○十行本、毛本俱無「又」字。

洛誥第十五

082 伻又甫耕反　○段玉裁挍本「甫」作「補」。

083 敘馬讀敘字屬下　○「敘」下，十行本、毛本俱衍「句」字。

084 頒馬云猶也　○段玉裁云「猶」下脱一字，不知何字耳。盧文弨云：「以徐音求之，或是『分』字。」

085 蘉徐莫剛反　○段玉裁云：「莫剛」當作「莫崩」，見五經文字。

086 旁　○段玉裁云：方，開寶中改作「旁」。

087 厭　○十行本作「猒」，下同。

088 王在新邑孔馬絶句　○「孔馬」二字，十行本、毛本俱倒。

089 惟七年攝政七年　○「攝」上，十行本、毛本俱有「周公」二字。

多士第十六

090 旻天秋殺氣也　○「殺氣」二字，十行本、毛本俱倒。

091 畀　○盧本移在「治」上。

092 秉爲于僞反　○盧文弨挍本末有「注同」二字，云依注疏本增入。按，十行本、毛本俱無。

093 逖他力反　○段玉裁云：力，當作「歷」。

094 不啻徐本作翅音同　○翅，葉本作「商」。按，「商」蓋「商」之誤。[4]

無逸第十七

095 諺魚變反　○魚變，葉本作「五旦」，十行本、毛本俱作「魚戰反」。按，韻書「諺」無五旦之音，蓋唐初經文作「喭」，故音五旦反，天寶改「喭」爲「諺」，至開寶又改釋文「喭」爲「諺」，而五旦之音未改也。至刻注疏者改爲「魚戰」，通志堂刻釋文又改作「魚變」，而此字之本作「喭」遂無可考矣。説詳尚書撰異。

096 **叢**才工反　○工，十行本、毛本俱作「公」。

君奭第十八

097 **其終**馬本作崇云充也　○充，毛本誤作「受」。

098 **遏**徐音謁絶反　○謁，毛本改作「渴」。

099 **南宫括**土活反　○土，葉本、毛本俱作「工」，是也。❺

100 **禦侮**武臣折衝曰禦侮　○毛居正曰：「曰」作「日」，誤。

101 **懈**佳賣反　○佳賣，毛本誤作「住買」。

蔡仲之命第十九

102 **成王政**馬本作征音正　○征，十行本、毛本俱誤作「正」。

多方第二十

103 **費誓**　○段玉裁云：粊，開寶中改爲「費」。

104 **讙**棄戰反　○棄，十行本、毛本俱作「弃」。戰，十行本空，毛本作「淺」，非也。

105 **懫**　○今文尚書「𦤺」作「懫」，天寶間改。釋文「𦤺」作「懫」，開寶間改。段玉裁云：「懫」字惟見大學鄭注，尚書本作「𦤺」，與説文引同。衛包謂𦤺、懫爲古今字，遂改「𦤺」爲「懫」，開寶中又改釋文大字作「懫」，小字仍舊，是以云「之二反」，不知説文無「懫」字。

106 **數**色角反　○角，十行本、毛本俱作「各」。❻

107 **殛**紀力反　○紀，十行本誤作「純」，毛本作「訖」。案，訖力反即紀力反也。❼

108 **臬**馬本作劓　○十行本、毛本俱無「本」字。

109 相長丁丈反　○丁，毛本作「竹」。

立政第二十一

110 綴徐丁衛反又丁劣反　○兩「丁」字，毛本俱作「之」。❽

111 所長丁丈反　○丁，毛本亦作「之」。

112 籲音喻　○喻，十行本、毛本俱作「預」。

113 耿徐公穎反又工永反　○上「公」字，十行本、毛本俱作「工」。按，毛居正引「公穎反」作「公」。永，毛本誤作「丞」。❾

114 相我下勱相同　○勱，葉本作「勸」，誤。

115 話户快反　○快，十行本、毛本俱作「怪」。

116 憸憸利之人　○憸，葉本作「儉」，下並同。按，葉本非也。説文：「憸，險詖也，憸利於上，佞人也，从心僉聲。」

117 詰馬云實也　○實，十行本、毛本俱作「賓」字。按，王鳴盛云注疏本采釋文誤作「賓也」，是也。

周官第二十二

118 之長丁丈反下官長助長君長同　○丁，毛本作「竹」。君長同，十行本、毛本俱作「竝同」。

119 處昌呂反　○呂，葉本、十行本俱作「慮」。

120 俾馬本作辨　○辨，十行本作「辦」字。按，「辨」字是也。段玉裁云：古俾、平、苹、辨皆訓使，故堯典「平秩」，馬本作「苹」，而訓使；今文則作「辨秩」，雒誥「平來」亦作「辨來」，此皆雙聲也。

君陳第二十三

121 辟扶亦反　○毛居正曰：「反」作「又」，誤。

122 厥中或丁仲反　○丁，毛本作「竹」。

123 君長丁丈反　○丁，葉本、十行本、毛本俱作「誅」字。按，「誅丈」即「丁丈」，釋文惟此及冏命作「誅長」，餘竝作「丁長」。

124 垢工口反 ○「工口反」三字，葉本空缺。

顧命第二十四

125 命顧念康王 ○念，十行本、毛本俱誤作「命」。

126 頮説文作沬云古文作頮 ○頮，葉本作「須」。按今本説文作「須」是誤字，文選報任少卿書注所引可證也。⑩

127 憑皮冰反依几也 ○按，經典凡馮河、馮依字皆作「馮」，不作「憑」。今本作「憑」，段玉裁云此開寶中所改也。几，十行本、毛本俱誤作「倚」。

128 肜 ○葉本作「彤」。

129 重光上直龍反日月如疊璧 ○十行本、毛本俱作「重直龍反」，在「故曰重光」下。璧，葉本作「壁」，非。⑪

130 綴丁衛反 ○丁，毛本作「竹」。

131 王崩注云安民立政曰成 ○十行本、毛本俱脱「云」字。

132 首手又反 ○十行本「手」誤「毛」。毛本「首手」作「音式」，非也。

133 度舊音待洛反 ○待，葉本作「杜」字。按，「待洛」即「杜洛」。

134 嚮 ○盧文弨云：字本作「鄉」。

135 篾 ○段玉裁云：當作「蔑」。

136 筍徐云竹子竹爲席 ○按，下「竹」字疑當作「可」。

137 夷玉説文夷玉即珣玗琪 ○山井鼎曰：「『琪』或作『珙』爲非。按，説文：『珣，醫無閭珣玗琪。周書所謂夷玉也。』按，『玗』當作『玕』。」按，玉篇「玗」，有俱切，引爾雅云云，此云「當作『玕』」，非是。⑫

138 天球馬云玉磬 ○馬，葉本作「禹」，誤。

139 車渠車軔也 ○軔，十行本、毛本俱誤作「軜」。段玉裁云：「軔」當作「輞」。

140 **綦**馬本作騏　○馬，毛本誤作「馮」。

141 **卪**音俟　○此下十行本、毛本俱有「徐音士」三字，乃衍文。⓭

142 **鋭**以稅反　○按，尚書撰異云：治尚書者，自蔡仲默以來，皆謂「鋭」當依説文作「鈗」矣，而未得其詳。考之玉篇，但有「鋭」字與「鈒」、「鋋」等字，以類相從，注云「徒會切，矛也，又弋稅切」，是野王所據尚書作「執鋭」也。⓮

143 **瑁**　○十行本、毛本作「冒」，非。

144 **憑**　○段玉裁校本作「馮」。⓯

145 **卞**　○段玉裁校本作「弁」。⓰

146 **咤**説文作詫下故反馬本作詫　○詫，葉本作「託」。按，作「託」與説文合，且下云「馬本作『詫』，與説文音義同」，謂「詫」與「託」字雖異，而音義同也。下，葉本、十行本、

毛本俱作「丁」，是也。十行本、毛本俱脱「本」字。

147 **酢**才各反　○各，葉本作「洛」。

148 **互**音護　○護，十行本、毛本俱作「户」。毛居正曰：「『户』乃上聲，『互』字無上聲，傳寫誤爾，建本『音護』，是。」

149 **徹**徐直列反　○「徐」上，十行本、毛本俱有「又」字。

康王之誥第二十五

150 **鬣**力輒反　○反，誤作「又」，十行本、毛本俱不誤。

151 **厎之履反至齊信**馬讀厎至齊絕句　○末七字十行本、毛本俱無「厎至齊」三字，直云「馬讀絕句」，隸經文「齊」字下。又以「厎之履反」四字退居本節傳下，竝誤。⓱

152 **督**　○葉本作「督」。

畢命第二十六

153 **王朝**陟遥反　○陟，十行本、毛本作「直」。案，直遥則讀如潮汐之潮，陟遥則讀如朝鮮之朝，傳云「王朝

行」，不當作「直遥反」。⑱

154 更古衡反 ○衡，葉本作「行」。

155 潎步寐反 ○毛居正曰：「『潎步寱反』作『寐』，誤。寱音詣，唐文粹元結有寱論。」按，廣韻「潎」、「寱」俱在祭韻，「寐」在至韻，故毛氏云然耳。⑲

156 施始鋭反 ○鋭，葉本、十行本、毛本俱作「豉」。○是也。⑳

157 人少詩照反 ○盧文弨云：「經云『罔曰民寡』，傳云『無曰人少不足治也』，則非長少之少，此音殊謬。」

君牙第二十七

158 君牙或作君雅 ○雅，十行本、毛本俱誤作「惟」。

冏命第二十八

159 冏字又作臩 ○臩，盧文弨挍本改作「㬰」，葉本作「災」，誤。

160 長丁丈反 ○丁，葉本、十行本俱作「誅」，毛本作「諸」。山井鼎曰：正、嘉二本作「誅」。

161 憸本亦作思 ○思，盧文弨挍本改作「𢚩」，是也。

呂刑第二十九

162 贖音蜀注下同 ○「下」上，十行本、毛本俱有「及」字。按，十行本、毛本是也。凡言「注下同」者，皆當加「及」字。

163 耄本亦作薹 ○本，毛本作「今」。盧文弨云：「説文止有『薹』字，从老从蒿省。」

164 椓丁角反 ○丁，毛本作「竹」。

165 君帝君宜作皇字 ○毛本作「皇帝，皇宜作君字」。山井鼎曰：「『皇帝，皇宜作君字』，元文作『君宜作皇字』。謹按，正、嘉二本作『君帝，君宜作皇字』。」按，正、嘉二本正與元文合。據山井鼎語意，似元文止大書一「君」字，而以「宜作皇字」四字爲注，與通志堂本異，段玉裁以毛本爲是。

166 清問馬云清訊也 ○十行本、毛本俱無「也」字。

按，問之爲訊，無待解釋。蓋經之「問」字，馬本作「訊」耳，宜從注疏本無「也」字爲是。一云馬訓「清」爲訊，則當有「也」字。

167 **折**馬鄭王皆音悊　○王，毛本誤作「主」。

168 **爲天**　○天，葉本作「夭」，誤。

169 **長**丁丈反　○丁，毛本作「竹」。

170 **日勤**上人實反一音曰　○毛居正曰：「『曰』作『日』，誤。」按，作「日」固非，作「曰」亦未爲是。古人書日、曰二字不甚有辨，故陸氏每爲作音。今以「曰」音「日」，仍不分明。據洛誥「曰記」音義云「上音越，一音人實反」，則此「曰」字亦當作「越」。

171 **度**馬云造謀也　○「造謀」二字，葉本倒，非。

172 **惟來**有求請賕也　○賕，葉本作「賖」字。按，葉本非也。

173 **鍰**鄭及爾雅同馬同又云　○盧文弨云：「『爾雅』當本是『小雅』，謂小爾雅也。」同，毛本誤作「曰」。

174 **倍差**凡五百三十二鍰三分鍰之一也　○二，葉本作「三」字。按，「三」是「二」非。

175 **并**必致反　○致，葉本、十行本、毛本俱作「政」，是也。

176 **劾**　○葉本作「刻」，非也。

文侯之命第三十

177 **平王**馬本無平字　○十行本、毛本俱無「本」字。

178 **義**本亦作誼　○十行本、毛本俱無「亦」字。

費誓第三十一

179 **不開**舊讀皆作開馬本作闢　○段玉裁云：「『開』當作『𨳿』。𨳿，古文『闢』字。說文：『闢，開也，從門辟聲。虞書「𨳿四門」，從門從𠬞。』云『舊讀』不云舊本，謂其音也，非謂其字也。顏氏匡謬正俗云：費誓序『東郊不𨳿』，案說文及古今字詁『𨳿，古「闢」字』，闢訓開，故孔氏釋云『東郊不開』，不得徑讀『𨳿』爲『開』。亦正俗讀之非也。」

180 **兜**子侯反　○子，十行本、毛本俱作「丁」字。按，

「丁」字是也。

181 獲徐户覆反 ○段玉裁云：當作「户覈反」，音獲，「覈」譌「覆」，而集韻入一屋。

秦誓第三十二[21]

182 仡仡許訖反 ○訖，十行本、毛本俱作「乞」字。按，「乞」字非也。

183 截截辭語截削省要也 ○削，葉本作「剥」，非也。

184 諞辭約損明大辨佞之人 ○毛居正曰：「指」作「損」，誤。大，葉本作「人」，誤。

185 介馬本作介 ○按，作「介」則與孔同，此語似贅，否則必有誤字。

186 他 ○此條葉本、十行本、毛本俱在「技」下。

187 啻始豉反 ○始，葉本、十行本俱作「失」，毛本作「尺」字。按，「尺」字誤，「失豉」即「始豉」。

188 冒莫報反注同 ○注，葉本作「音」，與毛居正所見本合。毛氏曰：「建本無『音同』二字，顯是贅寫，當去。」按，注有「冒」字，則作「注同」爲是，毛氏不知字誤，而以爲贅寫，疎矣。

附注解傳述人

189 晁錯受焉古文尚書云 ○葉本「尚」作「官」。案，作「官」是也，説詳盧文弨考證。

190 恭授魯馮賓 ○葉本「賓」誤「文」。

191 及平陵塗惲字子真 ○葉本「真」誤「其」。

f02—192 枚賾 ○葉本「賾」作「頤」。段玉裁云：葉本是也，此枚頤字仲真，後莊子注李頤字景真。

校記

❶ 字按，學海堂本「字」作「○」。今按，此種情況多見，文選樓本「按」前之「也」、「字」、「非」、「入」、「反」、「又」等字，咸豐補刊本皆作「○」，本條及本卷之

044、046、053、062、071、080、092、095、116、117、120、123、133、172、174、180、182、187 諸條並如此，今出校於此，下不再一一出校。

❷ 咸豐補刊本無「案作補是也」五字。

❸ 咸豐補刊本此條校記作：「○于驕，十行本作『于嬌』，毛本作『吁嬌』，『吁』字誤。」

❹ 咸豐補刊本末有按語：「○按，葉本誤也，云『商』之誤更非。」今按，咸豐補刊本此按語「商」疑是「啇」字之誤。

❺ 是也，咸豐補刊本作：「○按，『土活』即集韻之『古活』。葉本作『工』非是。」

❻ 咸豐補刊本末有按語：「○按，『角』是『各』非。」

❼ 咸豐補刊本無「案訖力反即紀力反也」九字。

❽ 咸豐補刊本末有「非也」二字。

❾ 工永，咸豐補刊本作「公永」。上公，咸豐補刊本作「兩公」。核諸通志堂本釋文，咸豐補刊本是。

❿ 咸豐補刊本脱去「○」。又「葉本作須」下，咸豐補刊本有按語：「按，説文有『須』無『頮』。」按今本説文，咸豐補刊本作「○按説文」。

⓫ 非，咸豐補刊本作：「○按，『璧』是『壁』非」。

⓬ 咸豐補刊本末有按語：「○按，當作『玗』。」

⓭ 「乃衍文」上，咸豐補刊本有「○按此三字」。

⓮ 「○」上，咸豐補刊本有：「○毛居正曰，『鋭，許氏説文音兑，廣韻徒外反，今音以税反，是鋭利之鋭，非兵器也，其誤明矣。當從説文、廣韻音。』按，經文『鋭』字若依説文則當作『鈗』，从金允聲，音允。今經既作『鋭』，故廣韻於泰韻『兑』字鈕載之，説文初無此音，未知毛説何據。」又「鋋」字，學海堂本作「鋌」。今按，二字形相似，考玉篇「鈒」、「鋋」、「鋭」三字相連，正合校勘記所云「以類相從」之説，則作「鋋」是而「鋌」非。

⓯ 咸豐補刊本無此條。

⓰ 咸豐補刊本無此條。

⓱ 厎至，咸豐補刊本作「底至」。今按，校勘記下云「十行本、毛本俱無『厎至齊』三字」，則似當作「厎」。然核諸通志堂本釋文，此字作「厎」不作「底」。「馬讀厎」蓋言馬讀「厎」爲「底」，故當作「厎」。

⓲ 「案直遥」及以下，咸豐補刊本無。

⓳ 咸豐補刊本末有：「殆出强斷，安知陸氏時『敞』字不入至韻乎，且『詣』在霽韻，與『寱』音亦不同也。」又記中「作寐」，咸豐補刊本作「作寱」。

⓴ ○是也，咸豐補刊本無。

㉑ 二，原作「一」，今據尚書篇題序次改正。